59-

LA LUMIÈRE ET LA BOUE

MICHEL PEYRAMAURE

La lumière et la boue

★

QUAND SURGIRA L'ÉTOILE ABSINTHE

roman

ÉDITIONS ROBERT LAFFONT
PARIS

Si vous désirez être tenu au courant des publications de l'éditeur de cet ouvrage, il vous suffit d'adresser votre carte de visite aux Editions Robert Laffont, Service « Bulletin », 6, place Saint-Sulpice, 75006 Paris. Vous recevrez régulièrement, et sans aucun engagement de votre part, leur bulletin illustré, où, chaque mois, se trouvent présentées toutes les nouveautés — romans français et étrangers, documents et récits d'histoire, récits de voyage, biographies, essais — que vous trouverez chez votre libraire.

LIVRE I

Crécy, 1346

1

LES ENFANTS DE L'ORAGE

David Blake s'arrache à la glaise tiède. C'est le même soir, le même orage, la même odeur de terre, peut-être aussi le même goût un peu salé de l'air bien que la mer soit lointaine. Un mouvement profond du vent vient de pousser vers lui ce moment oublié de sa jeunesse, justement ce soir où comptent seuls le présent et l'avenir. On se croit protégé par la carapace de l'événement que l'on vit, à l'abri de toutes les peurs, et voici qu'un fil de vent, une lumière, une odeur compromettent ce bel équilibre. David se lève, fait quelques pas au milieu des archers qui parlent à voix basse, leur bonnet de laine bleue sur le nez. Il a envie de leur dire : « Je n'ai pas peur. Regardez mes mains! Vous me verrez à l'œuvre tout à l'heure, quand les Français passeront à l'attaque... »

Et c'est pourtant la même vieille peur qui resurgit.

Ils venaient des parages de Melrose et avaient franchi la rivière Tweed peu avant Kelso, poussant devant eux des troupeaux de moutons effrayés par les coups de tonnerre et par cette masse d'hommes qui, dans le soir tombant, se confondait avec les pâturages couleur de cendre. On aurait dit que la montagne bougeait, que chaque roche, chaque arbuste, chaque touffe de genêts, d'ajoncs et de bruyères se mettait en mouvement. Le tonnerre crépita sur le mont Cheviot et une pluie lourde se mit à tomber. David siffla ses chiens pour ramener le troupeau vers la ferme, mais ils paraissaient pris de panique. C'étaient des paysans écossais qui se donnaient des allures bravaches sous les jaques de cuir bariolées aux couleurs du clan. Ils lui ordonnèrent de se taire et de ne pas bouger. Des hommes descendirent en courant vers la ferme. Il y eut des cris. Une fumée s'écrasa au-dessus de la tourbière, suivie d'une flamme claire. Au retour, les hommes de Melrose se concertèrent; de temps à autre, ils se retournaient vers le berger, se grattaient le menton. Celui qui paraissait être le chef portait des traces de sang sur la poitrine et sentait la fumée. Assis sur une pierre, il essuya son couteau à une touffe de lichen et dit comme s'il se parlait à lui-même :

— Écoute, petit. La guerre, ça n'est pas beau. Ce que nous avons fait, nous devions le faire. Nous sommes du parti du roi Bruce. Ton père soutenait Edouard Baliol. S'il s'était tenu tranquille, nous n'aurions pas franchi la frontière pour le punir, lui et sa famille. Ce que nous voulons, nous, gens d'Écosse, c'est vivre dans la paix et la liberté. Pourquoi, le mois dernier, ton père, tes frères et quelques gens de votre village sont-ils venus nous narguer et détruire nos récoltes? Regarde cette maison qui brûle. Tu en verras bien d'autres dans ta vie, et des morts, et du sang, et lorsque la rage te mordra au ventre, tu auras toi aussi envie de brûler, de détruire et de tuer.

Il se leva, chassa les moustiques qui harcelaient son visage en sueur.

— Tu es si jeune, dit-il, que nous avons décidé de te laisser ta chance. Ne retourne pas au village : tu n'y trouverais que de la cendre et des morts. Tu vas filer tout droit vers Newcastle où vit ton oncle. Nous gardons ton troupeau en dédommagement de ceux que ton père et tes frères nous ont volés. N'oublie pas qu'il ne faut jamais renoncer à défendre sa liberté. Pour nous, elle porte un nom : David Bruce.

L'homme de Melrose lui tendit une musette pleine de farine d'avoine et lui montra la route.

— Va, petit, et prends garde à l'orage.

Les soldats français, il lui tarde de les voir autrement que sous forme de patrouilles, de nuages de poussière, d'éclairs de lances et d'armures sur les horizons du plat pays. De ceux qui attendaient les troupes de débarquement du roi Edouard d'Angleterre, un mois auparavant, près de Saint-Vaast-la-Hougue, on n'a vu que le fond de leurs culottes. A peine sur la terre ferme, la troupe s'est ruée à travers les plaines désertes, dans l'odeur sèche du temps des moissons, messire Godefroi d'Harcourt tenant la tête des trois « batailles » de l'armée d'invasion. Près de lui, Edouard de Woodstock; le jeune prince ne quittait pour ainsi dire plus son vieux compagnon; ils allaient en avant-garde comme au beaupré d'un navire et c'était plaisir de voir chevaucher de conserve le vétéran de Normandie et l'adolescent au visage de fille qui paraissait flotter dans son armure d'acier bruni où se reflétait en noir le soleil de l'été. L'armée déferlait telle une marée vers Paris. Le roi de France, Philippe de Valois, aurait beau convoquer le ban et l'arrière-ban, comment pourrait-il s'opposer à cette horde qui fonçait vers les remparts du Louvre comme vers une terre promise?

Sous un chêne, des hommes se disputent des bijoux et des vêtements volés lors du sac de Caen, des coupons de toile arrachés aux comptoirs de Saint-Lô, la robe d'une bourgeoise de Carentan, qui finira dans la garde-robe d'une lady de lupanar, à Londres ou à Glasgow. Tout ce qui a été volé et dont regorgent les chariots de l'armée sent la fumée et la mort : les odeurs de la guerre. Il faut s'y habituer. La guerre, comme disait l'homme de Melrose, ce n'est pas un beau spectacle. Il est des illusions qu'il faut s'arracher comme des morceaux de chair. Sur la plage de Saint-Vaast, il a compris qu'un sentiment de honte empêche les hommes de regarder la guerre en face, que l'horreur est indécence. C'est là qu'il a tué son premier ennemi d'une flèche dans le dos; il l'a regardé avec étonnement courir quelques pas en battant des bras comme un coq de bruyère, touché à mort. « Il est à toi, lui a soufflé le vieux Flint. Achève-le, et prends-lui son équipement. » Il a achevé l'homme en évitant de regarder son visage et il l'a volé. La honte, l'écoeurement, c'est après qu'ils sont venus. De même lorsqu'il a pris cette fille de Valognes : une adolescente blottie derrière le comptoir d'un coutelier, qui rongeait avec une expression de terreur les billettes de buis de son collier, mais elle, il avait refusé de la tuer.

La vraie guerre, c'est à Blanquetaque, sur la Somme, qu'elle a commencé pour lui.

Le roi avait voulu à tout prix franchir le fleuve. En face, des gens de la milice urbaine encadrés de quelques chevaliers et sergents d'armes qui menaient grand bruit, dansaient en brandissant leurs gourdins. Au premier assaut, à marée basse, ils avaient été balayés. Des cadavres de Français, on en avait tant dénombré qu'on aurait pu parcourir un quart de lieue sans toucher terre, en sautant de l'un à l'autre comme à la marelle.

— Ce collier de buis, tu en veux combien?

— Il n'est pas à vendre.

David passe son chemin, s'avance jusqu'à une butte couverte de fougères qui domine la plaine. Un homme chante d'une voix grave en graissant la corde de son arc, son carquois de cuir bouilli sur les genoux. Au-delà des défenses — pieux et buissons entassés — pas un soldat français en vue. « Et si le roi de France refusait le combat? » songe David. Le bruit a couru dans l'armée anglaise qu'il a trop à faire dans les parages d'Aiguillon, en Agenais, où, après avoir pris Angoulême aux Anglo-Aquitains, il a bloqué le sénéchal de Guyenne.

C'est un été plein de surprises.

Un tissu de tempêtes, de bonaces, d'alertes, d'espoirs, de déconvenues. Partis pour prendre Paris, on s'est approché de la ville jusqu'aux faubourgs de Saint-Cloud sans tirer l'épée et, brusquement, le roi Edouard a ordonné la retraite! Il n'avait pas l'intention de réembarquer mais de rejoindre ses domaines du Ponthieu et ses alliés flamands. L'armée a murmuré, arguant qu'un coup d'audace pouvait lui livrer à la fois la capitale et la couronne de France, mais Edouard est demeuré insensible à ces protestations, tenaillé par la crainte qu'un piège se refermât sur lui. Ses terres de Guyenne étaient lointaines; il faudrait des semaines pour faire la jonction avec les troupes du sénéchal. L'affrontement, il aurait lieu plus tard, et ailleurs.

Le maître archer Flint, homme de bon sens et fine ouïe malgré les buissons de poils roux qui lui sortent par bouffettes des oreilles, dit à David :

— Mon gars, Philippe de France se méfie. Il n'est pas sûr de lui. Une grande partie de ses troupes est accrochée en Guyenne par celles du sénéchal. Celles dont il dispose il n'est pas certain de pouvoir les manier à sa guise car ses grands barons n'en font qu'à leur tête, chacun tirant à hue ou à dia.

— On prétend, dit David, qu'il s'est doté d'un corps d'arbalétriers génois qui feraient rentrer sous terre la plus fière armée du monde.

— Des fariboles, mon garçon! Ces Génois ont l'habitude de combattre sur mer. La terre leur colle aux semelles et ils seront pour nos archers des cibles idéales. La plupart sont des matelots mal entraînés, qui manqueraient un dix cors à vingt pas.

Flint se lève, va pisser contre un pieu, revient, la mine maussade.

— Ce qui m'inquiète, dit-il, c'est de ne pas voir arriver les Français. Qu'est-ce qu'ils attendent? Que l'orage éclate?

12

Comme pour lui répondre, la foudre déchire un nuage suspendu au-dessus de Wadicourt, un village proche de Crécy. Le pays en est éclaboussé de phosphore. Pourtant la matinée a été splendide. L'adoubement des chevaliers, qui précède la messe, David ne pourra jamais l'oublier, pas plus que cette musique aigrelette d'orgue, cette brise un peu sèche qui gonflait les bâches des chariots formés en cercle en arrière de la crête, ces palpitations d'enseignes déployées comme des ailes de perroquets, ces murmures profonds de l'armée tassée derrière les chevaliers.

— God damn! dit Flint, j'ai encore faim. J'ai toujours faim, surtout quand une bataille se prépare. Il ne te reste pas un quignon de pain?

David fouille dans sa jaque de cuir, en tire un croûton et un morceau de fromage.

— Crois-moi si tu veux, fiston, mais j'ai une peur bleue. Et quand j'ai peur, il faut que je mange et que je pisse.

— J'ai peur aussi. C'est ma première vraie bataille, Flint.

Ils ne sont pas les seuls à appréhender le combat. Des hommes s'enfoncent dans les fougères, en reviennent en remontant leurs braies, livides, plaisantant pour donner le change. A l'estime, l'armée de Philippe de Valois compte environ vingt mille hommes, dont douze mille chevaliers parmi les plus huppés du royaume. L'armée anglaise en aligne moins de la moitié et l'on compterait les chevaliers sur les doigts des deux mains; on ne les distingue d'ailleurs pas du gros de l'armée car le roi leur a ordonné de laisser leurs montures dans le cercle des chariots, avec le corps des valets et des vivandiers. Le vieux Flint a beau expliquer qu'ainsi les trois « batailles » anglaises garderont leur cohésion, comment, sans cavalerie, supporter le raz de marée des Français? Ce ne sont pas les bombardes, ces trois ou quatre pots à feu qui béent de la gueule comme des crapauds sur la crête, entre des fascines, qui pourront en arrêter le déferlement.

— Notre souverain n'a pas toute sa raison, dit David, ou alors c'est moi qui suis le dernier des sots.

— Tu penses trop, dit Flint. Il y a trois choses qui comptent, le moment de la bataille venu : ton arc, tes flèches et les gens d'en face. Tu fais le vide autour de toi, tu respires calmement en bandant ton arc. Si tu dois absolument penser à quelque chose, dis-toi que, la bataille terminée, tu feras l'amour avec une fille.

Le vieil archer se lève brusquement, fait signe à Blake de l'accompagner jusqu'aux palissades.

— Ce sont les nôtres qui rappliquent, dit-il. On dirait qu'ils ont le diable à leurs trousses. Les Français ne doivent pas être loin.

La patrouille conduite par Watt Carpenter escalade les ressauts de terre qui conduisent à la crête. Watt crie des paroles inintelligibles, débouche en trombe dans le camp et file d'une traite jusqu'à la tente du roi debout, tête nue.

— Il est trop tard pour que les Français se mettent en position, dit Blake. La nuit va tomber et les gens de Philippe ont accompli une longue marche.

— Pas sûr, petit. Je connais leurs chevaliers. Ils ont un grain de folie dans la tête. S'il leur prend fantaisie de livrer bataille aux flambeaux, rien ne pourra les en empêcher. Philippe sera aussi impuissant en face d'eux que devant une troupe d'aurochs enragés. Ses ordres, dans ces cas-là, ils s'en foutent! Tu peux commencer à suiffer la corde de ton arc. Tu vas t'en servir sans tarder.

Les premières gouttes de l'averse commencèrent à crépiter au-dessus de la vallée des Clercs où des nuages couleur d'encre s'effrangeaient dans une gloire de rayons, lorsque les avant-gardes françaises apparurent dans une échancrure de la forêt à travers un paysage figé, froid comme un métal brun : des chevaliers en armure, bassinet en tête, la lance contre la cuisse, entourés d'un essaim tourbillonnant d'écuyers et de gens d'armes. La multitude se répandit en désordre dans les prairies sèches et les marécages, avec la lenteur des troupes fatiguées après des lieues de route par grande chaleur. Les bannerets retenaient leurs chevaux énervés par l'orage. La pluie tressait maintenant un voile discontinu entre le ciel et la terre qui commençait à fumer. On se poussait, on se tassait; les chevaux prenaient des libertés et les cris des valets n'arrangeaient pas les choses. Des cavales surexcitées vinrent caracoler jusqu'aux avant-postes anglais, mais, l'arrivée du roi ramena un semblant de discipline.

— Si j'en crois ma vieille tête de Gallois, dit Flint, Philippe est en train de chanter pouilles à ses barons. Une pinte de vin qu'il n'aura pas le dernier mot! Il est en train de leur expliquer qu'il vaut mieux camper là pour la nuit et remettre l'attaque au matin, et le panache des chevaliers est en train de se hérisser à cette idée! Ils en veulent, les bougres! Regarde! Philippe tourne bride. Il a l'air furieux si j'en juge par ses gestes.

A peine le roi, la mort dans l'âme, eut-il tourné le dos, la chienlit reprenait au milieu des rafales qui semblaient susciter des mouvements de toupies fouettées dans la marée humaine couvrant une demi-lieue carrée de part et d'autre de la Maye et jusqu'à la Croix-de-Pierre où le gros de l'armée s'était massé autour du roi. Des flots de cavaliers se jetaient par défi, comme des vagues imprévisibles, sur les premières pentes qui menaient aux avant-postes anglais.

— Les Génois arrivent! s'écria Flint. Je les reconnais à leurs jolis casques de métal à arêtes. C'est vrai qu'ils ne sont pas manchots, les bougres, mais il y a parmi eux autant de vrais soldats que d'or dans les monnaies du roi de France!

Le dos rond sous l'averse, la piétaille génoise s'infiltra sans empressement à travers la cohue des chevaliers et prit position. Une fois en ligne, ils armèrent tranquillement leur arbalète, la pointe en terre, maintenant l'arme de la pointe de leur chaussure et moulinant des bras pour tendre la corde, peu pressés, semblait-il, d'affronter l'ennemi. La colline n'était qu'un mur de silence d'une immobilité noire. La foudre balayait cette forteresse de lourdes rafales de phosphore.

— God damn! jura Flint, j'ai encore envie de pisser, mais j'ai bien peur que ces gueux ne m'en laissent pas le temps.

Il ôta son bonnet, en sortit une corde d'arc, bien sèche et bien suiffée, cambra la fusée en bois d'if qui s'arrondit dans un beau mouvement. Il soupira :

— Cher « longbow », tu vaux dix fois la meilleure de ces arbalètes génoises. Aujourd'hui, tu vas faire honneur à ton vieux Flint!

Imité par Blake, le maître archer se signa, s'agenouilla, baisa le sol et se dirigea vers les palissades. Les cris des arbalétriers génois le firent sursauter.

— Aux palissades! hurla-t-il. Économisez vos flèches, les enfants, et ne tirez que sur mon ordre. Je veux que chaque trait fasse mouche! Ça vous sera facile. Ces imbéciles n'ont pas de pavois pour se protéger. Et alors, Blake, tu rêves?

Le nez entre deux pieux, des gouttes d'eau lui chatouillant les narines, David constata que les Génois s'avançaient sur la pente sans être suivis des valets porteurs des pavois destinés à les protéger tandis qu'ils armaient leur engin. On allait en faire un massacre, d'autant qu'avec des cordes détrempées par la pluie les arbalètes allaient tirer court et mou.

— Laissez-les s'approcher! hurla un gros sergent campé sur les arrières. Et si j'en vois un trembler en bandant son arc, je lui botte les fesses!

— Vas-tu te taire, enfant de putain! riposta Flint. Les nôtres qui sont en bas vont les recevoir. Nous savons quant à nous ce que nous avons à faire.

Les avant-postes anglais, mince rideau de défense tout juste bon à impressionner l'adversaire, craquèrent de toutes parts après quelques volées de flèches lâchées sur l'assaillant. Les archers remontèrent la pente et s'infiltrèrent dans le camp.

— Ça va être notre tour, les enfants! cria Flint. La flèche dans l'encoche, et presto!

Des carreaux d'arbalètes passèrent en sifflant par-dessus les premières lignes d'archers ou se plantèrent avec un bruit profond dans le bois des palis. Des coutilliers gallois qui se tenaient à une dizaine de pas en arrière poussèrent des cris de douleur.

« J'ai dix-huit flèches dans mon carquois, calcula David. Égale dix-huit hommes, avec la grâce de Dieu. » Il avait besoin de se porter à lui-même un défi pour maîtriser cette ignoble peur collant à sa peau par l'intérieur et exsudant cette eau qui lui poissait les mains. La première flèche dans l'encoche, il observa les longues files d'archers gallois déployés, cambrant leur corps, bandant leur arc dans des gestes de danse, donnant au moindre de leurs mouvements une grâce virile et sauvage, une harmonie que ne rompaient point le ronflement lourd de la corde, le sifflement multiple, touffu, profond des traits libérés. Il arma lui-même son arc, choisit son homme, profita du moment où le malheureux moulinait des bras et maintenait du pied l'engin en terre, pour ajuster son tir. L'homme écarta les bras, pivota sur lui-même en foulant le sol comme s'il dansait, fit trois pas à reculons et tomba sur les genoux.

— C'est un beau coup, hurla Flint, mais ne t'attarde pas à contempler ton chef-d'œuvre! Tire, mon gars! Tire!

— Ferme ta gueule! cria David. Nous verrons qui de nous deux en aura le plus.

Il eut honte de ses paroles. Il aimait bien ce Flint qui l'avait pris sous sa protection dès leur embarquement à Portsmouth et ne le lâchait plus. A Blanquetaque, il lui avait pour ainsi dire sauvé la vie. Depuis, David se serait fait tuer pour lui, mais il avait mieux à faire : lui démontrer, par exemple, qu'il savait manier un arc aussi bien qu'un vétéran des guerres d'Écosse. Il toucha affectueusement l'épaule du vieux. Le souffle de l'orage poussait dans la vallée, autour des chevaliers qui s'étaient rangés en bon ordre sous leurs bannières, des nuages de brume floconneuse et tiède. Derrière leurs rangs pressés, au cœur d'une forêt de lances, on distinguait une longue flamme molle de pluie : l'étendard rouge du roi Philippe surmontant une hampe dorée. L'averse atteignait son paroxysme; le tonnerre aboyait aux talons de la guerre, comme ce soir lourd d'âcres fumées où le petit David avait pris le chemin du littoral, sans bien comprendre ce qui venait de lui arriver. Puis il ne pensa plus à rien, pas même, comme le lui avait conseillé le vieux Flint, à faire s'ouvrir sous lui, la victoire acquise, la première fille qu'il rencontrerait. Il ajustait son trait empenné, bandait le « longbow » en retenant son souffle, lâchait sa flèche et contenait sa rage lorsque la victime choisie continuait sa course.

— Flint! Je n'ai plus de munitions!

— Peu importe! dit Flint. Regarde!

Le vétéran arracha son bonnet et se mit à hurler de joie. Les Génois refluaient en désordre.

— Cessez le tir! s'écria le gros sergent. Par saint Georges, vous avez fait de la belle ouvrage, mes gaillards!

Les archers gallois décrochèrent en silence et en bon ordre, laissant quelques-uns d'entre eux pour attendre la relève et observer l'adversaire. Le prince de Galles, Edouard de Woodstock, se démenait au milieu d'un groupe de chevaliers, serrant des mains, pressant des poitrines contre son armure noire. Il était nu-tête; ses cheveux lui faisaient un casque de pluie. Il rayonnait, beau comme une apparition.

— Compagnies! Aux palissades! criaient les sergents des archers. La bataille n'est pas finie!

Flint s'appuya à l'épaule de Blake. Il était plus petit que lui de deux ou trois pouces, mais l'ardeur de la bataille lui conférait une sorte de majesté. Il aurait pu s'enfoncer de trois pieds sous terre qu'il aurait encore donné des idées de respect. David devina qu'il avait envie de parler de choses sérieuses et profondes, comme après Saint-Vaast, comme après Blanquetaque. Il dit simplement :

— Je me sens tout à coup comme un petit dieu.

Il fit signe à David de s'asseoir près de lui, sur une butte d'où un os de roche pointait entre les fougères brûlées par l'été. Ils étaient épuisés comme après un assaut, les poignets, les bras rompus, mais sereins. Un vent rugueux poussait l'orage vers Crécy et les nuages abandonnaient des flocons de laine grise sur les hauteurs. Au couchant, par-dessus le délicat ruisseau de brumes diaprées qui enveloppait Estrées, le ciel se creusait en forme de fontaine. Sur toute l'étendue des plaines et des collines le soleil allumait des feux de paradis. Le clocher de Crécy pointa comme la fusée d'une épée et, dans la vallée des Clercs où fumait la grosse lessive de l'orage, les cavaliers français manœuvraient comme des jouets de bois peints de neuf.

— By Jove! fit un archer posté aux palis, les Français se battent entre eux à présent!

Les archers se précipitèrent aux palissades. Les chevaliers français tentaient de refouler les arbalétriers sur les positions qu'ils avaient abandonnées. Une tempête de cris et de lamentations monta jusqu'aux défenses anglaises.

— Voilà comment je comprends une bataille! plaisanta Flint : laisser les ennemis se massacrer entre eux. Ça, fiston, tu ne le verras pas deux fois dans ton existence. Hardi, les gars! Sabrez! Hourrah! Hourrah!

— Dispersez-vous! hurla un capitaine. Vous vous croyez à un tournoi, mes seigneurs? La bataille n'a fait que commencer. Distribution de flèches! Par le chef de saint Thomas, vous serez moins joyeux lorsque les chevaliers de Philippe vous tomberont sur le poil!

Bousculant les derniers Génois qui traînaient la patte sur la pente, hérissés de flèches, les premiers rangs de chevaliers de France commençaient à charger à grands cris. Installés aux avant-postes anglais, le prince de Galles et Geoffroi d'Harcourt tenaient l'aile droite, Warwick et Salisbury l'autre aile. Le signal de la première volée de flèches tardait à venir. Les chefs restaient immobiles et muets, l'œil rivé à la première vague des assaillants. Les Français n'allèrent pas loin. Sans qu'une flèche eût été tirée, sans qu'une bombarde eût craché sa mitraille, les destriers basculaient cul par-dessus tête, la jarret rompu par les pièges creusés par les défenseurs. Ceux qui parvinrent à franchir cette première ligne reculèrent sous une grêle de traits lâchés sur leurs flancs par des tireurs postés dans les broussailles. Affolés, les chevaux bronchaient, cabraient, jetant à terre leurs cavaliers qui restaient un moment immobiles, étourdis par la chute, se relevaient péniblement et, embarrassés de leur cuirasse, se laissaient égorger par les coutilliers. Sur la droite, où un groupe de chevaliers venait, dans une charge folle, de percer les défenses, la bataille faisait rage autour d'Edouard de Woodstock qui parvint à les rejeter sur la pente.

Une longue respiration immobilisa les deux camps. Le soleil touchait presque la ligne d'horizon au-delà d'Estrées, détaillant au couteau une crête de beaux chênes et le toit d'un moulin à vent, s'arrondissant en forme de fruit dans un bain de brume, sa lumière donnant du mystère au moindre brin d'herbe, de la solennité au moindre geste. La nuit serait bientôt là; les Français allaient se replier, installer leurs quartiers sur les rives de la Maye, vers Fontaine, puis ce serait la veillée d'armes.

Le roi Edouard allait faire sonner la fin du combat lorsque les Français parurent se ressaisir. Une « bataille » d'environ deux cents lances se formait au pied de la colline. C'est le moment que choisit le roi d'Angleterre pour faire parler la poudre. Le bruit en avait couru dans les rangs des archers avant même que les artilleurs fussent prévenus et ils en ressentirent un frisson de plaisir, comme si l'on avait fait alliance avec l'orage.

— Toi et moi, dit Flint, et tous ceux qui sont autour de nous ce soir, nous sommes des élus. Si les Hébreux avaient eu une seule de ces bouches infernales à opposer aux armées de Pharaon, les Égyptiens auraient décampé de toute la vitesse de leurs chars en criant qu'ils avaient entendu gronder la voix de Jéhovah. Cette voix-là, nous allons l'entendre pour la première fois, et ce ne sera pas la dernière.

Il ajouta :

— Un conseil, David Blake : quand tu verras voltiger une petite flamme sur le cul du monstre, bouche bien tes oreilles si tu ne veux pas rester sourd pour le restant de tes jours.

Les chevaliers français avançaient en vague lente et pesante dans la lumière dorée du soir, pressés les uns contre les autres au point qu'on n'aurait pu glisser entre eux la lame d'une épée. Les becs d'oiseaux de proie des bassinets pointaient entre les oreilles des chevaux, rostres de métal accrochant la lumière du crépuscule. Le nez entre deux pieux, David ne voyait que ces étincelles de métal aux fronts des monstres soudés à leur monture et dont les cris, sous le casque, se transformaient en mugissements. Il se disait que rien ne pourrait résister à cette tempête de fer, que le tonnerre des pots à feu causerait dans cette marée autant de trouble qu'un caillou jeté dans la mer.

Il avait tiré deux flèches qui s'étaient perdues dans la coulée de laves quand il vit bouger au coin de son œil, à une trentaine de pieds, le papillon de lumière dont avait parlé Flint. Il lacha son arc et se colla les mains contre les oreilles. Autour du monstre, les archers avaient prestement décampé. Une lueur jaillit, pareille à une comète, suivie d'une telle déflagration que la terre parut sur le point de s'ouvrir. Abasourdi, il entendit des hennissements, des cris, puis un autre coup de tonnerre un peu plus à droite, puis un autre un peu plus loin. Pantelant d'émotion, il s'accrocha aux pieux. Il n'y avait, à en juger au premier coup d'œil, que peu de morts, mais les chevaux tournoyaient sur eux-mêmes, jetant à terre leurs cavaliers, les foulant aux pieds, d'autres, foudroyés par la mitraille, éventrés, perdant sang et tripes dans un galop de mort, d'autres enfin, emportés par leur élan, s'affrontant aux vagues montantes.

— Coutilliers, à vos poignards, par saint Georges!

Les coutilliers s'infiltrèrent comme des ombres entre les espaces ménagés dans les défenses. Ces hommes vifs et rapides travaillaient au couteau avec une dextérité d'écorcheurs, habiles à glisser le fer sous le gorgeron de mailles ou entre les lames des cuirasses, à frapper le cheval de manière qu'il s'abattît foudroyé, à faire d'une charge éblouissante de couleurs et de lumière une sordide officine d'abattage. David admirait qu'ils vinssent comme en se jouant à bout de ces dragons et que, protégés par de simples taloches de bois, ils éprouvassent si peu de pertes.

La nuit tardait à venir. Alors que les collines d'alentour se pavanaient encore dans un brouillard de soufre, le champ de bataille baignait déjà dans une boue jaunâtre où le combat paraissait s'enliser.

Chaque assaut des cavaliers français — et il semblait qu'ils dussent durer des jours et des jours — venait éclater contre les défenses anglaises. David en compta huit, le temps que la nuit succédât à ce crépuscule qui n'en finissait pas, mais la nuit même ne paraissait pas devoir en arrêter le flot. A peine la charge des chevaliers aux armes de Bohême, de Flandre, de Lorraine, d'Alençon était-elle défaite sous la grêle des flèches ou le déluge de la mitraille, un mouvement se formait dans les ténébreuses fondrières, au bas de la colline, des éclats de métal et des cris de guerre annonçant qu'une nouvelle « bataille » venait de se former pour un autre assaut, et l'on voyait ces fous s'engager au pas, serrés les uns contre les autres dans un tumulte de chants, de défis, d'appels aux armes, se courber pour le galop final sur l'encolure de leur cheval puis surgissant dans la pénombre, muraille vivante qui se lézardait brusquement, soit que les bombardes eussent donné de la gueule, soit que les archers les eussent accablés de traits, puis se défaisant en charpie de fer et de sang avant de refluer dans un chant de mort.

Aveugle, le vieux roi de Bohême, Jean de Luxembourg, s'était refusé à rester enfermé dans sa coquille de nuit et de tumulte. Sa part d'héroïsme, il la revendiquait hardiment. Ses barons l'avaient attaché à sa selle par des liens de cuir, de façon qu'il ne pût être désarçonné, jurant de le suivre et de ne l'abandonner quoi qu'il pût arriver. Ils s'avancèrent vers la crête après avoir lié ensemble leurs chevaux par le frein.

Lorsque, sous la bannière au lion couronné, leur groupe s'ébranla, la nuit était presque totale. La buée chaude qui montait de la terre dégageait une odeur de boucherie. On ne distinguait plus Crécy, Waudecourt, ni le moulin. Les étoiles lavées par l'orage resplendissaient comme au premier soir du monde et ceux qui les regardaient durant la pause rêvaient à des Noëls.

Les Anglais apprirent très vite qui venait vers eux. Ils connaissaient le courage et la résistance des gens de Bohême, mais, de savoir que cette troupe allait vers la mort sous la conduite d'un roi aveugle paralysait les énergies. Tous regardèrent en silence s'avancer les lourds escadrons de Bohême, perceptibles à travers la pénombre à de sourds brasillements d'acier, au pétillement des rostres de métal hérissant le front des chevaux, à des moires d'étoffes galonnées d'or et d'argent.

Le roi Jean se tenait à une trentaine de pas de Blake, sur sa droite, face aux chevaliers d'Edouard de Woodstock qui venaient de franchir les palissades et, à la loyale, de se déployer face à l'adversaire, sur toute la ligne de crête. Ils tirèrent ensemble leur épée et le combat se déclencha dans un tumulte de cris sauvages. Très vite il devint impossible de distinguer les bannières et les écus qui volaient comme des papillons dans un souffle d'orage.

Franchissant à leur tour les palissades, archers et coutilliers, assistaient au combat comme à une joute courtoise. Tout ce que Blake pouvait distinguer du gros de la bataille, c'est, au-dessus des limites du ciel et de la terre, dans cet espace encore clair où nageaient de petites nefs flamboyantes, une danse d'épées, de lances et de boucliers. Des chocs métalliques, des cris et des hennissements accompagnaient cette vision.

— L'enfer! lui cria Flint à l'oreille, c'est peut-être ça... Une bataille entre des ombres dans une nuit qui n'en finit pas.

Il achevait un reste de pain et de fromage, son couteau à la main, coupant son quignon comme pour un chat à cause de ses mauvaises dents. Parfois il tendait la pointe de sa lame vers la mêlée lorsqu'il croyait reconnaître un chevalier anglais. Des gens de Bohême on ne distinguait maintenant que les emblèmes qui flottaient confusément au-dessus de la mêlée. Les Anglais les avaient encerclés et, comme leurs ennemis s'étaient attachés les uns aux autres pour éviter la tentation de la fuite, ils en faisaient un massacre.

21

— M'est avis, dit Flint en se levant et en replaçant son couteau, que nous devrions nous mettre à l'abri. Le roi Jean reçoit du renfort.

Il se retrouva avec Blake derrière la ligne de pieux au moment où le roi d'Angleterre arrivait au petit trot, entouré de sa garde, pour surveiller de plus près les opérations et jouir des actes de bravoure du prince et de ses chevaliers. Blake ne l'avait jamais vu d'aussi près. Malgré la consigne, il quitta son poste et suivit le roi un moment, à quelques pas, sans le quitter des yeux. C'était un homme dans la force de l'âge — la trentaine à peine entamée — long de visage et de membres, si pâle dans sa pelote de cheveux fous que sa peau semblait rayonner sourdement. Une majesté de prophète rayonnait de sa personne; il ressemblait à Judas Macchabée. David se souvint de ce que lui avait expliqué Flint quelques jours auparavant, alors qu'on suait sang et eau dans les plaines de Picardie : « Tu verras, fiston, un jour notre roi portera la double couronne : celle d'Angleterre et celle de France. Il est aussi Français de sang, de manières et de langage que son cousin, le roi Philippe de Valois et il a plus de droit que lui à la couronne de France. » Flint avait expliqué qu'Edouard était le fils de la reine Isabelle, elle-même sœur du défunt roi, Philippe le Bel, et que son père était un prince français. Tout cela se brouillait dans la tête de Blake. Flint avait poursuivi : « S'adresser à notre roi et à notre prince en langue anglaise, c'est presque leur faire injure. On dit qu'à Londres Edouard se considère comme un exilé et ne rêve que de Reims et de Paris. En touchant le sol de France, il rayonnait comme un ange de pierre au porche de Canterbury et il ne lui manquait que des ailes pour ressembler à monseigneur saint Georges. God damn, fiston! un jour il sera couronné roi de France à Reims, et, si Dieu nous prête vie, nous serons là pour crier hourrah! »

Un aigre son de trompe rappela Blake à son poste. Rabroué par Flint, il se campa derrière le pieu dont il avait arraché des bribes d'écorce à coups d'ongle dans l'attente anxieuse de l'engagement. Ce qu'ils voyaient venir à eux, derrière l'amoncellement des cadavres d'hommes et de chevaux, c'étaient des troupes fraîches, une vague confuse qui déferlait au pas de course vers le haut de la colline.

— Tirez! les gars, criait Flint. Videz vos carquois! Tirez dans le tas!

— Nous sommes cernés, hurla une voix. Par saint Georges, au couteau!

Blake sentit ses jambes mollir. Ces piétons et ces cavaliers qui grouillaient à présent sur les arrières étaient les gens de Blois et de Lorraine. Par quel miracle avaient-ils pu pénétrer dans l'enceinte? Et combien étaient-ils? Une lance effleura l'épaule de Blake et se ficha dans un pieu. Sous le choc, le cavalier vida les arçons, chuta lourdement, resta immobile, à plat ventre, le bec de son bassinet enfoncé en terre. D'un bond, Blake fut sur lui, serrant le torse de fer entre ses genoux maigres. Il se souvint tout à coup de la recommandation de Flint au cours d'un exercice: « Tu maintiens ton adversaire sous toi en pesant de tout ton poids; avec ton poignard, tu cherches un joint entre deux plates et si tu as la chance de le trouver sans trop tarder, tu pousses la lame en remontant vers le haut du corps. » Le joint était difficile à trouver et Blake s'énervait d'autant plus qu'il sentait le cavalier bouger dangereusement sous lui. Il saisit l'épée de son adversaire, se releva vivement et en abattit le plat à toute volée sur le bassinet. Le choc libéra quelques jolies étincelles bleues. Un grognement monta comme du creux d'une oulle de cuivre. Il frappa encore et, constatant que le cavalier se tenait immobile pour de bon il reprit ses recherches en s'efforçant de ne pas trop bouger pour éviter d'attirer l'attention sur lui. De guerre lasse, il s'assit sur le mannequin de fer et réclama de l'aide en se parant des jambes des chevaux fous et des coups d'épées.

Les Français après être passés en trombe, sabrant tout ce qui bougeait, étaient repartis par une brèche, un peu plus loin, sur l'aile occupée par les soldats de Salisbury, avant de se fondre dans la nuit dans un galop d'enfer. Sur la pente, hors des palissades, se déroulait un combat de fantômes et Blake se félicitait de ne pas être mêlé à cet engagement. « Me voilà avec un prisonnier sur les bras! se dit-il, et embarrassé de cette grande carcasse de fer. »

— Eh bien! garnement, dit Flint dans son dos, tu comptes les étoiles?

Le maître archer se pencha sur le cavalier français.

— Bien, fiston, très bien! Tu lui as réglé son compte à ce grand pendard.

Il siffla entre ses dents.

— God damn! A en juger par la qualité de l'armure et l'écu qu'il porte encore au bras, ce n'est pas du menu fretin. Au moins un comte. Peut-être un duc! Dommage qu'il soit mort, sinon tu serais assis sur une petite fortune. Les rançons ne sont pas faites pour les chiens. Celui-là doit peser une bonne centaine de livres sterling.

— Il n'est pas mort, dit Blake. Simplement assommé par mes soins.

La main de Flint lui tomba sur l'épaule comme une masse.

— Je me charge de négocier la rançon, dit-il. Nous partagerons. Tâche de retrouver le cheval avant que quelqu'un d'autre ait mis la main dessus.

Le destrier se trouvait à quelques pas, soufflant avec furie des naseaux, donnant de la tête en tous sens au milieu d'un groupe d'hommes qui tentaient de l'approcher. Blake parvint à le prendre au mors. Il portait tout son harnachement, et ce n'était pas celui d'un baron de pacotille.

Le cavalier hissé en travers de sa selle, David, tenant le cheval à la longe, traversa le camp pour se diriger vers le rond des chariots signalé par des torches et un grand feu qui faisaient sous des bouquets d'arbres une jolie fête de lumière. Il allongea le baron près du foyer, entreprit de défaire la cuirasse, ce qui demanda du temps et de la patience, et vit apparaître hors de la coque cabossée un visage maigre, d'une pâleur et d'une immobilité cadavériques, si bien qu'il crut avoir achevé son prisonnier, mais il constata avec soulagement, après lui avoir arrosé le visage, que son baron était simplement privé de sens. Lorsque le captif se vit sur le pré, adossé à la roue d'un chariot, vêtu simplement d'une chemise de lin brodée et d'un adorable caleçon liséré de galons verts, il roula des yeux fous, réclama son épée puis se mit à gémir et à se lamenter. Interrogé par des officiers de Salisbury, il refusa d'ouvrir la bouche et même se conduisit d'une manière fort discourtoise, balayant d'un revers de main le gobelet de bière qu'on lui offrait.

— Tâche de te tenir tranquille, lui dit Blake. Souviens-toi que tu es mon prisonnier. Tu peux t'estimer heureux de t'en tirer à si bon compte.

— Il ne te comprend pas, dit un sergent d'armes. C'est un chevalier de Lorraine. Il ne parle que l'allemand.

Il montra l'écu qui portait des croissants de lune, des javelles de blé et un dessin de rivière.

Blake monta bonne garde auprès de son prisonnier que, pour plus de sûreté, il avait attaché à la roue du chariot. C'était un homme jeune, un peu maigrichon, avec une peau jaune comme celle d'un coing, une lippe hargneuse dont l'expression s'estompait durant son sommeil et laissait filtrer une soie de salive. Un baron du Sheshire, qui avait flairé le cheval et l'équipement, proposa un prix dérisoire. Puis un écuyer du prince Edouard vint aux nouvelles et hocha la tête avec un air admiratif. Blake commençait à se dire que cette prise était bien encombrante et lui donnait une importance qui le dépassait.

Le combat se poursuivit une partie de la nuit.

Autour des feux de bivouac, dans la pénombre où chantaient des grillons, des bruits couraient : le roi Philippe avait eu deux chevaux tués sous lui; il avait reçu plusieurs blessures dont une, sérieuse, à la tête puis il avait lui-même donné le signal de la retraite en filant vers Aliens.

La minuit était passée de peu lorsque les archers refluèrent, morts de fatigue, traînant la jambe, épongeant sueur et sang. Flint se laissa tomber près de David, réclama de la nourriture, avala goulûment une mauvaise bouillie d'avoine et dit entre deux cuillerées :

— Crécy... Tu t'en souviendras, fiston. La bataille est gagnée. Le roi vient de féliciter son fils devant tous les chevaliers réunis. Cet Edouard de Woodstock est de la bonne graine de guerrier. Il s'est battu comme un lion.

Il avala quelques cuillerées, dit encore :

— Ne t'avise pas d'aller dépouiller les morts. Le roi l'a interdit. Tu risquerais la corde. J'oubliais: tu recevras au matin la visite de monseigneur le prince de Galles qui désire voir ta prise et te complimenter. Il paraît que tu as eu la main heureuse. Ton prisonnier, c'est un certain Jean de Forcamont... ou de Foulquemont... Je ne me souviens plus, mais c'est sans importance.

Aux premières lueurs de l'aube, alors que les coqs se répondaient de village à village, David Blake parcourut sur le cheval de son prisonnier le champ de bataille. Au-dessus des brumes moites, le ciel annonçait une journée resplendissante.

Parvenu aux limites du camp, il ne put réprimer un hoquet de stupeur : l'odeur de boucherie d'abord, puis le spectacle de ces monceaux de cadavres d'hommes et de chevaux entre lesquels on n'aurait pu trouver un pouce carré d'herbe dégagé. Saint-Vaast, Blanquetaque, ce n'était rien à côté de ce carnage. Les « corbeaux » chargés du déblaiement du terrain sous la surveillance des sergents d'armes ne savaient par où commencer. Du bout du pied, ils retournaient des barons huppés qui avaient pissé tout leur sang par les fissures de leur carapace; ils traînaient par les solerets, dans un bruit de chaudrons, la noblesse héroïque de France, de Lorraine, de Flandre. Les épaules basses, tassés sur leur fatigue, le roi et son fils se recueillaient devant un enchevêtrement d'hommes et de chevaux : les compagnons d'armes de Jean de Bohême. Le souverain aveugle, son bassinet arraché lui pendant au col, le visage broyé par un coup de masse était encore lié à son cheval. Près de lui on retrouva le cadavre de son fils, le roi des Romains, et de tous les barons qui l'accompagnaient. Pas un n'en avait réchappé.

Blake descendit de cheval, se proposa pour aider à débarrasser le champ de bataille.

— Ton nom? demanda le sergent.

— David Blake, archer du Northumberland, de la compagnie de Flint.

— Suis-moi, dit le sergent. Le prince de Galles, voudrait te dire deux mots.

Le soleil du matin se reflétait en soleil noir sur la cuirasse d'acier bruni. Le prince descendit de cheval, prit familièrement David à l'épaule.

— Que penses-tu de cela? lui demanda-t-il en lui montrant de la pointe de son gant les monceaux de cadavres qu'on entassait dans des chariots.

— Ce fut une belle bataille, messire, dit Blake, mais, pour être franc, ce spectacle me donne la nausée et je voudrais ne pas avoir vécu cette dernière nuit.

— Ta franchise t'honore mais je ne puis t'approuver. La guerre est notre lot. A défaut de s'y donner avec amour, il faut l'accepter et ne pas trop se poser de questions. Quant à moi, je n'ai pas honte à reconnaître que, cette guerre-là, je la fais avec passion. Ce matin, Blake, je suis fier de moi, et de toi, et de tous ceux qui ont gagné cette bataille. Ces gens du peuple, ces gueux ont vaincu les meilleurs chevaliers du monde. Tu me juges mal?

— Je n'ai ni l'envie ni le droit de vous juger, monseigneur. Je ne suis que le plus humble archer de votre armée.

— Tu parles fort bien le français. Où l'as-tu appris?

— Chez mon oncle, à Newcastle. Il exerce entre autres commerces celui du duvet d'eider qu'il envoie en Flandre et dans le nord de la France. Il y a des années, des Écossais de Melrose ont tué mes parents, et...

Le prince l'interrompit d'un geste.

— Tu sais pourquoi je m'intéresse à toi? Faire prisonnier un baron aussi redoutable que Jean de Folquemont, il n'y a qu'un vétéran qui aurait pu réaliser un tel exploit. De ta part, c'est le signe d'un courage et d'une audace qui méritent récompense. Comment t'y es-tu pris?

Blake servit son récit tout chaud, saupoudré d'une pincée d'héroïsme. Il se donnait des ailes et le prince dut s'en rendre compte car il abrégea l'épopée.

— De quelque manière que tu t'y sois pris, dit-il, c'est un fameux coup, dont toute l'armée parle. Que comptes-tu faire de ton prisonnier?

Blake se troubla, parla de rançon. Le visage du prince se rembrunit.

— Je t'offre de racheter un bon prix le prisonnier, son cheval et son équipement.

— Il n'y manque rien, messire. J'en passerai par votre volonté.

— Quel âge as-tu?

— Dix-huit ans, messire.

— Deux ans de plus que moi... Aimerais-tu m'accompagner à Calais? Tu ne le regretteras pas. J'ai perdu plusieurs sergents dans la bataille et, pour les remplacer, il me faut des gens qui n'aient pas froid aux yeux.

— Je vous suivrais au bout du monde si vous l'exigiez, dit Blake, au comble du plaisir.

— Je ne t'en demande pas tant, bien que Calais ce soit pour ainsi dire le bout du monde.

2

COURSE DE FEMMES EN PÉRIGORD

— Celui de droite, avec la grosse barbe d'étoupe, dit la femme, c'est le roi Edouard d'Angleterre. Près de lui, celui qui tient un hochet d'enfant fait d'une tête coupée, c'est son fils, le prince de Galles, Edouard de Woodstock. Maintenant, regardez, en avant du groupe, cette femme accroupie qui ressemble à une poule en train de pondre son œuf, c'est la reine Philippa. L'empereur d'Allemagne est appuyé contre la ridelle de droite de toute sa bedaine de moine. Les autres, je ne saurais vous dire leur nom : des Espagnols ou des gens de Flandre...

— Que va-t-on faire de ces mannequins? demanda Raymond Itier.

— Ce qu'on en fait chaque année pour le mardi-lardier ou le Carnaval, si vous préférez. On pousse la charrette jusqu'à la place de la Clautre et on met le feu à ce beau monde comme on fait des juifs, des lépreux et des hérétiques.

Elle ajouta :

— Vous n'êtes pas de Périgueux?

— Depuis ce matin seulement, dit Itier. Nous venons de Limoges, moi et ma famille, moitié par la terre, moitié par l'eau. Une gabare nous a menés jusqu'ici. Toi qui es du pays, tu ne connais pas un certain Jayle, charpentier de son état et qui demeure au Puy Saint-Front?

— Je ne connais personne au Puy Saint-Front, bougonna la grosse femme. Je suis de la Cité.

Elle tourna les talons et s'enfonça dans la nuit et la foule.

Ils arrivaient sous une haute maison noire. La nuit sentait le lierre et la fumée des torches de résine. On entendait dans le lointain des venelles chanter le rossignol. Une volée d'étoiles blanches s'était figée au-dessus d'une sorte de tourelle qui portait une chandelle sur le rebord d'un fenestron d'où dépassait une tête aux cheveux blancs. Un ruisseau de feu descendait vers la place de la Clautre d'où venait une aigre musiquette de fête foraine, des rires de filles, des boniments de marchands de fougasses. Il n'y avait rien d'autre à faire qu'à suivre la foule en gardant la main à sa ceinture pour se défendre des tire-laine. Le petit Jaufré traînait la jambe dans la boue imprégnée de purin de cochon qui filtrait sous les portes, accroché comme un noyé aux jupes de sa mère. Flore avait tout oublié, même la fatigue; lorsque des garnements masqués venaient lui pincer la taille et glisser leurs mains sous ses jupes, elle les repoussait en riant. Le monde était plein de surprise; il vous arrivait comme ça des vagues de bonheur et on se laissait rouler par elles comme dans la chaude épaisseur d'un lit.

A l'entrée de la Clautre, ils se trouvèrent coincés entre le cul de la charrette et la foule qui pesait derrière eux. Raymond prit Jaufré dans ses bras, le hissa sur ses épaules et l'enfant se mit à pleurer en se trouvant soudain face à face avec les effigies de paille et de toile balayées de lueurs folles et que la marche cahotante du véhicule animait de mouvements grotesques.

— N'allons pas plus loin, dit Jaquette. Il y a trop de monde et ces gens sont un peu fous.

— Non, dit Raymond. Ne me lâchez pas d'une semelle. Il suffit de suivre le char.

Il jura en pataugeant dans la bouse fraîche lâchée par un des bœufs pomponnés, vêtus de fleurs et de rameaux, qui menaient l'attelage. La nuit était magique. Des tambours noirs grondaient à droite, rythmant la farandole pareille à un gros vers qui n'arriverait pas à sortir de terre. Sur un échafaud habillé de verdures fraîches, des notables faisaient circuler entre eux des cruches de vin. Derrière, un mai tout fleuri pointait comme le mât d'un navire avec sa couronne de chandelles et ses rubans de couleurs vives.

— Toi, ne va pas plus loin! dit une voix rude.

Le nez de Raymond Itier faillit heurter la fusée d'une lance que brandissait un franc-archer à l'haleine lourde de vin. Itier s'arc-bouta pour contenir ceux qui pesaient derrière lui et, comme

Jaquette criait qu'elle allait crever dans la presse, il la fit passer devant, tandis que la charrette poursuivait seule son chemin vers le centre de la place où se dressait une montagne de fagots. Des diables rouges vinrent s'emparer des effigies royales et impériales pour les transporter sur le bûcher. Lorsque les premières flammes crépitèrent, il vint une chaleur brutale qui fit refluer la foule vers la bordure de maisons et la cathédrale. On y voyait maintenant comme en plein jour. Loin derrière le bûcher se dessinaient les hautes murailles grises de Saint-Front, couronnées par la danse figée des coupoles et des lanternons. Itier se dit que tout était possible cette nuit. Il n'aurait pas été surpris de voir les anges descendre du ciel, des comètes éclabousser de lueurs de phosphore les toitures, d'entendre tonner la voix de Dieu. Le feu lui ravageait le visage, la fatigue lui nouait les membres, mais, pour rien au monde, il n'aurait cédé sa place. Il parvint même à oublier qu'il n'avait plus l'espoir, pour lui et sa famille, d'un abri pour la nuit et qu'il devrait se rabattre sur le pont de la gabare. Fasciné, il regardait se défaire dans les flammes les effigies des grands de ce monde.

Après la crémation, étaient venus les danses, les sauts par-dessus les braises, les souffles brûlants des torches alternant avec la respiration glacée de la nuit, un brouillard de sommeil et de fatigue traversé par des images saugrenues comme celle de cette femme qui dansait à demi-nue devant la fontaine enrubannée, sur le pavé encore rouge du sang du bœuf gras abattu dans la soirée.

— Raymond, dit Jaquette, sais-tu où est passée Flore?
— Elle était avec toi il y a quelques instants.
— Où a-t-elle pu filer, la garcette?
— Elle ne doit pas être loin. Reste où tu es. Je vais tâcher de la retrouver.

Il partit à la dérive, enlevé par une farandole, puis par une autre. Il repoussa une fille qui s'accrochait à lui, appela Flore mais c'est tout juste s'il entendait sa voix et il ne voyait rien d'autre que ce fleuve humain qui charriait des images de cauchemar. Quelqu'un, pourtant, parut lui prêter attention : un homme, une femme? Il n'aurait su le dire. Un bras saisit le sien, une voix lui hurla dans l'oreille qu'on savait où se trouvait celle qu'il cherchait et qu'il n'avait qu'à suivre. Le personnage déguisé en mauresque qui l'avait interpellé l'entraîna jusqu'à un porche ouvrant sur une cour mal éclairée. abritant une fête mystérieuse. Pénombre et silence. Sur des lits de paille, des femmes retroussées jusqu'à la poitrine attendaient, cuisses ouvertes. On le poussa dans le dos, on lui murmura un prix à l'oreille, on l'invita à choisir. Il dut se battre pour parvenir à s'échapper.

Une nouvelle fois, Raymond fit le tour de la place, bien décidé cette fois-ci à ne pas se laisser entraîner par ces fous furieux. S'arrachant aux uns, bousculant les autres, il parvint à retrouver l'endroit où il avait laissé Jaquette. Flore était de retour, haletante et radieuse. Itier commença à défaire sa ceinture.

— Ne me bats pas, dit Flore. Pas ici. Ce n'est pas ma faute. J'ai été entraînée malgré moi.

Elle ajouta :

— Suivez-moi! Vous ne le regretterez pas.

Ils s'accrochèrent par la main et suivirent Flore en se portant au plus près des maisons aux fenêtres fleuries de visages balayés par les flammes des torches. Des filles très fardées se tenaient sous les porches et devant les boutiques aux volets refermés. Un homme à genoux vomissait contre un mur de longs jets de vin. Ils longèrent les hôtels cossus de la rue Saint-André et louvoyèrent à travers de petits groupes qui dansaient des branles raisonnables en y mettant beaucoup de soin. Ils arrivèrent ainsi au niveau de l'échafaud où les notables continuaient à se passer des cruches de vin. Flore leur fit signe de la suivre derrière l'édifice.

— C'est là, dit-elle.

Elle souleva une toile, poussa toute la famille dans ce qui avait l'apparence d'un gouffre. Ils devinèrent sous leurs pieds une épaisseur de rameaux à l'odeur amère.

— Nous pourrons dormir là, dit Flore. Ce n'est pas très calme mais nous y serons à l'abri.

Des hommes ronflaient dans un coin. Une odeur de vomi se mêlait à celle des feuilles foulées. Au-dessus, le parquet craquait dangereusement et des rires s'égouttaient par les interstices. D'un sac qu'elle portait sous ses jupes, Flore sortit trois fougasses qu'elle tendit à ses parents. Puis elle se mit à rire.

— L'étalage d'un marchand s'est renversé au moment où je me trouvais là, dit-elle.

— Tu ne l'y as pas un peu aidé? demanda Jaquette.

— Tout juste une petite poussée, mère.

Ils mangèrent en silence. Depuis l'aube et le départ de la gabare qui descendait l'Isle, ils n'avaient rien mangé, si ce n'est un croûton que leur avait vendu le maître de l'embarcation. La faim leur était venue brutalement dans la soirée en respirant l'odeur des auberges.

Flore donna à son frère qui n'avait pas eu son comptant le morceau de fougasse qui lui restait. Elle n'avait plus ni faim ni sommeil; il se passait trop de choses autour d'elle pour s'attarder sur les exigences du corps. Elle attendit que ses parents se fussent endormis, puis, après avoir tâté sa jupe au niveau de la cuisse gauche — là où se trouvait le couteau dont elle ne se séparait pas depuis le départ de Limoges — elle revint se mêler à la fête.

L'air du matin sentait la fumée froide. Des fumerolles montaient avec de jolis effets de rubans au-dessus du foyer où finissaient de se consumer les gloires de ce monde. Des vieilles grattaient les cendres pour en retirer quelque débris mal consumé. Du côté où se tenaient les marchands de fougasses et de sucreries des chiens fouillaient de la truffe les détritus. La Clautre était jonchée de vomissures de papiers et de fleurs de Carnaval.

— Quel gâchis! dit l'homme qui avait dormi près des Itier et qui était coutelier. Je ne la reconnais plus, ma Clautre, mais au fond, ce matin, nous nous ressemblons, elle et moi : le même coup de folie nous a mis sens dessus dessous. J'ai même peur de fouiller dans mes souvenirs de la nuit. J'ai l'impression de m'être conduit comme le dernier des vauriens.

Il bâilla, continua de se gratter avant de s'asseoir sur une borne. Il avait une furieuse envie de parler.

— En vérité, je ne sais pas ce qui nous a pris. Ça fait quarante ans que j'habite cette ville et que j'assiste à des mardi-lardiers, mais jamais je n'en ai connu d'aussi fous. Vous qui êtes de passage, n'allez surtout pas vous faire des idées. Périgueux n'est pas une ville de débauche. Hier soir, il y avait quelque chose dans l'air qui n'y est pas d'habitude. Depuis le matin, je sentais que ça tournait d'une drôle de façon, depuis qu'une bande de garnements est allée mettre le feu à la boutique de ces juifs qui se font appeler « vénitiens ».

Il tendit une gourde de cuir à Itier.

— Buvez un coup, mon ami, c'est du bon : il vient des vignes de l'évêque, au Puy Saint-Sicaire.

Il attendit qu'Itier eût avalé quelques gorgées, torcha le goulot d'un revers de manche et reprit après avoir bu à son tour :

— Comme je vous le disais, nos gens n'avaient pas un comportement habituel. Vous avez vu quelquefois un consul, et parmi les plus huppés, se laisser promener à travers la ville sur un âne conduit par une maquerelle de la rue des Farges? Je me suis dit :

« Il se prépare quelque chose de pas catholique. » Mais allez deviner quoi? Ce sont les événements qui ont tourneboulé la tête de nos gens, à commencer par les bourgeois. Vous savez que le duc de Lancastre, fils du roi d'Angleterre, rôde dans les parages? Et s'il n'y avait que lui... Robin Knolles, Derby, Chandos sont de la partie. Et l'on dit que le prince de Galles se déplacerait en personne pour nous rendre visite. Tous ces noms, ça dit quelque chose aux Limougeauds que vous êtes? Moi, je pourrais vous en raconter sur leurs exploits et sur ceux des Français, qui sont à mettre dans le même panier. Tenez! les « Godons » prennent une bourgade et voilà les Français qui rappliquent pour les en déloger. Ils sont encore en train de réparer les dégâts et de pendre les « traîtres », voilà les « Godons » qui reviennent en force! Et ainsi de suite... Vous savez que Lancastre a pris Domme? Par saint Front, les Français auront du mal à le déloger! Tout va mal dans les provinces entre Bordeaux et Périgueux. Un véritable champ de bataille où les civils écopent autant sinon plus que les soudards.

Le coutelier tendit le clairet de l'évêque à Itier qui but avec délices.

— Pour en revenir à notre mardi-lardier, je crois que la peur pousse les gens à faire n'importe quoi pour oublier. Vous voyez ce que je veux dire? Si vous appreniez que demain ce sera la fin du monde vous seriez tenté de donner à votre défroque mortelle le plus de plaisir possible. C'est à mon avis ce qui explique le coup de folie d'hier soir. La preuve : moi, homme de bonnes habitudes, soigneux dans sa conscience et dans ses mœurs, bon catholique, j'ai pris ma part de fête et même — mea culpa! — de débauche en me disant que cette vieille guenille de peau y avait droit autant que celle des bourgeois. Ce qui est pire, c'est que je ne parviens pas à regretter quoi que ce soit. Tant pis pour ma bourgeoise! Si elle pouvait deviner ce que j'ai pu faire, la garce! Et pas seulement avec la bouteille. Quelle nuit! J'ai laissé la moitié de ma bourse chez les putains et le reste chez le tavernier. Encore un petit coup...

— Vous êtes bien bon, dit Itier, mais ça commence à faire, et j'ai besoin de tous mes esprits. Connaissez-vous un certain Jayle, charpentier de son état, comme moi? A Limoges, des compagnons m'ont dit que je pouvais m'adresser à lui en cas de besoin.

— Pas de chance, dit le coutelier. Jayle est mort à la fin de l'année passée, peu avant Noël. Si vous êtes dans le besoin, je suis là. Vous m'avez l'air d'un brave homme. Pourquoi avez-vous quitté Limoges?

— La vie y est trop difficile, alors je vais voir du côté de

Bordeaux. Je prendrai ce qui se présentera. Je ne suis pas maladroit, ni fainéant et quand on a quatre bouches à nourrir, il en faut, du pain, chaque jour.

Le coutelier se leva, se gratta furieusement le bas-ventre. Il était un peu ivre et son œil brillait de générosité.

— Suivez-moi. J'habite l'Entre-deux-Villes, une maisonnette entre Sainte-Eulalie et le bourg du Saint. De cette façon, j'ai la clientèle de la Cité et celle du Puy Saint-Front qui sont entre eux comme chien et chat.

— Je ne peux laisser ma famille, dit Itier.

— Venez tous! dit le coutelier dans un bel élan généreux mais qui sonnait comme une fanfaronnade. Une bonne soupe suivie d'un chabrol, ça nous remettra à tous les idées en place.

Il prit Itier par le bras et lui souffla à l'oreille :

— Comprenez-moi, ami : si je rentre seul après avoir découché, ma femme ira s'imaginer des choses. Je dois vous prévenir qu'elle n'est pas toujours bien lunée. A l'heure qu'il est, elle doit m'attendre derrière la porte. Si vous m'accompagnez, vous et votre famille, ça la rassurera. Vous lui raconterez que des traîtres m'ont forcé à boire. Après, nous ferons chauffer la soupe...

La « maisonnette » était campée au milieu d'un carré de jardin planté de choux montés. Elle était triste mais avec des coquetteries de rosiers grimpants autour des portes et des fenêtres. Un cyprès bourru montait la garde au-dessus du mur des mineurs. L'intérieur était pauvre mais bien tenu. Lorsqu'on était habitué à l'odeur de la soupe et du feu de bois on respirait celle, plus délicate, du fer chaud frotté aux meules dans une petite pièce attenante où brillaient de sèches lueurs de métal.

Il restait un fond de soupe que le coutelier distribua à ses hôtes après y avoir versé deux bonnes écuellées d'eau. Appuyée de l'épaule au montant de la cheminée, les bras croisés sur sa maigre poitrine, la femme ne soufflait mot, fermée sur une bonace qui préfigurait une tempête conjugale : elle était petite, sèche et toute noire. Le coutelier, lui, parlait plus qu'il n'était nécessaire, s'adressant à ses hôtes avec déférence, comme s'il avait reçu à sa table le comte Roger-Bernard et sa famille.

— Nous allons prendre congé, dit Itier. Il faut que nous trouvions à nous loger la nuit prochaine ailleurs que sur le pont de la gabare.

— Notre maison n'est pas grande, dit le coutelier d'une voix hésitante, mais...

— Ne l'écoutez pas! glapit la femme. Il vous donnerait sa chemise si je n'étais pas là. Nous n'avons pas de quoi vous loger et, même si nous le pouvions, nous ne le ferions pas. Passe encore pour la soupe mais pour le reste, allez voir ailleurs!

— Nous n'avions pas l'intention de rester! riposta Jaquette avec aigreur. Nous ne sommes pas des vagabonds.

— Ma foi, intervint mollement le coutelier, nous ne pouvons pas vous retenir de force, mais souvenez-vous de mes conseils, ami. A votre place, je ne me risquerais pas à descendre la rivière jusqu'à Bordeaux. Si vous tombez sur les soldats, de quelque bord qu'ils soient, votre compte est bon. Attendez au moins que les événements se tassent. Ces temps-ci, le vent tourne vite!

Il prononçait « événements » avec un caillot de terreur au fond de la gorge. Ces bandes armées qui balayaient le pays dans tous les sens, il en parlait comme des légions infernales.

— Les Anglais sont les plus féroces, dit-il. Ils tiennent les deux bords de l'Isle. Le maître de gabare pourra bien naviguer au milieu de la rivière, ils vous auront avec leurs flèches. Crécy, ça vous dit quelque chose? C'est dans le nord de la France. Avec leurs arcs, des gueux ont mis à terre une armée de chevaliers, la plus forte du monde. C'était l'été dernier, en août. Rien ne leur résiste. A l'heure où je vous parle, ils sont devant Calais et vous pouvez me croire : ils ne lâcheront pas leur proie! Restez donc à Périgueux, allez! Puisque c'est du travail honnête que vous cherchez, je pourrais peut-être...

— Inutile! trancha le dragon femelle. Les sans-travail courent les rues. Si vous avez faim, présentez-vous aux « charités » de Saint-Front. Il y a justement aujourd'hui une distribution de vivres pour les gens de votre espèce. Et si vous voulez gagner un peu d'argent, vous pourrez participer à la course des femmes. Toutes les crève-la-faim de Périgueux, les putains, les ribaudes de tout poil de la ville et des environs seront présentes.

Le coutelier haussa les épaules d'un air navré.

— Malgré les apparences, dit-il tout bas à Itier, c'est une bonne femme. Ne la jugez pas trop mal. Que Dieu et saint Front vous gardent!

On se bousculait aux abords de la cathédrale Saint-Front et pire encore à l'intérieur. Le service d'ordre assuré par les francs-archers de la commune et un petit corps de la milice, de sergents et d'officiers capitulaires, parvenait mal à contenir la foule des gueux déferlant par les rues Saint-André, des Boucheries, des Paraires, des Farges et s'agglutinait en masse telle que l'on ne voyait rien de ce qui se passait à l'intérieur mais que l'on pouvait imaginer beaucoup de choses en voyant les pauvres ressortir du côté des terrasses par une étroite ruelle de lances, serrant contre eux un trésor de victuailles.

— Mendier, dit Itier, est au-dessus de mes forces. Ces mains-là sont faites pour travailler, pas pour recevoir l'aumône.

— Moi, ça m'est bien égal, dit Flore. Laissez-moi faire.

Elle prit Jaufré par la main, se faufila à travers les rangs serrés sans se soucier des protestations et des coups. Elle ne tarda pas à réapparaître, radieuse, son devantier replié sur de la viande salée, du pain et du fromage.

— Voilà de quoi vivre trois jours, dit Jaquette. Maintenant, partons!

— Non, dit Flore. Il nous en faut bien pour une semaine, le temps d'arriver à Bordeaux.

Elle ôta son devantier, revêtit le manteau de sa mère qui lui traînait sur les talons, s'enveloppa le visage d'une touaille et se barbouilla les joues d'un peu de terre mouillée de salive.

— Ainsi, ils ne me reconnaîtront pas, dit-elle. Et s'ils me reconnaissent, je leur file entre les pattes.

Elle revint plus vite encore que la première fois.

— Bonne fille! dit Jaquette. Que ferions-nous sans toi? Écoute : il y a un autre comptoir, à droite, devant la grille. Ceux-là ne te connaissent pas et ont de bonnes têtes de chanoines. Tu devrais essayer de nouveau...

— Soit! dit Raymond. Mais fais attention à ne pas te faire prendre. Ça commence à s'agiter à l'intérieur. Entends-tu ces cris?

Les gueux s'écartèrent pour laisser passer une femme portée par deux estafiers, les pieds devant, les bras pendant jusqu'à terre. Ils allèrent la déposer près de la fontaine et l'arrosèrent d'eau glacée.

— C'est la quatrième depuis le début de la distribution, dit l'un des estafiers en revenant. Ils sont pressés là-dedans comme harengs en caque. Vous feriez mieux de renoncer à attendre, braves gens : il n'y en aura pas pour tout le monde et, cette année, on ne distribuera pas d'aumônes pour remplacer les vivres. Les caisses consulaires sont vides.

Ils attendirent sous la petite pluie de février, à peine froide, mais qui mouillait beaucoup. Flore tardant à reparaître, Itier décida de se porter à sa rencontre. A peine s'était-il enfoncé dans la foule il fut contraint de rebrousser chemin.

— Si Flore se fait prendre, nous sommes dans de beaux draps! Tu sais ce qu'on fait aux voleurs?

Il montra son poignet droit et fit signe de trancher. Puis le gauche. Puis le cou. L'avant-veille, lui avait raconté le coutelier, trois gueux surpris avec un mouton volé près du moulin de Cachepoil avaient eu les poignets tranchés en deux points différents de la ville, puis la tête au Codert et pour finir on les avait pendus par les épaules au gibet d'Escornebœuf. L'année passée, on avait arraché les nerfs d'un faux clerc qui volait de la cire dans les églises pour la « charité » de Pentecôte.

Ils se replièrent sous l'auvent d'un parcheminier où quelques badauds assistaient à la ruée en faisant mine de se sauver quand une émeute creusait des remous dans la foule des gueux. Au-dessus des Boucheries, des Paraires, du Moulin de Saint-Front, des prairies et des champs inondés s'étalaient jusqu'à Saint-Georges et à l'Orme-des-Vieilles sous une légère brume d'argent. C'est dans ces parages qu'avait lieu ordinairement la course de femmes du mardi-lardier. Du fait des inondations, celle de l'après-midi se tiendrait dans l'Entre-deux-Villes, non loin de chez le coutelier.

Raymond Itier prit l'enfant dans ses bras et Jaufré s'endormit en grognant. Une grosse volée de cloches tomba sur la ville. Une rumeur monta du côté de la « charité » où la tourbe des gueux recommençait à s'agiter. Des officiers capitulaires brandissaient leurs lances.

— Flore! cria Jaquette.

La fillette venait d'apparaître entre deux estafiers qui la tenaient solidement aux épaules. Elle avait, sous la capuche, un petit visage blanc de terreur. Les estafiers la faisaient passer de groupe en groupe, lui intimant l'ordre de désigner ses parents. Ils la secouaient ferme et elle gardait les yeux baissés; ils la frappaient du bois de leurs lances et elle répondait par des larmes et des cris, si bien que les gueux finirent par s'émouvoir et prendre à partie les gardiens de l'ordre. L'altercation menaçait de tourner à la rixe.

— Si d'autres gardes arrivent, dit Itier, Flore est fichue et nous avec.

Il soupira d'aise en voyant la capuche brune se dégager du magma, se diriger d'une allure de papillon mouillé vers la rue Saint-André, disparaître en se faufilant dans la foule. Jaquette libéra un gros soupir et songea au cierge de deux livres qu'elle avait fait brûler à Saint-Étienne de Limoges avant leur départ. La pluie avait presque cessé; il semblait que le soleil dût sortir non du ciel épais comme de la cire mais des nappes d'eau couleur d'étain qui ceinturaient les aubarèdes de la plaine.

— Où étiez-vous passés? demanda le maître de la gabare.

C'était un gros homme court sur pattes, avec un torse de taureau, des bras étonnamment longs et de la barbe jusqu'aux yeux. Assis sur le pont, les jambes croisées sous lui, il regardait le pont de bois mouillé fumer dans le soleil. Il rafla le pain et le fromage qui restaient de son repas, but à la gourde quelques gorgées de vin et se torcha la barbe d'un revers de poignet.

— Flore est-elle revenue? demanda Jaquette.

D'un mouvement du pouce accompagné d'un signe de tête, le maître montra la cambuse à laquelle il était adossé.

— Ça va pour cette fois, dit-il d'un ton sévère, mais je vous préviens : je ne veux pas d'histoire. Cette peste a échappé aux argousins, mais ça ne réussira pas toujours. Ou vous êtes de mèche avec elle et vous quittez mon « navire » dare-dare; ou elle agit de son propre chef et ça mérite une bonne fouettée d'orties sur les fesses.

— Ce sera la fouettée, dit Itier. Et pas de main morte. Je n'ai pas d'orties. Ma ceinture fera donc l'affaire, comme d'habitude, mais, pour lui faire sortir le diable de la peau, je crains bien que ça ne suffise pas.

— Qui voit le fruit voit l'arbre, dit le maître.

Itier passa dans la cambuse. Il y eut un bruit de lutte, des cris puis des larmes, enfin un gros silence. Itier ressortit, rouge encore de colère, rebouclant sa ceinture.

Jaquette observa les alentours avant de déballer la viande et les boules de pain contenus dans une besace.

— Nous étions à la « charité », dit-elle. Regarde ce que nous en ramenons et dis-moi si tu n'aurais pas, toi-même qui n'est pas un mendiant, risqué une fouettée d'orties pour en mettre autant dans ta huche?

— Bigre! fit le maître, du « bacon »! C'est ainsi qu'ils appellent le porc salé dans la province. En tirant juste, vous en avez pour une bonne semaine.

— Tu en auras ta part, dit Itier, pour te dédommager du risque que tu as pris malgré toi. Tu vois que cette « peste » est un bon petit diable!

Ce soleil du Bon Dieu... Il a des douceurs de lait chaud. On s'y baigne et on le boit, là, sur le pont du « navire », comme dit le maître de la gabare. On regarde les derniers ramages de l'averse flotter sur les prairies noyées et on se dit qu'il y a dans la vie des moments où l'on ne se sent plus pauvre, où la richesse est à prendre. On songe au chemin parcouru depuis Limoges, aux bourrasques de neige et de pluie dans les parages de Nexon, aux terreurs des nuits hantées par les loups et les brigands dans la Forêt-Vieille, près de Jumilhac, aux solitudes où l'on s'est perdu dans les environs de Thiviers, aux réticences et aux exigences du maître de gabare en touchant le port de l'Isle. On avale, avec le pain tendre et le « bacon » des bouchées de bonheur et, lorsque le vin du marinier — le bougre ne boit pas n'importe quelle piquette — vous drape le palais et la gorge, il vous vient des idées d'amitié.

— Tu sais à quoi je pense? dit Raymond.

Il se penche à l'oreille de Jaquette et elle rit un peu trop fort et elle murmure entre deux bouchées :

— Dis à Flore de sortir de la cambuse.

Il se lève, fait sortir Flore de son trou à rat, lui ordonne de garder Jaufré dont le bedon tout rond semble rire de plaisir sous la main.

— Prenez tout votre temps, dit le maître. Moi, je vais faire un petit somme. Il n'est pas loin de midi.

— Je savais bien que nous nous reverrions, dit le coutelier. Vous m'avez pardonné, au moins, pour ce matin? Dans un sens, ma femme a raison : c'est vrai que je donnerais ma chemise quand je vois des gens dans le besoin et que, si je m'écoutais, il y a longtemps que j'aurais vendu ma maisonnette, mes meules et mon jardin. J'aurais dû prendre la bure chez les mineurs. C'était ma vocation. Il n'y a pas de milieu, ami : ou on est avec les pauvres ou on est contre. Moi je suis avec eux de tout cœur. Mais tout ce que je puis donner, c'est une amitié sincère et des conseils. Alors je vous dis : si cette nuit vous voulez dormir à l'abri, il y a mieux que l'estrade des consuls ou la prison. Rendez-vous au couvent des frères prêcheurs. C'est au-dessus de l'Entre-deux-Villes. De loin, ça ressemble à une ruine et ç'en est presque une. Le maire a ordonné qu'on enlève toutes les poutres de cette vieille bâtisse de crainte que les « Godons » les utilisent pour monter des « brides » ou d'autres machines de siège. Là, vous dormirez tranquilles. Vous êtes toujours décidés à descendre l'eau jusqu'à Bordeaux?

— Que faire d'autre, puisque Jayle n'est plus de ce monde?

— Vous pourriez rester, dit le coutelier. Vous n'avez pas remarqué que le Puy Saint-Front est possédé d'une sorte de fièvre? Si Dieu le veut et si Lancastre nous en laisse le temps, nous aurons les plus hauts et les plus forts remparts du monde. Il y a du travail pour tous et pour des semaines encore, à moins que la guerre ne nous tombe dessus comme un orage. On utilise même le service des lépreux de l'hôpital de Charroux, d'Escornebœuf et de toutes les maladreries des environs. On les paye treize sols la brasse.

— Mon travail, dit Itier, c'est la charpente.

— Vous n'avez pas remarqué ces chantiers de bois autour de nos portes, ces échafauds qu'on dresse au-dessus des tours et des châtelets? On reconstruit même le pont-levis et la herse à la porte de l'Éguillerie.

— C'est à Bordeaux que je veux aller.

— Chez les « Godons »...

— Chez ceux qui me donneront du travail et du pain. Et pas pour une semaine ou deux. Anglais ou Français, je m'en fous.

— Alors, je ne vous parle pas du recrutement.

— Dites toujours.

— Le sénéchal du Périgord et du Quercy, Arnaud d'Espagne, demande des volontaires de quinze à soixante ans pour aller délivrer Domme des Anglais. Ce n'est pas très bien payé et il y a des risques mais aussi du butin à partager.

— Je ferais un mauvais soldat. Je ne suis pas très courageux.

— Si vous croyez que tous ceux qu'on recrute, souvent sans leur demander leur consentement, ont le cœur militaire!... Mais puisque ça ne vous dit rien non plus, allez à Bordeaux. En attendant, si vous êtes dans l'embarras, vous savez où me trouver. A condition de ne pas me demander ma chemise...

Les espaces de prairies entre les Frères Prêcheurs et les Frères Mineurs s'étaient vite garnis. On avait entouré les lices d'une barrière de cordes avec, de place en place, des archers consulaires vêtus de jaques peinturlurées aux armes de la Cité et du Puy Saint-Front, la lance au pied, raides comme la justice. Un petit édifice de bois avait été édifié en bordure de la lice pour les notables.

On se demandait si le comte Roger-Bernard du Périgord serait présent. Le coutelier avait expliqué à Itier qu'il n'aimait guère séjourner au château de La Rolphie, dans la Cité, où se tenait sa garnison, et moins encore dans la demeure qu'il possédait au Puy

Saint-Front, à cause des querelles sanglantes qui l'opposaient en permanence aux consuls et aux habitants qui ne l'aimaient guère.

Des pauvresses, la plupart en guenilles, faisaient la queue autour de l'estrade pour prendre leur inscription auprès du gros homme rouge, hargneux comme un dogue d'Angleterre, qui prenait leur nom et leur épinglait dans le dos un chiffon avec un chiffre grossièrement peint en noir. Il y en avait de toutes les catégories : des jeunes et des vieilles, des belles et des laides, des girondes et des maigrichonnes, des sveltes et des bancales. On chassa l'une d'elles qui portait une grosse pustule sur la joue sous prétexte qu'elle était lépreuse ou tout au moins rogneuse.

— Avec votre permission, dit Flore, j'aimerais courir. Il y a gros à gagner, dit-on.

— Non! dit le père. Tu n'iras pas te mêler à ces gueuses.

— Tu risquerais de recevoir un mauvais coup, dit Jaquette.

— Les mauvais coups sont interdits et punis sévèrement, dit le coutelier. Laissez faire cette enfant. Il y a un beau paquet de « brulats » à gagner, sans compter des cadeaux en nature.

Itier allait répliquer vertement au bonhomme de s'occuper de ses affaires et de faire courir sa propre femme quand Jaquette intervint. Le coutelier avait raison : on ne risquait rien à essayer et il y avait gros à gagner. Itier se tourna vers Flore, la poussa aux épaules.

— C'est bon! Va prendre ton numéro, mais ne fais pas la folle et tâche de revenir avec les mains pleines sinon tu tâteras de nouveau· de ma ceinture.

A peine Flore s'était-elle éloignée, le coutelier volubile repartit dans ses souvenirs.

— Ces « charités », ces courses de femmes ne sont pas ce qu'elles étaient jadis. Le cœur n'y est plus. C'était un jeu; c'est devenu un combat pour survivre. Dans ma jeunesse, la municipalité donnait des repas sur la place du Coderc. On a tué jusqu'à soixante-quatorze porcs que l'on allait acheter dans les environs de Limoges.

Il ajouta :

— Approchons-nous de la lice tant qu'il est temps, sinon nous ne verrons rien de la course. Et croyez-moi : des spectacles comme celui-ci, vous n'en verrez pas beaucoup dans votre existence.

En jouant des coudes ils s'installèrent au milieu des bourgeois endimanchés de la Cité et du Puy Saint-Front, juste en face de l'échafaud qui occupait le milieu de la lice. Le comte Roger-Bernard avait fini par arriver, entouré de ses serviteurs et de ses chiens. Il prit place, visage maussade sous le bonnet de velours gris tressé de fils d'argent, à côté de sa femme, Eléonore de Vendôme qui grelottait dans son manteau violet brodé d'hermine, tenant devant elle, debout, ses trois enfants : Archambaud, Jeanne et Talleyrand. Autour d'eux ou derrière leur siège se tenaient les maires de la Ville et de la Cité, entourés d'un groupe chamarré de consuls et d'officiers consulaires. Le genièvre et le romarin dont on avait orné la tribune embaumaient dans le soleil.

Sur plusieurs rangs, les ménétriers, joueurs de cornemuse, de vielle, de tambour et de trompette parcoururent la lice, s'arrêtant pour donner une aubade tonitruante devant l'estrade. Il passa dans le ciel un gros nuage couleur d'ardoise qui alla crever, sur les hauteurs du Puy-Rousseau et de Champcevinel. Puis une nouvelle gloire de soleil fit scintiller le paysage gorgé d'eaux printanières.

Un attroupement s'était formé autour des concurrentes que l'on avait massées au bas-bout de la piste. Quelques volées de bannières et de lances flottèrent sur le groupe des femmes.

— Ce n'est rien, dit le coutelier. Depuis qu'un garnement vêtu de jupes a pris part à la course, il y a quelques années, les sergents s'appliquent à vérifier s'il n'y a pas de tricherie. Ils en ont le droit et ils en profitent mais ce n'est pas du goût de tout le monde, car parfois les maris s'en mêlent.

— Je n'aperçois pas Flore, dit Jaquette.

— Là-bas, dit le coutelier. Derrière la matrone en cotte rouge.

Alors que commençait à palpiter la bannière aux armes de Périgueux que brandissait un officier consulaire, les encouragements se mirent à pleuvoir. Des paris s'échangeaient au bord de la lice dont les cordes, malgré la surveillance des gardes armés se tendaient à craquer.

La ruée des cinquante femmes provoqua un hurlement de joie. Elles passèrent en torrent devant la tribune, martelant de leurs pieds nus la terre humide sur laquelle on avait répandu une couche de paille déjà souillée par les ménétriers. Arrivées au haut-bout de la lice, elles contournèrent le faisceau des bannières planté au milieu et descendirent la pente légère à longues foulées. La plupart couraient en chemise et cotte de blanchet, et quelques-unes avaient enfilé des braies d'homme. Le coutelier glissa dans l'oreille d'Itier une réflexion salace : on racontait que plusieurs d'entre elles, pour la commodité, ne portaient rien d'autre sur la peau.

Flore se comportait bien. Elle courait sans fatigue apparente, avec l'élégance et la grâce d'une biche, les cheveux flottant dans son dos, les bras à demi levés, repliés de chaque côté du buste, sans rien voir d'autre, semblait-il, que cette paille d'où suintait une eau grasse et les pieds couleur de terre qui dépassaient de sa robe aux extrémités relevées. Elle paraissait être la plus jeune; elle était sûrement la plus jolie et les encouragements ne lui manquaient pas. On eût dit qu'elle courait pour le plaisir et elle donnait des idées de bonheur.

Déjà, alors que l'on abordait le troisième tour de lice, une dizaine de femmes avaient abandonné la course sous les quolibets, les sifflets, les jets de boue et s'accrochaient aux cordes pour reprendre souffle. Certaines eurent des vomissements pathétiques. Une pauvresse tomba dans les bras d'un garde comtal, s'accrochant à lui comme à une épave. Prise à partie par des écoliers du chapitre, une vieille femme répliqua avec ses poings.

— Votre petite Flore tiendra jusqu'au bout! s'écria le coutelier. Je crois même qu'elle est bien partie pour l'emporter.

— Ce sera grâce à vous, dit Itier. Décidément, vous êtes un brave homme.

— Peut-être moins que vous ne le pensez, dit finement le coutelier. Si elle gagne, vous me donnerez bien quelques « brulats »?

— Eh! attendez un peu, dit Jaquette. La course ne fait que commencer.

A bout de souffle, des femmes s'affalaient contre les barrières et se fondaient honteusement dans la foule. Au quatrième tour, elles n'étaient plus qu'une douzaine, menées par une sorte de jument poulinière qui paraissait peiner comme si elle tirait une charrette de Flandre à quatre roues, mais semblait pouvoir courir ainsi jusqu'à la chute du soleil. Sa jupe retroussée montrait des genoux de pierre rose et la naissance des cuisses gorgées de force. Elle avait les faveurs des parieurs, mais la foule tenait pour ce petit bout de fille qui paraissait danser en courant bien qu'elle fût à une demi-longueur de piste de la première.

— Encore deux tours, dit le coutelier. Ne faites pas cette tête, mes enfants! Je suis sûr que votre petite Flore leur passera sous le nez à toutes. Regardez : elle est toute fraîche encore.

Elles n'étaient plus que quatre en piste. L'une d'elles, une sorte de sorcière aux cheveux jaunes, se mit à boiter puis s'écroula.

Flore courait à présent à demi ployée en avant, les mains contre sa poitrine, la bouche grande ouverte. Ce n'était plus un jeu auquel elle se livrait, mais une sorte de fuite affolée comme devant un danger. Itier se dit que sa fille courait pour échapper aux jours noirs qui la poursuivaient, que chaque pas l'éloignait de la misère qui avait été le lot de son enfance et de sa jeunesse, qu'elle fuyait vers une frontière au-delà de laquelle s'étendent les pays paisibles où la peur ne hante plus les nuits, où chaque matin ouvre des chemins d'espérance. Les encouragements pleuvaient sur elle comme autant de coups de ceinture, mais elle semblait absente et, lorsqu'elle levait la tête, ses yeux chaviraient dans le bleu du ciel.

La foule se confondit dans un même tumulte comme les trois dernières coureuses encore en piste arrivaient au bas-bout de la lice, séparées de quelques pas. La jument heurta de plein fouet la suivante : Flore, qui se renversa en arrière, mit quelques instants à reprendre ses esprits, tandis que la foule rompait les barrières pour lui porter secours, la relever, l'aider à repartir. Elle devait reprendre la course sinon tout était perdu pour elle, à moins que les juges décident de disqualifier la jument.

— Écartez-vous! criait Itier. C'est ma fille! Laissez-la respirer. Flore! Flore!

— Je finirai la course, dit Flore. Je me le suis promis. Laisse-moi repartir, père, je t'en prie.

La foule sur ses talons, elle repartit en titubant, les bras ballants, le menton contre sa poitrine, d'une allure de somnambule, portée par les vivats de la foule qui la pressait de toutes parts.

Au moment où la bannière du juge s'abattit devant elle, Flore tomba sur les genoux. Elle sentit le contact d'un linge humide sur son visage, la pression d'une multitude de mains qui la palpaient, la retournaient, l'allongeaient sur une couverture, tapotaient ses joues, tandis que d'autres mains lavaient ses pieds meurtris et ses jambes souillées. Il lui semblait que le gros orage contre lequel elle fuyait venait de la rattraper.

— Père, dit-elle. Je crois que j'aurais pu gagner.

— Moi, dit le coutelier, je vous affirme qu'elle l'a emporté. Les juges ne sont pas d'accord sur la victoire de la jument. Ils vont sûrement la disqualifier.

La grande femme se tenait sous la tribune, assise sur un banc, les mains entre ses cuisses, encadrée de quatre estafiers chargés de la protéger de la fureur de la foule. L'autre concurrente s'ébrouait dans un baquet d'eau, les mamelles à l'air, écartant à coups de pieds et de poings les admirateurs trop empressés.

Ramener le silence et la sérénité dans l'assistance ne fut pas une mince affaire. Il fallut faire donner les buccines et tonner les hérauts-papegaies. C'est le comte Roger-Bernard lui-même qui proclama les résultats. Flore était déclarée gagnante.

— Je vous l'avais bien dit! exultait le coutelier. Par saint Front, il y a une justice! Itier, vous me devez une fière chandelle... et quelques « brulats ».

— Je tiendrai ma promesse, dit Itier, mais dites-vous que vous avez vous-même beaucoup de chance. S'il était arrivé malheur à ma fille, vous me l'auriez payé très cher. Maintenant, coutelier, je vous offre à boire. Et pas du vin de couvent!

— Pour cette nuit au moins, dit Itier, nous aurions pu coucher dans une auberge. Nous en avons les moyens.

— Non, dit Jaquette, cet argent, nous en aurons besoin à notre arrivée à Bordeaux. Il nous restait à peine de quoi payer notre passage sur la gabare jusqu'à Libourne. Grâce à Flore, nous pourrons continuer notre voyage sans inquiétude.

La nuit était pleine de murmures. Ils étaient une dizaine, tassés sous le chaume tout frais des Frères Mineurs. Lorsque la porte s'ouvrait, on apercevait un coin de jardinet tout glacé de lune et, au-dessus d'un mur très noir, de petits flocons d'étoiles brumeuses. Tout près, des mendiants étaient en train de manger et de boire en parlant des Anglais qui rôdaient dans les parages, et la nuit se peuplait d'images inquiétantes. La foire du mardi-lardier, qui durait une quinzaine de jours, faisait sortir des coffres des bourgeois des pièces d'or et d'argent et les brigands les respiraient à dix lieues à la ronde. Ils avaient des visages graves sous la chandelle, l'œil brillant dans leur façon de porter le pain coupé au couteau à leur bouche, une sorte de solennité : la lenteur méditative de ceux qui ont la misère pour compagne tous les jours de leur vie.

— Les enfants sont endormis, dit Jaquette. Regarde Flore. Le tonnerre ne la réveillerait pas.

Il faisait encore sombre lorsque l'homme pénétra dans le dortoir.

Le grincement de la lourde porte de bois avait déchiré la nuit; la lumière de la torche dissipa ce qui en restait. On ne voyait du nouveau venu qu'un bassinet de cuir fort couturé, un nez rouge de froid et la buée qui montait de sa bouche. L'aube n'était plus très loin, mais, si le pré voisin semblait déjà badigeonné de lumière, c'est qu'il avait gelé durant la nuit.

— Allons, debout, fainéants! cria l'homme au bassinet, mais restez à votre place sans un mot et sans un geste. Pressez-vous! Messire le sénéchal n'aime pas attendre.

Il distribua quelques coups de pieds, rit très fort en entendant les grognements de protestation des dormeurs. Deux soldats étaient entrés à sa suite et clignaient des yeux, le visage enveloppé d'une touaille à cause du froid.

— Tête Dieu! quelle odeur, dit l'homme au bassinet qui avait l'allure d'un capitaine. Même votre vermine n'y aura pas résisté.

Les dormeurs se levaient lentement. Quelques pauvresses — trois ou quatre — se trouvaient parmi eux. Le « capitaine » les examina rapidement et les rejeta dans le fond du dortoir.

— C'est ma femme, dit Raymond Itier. Et voici mes enfants. Que nous voulez-vous? Vous êtes du parti anglais?

Le « capitaine » émit un rire en cascade et repoussa sans ménagement Jaquette et les deux enfants qui dormaient debout.

— Maintenant que nous sommes entre nous, poursuivit-il en promenant sa torche au-dessus de sa tête, je vais vous dire ce qui m'amène de si bon matin. A en juger par votre apparence, à deux ou trois exceptions près, vous êtes en état de tenir une arme. Ne protestez pas avant que j'en aie fini! Dans sa grande bonté, monseigneur le sénéchal Arnaud d'Espagne a décidé de vous offrir honneur et gloire, et même du butin si Dieu le veut. Vous êtes tous indignes de défendre les couleurs de France, crapaudaille puante, gueux, vagabonds, tire-laine, truands de toute espèce, et pourtant vous voilà peut-être promis à une grande destinée, si vous acceptez de sortir de votre cocon de crasse et d'indignité. D'ailleurs, d'accord ou non, c'est la même chose. Que pouviez-vous espérer de mieux?

Il parcourut le groupe des gueux en se bouchant le nez.

— Bref! Nous avons besoin de soldats pour aller reprendre Domme aux Anglais. Que ceux qui acceptent de nous aider avancent d'un pas. Aucun volontaire? Soit. Alors, deux solutions : ou je vous déclare traîtres au roi de France et vous aurez la gorge tranchée sur-le-champ, ou vous vous déclarez tous volontaires et nous serons bons amis. Allons, mes braves, un pas en avant!

Ils avancèrent tous, sauf un. Le « capitaine » dégaina sa « miséricorde ».

— Laissez-le en paix, dit un jeune homme. Il est aveugle et sourd.

— Les frères mineurs s'occuperont de lui. En route, tous!

— Permettez! dit Itier. J'ai femme et enfants. Faut-il que je les abandonne aussi?

— Nous prends-tu pour des monstres? Il y aura de la place pour eux dans nos chariots. Allons! prenez tous vos baluchons.

La nuit grouillait d'ombres empanachées de buée. Une petite rose de lumière palpitait au ras de l'horizon, au-dessus de

Saint-Pierre-aux-Liens et du clocher caparaçonné de gel. Les flambeaux, éteints pour ne pas donner l'éveil aux veilleurs qui se tenaient aux remparts du Puy Saint-Front et de la Cité, on ne distinguait les hommes que par leur contraste avec le sol gelé. La glace craquait sous les pieds. Un vent froid se nouait aux jambes. Mêlée à des franges de sommeil, la peur faisait bourdonner les tempes.

Itier retrouva sans peine Jaquette et les enfants qui venaient à leur tour de sortir du dortoir. Le groupe réuni, encadré de soldats sans visage, s'engagea dans la direction du couvent des Frères Prêcheurs qui tassait au nord ses bâtiments massifs, prit un sentier à travers des rangées de vimes, puis, par un damier de jardinets, coupa en direction de Campniac et de Rivière-Sainte-Eulalie. Il ne faisait pas encore jour quand il atteignit l'Isle.

Des barques attendaient sur la rive.

3

UNE BASTIDE DANS L'ÉTÉ

Flint tient à son idée : il y a des violettes quelque part. Peut-être sous cette roche ruisselante de glaires vertes. Le parfum papillonne un moment autour de lui et s'envole sur un simple mouvement de l'air.

— Tu as beau dire, mon gars, nous sommes mieux ici que devant Calais.

La Dordogne a été longue à se dégager de son sommeil du matin. Il a fallu quelques vols de corneilles échappées aux lointaines falaises de Beynac, le sillage des passeurs, les cornes des soldats sur les remparts de la citadelle et les premières risées de vent pour que ce grand miroir figé reprenne vie. Maintenant la lumière crépite partout.

— Cette violette, dit Flint, tu la sens?

— Non, répond Blake. Tu dois rêver.

Le printemps sur les monts Cheviot, les vents rugueux roulant sur les pentes dénudées. Le printemps était un dieu noir enfoui dans les tourbières. Il s'en libérait lentement, secouait la terre à chaque frisson de vie qui le parcourait. Parfois on l'entendait respirer, se plaindre, et les moutons se regroupaient, et les chiens gémissaient, la queue entre les jambes, et l'air se chargeait d'odeurs étranges. L'hiver à Calais. Des vieillards, des femmes, des enfants, hurlaient leur faim sur le bord des fossés où les défenseurs avaient rejeté ces bouches inutiles, et ils restaient là des jours et des jours, sous les bourrasques de pluie et de neige, et les soldats anglais leur jetaient des os et des croûtons pour les regarder se battre, et ils repoussaient avec des perches les cadavres nus qui flottaient dans l'eau à moitié gelée.

— Tu crois que Calais tient encore? dit David. Qu'est-ce qui pousse ces gens à défendre jusqu'à la mort ce coin de terre pourrie. Et nous, pourquoi nous accrochons-nous à cette ville?

— Souviens-toi de notre dernier débarquement, fiston. Nous avons été promenés au gré des vents avant de pouvoir toucher terre. Il n'est pas juste que les vents imposent leur volonté au roi d'Angleterre. A Calais, nous aurons des troupes en permanence pour opérer sur le sol français au moment qui nous semblera bon. Le roi n'aime pas se fier au hasard ou aux caprices du temps lorsqu'il décide de prendre pied sur le sol de son futur royaume.

Son futur royaume... L'enfant de la reine Philippa, Marguerite, c'est à Calais qu'elle est née, durant le siège. Les soldats l'appellent la « petite Française ». Elle est née dans l'odeur des cadavres, la petite nièce du roi Philippe de France. Il n'y a pas eu de sonnerie de cloches, mais les lamentations des mourants dans les fossés, le tonnerre des vagues, le meuglement des cornes annonçant un assaut.

« Il était temps pour moi de quitter cet enfer, songe David Blake. J'aurais fini par refuser de me battre contre ces morts vivants qu'on disait nourris de chiens et de rats. » Le jour de son départ pour l'Aquitaine, la tempête rabattait des vols de mouettes sur l'arrière-pays; leurs cris éperdus passaient en rafale au-dessus de la ville de bois construite par les Anglais. Le prince de Galles les regardait tournoyer, lutter contre le vent, se laisser dériver vers les marécages, et Blake fixait le fils du roi, et ils se souriaient lorsque leurs regards se rencontraient.

— Content de quitter cette pourriture, hein, Blake? Nous allons vers des pays plus cléments où il faudra se battre non plus contre des fantômes mais contre de vrais soldats. Bientôt le soleil, Blake. Le soleil...

Calais avait tenu des mois; elle tiendrait des mois encore. On la croyait sur le point de demander grâce et, à la première alerte, ses soldats au ventre creux se jetaient aux remparts et se battaient comme des loups enragés.

Avant de quitter le siège, le prince de Galles a pris dans ses bras la petite Marguerite, l'a embrassée sur les deux joues. La « petite Française », fille d'un père français, née en terre française.

— Tu comprends, Blake? Ce pays est mon pays. Mon sang est aussi français que celui de Philippe de Valois et nous avons le droit

49

pour nous. C'est pourquoi nous devrons nous montrer intraitables. Un petit dieu de la guerre dans le soleil noir de son armure.

— M'est avis, dit Flint, qu'ils ne tarderont guère. En attendant, je vais manger un morceau. Tu n'as rien sur toi, sergent Blake?

Blake tire de sa jaque de cuir du pain et une tranche de lard rance. Le soleil est haut. Dans la prairie en contrebas, lisérée de gel aux approches des taillis, près de la ferme où le prince Edouard s'est installé, des coureurs ont surgi, pliés sur le col de leur monture. Peu après, le prince paraît, fait un signe du bras, lance un coup de sifflet aigu comme le cri d'un diamant sur une vitre.

— Le signal, dit Blake. Il faut prendre position.

Les Français viennent de passer l'eau. Il faudra couper la route de Domme à cette horde de bougres, paysans, vagabonds, brigands raccolés ce force dans la province par les recruteurs du sénéchal Arnaud d'Espagne, mal entraînés au métier des armes et qui se débanderont à la première alerte. Dans les aubarèdes noyées, les cavaliers anglais commencent à prendre position. David Blake rassemble les siens : des cavaliers montés sur de petits chevaux « hobyns », un corps d'archers commandé par Flint et quelques Normands. Derrière les chênes verts et les ajoncs, la troupe est quasiment invisible; elle tombera sur l'ennemi comme la foudre. « Jenny », la jument de Blake, s'impatiente; il lui flatte l'encolure, lui glisse entre les mâchoires un croûton de pain. Ses hommes sont debout et immobiles, les cavaliers près de leur cheval, les archers l'arme au pied, le bonnet de laine ou de cuir sur l'œil, se faisant de petits signes d'amitié de la main. Les Français n'auront pas Domme. Voilà ce que disent ces signes, mais aussi que la journée sera belle et qu'il fera bon se battre contre ces cochons de Français. Le soleil est chaud pour la saison. De petits nuages dorment sur l'épaule du vent mou qui vient du sud. Les dernières pluies, les gelées de la nuit, le paysage s'en souvient à peine. Février sur les marécages du Northumberland : des brumes grasses à odeur de tourbe paraissaient collées aux bruyères pour une éternité.

— Les voilà! Ils arrivent!

L'homme qui marche en tête sur sa mule est du parti anglais; un traître, paysan de Limeuil, déguisé en pèlerin, qui s'est fait fort d'amener les hommes du sénéchal au pied de la montagne de Domme en évitant les patrouilles anglaises. Les Français l'ont payé pour les conduire; les Anglais pour trahir leurs ennemis. Il chevauche une belle mule à pompons et ses jambes s'épanouissent au-dessus de deux lourdes bastes de cuir brun. Celui-là, on le laissera passer. Quant aux Français...

— Par saint Georges, tirez! Et ne manquez pas votre cible!

Blake regarde monter, sifflant et griffant le ciel du matin les traits qui semblent hésiter un instant à leur apogée avant de redescendre en pluie mortelle. En bas, dans la troupe des Français — une centaine d'hommes — c'est la panique. Les chevaux blessés cabrent, hennissent, s'échappent ventre à terre et dans tous les sens. La deuxième volée couche au sol une bonne vingtaine d'hommes qui gueulent de douleur et d'épouvante. A la troisième, des chariots attelés de bœufs foncent à travers la troupe désarticulée, creusent un sillon de sang, traînent les véhicules renversés au milieu de la tourbe des hommes de pieds qui se débandent en tous sens.

— Cessez! crie Blake.

A la ruée des cavaliers postés en ligne sur la crête répond la charge de ceux de la ferme, et le massacre recommence. Pas de quartier! Blake tranche les mains implorantes qui se dressent vers lui, poursuit et traque les fuyards, taille, perce, soudain possédé par l'ivresse de la bataille. Il a du sang français jusqu'aux yeux. Lorsqu'un homme se retourne, montrant les dents et prêt à mordre, il l'amuse, fait mine de reculer puis fonce, bouscule, frappe, laisse « Jenny » fouler de ses sabots furieux cette vendange de chair et de sang. Non : il n'y a pas d'ivresse meilleure que celle des combats, à condition de savoir la maîtriser le moment venu.

— Surtout, dit Itier dans un souffle, pas un mot, pas un geste.

L'orage démentiel tourbillonnait autour du chariot à demi renversé contre un gros rouvre. Sur son banc, le conducteur paraissait endormi, deux flèches dans l'épaule et la poitrine. Parfois des chocs sourds ébranlaient le véhicule et la bâche vibrait comme sous une ruade de vent. Un homme accroché des mains au timon n'arrêtait pas de gémir. Raymond disparut de nouveau sous les balles d'avoine en se disant que, la bataille achevée, leur ardeur tombée, les « Godons » n'oseraient pas s'en prendre à cette femme et à ces enfants et que lui, Itier, charpentier de son état et non soldat, pourrait plaider sa grâce.

Flore paraissait très maîtresse de ses nerfs. Le feulement des flèches se plantant dans la toile la faisait à peine tressaillir. Elle avait eu beaucoup plus peur, la veille, pendant la course, lorsque la jument l'avait heurtée de plein fouet. Elle prenait même un plaisir aigrelet à écouter cornemuses et tambours brouillés par la rumeur profonde du combat. Elle n'avait pas froid aux yeux; ses parents le lui avaient assez répété, ajoutant qu'elle deviendrait une de ces fières garces qui vous mènent les mâles à la baguette et n'aiment rien tant que les sentiments colorés d'héroïsme. Flore n'avait rien à opposer à ce jugement mais elle se disait qu'elle n'aurait pas aimé ressembler à ses parents, à ce père surtout : sévère mais injuste quand il se sentait le plus fort, pleutre devant le danger. Elle s'avouait même parfois un sentiment de mépris pour cet homme habile dans sa partie mais qui, dans les aléas de l'existence, paraissait toujours sur le point de s'effacer. Il ne manifestait de courage que devant l'inexorable et encore s'attachait-il à en reculer l'échéance jusqu'à ce que toute manifestation d'énergie fût devenue inutile. Elle regrettait qu'il n'eût pas saisi son herminette pour se mêler aux soldats : Français ou Anglais peu importait, au lieu d'attendre, enfoui sous des balles d'avoine, que cesse le combat. De toute manière, lorsque les Anglais le découvriraient, ils le tueraient comme les autres et il n'y aurait pas autour de cette mort la petite lumière d'héroïsme qui paraissait à Flore le comble du bonheur.

La tempête de la bataille n'en finissait pas de secouer le chariot-navire qui, pour l'heure, représentait une cellule miraculeusement préservée, baignée de pénombre et sur le point de s'arracher à son récif pour repartir à la dérive vers des eaux plus calmes.

— Écoute! dit Jaquette. On dirait que la bataille tire à sa fin!

On entendait encore des gerbes de cris, de supplications, de rires, de hennissements, puis, insensiblement, le gros murmure d'une bataille en train de défaire ses nœuds, dans une respiration oppressée, coupée de hoquets tragiques, un ressac de râles et de gémissements. Un homme apparut. Il était de petite taille, roux sous son bonnet de laine bleue. Il tenait encore son couteau rouge à la main et son arc en bandoulière. Pour quelqu'un qui venait d'en découdre, il était encore très ordonné dans sa tenue. Il poussa un sonore « God damn! » fit un signe vers l'extérieur et d'autres hommes apparurent, qui riaient en se poussant du coude. Ils parlaient un langage incompréhensible. Des Anglais.

Un jeune un peu blondasse, avec de beaux yeux verts, qui paraissait être le chef, ordonna aux femmes, dans un français correct, de descendre du chariot.

— Il n'y a personne d'autre? demanda-t-il.

Flore montra les balles d'avoine.

— Mon père est là, dit-elle. Vous l'auriez trouvé de toute

manière. Il a été embarqué de force dans cette troupe et n'a rien à voir dans votre affaire.

Le groupe s'écarta de nouveau devant un jeune cavalier au visage à demi dissimulé sous le bassinet et dont le gorgerin de maille et le corselet de fer bruni étaient barbouillés de sang. Il donna quelques ordres très fermes, avec une pointe d'irritation dans la voix.

— Sortez! cria-t-il.

Flore se laissa prendre aux aisselles par le jeune chef aux yeux verts et le remercia poliment. Puis elle aida Jaufré et sa mère à descendre.

— Père! dit-elle, il faut sortir de ta cachette. Le danger est passé. Les Anglais nous ont délivrés.

— Toi, dit le cavalier noir, tu ne manques pas de toupet. Vous faisiez partie de cette troupe, oui ou non?

— Oui et non, dit Itier en sautant à son tour, le visage défait. Croyez-moi, monseigneur, si je vous affirme que, de ma vie, je n'ai tenu d'autre arme que cette herminette. Je me rendais à Bordeaux pour y trouver à m'embaucher dans la charpente. J'ai là une lettre de sauvegarde signée du maire de Limoges.

— Connais-tu quelqu'un à Bordeaux? demanda le cavalier noir.

— Personne, bredouilla Itier, mais...

— Alors ton compte est bon. Nous avons dit que nous ne ferions pas de quartier. Les lettres de sauvegarde, nous savons ce qu'elles valent! Vous autres, prenez cet homme et saignez-le. Quant aux femmes, laissez-les libres d'aller où elles voudront.

— Et mon petit frère! s'écria Flore. Saignez-le donc lui aussi tant que vous y êtes. Etes-vous des soldats ou des bourreaux?

— Laisse..., dit Itier. S'il faut mourir...

Le jeune chef aux yeux verts intervint :

— Je suis persuadé que cet homme dit vrai et qu'il n'est pas dangereux. Acccordez-lui votre grâce, monseigneur.

— Je suis de son avis, dit le petit homme roux. Par saint Thomas, ce Français a un visage honnête. Nous avons besoin de charpentiers pour nos remparts. Quant aux femmes, elles nous seront utiles pour la cuisine et d'autres services.

— Soit! Faites comme vous l'entendez! grogna le cavalier noir en tournant bride. Après tout, ce sont tes prisonniers, Flint.

— Pour qui se prend-il ce grand escogriffe tout noir? s'exclama Flore. Pour le roi d'Angleterre?

— Tu n'es pas loin de la vérité, dit Blake, mais à ta place, je crânerais moins. Ce chevalier n'est pas le roi d'Angleterre. C'est son fils.

Ils passèrent la journée à dormir.

Au milieu du jour, on leur porta une boule de pain un peu rassis et de l'eau. Ils mangèrent et se rendormirent, sauf Jaufré qui alla jouer avec les soldats. L'abri sous roche qu'on leur avait assigné comme refuge suintait de toutes parts d'une eau glacée. Lorsqu'ils ouvraient les yeux, ils apercevaient au loin, derrière les soldats qui montaient la garde, une colline avec un château noir sous un ciel moite de chaleur.

Peu avant le soir, Blake vint leur expliquer qu'on attendait la tombée de la nuit pour pénétrer dans la bastide de Domme, cette haute table de roche où les falaises se confondaient avec les murailles au-dessus d'une robe de forêt. Une expédition risquée : les Français avaient commencé l'investissement de la citadelle et les patrouilles, composées en majeure partie de gens du pays connaissaient les moindres issues comme les portes de leur propre jardin.

— Je vous dois la vie, dit Itier. Je ne mentais pas en vous disant que nous nous rendions à Bordeaux. Aujourd'hui même, nous devions partir en gabare.

— On vous trouvera du travail à Domme. Si vous savez habiller une tour avec des hourdis de bois, vous êtes notre homme. A moins que vous trouviez insupportable de travailler pour des « Godons »...

— C'est le moindre de mes soucis. Je travaille pour qui me paye, mais si vous nous laissiez aller je vous serais doublement reconnaissant.

— N'y comptez pas! Vous n'iriez pas loin. Ce pays est une marche qui change pour ainsi dire chaque jour. La frontière entre la France et l'Angleterre, c'est cette rivière. Même avec un viatique du pape vous n'auriez aucune chance de vous en tirer. Si c'est vraiment à Bordeaux que vous souhaitez vous rendre, nous vous aiderons mieux que les Français.

Lorsque la colonne s'ébranla, il y avait un peu de lune à fleur d'horizon, mais tellement noyée dans une brouillasse couleur de terre qu'il faisait noir comme dans un four.

Le chemin était long jusqu'à Domme. Au fur et à mesure qu'on s'en approchait, les soldats devenaient plus anxieux, s'immobilisaient au moindre bruit, tendaient l'oreille. Attachés à la corde et reliés à la selle de Blake, les prisonniers suivaient passivement. On passa près de l'abbaye de Cénac, silencieuse comme un cimetière; les Français l'occupaient et il fallut faire un crochet pour l'éviter.

UNE BASTIDE DANS L'ETE

La montagne de Domme bouchait maintenant l'horizon. Le plus difficile restait à faire. Scindée en trois colonnes, la petite troupe parvint à s'engager dans un sentier fort abrupt qui montait à travers la forêt sous des pans de falaise vertigineux. Le groupe que suivaient les prisonniers évita de justesse une patrouille. Puis l'ascension reprit avec des pauses sous des à-pics, dans des creux d'ombre où le froid formait comme des bogues de châtaignes qui pénétraient la peau. Une poterne s'ouvrit, par laquelle on eut du mal à faire passer les chevaux et les mules.

— J'avais raison de te faire confiance, dit Blake. Tu n'as pas cherché à attirer l'attention de la patrouille.

— Avec la pointe d'une épée dans les reins, dit Itier, j'aurais pu être le roi de France, je n'aurais pas soufflé mot.

— J'aime ta façon de voir les choses. Tu n'es pas très courageux, mais tu es honnête. Tu vas donc honnêtement nous aider à fortifier la bastide. Les hommes du sénéchal ne tarderont pas à poser des échelles.

Dans les rues tirées au cordeau de la bastide, les torches faisaient comme une fête de lumière. Des groupes se pressaient autour du prince. On parlait anglais ou français, très fort malgré l'heure avancée de la nuit et le froid glacial. Le maire et les consuls venaient tout juste de vérifier à la lanterne que les portes étaient bien closes et défendues.

Blake fit signe à Itier de le suivre avec sa famille. Ils s'engagèrent dans un « carreyrou » pavé de galets de la Dordogne où les sabots de « Jenny » faisaient crépiter des échos. Une puissante odeur de sang de bêtes et de tripailles venait de la cour ouverte sur la rue par un petit porche de fantaisie. David les y précéda.

— Pour cette nuit, dit-il, vous coucherez sous cet appentis, sur de la paille fraîche. Demain, nous aviserons. Si vous entendez bouger à côté, n'ayez pas peur : ce sont les bêtes que le mazelier doit abattre de bonne heure demain matin.

Il leur souhaita la bonne nuit avant de se retirer.

Il faisait sombre lorsque Flore s'éveilla au bruit d'un énorme pissat près de son oreille. L'odeur était suffocante. Elle se leva, poussa le battant de bois, referma l'appentis, avec l'impression d'avoir macéré dans du fumier chaud. Sa couverture sur les épaules, elle fit quelques pas à tâtons dans la cour. De part et d'autre de la porte, le mazelier avait suspendu ses instruments de travail : cordes, entraves, masses, merlins, couteaux ainsi que de grosses haches dont le fer brillait. Flore se glissa à l'intérieur, sursauta lorsque le gros chat noir de la maison, la queue droite et tremblante, vint se frotter à ses jambes avec un miaulement étranglé. Elle le prit dans ses bras et l'animal se mit à ronronner.

L'escalier à vis sonnait au moindre bruit comme l'âme d'une viole. L'homme qui ronflait à l'étage garnissait à ras bord le silence. Flore songea au mazelier plutôt qu'à Blake et se dit aussitôt que c'était une idée ridicule. Elle commença de monter. De petites fenêtres de lune découpées dans le mur suffisaient à guider sa progression. Elle respira une sage odeur de graillon et de cuisine de ménage. L'homme qui ronflait se tenait derrière une porte cloutée, au bas de laquelle bâillait une chatière. Elle essaya d'entrer mais y renonça car la porte était fermée de l'intérieur; elle imagina un gros verrou noir et gras d'humidité.

L'étage supérieur était constitué par un grenier largement ouvert mais qui était autre chose qu'un débarras et un nid à poussière : des touailles pendaient à des cordes tendues, à droite; à gauche, des peaux fraîches répandaient une odeur écœurante. Plusieurs hommes dormaient sur la paille. L'air était un bloc de glace.

— Que fais-tu là? dit une voix en français. Approche un peu!

Elle approcha de Blake sans crainte, mais en évitant de faire craquer le parquet. Il s'était dressé à demi et son visage faisait une tâche claire dans la pénombre.

— Pourquoi te promènes-tu ainsi? Tu es somnambule? Tu n'es pas fatiguée?

— J'avais envie de respirer un autre air que celui du fumier. Dès qu'on quitte cette cour la maison a de bonnes odeurs.

Elle ajouta, presque sans y penser :

— J'avais aussi très froid.

Il grogna quelque chose en anglais, écarta sa couverture et lui dit qu'elle pouvait se glisser près de lui en faisant attention de ne pas réveiller les autres et de ne pas trop bouger car il avait lui-même besoin de repos.

— Tu n'as pas peur? lui souffla-t-il dans la nuque.

— Peur? De quoi?

— Qu'est-ce que tu tiens dans tes bras?

— Le chat de la maison. C'est une bonne bête.

— Lâche-le!

— Tu crains qu'il te donne des puces?

— Je crains plutôt de lui en donner.

Flore s'étant allongée, le dos contre Blake, il lui sembla que la chaleur du soldat bourdonnait en elle. Elle frissonna un peu puis se détendit et il lui vint des idées de paradis — la chambre de Limoges, sous les tuiles, lorsque les rossignols de l'été chantaient dans les arbres du prieuré voisin, du côté de la ville basse.

— Tu peux t'approcher, dit-il, je ne te mangerai pas.

— Je suis bien, monsieur le sergent.

— Tu peux m'appeler David et me dire « tu ». Flore, tu es une drôle de petite fille...

— J'ai quatorze ans, mais il paraît que j'en fais seize. Avant-hier, j'ai gagné la course des femmes, à Périgueux.

Elle raconta la course. A de petits bruits de gorge, il montrait qu'il l'écoutait, puis il demeura silencieux et se mit à respirer longuement et elle comprit qu'il s'était endormi, mais elle continua de raconter son exploit à voix basse, pour elle seule. Elle remonta la couverture de soldat jusqu'à ses yeux et se dit que des nuits comme celle qu'elle était en train de vivre, on devrait pouvoir les faire durer une éternité.

Flore montra son bras sous les manches de blanchet : on voyait nettement la trace des coups.

— Pour parler comme mon père, dit-elle : « C'est le tarif! » Dix coups de ceinture pour avoir dit que mon père se cachait dans le chariot et dix autres pour avoir découché sans prévenir.

— Il aurait pu se montrer indulgent, dit Blake. En le trahissant, tu lui as sauvé la vie.

— Mon père est ainsi. Il trouve naturel que je lui sauve la vie et normal que je paie pour mes fautes. Il n'a jamais transigé. Dur avec lui-même, il l'est aussi avec les autres, et moi en particulier, mais il n'a pas tort car je lui mène souvent la vie difficile. Alors je paye en serrant un peu les dents, mais sans pleurer. Quand c'est passé, je n'y pense plus. Tu n'as pas été élevé ainsi?

— Je n'ai pas été élevé du tout, du moins pas par mes vrais parents.

Il raconta le raid des gens de Melrose, la fuite en direction de la côte, l'accueil de l'oncle de Newcastle, les montagnes de duvet d'eider qu'il fallait trier durant des heures et qui le faisait éternuer, et puis Londres, la rencontre avec Flint dans une taverne. Blake parlait rapidement, trébuchait sur certains mots, n'achevait pas toujours ses phrases, comme s'il voulait se débarrasser de cette enfance qui s'effilochait dans sa mémoire.

Le paysage était éblouissant. La Dordogne se pavanait au milieu des prés inondés et des marécages, sous le tiède soleil de février dont la chaleur serrait les tempes. Des hauteurs de la bastide on avait l'impression de voler par-dessus un pays de paix éternelle. David montra l'endroit d'où ils venaient : ces falaises dressées au-dessus de la rivière comme des écheveaux de lin en train de rouir.

Il dit brusquement :

— Ce soir, tu reviendras comme la nuit passée?

Flore cacha un rire derrière sa main.

— Si mon père ne m'attache pas à un piquet. S'il s'en apercevait, ce serait vingt coups de ceinture.

— Tu veux que je lui parle?

— Pour lui dire quoi?

David rougit et détourna la tête. Il n'allait tout de même pas avouer que, hormis deux ou trois putains de Londres et la donzelle qu'il avait possédée de force dans le nord du pays, elle était la première fille qu'il eût tenue contre lui. Il ne se sentait pas la force de lui dire qu'il s'était réveillé dans la nuit pour respirer ses cheveux et toucher sa hanche et qu'il avait eu une telle envie d'elle qu'il en avait le feu aux tempes et ailleurs.

— Viens! dit-il. Je vais te montrer la ville.

La bastide bourdonnait dans le soleil de février. Flore voulut prendre la main de David, mais il se dégagea. C'était bien assez de ces sourires ironiques lorsqu'ils croisaient des groupes de soldats. Ils poussèrent jusqu'à la halle déserte, puis il prit prétexte de l'exercice auquel il était tenu avec sa compagnie pour s'éloigner. A peine l'avait-il quittée, il le regretta. Dans la cour du château, il se montra fort déplaisant, injuste avec ses hommes, et se prit même de querelle avec Flint qui, de rage, jeta son bonnet de laine à terre et le piétina, jurant qu'il irait dire deux mots à cette garcette qui avait fait tourner au vinaigre les humeurs de son petit Blake. Ainsi, il savait. D'autres aussi, sans doute.

— Monseigneur le prince Edouard attend messire David Blake, dit Flint avec ironie. Tu as oublié qu'il y a conseil ce matin.

Blake avait oublié. Il toucha amicalement l'épaule du vieux Flint.

La grande salle du donjon était nue et froide comme une cellule de moine. Edouard de Woodstock était assis sur un coffre, vêtu d'une grosse chemise dont les pans lui tombaient jusqu'aux talons. Levé depuis l'aube, il avait inspecté les ouvrages de bois qui s'édifiaient trop lentement à son gré en divers points des remparts, les chantiers de maçonnerie installés autour des points faibles et des brèches; la colère colorait encore son visage et la lassitude tendait ses traits : il ne dormait que trois à quatre heures par nuit; les chandelles brûlaient tard à sa table de travail; on voyait parfois sa grande ombre aller et venir et lorsque ses secrétaires s'endormaient, le nez sur leur plume, on entendait tonner sa voix puissante.

— Vous savez que je n'aime pas attendre, dit-il. Où sont Felling, et Bowet, et Carpenter? Où est Blake?

— Je suis là, messire, dit Blake qui venait d'arriver.

— Je t'ai déjà prévenu que, si tu persistais dans tes retards, je te mettrais aux arrêts pour une semaine. Par le chef de saint Thomas, je finirai par considérer tout retard aux conseils comme une désertion! Au rapport, et soyez brefs!

Il écoutait en songeant en apparence à autre chose, mais ceux qui l'entouraient savaient que rien ne lui échappait. Derrière ce masque froid, cette peau légèrement ambrée par le soleil et l'air vif des chevauchées, cette barbe courte et très noire, ce regard gris d'acier auquel les élans de l'âme, joies ou colères, donnaient le même éclat inquiétant, il n'y avait aucun mystère : simplement une inflexible résolution, un champ clos mental où se succédaient et parfois s'affrontaient des sentiments extrêmes mais jamais médiocres. On le disait cruel; il l'était volontiers, mais jamais par plaisir — la cruauté du loup plus que celle du chat, jamais gratuite. Cet adolescent avait des exigences et des colères de vétéran, nourries par une expérience brève mais intense plus que par la dépravation. Il était difficile de mériter son amitié, mais on ne pouvait l'aimer autrement qu'avec passion. Blake l'aimait passionnément; il était constamment disposé à tout lui pardonner et il ne lui tenait pas rancune des punitions qu'il lui avait infligées.

— Je n'aime guère cette situation où nous sommes, dit le prince. Le sénéchal n'est pas homme à nous regarder dans le blanc des yeux pour nous faire peur et nous contraindre à abandonner la place. Nous aurons bientôt plusieurs milliers de soldats sous nos remparts. Nous sommes de taille à résister des mois, mais nous pouvons aussi bien être trahis demain et voir nos portes s'ouvrir comme par enchantement. C'est ainsi, ne l'oubliez pas, que nous sommes entrés dans cette bastide et c'est ainsi que le sénéchal compte à son tour y pénétrer. Ne nous faisons pas d'illusions, mes amis : il n'y a pas un habitant de Domme sur dix qui souhaite nous voir tenir la place. Green, est-ce juste?

Green hocha la tête. Le prince reprit :

— Nous avons fait doubler les rondes et tripler le nombre des hommes de garde. Nous inspectons par surprise nos défenses, de jour et de nuit, nous arrêtons tous les suspects, mais nous sommes trop peu nombreux et ne pouvons demander l'impossible à nos soldats. Pour ces trois hommes : Nadal, Bourdelle et Amouroux, qui nous ont ouvert les portes de la citadelle, combien seraient susceptibles de les ouvrir aujourd'hui aux Français? Cette bastide est un piège où nous nous laissons enfermer.

— S'il ne tenait qu'à moi, dit Blake, nous quitterions cette souricière dans les jours qui viennent.

Bowet fit claquer d'indignation sa main sur son genou et se dressa.

— Abandonner Domme aux Français, tu n'y songes pas, Blake! Notre exemple ne tarderait pas à être suivi par d'autres qui tiennent pour nous villes et châteaux. Autant laisser les Français maîtres de la province et nous retirer sur Bordeaux! Le danger vient des habitants eux-mêmes plus que des troupes du sénéchal. Nadal et ses complices nous désignent chaque jour des suspects. Nous en avons pendu à ce jour une vingtaine. Nous en pendrons d'autres et les habitants sauront ce qu'il en coûte de se promener de nuit trop près des portes.

— Des agents de l'acabit de ces trois-là, Bowet, je m'en méfie autant sinon plus que d'ennemis jurés, dit le prince. Ils dénoncent trop légèrement à mon gré et j'ignore ce que cela cache, mais ce que je sais, c'est que l'odeur de ces pendus me réveille parfois la nuit. Peux-tu me certifier, Bowet, que tous sont coupables et ont mérité leur sort?

— Il n'y a pas d'innocents parmi les Français! dit sombrement Bowet.

Blake sourit. Bowet venait de voler une répartie au prince dont les scrupules n'étaient que de façade. Ces pendus, c'est lui qui avait ordonné leur exécution, et non Bowet.

— Et toi, Carpenter? demanda le prince.

Carpenter se leva, frappant contre la paume de sa main gauche les gants de cuir rouge qui ne le quittaient jamais.

— Vous seul devriez quitter Domme, dit-il, et nous laisser défendre la place sans vous. Imaginez que les Français vous fassent prisonnier! L'Angleterre perdrait le meilleur de ses capitaines sur le continent.

Le prince se leva à son tour.

— Merci de votre franchise et de votre lucidité, mes amis. Je prendrai bientôt ma décision.

Il donna congé à ses compagnons, mais fit signe à Blake de rester. Il s'avança vers la fenêtre géminée qui donnait, au-delà des fossés et de la barbacane du château, sur les petits jardins où les hypothétiques pendus de Bowet sarclaient leurs salades.

— Blake, dit-il, si je partais, me suivrais-tu?

— Je vous l'ai dit après Crécy, messire : je vous suivrais chez les Turcs ou les Mongols, au bout du monde.

— La guerre, un jour où l'autre, conduit au bout du monde, et il se peut lorsque j'aurai coiffé la double couronne, que je te demande de me suivre sur les routes du roi Richard ou d'Alexandre. Dans le cas présent, que souhaites-tu? Partir ou rester?

— Je crois que je pourrais être utile à Domme. Il ne me déplaît pas de tenir tête aux soldats Français. L'expérience d'un siège vécu de l'intérieur me serait sûrement profitable. Et puis cette ville me plaît, messire.

Il pensait à Flore.

Raymon Itier revivait.

Les journées de travail étaient chargées. Il fallait être sur le chantier de l'aube au crépuscule; quand un ouvrage pressait, on le poursuivait à la lumière des torches. Il lui semblait n'avoir pas travaillé le bois depuis des années; lorsqu'il avait repris son herminette pour façonner un madrier, il avait eu un vertige de bonheur. Il était à son affaire. Les charpentes, les hourdis, ça le connaissait. On démolissait des maisons dans la bastide pour apporter sur les chantiers de pleins fardiers de poutres et de planches. Itier faisait son choix, estimait de l'œil, mesurait, assemblait et, accroché au-dessus du vide par une simple corde reliée à un merlon, il déterminait le meilleur emplacement pour la traverse, au risque de recevoir dans le dos le fer d'un vireton. Quelques vieux, des enfants, venaient le regarder travailler au milieu de son équipe. Il confectionnait de petits chefs-d'œuvre de robustesse et d'élégance pour des prunes — il était payé avec cette monnaie de cuir noir, l' « obsidionale », fabriquée dans les caves de la forteresse et qui permettait tout juste d'acheter le pain, le vin et les légumes secs.

Jaquette et Flore avaient trouvé à s'occuper à de menus travaux pour les bourgeois. Le mazelier leur donnait de temps à autre quelque bon morceau. Le ménage n'était pas malheureux. Lorsque Raymond Itier tâtait sa grosse ceinture de cuir capitonnée intérieurement des « brulats » gagnés par Flore à Périgueux, il se disait qu'il y avait plus malheureux qu'eux et qu'ils pourraient bien attendre des semaines leur départ pour Bordeaux.

Depuis le départ d'Edouard de Woodstock — une nuit de la fin du mois de février, à la faveur d'une tempête de neige — la bastide se dépeuplait. On était à la mi-mars et la ville semblait dormir sur son acropole. Toutes les nuits, des gens se glissaient le long des pentes dominant la Dordogne et disparaissaient comme des rats hors du navire en perdition. Au matin, on trouvait de nouveau des maisons désertées, volets clos.

— Qu'attends-tu pour partir, toi aussi? dit un jour le mazelier à Itier. Ce n'est pas ton attachement au parti anglais qui te retient à Domme?

— Qu'attendez-vous vous-même?

— Vous voudriez que je laisse ma femme ou que je la fasse sortir de nuit, à cheval? C'est à peine si elle peut marcher de la chambre à la cuisine. Mais vous, Itier, je ne vois pas ce qui vous retient. La monnaie dont on vous paye n'a pas cours ailleurs. Si vous désirez passer les remparts de nuit, je sais le moyen...

— Merci, dit Itier. Je reste parce que j'ai une dette envers les Anglais. Non seulement ils m'ont épargné, mais ils me permettent d'exercer ma profession. Leur guerre, je m'en fous, mais je ne suis pas un ingrat. Et si les Français prennent la bastide, ils ne tueront pas tout le monde.

— Qu'en savez-vous? dit mystérieusement le mazelier.

Itier achevait de poser un mantelet et vérifiait son ballant, lorsqu'il aperçut, au pied des remparts, à l'intérieur, un cavalier portant en croupe une demoiselle qui faisait la fière et saluait les passants de la main avec, semblait-il, un air de condescendance. Il reconnut Flore. Dès ce soir, il lui dirait deux mots, de même qu'à ce sergent de rien du tout qui se prenait pour un sénéchal. Il lui devait la vie, soit, mais était-ce une raison pour abuser de cette enfant? De toute manière, la place de Flore n'était pas à la promenade. Pendant que sa mère s'échinait aux travaux de ravaudage et de lessive des derniers bourgeois, elle courait le guilledou avec un Anglais. Elle en était à sa troisième place et n'y ferait pas long feu.

Tard dans la soirée, sa journée achevée, Itier se rendit directement au château où logeait Blake. Les portes n'étaient pas encore fermées et on n'avait pas levé le pont. La grande cour sentait la cuisine. Il demanda le sergent Blake et on lui indiqua, après avoir vérifié qu'il ne portait pas d'autre arme que ses outils de charpentier, une salle basse éclairée par des chandelles. Des soldats jouaient aux échecs et aux dés sur des coffres et de mauvais tréteaux de planches. Blake vint à lui en souriant, lui donnant du « maître » gros comme le bras.

— J'ai à vous parler, dit Itier. Vous êtes un bon garçon, j'en ai eu la preuve la première fois que nous nous sommes vus. On dit que vous êtes un véritable lion lorsque vous vous battez, mais...

Blake l'interrompit d'un geste.

— Vous venez me parler de votre fille. Alors, n'y allez pas par quatre chemins. Posez vos outils, asseyez-vous et parlons en évitant si possible les grandes phrases. Vous me ferez bien l'honneur de boire en ma compagnie? Notre vin n'a pas trop goût de vinaigre et ne vous montera pas à la tête.

— Ce n'est pas de refus, dit Itier. La journée a été dure.

Il s'assit en face de Blake, avala une gorgée, fit rouler le gobelet de terre entre ses grandes mains.

— Pour ce qui est de Flore, dit-il, j'aimerais que vous la laissiez en paix. Elle a ses occupations et vous les vôtres. Si vous voulez bavarder avec elle, la maison vous est ouverte et vous pouvez venir partager notre modeste repas. Mais je n'aime guère qu'elle abandonne son ouvrage pour courir la ville à cheval et se laisser conter fleurette. Ce n'est pas de son âge et, vive comme elle est, vous auriez vite fait de lui tourner la tête. Ne protestez pas! Je vous ai vus cet après-midi. On aurait dit deux mariés. Il ne lui manquait que la couronne de fleurs d'oranger. Ne me dites pas que vous avez l'intention de lui faire partager votre vie, et je vous sais trop honnête pour tenter de la séduire.

— Croyez ce que vous voulez, maître Itier, dit Blake. Je ne veux ni épouser Flore ni la séduire comme une fille de rien. J'ai trouvé cette fleur sur mon chemin et je la respire. Mon intention n'est pas de l'accrocher à ma ceinture, mais de continuer à la regarder vivre et à la respirer et ça, je ne peux le faire que de près. Je suis un soldat, maître Itier, et il m'arrive de prendre plaisir à respirer d'autres odeurs que celles des pieds sales et des chemises mal lavées. Je respecte Flore et je crois bien que je l'aime comme une sœur. Je ne peux rien vous dire de plus. Demain, je serai peut-être mort, prisonnier des Français, envoyé en mission. Alors, ne me gâtez pas mes moments de plaisir par vos remontrances, et surtout ne portez pas la main sur votre fille. Vous avez une manière de vous servir de votre ceinture qui ne me plaît guère.

Itier vida son gobelet et se leva. Il se frotta les lèvres comme s'il allait exprimer quelque chose d'important, mais il dit simplement.

— J'espère que vous tiendrez parole, mais ne vous montrez pas trop avec ma fille. Merci pour le vin.

— J'ai eu très peur, dit Flore. Il a porté la main à sa ceinture en me regardant droit dans les yeux, mais c'était seulement pour l'ôter. Je crois qu'il ne me battra plus désormais. S'il avait osé, hier soir, j'aurais quitté la maison sur-le-champ.

— Tu m'aimes donc, Flore?

— Ça veut dire quoi?

Le manteau de cavalier de David. On y pénètre comme dans une caverne. On en rabat les pans et, les yeux clos, on se laisse descendre dans une épaisseur molle et chaude, sillonnée de ruisseaux de vie. Lorsque David bouge, il semble que la terre sursaute; lorsqu'il parle, on dirait que sa voix monte du tréfonds de galeries perdues, comme la voix d'un dieu; sa respiration est celle, paisible, de la nuit. Cette main qu'elle prend entre les siennes et porte à ses lèvres, c'est le signe que lui fait un monde privilégié. Elle aimerait lui raconter tout ce qu'il lui passe par la tête d'incohérences et de folies, mais elle murmure simplement : « Je suis bien », et la main de David se contracte dans la sienne, et leurs doigts s'entrelacent. Il lui a rapporté les propos qu'il a tenus à Itier, et surtout l'histoire de la fleur qu'il aime respirer, et elle se dit qu'il lui plairait de devenir une rose géante, de déployer ses pétales au soleil, de libérer tant d'odeurs que David en serait imprégné pour tout le reste de son existence.

Il pluviote, il fait froid et la nuit tombe, mais là, dans cette caverne d'étoffes, elle se compose un univers où elle est reine et où David est comme un dieu.

— Je crois que je t'aime, dit-elle.

Il l'embrasse et songe soudain dans un vertige aux airelles, là-bas, sur les pentes du mont Cheviot, aux odeurs que l'automne traînait comme une vieille robe trop longtemps portée.

— C'est la première fois, dit Flore. Je n'oublierai jamais.

— Tu oublieras. Il faudra tout faire pour oublier.

Elle écarte le manteau. La pluie, le soir, le froid. Elle regarde David, détaille le front sabré de mèches sous le bonnet de laine, les yeux verts, un peu trop larges pour des yeux de garçon, avec des traces d'ombre sous les paupières inférieures, les lèvres bien dessinées mais un peu trop rouges et ce duvet clair au menton et aux joues.

— David, dit-elle avec feu, tu ne m'aimes pas comme moi je t'aime. Si demain tu dois partir, ça te sera bien égal de me quitter. Ta véritable compagne, c'est la guerre. Tu me laisseras pour elle d'un cœur léger, car tu me trouves trop jeune, laide peut-être. Moi, dès que je t'ai vu, j'ai compris que quelque chose d'important allait se produire entre nous, mais toi... Allons, ose donc dire que tu ne m'aimes pas vraiment!

— Je ne t'aime pas de la même façon que toi. L'amour, ça ne se mesure pas avec une aune de cordier. C'est la qualité qui compte et il y a autant de qualités d'amour que de cœurs qui battent.

Il ajoute :

— Tu parles déjà de l'amour comme une femme.

— C'est peut-être que je suis en train de devenir une femme, grâce à toi.

Elle referme les pans du manteau, redescend en lui, cherchant une caverne plus profonde dans cette caverne d'étoffe. Il l'entend murmurer, très loin :

— J'ai peur, David. J'ai peur pour nous. Cette guerre...

Le printemps éclata dans une fanfare de giroflées et de pervenches.

La guerre était partout présente en Périgord. Autour de Domme surtout. Des remparts de la bastide on voyait la nuit palpiter d'incendies et le jour s'épanouir des bouquets de fumées. Aux entrées des bourgs, aux abords des citadelles, les « justices » et les arbres qui en faisaient office portaient des pendus, par familles entières. On se battait dans les vignes, les prairies, les forêts, les marécages, de part et d'autre de la Dordogne et de l'Isle. A Domme, le sénéchal du Périgord avait établi son camp dans la plaine, non loin du prieuré de Cénac et surveillait la bastide si étroitement qu'il était devenu quasiment impossible d'y entrer ou d'en sortir, sauf pour rallier le camp des Français.

Dans la bastide, les Anglais se savaient condamnés. Les groupes de soldats du prince de Galles, Edouard de Woodstock, qui attaquaient les Français par surprise, de jour et de nuit, ne parviendraient qu'à retarder l'échéance. Les vivres ne franchissaient plus les remparts; ils commençaient sérieusement à manquer au point que les occupants ne cherchaient plus à freiner l'exode de la population. On surprit une nuit Nadal, Bourdelle et Amouroux, les trois traîtres qui avaient livré jadis la citadelle aux Anglais contre de l'argent, occupés à forcer l'entrée d'une galerie souterraine, certains qu'ils étaient d'être pendus si les Français emportaient la bastide. On les jeta dans un cachot, les fers aux pieds.

Des nouvelles terribles filtraient de l'extérieur.

Les agents du prince qui, de nuit, par les grottes, parvenaient à franchir les lignes françaises racontaient les escarmouches, les guets-apens, les batailles qui se déroulaient quotidiennement dans la province. On se battait à Temniac, Campagnac, Saint-Quentin, Villefranche et, plus loin, à Angoulême, Tonneins, Port-Sainte-Marie. Les campagnes autour de Sarlat grouillaient de bandes anglaises et le capitaine Magnanat avait mis la ville en état d'alerte permanente. Sur les routes de Guyenne, le prince Edouard, le comte de Derby, les capitaines Robin Knolles et sir John Chandos, le « cavalier blanc », veillaient à contenir l'infiltration des troupes et des bandes françaises.

Bordeaux tremblait.

Placée sous le commandement du capitaine Bowlet, la garnison de Domme attendait l'orage.

Trois soldats furent fouettés dans la cour du château et on retint une amende sur leur solde, pour s'être enivrés et endormis durant leur tour de garde. Lorsque le couvre-feu avait sonné, il fallait être fou ou pressé par la nécessité pour se hasarder à travers la ville. L'orage que l'on attendait tardait à paraître : le sénéchal avait appris à ses dépens la prudence. Une tentative qu'il avait faite contre la porte des Tours lui avait coûté une trentaine d'hommes et il s'y était honteusement brisé les dents. Depuis, il se contentait de parader en attendant les bouches à feu promises et auxquelles il ne croyait plus. On allait entrer dans l'été et, comme les anciens Grecs, on en était encore à consulter les augures.

Dans la bastide, les maisons vides ne se comptaient plus. De ces coquilles d'ombre et de silence désertées par leurs occupants, les capitaines et les sergents de Bowlet avaient fait des palais, y entassant les meubles et les tapisseries qu'ils avaient pu piller ici et là et vivant entourés de valets et de servantes comme des nababs.

Près du château, dont il pouvait apercevoir l'entrée, Blake avait découvert une maisonnette étroite mais coquette avec son grand ramage de glycines, sur la façade, au-dessus de la boutique occupée jadis par un drapier. A peu près tout était en place dans l'appartement comme dans la boutique, et il eût suffi d'arroser les fleurs en pots pour que la demeure reprît apparence de vie. Le mobilier était simple, honnête, et donnait des idées de travail plus que de luxe. Dans un coffre, Blake découvrit le manteau rouge orné de peau de lapin d'un consul.

Flore venait chaque jour le rejoindre. Ils se retrouvaient au dernier étage, là où l'on pouvait découvrir le pont-levis du château. C'était une sorte de grenier qui ouvrait par une fenêtre à poulie sur un damier un peu fou de petites toitures de tuiles envahies par les graminées jaunes que venaient butiner les abeilles. Une simple paillasse de fougères jetée sur le plancher leur servait de couche. Il n'y avait pas de meubles, mais ils s'en passaient. Ils jetaient leurs vêtements à terre, de part et d'autre du « lit » et laissaient leurs épidermes se reconnaître, leurs gestes s'harmoniser avant de faire l'amour. Nus dans cette coque de chaleur et de lumière tamisée, ils se laissaient dériver dans un plaisir sans limite, qui renaissait de ses sueurs et de ses cris.

— Quand la guerre sera finie, disait Flore, tu partiras, et moi...

David lui plaquait une main sur la bouche.

— Ne parle pas de la guerre. Quand nous sommes ensemble, elle n'existe plus.

— Bordeaux..., disait Flore.

Le Bordeaux dont elle parlait n'avait pas de frontières. « Leur » ville, ils la situaient au cœur d'une immensité de terres paisibles d'une part et de fleuve de l'autre. La guerre pouvait tourner autour de cette métropole, elle s'enliserait avant de l'atteindre dans des marécages de paix. Flore se plaisait à imaginer une hydre aux cent têtes en train de disparaître dans ces épaisseurs spongieuses.

Itier avait décidé de fermer les yeux sur leur liaison. Blake avait trouvé son point faible : il l'avait fait nommer chef d'équipe non des lépreux qui travaillaient à des travaux pénibles : colmater les brèches, remonter les murailles, creuser des fosses, mais de véritables compagnons, avec une bonne paie et beaucoup de liberté. Jaquette elle-même, non sans quelques larmes, avait fini par prendre son parti de cette aventure.

Un matin de juin, David dit à Flore :

— Les événements vont se précipiter. Les Français en ont assez d'attendre un miracle et redoutent que le prince Edouard revienne en force pour nous délivrer. Bowet vient de recevoir un message du sénéchal demandant que nous lui ouvrions nos portes avec promesse de nous laisser partir avec armes et bagages. Il a refusé. Le sénéchal a fait annoncer en retour qu'il avait reçu des bouches à feu, mais nous attendons de les voir en place pour y croire, car c'est sûrement une fanfaronnade.

Il se tourna brusquement vers Flore qui se reposait après l'amour et s'agenouilla près d'elle.

— Jusqu'à présent, dit-il, nous avons vécu ensemble comme si ce siège allait durer une éternité. Demain, je vais me battre contre des gens de ton pays. Alors le moment est venu de regarder les choses en face. Si tu me considères comme un ennemi, je ne pourrai pas t'en vouloir. Après tout, ces gens que je vais affronter sont chez eux. Ce pays est le leur et c'est le tien aussi.

— Mon pays, dit Flore, c'est là où tu es.

Arnaud d'Espagne avait bel et bien reçu quatre bombardes fabriquées par les faures de l'Auvézère.

En dépit des flèches galloises, il installa des plate-formes et des mantelets et hissa de nuit les engins. Le tir commença dès le lendemain aux portes de la bastide, sans ébranler les murailles mais en faisant voler en éclat les travaux de charpente si minutieusement réalisés par Itier et ses compagnons. Ces pots à feu faisaient plus de bruit que de mal, mais les vétérans de Crécy eux-mêmes en étaient terrorisés. A tout prendre, les assiégés auraient préféré un assaut à l'ancienne, aux échelles. Il se produisit à quelques jours de là, mais avorta piteusement. Au moins avait-il permis aux Français de mesurer les faiblesses de la défense et d'en tirer les leçons.

L'été tricota de belles journées paisibles dans l'odeur de prairies qui montaient de la plaine, et les défenseurs se demandaient si le sénéchal n'allait pas plier bagage et se retirer vers la Guyenne où les orages de la guerre s'étaient déplacés.

— N'y comptez pas, dit Carpenter en faisant claquer ses gants rouges dans sa main. La position est trop importante pour qu'il renonce à la prendre. Ne comptez pas davantage sur l'aide du prince. Il a besoin de toutes ses forces pour défendre les approches de Bordeaux. Tâchons de quitter ce piège avec le moins de dégâts possible.

Il avait franchi les lignes françaises peu avant l'aube, traversant des fourrés d'épines, grimpant aux parois, cherchant l'entrée de la grotte qui lui permettrait de pénétrer dans la bastide. Il portait encore au visage des griffures sanguinolentes.

— Essayez de comprendre! dit-il. Vous êtes désormais dans une position trop avancée. Tenir cette place n'a plus de sens. Le problème est simple : nous avons besoin de vous ailleurs. Ceux qui rêvent de se faire tuer pour la gloire trouveront d'autres occasions. Étudions ensemble le moyen de fausser compagnie aux Français.

— Non! dit Flore.
— Hélas, si, dit David.

— Alors je partirai avec toi.

— Ton père s'y opposerait et je ne serais pas autorisé à t'emmener. Notre repli n'est pas une partie de plaisir et nous ne sommes même pas certains de réussir.

— Alors, toi, reste!

Il rit avec indulgence, la prit dans ses bras, écarta les cheveux pour l'embrasser derrière l'oreille, à l'endroit où la chair est fine et odorante.

— Tu pourrais te déguiser en bourgeois ou en ouvrier. Je suis persuadée que le mazelier ne refuserait pas de t'aider. Il pourrait te faire passser pour un de ses commis, te cacher dans sa cave...

— Le mazelier me déteste comme il déteste tous les Anglais. Il n'irait pas risquer sa vie et celle de sa femme parce que toi et moi nous refusons de nous séparer!

— Alors tout est fini, David? Tu vas partir et nous ne nous reverrons plus?

— Sotte! Nous nous reverrons si j'en réchappe. Je connais un marchand de Bordeaux qui fait commerce de vin avec l'Angleterre et que j'ai rencontré à Londres. Je te dirai où tu pourras le trouver. Il vous aidera, toi et ta famille. Dès que possible, je te rejoindrai. C'est promis. Dis-toi bien qu'il n'y que la mort qui pourrait nous séparer.

La rumeur courut chez les Français que les assiégés se préparaient à effectuer une sortie. Un habitant de la ville, qui avait des intelligences chez les Anglais, l'avait fait annoncer au sénéchal pour se ménager éventuellement son indulgence. Arnaud d'Espagne le crut sur parole.

De fait, certain soir, il y eut des flonflons de cornemuse et, sur les chemins de ronde, une animation insolite. Le sénéchal fit renforcer les détachements chargés de surveiller les entrées de la bastide. La nuit fut paisible comme à l'accoutumée. Le casque des sentinelles et des pelotons chargés de les relever brillait entre les merlons; parfois la lumière d'une torche éclairait un pan de tour ou de hourdis et l'on entendait les « Godons » parler entre eux. Au matin, lorsque les Français abrutis de sommeil s'ébrouèrent, les défenses de la ville étaient calmes. Des cloches sonnèrent. C'était dimanche.

A peine le sénéchal eût-il ordonné la formation en batailles et fait déployer les enseignes, les ponts s'abaissèrent. A la porte des Tours, on attendait le gros de la ruée anglaise et c'est une forme noire qui surgit, les bras levés : un vieux prêtre qui déboula dans le camp des Français, piqua droit en retroussant le devant de sa soutane vers la tente du sénéchal plantée au milieu d'un jardin potager.

— Ils sont partis! criait-il. Les Anglais ont quitté la ville. Tous!

— Trahison! hurla le sénéchal. Nous avons été joués! Pourquoi nos agents ne nous ont-ils pas prévenus?

— Si vous croyez que les « Godons » ont annoncé leur exploit à son de trompes! Le maire vous attend avec les quelques consuls qui restent dans la ville. Les Anglais nous ont mené la vie dure, monsieur le sénéchal. N'ajoutez pas à nos épreuves.

Le maire attendait, à cheval, entouré de quatre consuls, en retrait de la porte. Un jeune homme blanc comme cire et qui tremblait, portait les clés de la ville sur un coussinet de velours. Derrière les bannières à pompons, une maigre populace agitait des rameaux et criait des « noëls » d'une voix chevrotante. Le cérémonial de la remise des clés fut vite expédié. Le discours de bienvenue que le maire avait prévu lui resta dans la gorge.

— Nous aurions souhaité plus de chaleur dans votre accueil, bougonna Arnaud d'Espagne, mais je ne vous en veux pas. Dites à vos administrés que nous ne leur causerons aucun préjudice s'ils font la preuve de leur loyalisme. Nous voulons notamment que l'on nous livre, vivants si possible, les trois traîtres qui ont ouvert la bastide aux « Godons ».

— Ils sont à vous! dit le maire, rayonnant, Vous les aurez dans l'heure, et vivants.

Il fallait à tout prix, bien que le cœur n'y fût pas, organiser une fête.

Comme par miracle, le pain, les barils de viande salée, les fûtailles sortirent des caves et des greniers. On égorgea même quelques porcs et quelques volailles dans la cour du mazelier. Pour que la fête fût complète, on tira de leur cachot les trois traîtres que les Anglais avaient abandonnés à leur sort. Le sénéchal, qui avait décidé de faire des exemples, n'y alla pas de main morte. Conduits, liés par des cordes, sur la place centrale, près de la halle, les bougres clignaient des yeux dans le soleil et regardaient d'un air hébété ces gens qui faisaient la fête comme pour la fin du Carême et dansaient autour d'un tas de braises sur lequel rôtissaient des viandes. Comme ils réclamaient à boire on leur fit ingurgiter de force des pintes d'eau, à leur faire éclater la panse. On les laissa dégorger, attachés comme des bœufs à un pilier de la halle avant de les traîner sur le lieu de leur supplice, au milieu de la place. Le bourreau leur coupa la main droite, puis la main gauche, en prenant bien son temps, puis le cou. On suspendit les trois têtes aux basses branches d'un orme et les corps, attachés par les aisselles, un peu plus loin.

Le sénéchal, assis dans un grand fauteuil rouge, avec au-dessus de sa tête un dais de cérémonie à quatre lances dorées, avait assisté sans broncher à la triple exécution, lorsqu'un de ses capitaines se pencha à son oreille. Il hocha la tête, se dirigea à travers la place où titubaient des hommes et des femmes ivres vers une cabane de planches d'où montaient des lamentations.

— Ces lépreux sont une vingtaine, dit le capitaine. Ils ont avoué avoir participé aux travaux de défense.

Le visage du sénéchal se rembrunit.

— Rien que des hommes?

— Des femmes aussi, et des enfants à la mamelle. Qu'en faisons-nous?

— Lépreux ou pas, ce sont des traîtres au roi de France. Rassemblez des fagots et faites-moi brûler cette pourriture.

Il revint vers son trône, fit signe au curé de le rejoindre.

— Et maintenant, dit-il, je veux une belle messe pour remercier le Seigneur.

LIVRE II

Bordeaux, 1348

LE FAUTEUIL DES BAGOT

Maître James Bagot était riche mais sans ostentation, ambitieux mais avec mesure. Il ne dédaignait pas les honneurs mais il savait protéger son existence et celle de ses proches des inconvénients et des dangers qu'ils entraînent. Le négoce — celui des vins surtout — il l'aimait et le pratiquait avec passion mais aussi avec suffisamment de bon sens pour n'en être pas aveuglé et renoncer, pour y satisfaire, aux plaisirs qu'offre la vie. On ne pouvait lui reprocher qu'un travers : en affaires, il était impitoyable, mais il considérait le reproche qu'on lui en faisait comme un compliment. Il donnait une idée assez précise de cet équilibre d'où naît une forme de bonheur et peut-être le bonheur, si tant est qu'une pérennité sans orages dans cet état privilégié n'engendre ni fadeur ni monotonie. Maître Bagot ne trouvait pas la qualité du bonheur qui était son partage fade et monotone, mais il veillait à ne pas s'y endormir. Les soucis du cœur et des affaires venaient à point nommé faire tinter leurs sonnettes à ses oreilles pour lui rappeler à la fois la précarité et la préciosité des biens de ce monde. Le moment venu de les affronter, il se trouvait armé pour défendre sa petite principauté familiale.

Maître James Bagot portait à son ancêtre Stephen une sorte de dévotion. C'était son dieu lare. S'il avait possédé un portrait de cet aïeul il l'aurait vénéré à l'égal du Christ et de la Vierge, mais ç'avait été le moindre des soucis de cet homme simple et rude que de faire fixer son image pour sa postérité. Les traces qu'il avait souhaité laisser de son passage sur terre étaient d'autre nature et ses héritiers n'avaient pas perdu au change.

Arrivé à Bordeaux avec l'une de ces flottes du vin qui partaient à l'automne de Bristol pour effectuer leur chargement en Guyenne, Stephen Bagot avait décidé de s'établir là. Il était déjà avancé en âge mais avec un tel bagage d'ambition qu'il retrouvait l'ardeur de ses vingt ans. Comme il n'avait appris qu'à se servir de ses oreilles pour obéir et de ses mains pour exécuter, il se loua facilement comme fustier, ou charpentier de navire au petit port du Peugue et, sans broncher, en serrant les dents, il accepta les brimades joyeuses des Gascons. Il apprit leur langue et ce fut sa première revanche sur eux. Il en savoura bien d'autres.

Son premier luxe fut un lit de bois qu'il tailla de ses mains et un matelas de plume qui lui firent oublier les paillasses de misère et les sommeils disputés à la vermine. Oublié le dortoir puant des compagnons, Stephen dormit bien et prit goût à la réalisation d'un cadre de vie digne de l'homme qu'il souhaitait devenir. Il y mit une patience de fourmi. Il s'acheta, avec l'argent qu'il n'allait pas gaspiller dans les tavernes, un coffre, du linge propre, une modeste vaisselle et, luxe suprême, une imposante chaise à accoudoirs qu'il baptisa « fauteuil » et qu'il prit très vite pour un trône car il était vaniteux. Il était aussi un peu fou mais il le savait, et il se disait que, le fait d'attacher à la vieille charrette de sa vie de fringants coursiers pour l'arracher aux ornières de l'âge est la plus raisonnable des folies, à condition que la réussite couronne ce pari hasardeux.

Une flotte de printemps lui amena un de ses fils : Thomas, avec une mauvaise nouvelle (l'épouse de Stephen était morte) et une fameuse (le négociant en vins installé à Bristol souhaitait que Stephen remplaçât son correspondant à Bordeaux). Stephen s'acheta un costume neuf et fit confectionner des coussins de plume pour son fauteuil.

Thomas Bagot était fait davantage pour les carrières du bas clergé que pour le négoce du vin. Il n'avait pas hérité du grain de folie de son père ni de ses ambitions; il se passait fort bien de chaise à accoudoirs et de coussins de plume et il fut sur le point de retourner en Angleterre lorsque le vieil homme le força à épouser la fille d'un opulent tavernier de la Rousselle. Qu'elle fût déjà blette et plus riche de graisse que d'esprit importait peu; ce qui lui donnait le vertige, c'était la perspective d'être propulsé dans un autre monde, de renoncer à se moucher dans ses doigts, surtout en présence de sa belle-mère, une forte femme qui sentait le graillon mais prenait des airs de dame.

Thomas fit négligemment quatre enfants à sa femme, pleura sincèrement le vieux Stephen lorsqu'il mourut et s'attacha, sinon à le copier, ce qui n'était pas dans sa nature, du moins à suivre ses préceptes.

Peu de temps avant sa mort, le vieux Stephen lui avait dit :

— Mon pauvre Thomas, tu ne seras jamais jurat de Bordeaux, car tu es trop timoré, pas même capitaine de la milice, car il faut un certain courage, et encore moins membre du Conseil des Trente. Tout ce que j'attends de toi, c'est que tu poursuives mon œuvre et que tu maintiennes le renom et la fortune de ta famille. J'espère qu'il se trouvera parmi tes enfants un homme aussi fou que moi et de la même manière.

Avec l'âge, Thomas prit du poids, mais l'ambition ne lui vint pas. Heureusement pour lui, son épouse en avait pour deux et sa belle famille aida le couple à faire fructifier ses affaires. Thomas, lui, jouait avec ses enfants et ses chiens et suivait passivement, sans ennui mais sans passion, la voie ascendante que son père avait ouverte. La peste fit des coupes claires dans la famille. La grosse Mme Bagot se trouva veuve avec deux enfants : un petit mâle vigoureux et une fillette malingre, qui n'échappèrent à la peste qu'en fuyant plus vite qu'elle dans un domaine du Médoc, si ventilé par les souffles de l'estuaire que les miasmes ne restaient pas longtemps en place.

On avait donné au petit mâle le prénom de James contre la volonté de sa grand-mère qui souhaitait un nom français et se vengea en prononçant ce prénom à la gasconne, en tirant sur la première syllabe comme sur une pâte. L'inquiétude manifestée de son vivant par Thomas s'effaça avec le temps dans l'esprit de Mme Bagot : James n'avait pas hérité de l'« originalité », comme on disait dans la famille du tavernier, de son grand-père paternel et avait peu emprunté aux insuffisances de son père. Il se montrait prudent, réfléchi, plus qu'hésitant; ce qu'on aurait pu prendre pour de la lourdeur d'esprit n'était qu'une propension à s'analyser et à ne rien livrer de ses réflexions dont il ne fût certain. La folie ne lui vint que plus tard, du temps qu'il étudiait le latin chez les clercs de Saint-André et les mathématiques dans le comptoir paternel, mais elle devait demeurer toute sa vie durant le moteur inavoué de ses actes plus qu'une apparence ostensible de son caractère.

Le goût de l'entreprise était venu très vite à James Bagot.

Ce gros garçon plein d'un feu secret sous des aspects placides et conciliants, rongeait son frein devant les registres de son père, dont ce dernier se reposait d'ailleurs pour l'essentiel sur la compétence des commis.

James s'intéressant aux chevaux, Thomas lui confia quelque responsabilité dans les marchés avec la Biscaye et la Navarre. D'un voyage à Pampelune, James Bagot revint transformé, les joues brunies, un coffre plein d'armes curieuses, le goût de la palabre et une maladie contractée dans un bordel. Dès lors, il refusa de se considérer comme le simple auxiliaire de son père. Le fauteuil du vieux Stephen tournait chez lui à l'obsession. Thomas ne fit guère d'objections lorsque son fils le pria de lui laisser les coudées franches. Il lui vint d'ailleurs peu de temps après la seule initiative intelligente de sa vie : il se laissa mourir dans ses vignobles du Médoc, parfaitement inutile et conscient de l'être.

Ses vingt ans sonnés, bien secondé par sa sœur Guilhona, James vendait la taverne héritée de son père et se rendait acquéreur d'un oustau vacant de la rue Neuve. D'emblée, malgré sa jeunesse, il posait au notable; on le traita d'abord comme un parvenu; les opulentes demeures patriciennes du quartier qui lui étaient demeurées longtemps fermées, ne s'ouvrirent qu'avec beaucoup de circonspection. Lorsqu'il lui vint l'idée d'édifier, sur l'un des padouens de la « mer de Bordeaux », entre les ports de la Grave et de Sainte-Croix, à la limite des remparts de la ville qu'on était en train d'édifier, des chais de vastes dimensions, il fallut bien le prendre au sérieux et lui faire bonne figure. On daigna répondre à ses invitations et fréquenter sur la pointe des pieds l'oustau de la rue Neuve qu'il avait, avec une délicatesse calculée, meublé discrètement mais où rien ne manquait. Il tenait à occuper sa place mais pas davantage; il ne souhaitait pas briller mais être reconnu et admis par la société patricienne. Lorsque les vieilles demeures bourgeoises s'ouvrirent pour lui sans réserve, il continua de se montrer modeste sans paraître effacé, de s'imposer par ses qualités plus que par des apparences fallacieuses. Il sut qu'il avait réussi lorsqu'il apprit qu'on le jalousait.

Pour le commerce du vin, James Bagot traita avec l'archevêché, étendit le réseau de ses fournisseurs dans le haut pays, au-delà de Saint-Macaire, augmenta, en créant un comptoir à Londres, le volume de ses livraisons en vins d'automne et de printemps à l'Angleterre. Il exportait du vin et importait des cuirs, des fourrures, de la laine, de l'étain et du plomb. La fortune était une fille facile et il la possédait avec fureur. L'époque était favorable aux esprits entreprenants.

LE FAUTEUIL DES BAGOT

James Bagot songea à briguer un poste de jurat. Il eût sans doute été comblé dans cette ambition s'il n'avait pris un long temps de réflexion. Cette ambition satisfaite en aurait amené une autre et il aurait un jour brigué le fauteuil du maire. Le jeu en valait-il la chandelle?

Des factions rivales divisaient la ville.

Les grandes familles patriciennes : les Soler, les Colom, les Cailhau notamment, se livraient une guerre sans merci. Leurs hommes de main s'affrontaient en batailles rangées. Des entrepôts, des résidences étaient livrés au pillage. On trouvait parfois au matin des cadavres portant les couleurs de l'un des clans ennemis. Les murs se couvraient d'inscriptions injurieuses ou menaçantes. Ambitionner le poste de maire pour lequel on se battait avec un tel acharnement, c'eût été pour James Bagot entrer dans une ronde de folie et de mort, s'aliéner des amitiés précieuses, négliger ses affaires. On lui faisait grief de ne pas se déterminer ouvertement dans cette petite guerre civile, mais ces reproches ne tournaient jamais à la franche hostilité.

James Bagot apporta le même souci de rigueur dans le choix de son épouse. Il n'était pas homme à se laisser entraîner dans les aventures du cœur, sa passion des affaires étant sans partage. Son choix prit du temps et exigea de lui beaucoup de circonspection, mais le jeu l'amusait. Il choisit bien. Honoria était fille d'une famille de la Rousselle qui ne brillait pas d'un éclat particulier dans la bourgeoisie bordelaise mais possédait des vignobles dans le Médoc, aux alentours de Saint-Estèphe et, dans le commerce du cuir, exerçait un monopole ·implicite. La fille n'était pas sotte ni laide. Avec ses hanches épanouies, ses mamelles de Junon, elle portait la promesse d'abondantes et heureuses maternités. James renvoya les trois Navarraises dont il faisait son ordinaire, fit agrandir et embellir sa demeure de la rue Neuve avec toujours le souci de ne pas franchir les limites entre l'aisance et le luxe. Il fit orner et dorer le fauteuil du grand-père Stephen, recouvrir les coussins de velours de Gênes. Son mariage consommé, devenu père, il y trôna de plus en plus souvent.

Maître James Bagot n'aimait pas la tournure que prenaient les événements.

Cette guerre à laquelle se livraient la France et l'Angleterre lui était insupportable, moins en raison de son caractère inhumain que parce qu'elle risquait de compromettre le trafic du vin et de saper l'édifice d'une fortune laborieusement édifiée.

Les combats se déroulaient loin de Bordeaux et ce n'étaient pas les batailles de Crécy ou même celles que se livraient les adversaires autour des châteaux et des bastides du haut pays qui risquaient d'amener les armées de France aux portes de la ville mais les côtes saintongeaises de la Gironde, avec leurs nids de pirates, menaçaient le trafic sur la « mer de Bordeaux ». Haut perchées sur leurs falaises de craie, ces petites citadelles abritaient ces damnés pillards qui tournaient en dérision les codes d'honneur de la navigation fluviale et faisaient le jeu des Français. Malheur aux convois insuffisamment protégés! L'année de Crécy, les Talmondais armés en guerre s'étaient offert soixante pipes de vin prises aux nefs vinadières cinglant vers Boston. Depuis, les flottes ne quittaient pas Bordeaux sans une escorte prête à toutes les surprises de l'estuaire. Qui pouvait affirmer que les marchands anglais ne se lasseraient pas de ces incertitudes et de ces dangers et ne préféreraient pas acheter leur vin à la Bourgogne? Pour maître James Bagot, l'aventure du commerce se situait dans les jeux subtils des arrière-boutiques et des chancelleries, dans l'art d'échapper aux redevances multiples, de ruser avec les fermiers de tailles, de dîmes, de coutumes, et non les armes à la main sur les eaux boueuses de l'estuaire.

Maître Bagot était trop respectueux de ses origines pour se dire français et trop peu attaché à sa lointaine patrie pour se sentir le cœur d'un citoyen du roi Edouard. Lorsqu'il lui venait des humeurs dubitatives, il les écartait avec irritation. Ses frontières intérieures étaient celles de la vigne; au-delà, ce n'étaient que terres de barbares buveurs de cidre. Il ne détestait pas ces gens, mais il les considérait comme des êtres d'essence inférieure; il eût volontiers équipé une croisade afin de les convertir aux vertus qui coulent du pressoir comme la foi du cœur des saints. Par la pensée, lorsqu'il composait son blason imaginaire, il le voyait ruisselant de grappes juteuses et de ceps tordus sous le soleil. Il rêvait tant de grappes mûres qu'il finit par ressembler à l'une d'elles, renversée en forme de pyramide dans le fauteuil du vieux Stephen. Il sentait s'épanouir en lui une vieillesse heureuse et féconde au milieu des petits grapillons encore verts mais ronds et lumineux : les enfants que lui avait donnés la dame Honoria.

L'autre passion de maître James Bagot était celle de l'eau porteuse de nefs vinadières : l'eau d'amont — Dordogne et Garonne — comme celle d'aval — l'estuaire.

LE FAUTEUIL DES BAGOT

La première menait à ses chais les vins du Bordelais et du haut pays; la seconde les acheminait vers les ports d'Angleterre, d'Espagne ou de Flandre. Ces grosses veines de vin et d'eau irriguaient sa grande carcasse, apaisaient ses soifs d'aventure et de fortune, le portaient volontiers aux transpositions oniriques : il rêvait qu'il était cette terre, ces fleuves, ces mers, ce ciel brumeux, ce soleil fécond, mais il avait la sagesse de ne se prendre ni pour un despote ni pour un dieu. Seul, le goût du bonheur et de la plénitude lui donnait ces idées vaniteuses. Il n'aimait rien tant, en fait, que les siestes interminables au milieu des vignes du Médoc, dans sa litière aux pans de cuir rouge galonnés d'or, qu'il arrêtait au hasard. Parfois aussi il s'installait sur la berge de l'estuaire pour regarder passer au large des graves rugueuses les flottes du vin.

Ce matin d'août avait un goût de bonheur.

Maître Bagot avait appris de la bouche de son fils aîné, Simon, que la ville de Calais venait de se rendre aux armées d'Edouard d'Angleterre après un siège de près d'un an. Ce n'était plus une ville mais une immense nécropole où même les rats mouraient de faim. Six bourgeois de la ville s'étaient traînés jusqu'au camp royal pour demander grâce. Le roi les avait condamnés; la reine Philippa avait obtenu leur grâce. L'Angleterre se donnait des fêtes; elle aurait besoin de beaucoup de vin. Edouard de retour à Londres, la guerre, de nouveau, allait marquer le pas et les vendanges pourraient se faire dans le haut pays sans risques de troubles.

— Père, dit Simon, un homme vous attend dehors avec sa famille. Ils viennent de la part d'un garçon que j'ai rencontré à Bristol il y a deux ans : un nommé David Blake. L'homme cherche du travail dans la charpente. Voulez-vous le recevoir?

Maître Bagot hocha la tête. L'homme se nommait Raymond Itier. Il triturait son bonnet de laine entre ses grandes mains en gardant l'œil avec humilité sur la pointe de ses chaussures. Maître Bagot le considéra longuement avant de prendre sa décision. Il avait pour habitude de mettre presque autant de soin dans le choix d'un manœuvre que d'un associé. Il le fit parler, raconter son voyage depuis Limoges, l'état des vignobles dans les pays qu'il avait traversés.

— Ainsi, tu es charpentier? dit-il. Tu pourrais donc travailler avec mes tonneliers. Puisque le bois est ta partie, tu pourras rapidement prendre le tour de main. Qui sait tailler une poutre doit pouvoir façonner une douelle. Je vais m'occuper de toi. Sais-tu où loger?

— Moi et ma famille nous arrivons tout juste, dit Itier.

— Alors je m'occuperai de ça aussi.

Maître Bagot fit un signe vers son fils.

— Suis-moi, dit Simon. Nous te logerons dans le quartier Saint-Michel. Tu prendras ton travail demain. C'est là toute ta famille?

— C'est elle, dit Itier. Ma femme et ma fille peuvent aussi travailler.

Ils suivirent Simon. La nuit passée sur la gabare de Libourne à se protéger d'une pluie diluvienne sous une mauvaise toile de bâche leur avait meurtri les os. Flore dormait à demi et Jaufré pour de bon.

Le quartier de la Rousselle grouillait autour de la masse gris sale de l'Ombrière sur laquelle pendaient des étendards mouillés. Ils franchirent les remparts dans le tumulte du matin sabré de vols de martinets, longèrent la berge, s'enfoncèrent dans un quartier très noir, creusé de gorges puantes. Le fils de maître Bagot se promenait d'un pas léger dans cette sentine à ciel ouvert; il était grand, un peu lourd comme son père, mais sa cape de pluie semblait abriter des ailes. Ils traversèrent une cour gluante d'humidité et encombrée d'immondices, montèrent un escalier pourri hanté par des enfants et des chiens, aussi maigres les uns que les autres. Simon parlementa avec une grosse femme au visage rouge, poussa du pied une porte et dit :

— Tu logeras ici, en attendant mieux, si tu es habile et travailleur. Ta femme pourra s'employer elle aussi. Nous en reparlerons.

— David Blake, demanda Flore, vous l'avez bien connu?

— Nous avons fait la noce ensemble à Londres et à Bristol. C'est un bon compagnon. Il me plairait de le revoir. Avez-vous de ses nouvelles?

— Vous le reverrez sans tarder. Il viendra vous parler de moi.

— Tu le connais donc bien?

— Nous l'avons rencontré en Périgord, dit brusquement le père. Comme vous dites, c'est un bon garçon et qui nous a rendu des services.

— N'oublie pas! dit Simon. Sois demain à l'aube devant la porte de la Salinière. La Grosse Cloche t'avertira de l'heure. C'est elle qui réglera votre vie à tous. Apprenez à la respecter.

LE FAUTEUIL DES BAGOT

Un homme habile l'est en toute chose. Le charpentier Raymond Itier fabriqua des tonneaux pour les vendanges prochaines avec la même aisance qu'il mettait jadis à tracer unételon et à monter une charpente. Le tour de main, il l'apprit d'une équipe de bons compagnons tonneliers qui l'avaient adopté sans faire d'histoires et lui avaient même enseigné l'art d'apprécier un vin. C'étaient de petits seigneurs fiers de leur savoir, qui vivaient en colonie autour de Saint-Michel, ombrageux en diable et unis comme les doigts de la main. L'acceptation de leur condition modeste — qui n'était pas de la résignation — touchait au sublime lorsqu'ils en parlaient avec leur accent rugueux de Guyenne et ils s'en faisaient presque gloire comme d'autres d'honneurs et de richesse. Lorsqu'ils se mettaient en colère, pour n'avoir pas obtenu les avantages souhaités, qu'ils posaient leurs outils sur l'établi et se croisaient les bras, tout ce que le commerce du vin comptait de notabilités commençait à trembler.

Les premiers jours après leur installation, Flore n'osait guère s'éloigner du galetas qu'on leur avait assigné. Le quartier lui faisait peur et la ville l'épouvantait : elle collait au fleuve par ses remparts lézardés, ses berges rongées d'une lèpre de boue brunâtre laissée par le jusant, par ses chais sinistres étirés au milieu des carcasses d'embarcations et des chantiers de radoub. Flore apprenait son quartier avec circonspection et prudence, maison par maison, de la porte de la Grave à celle de la Salinière. Puis elle se hasarda dans le quartier de la Rousselle, histoire de se rapprocher du lieu où David se présenterait lorsqu'il se rendrait à Bordeaux.

— Tu es folle d'espérer encore, lui disait sa mère. Ces soldats, c'est un jour là, le jour suivant ailleurs. Même si tu le retrouvais, ce serait pour le perdre peu après. Il est préférable de l'oublier.

On se battait encore en Périgord et en quelques points de la Guyenne, malgré la trêve qui avait suivi la capitulation de Calais : derniers soubresauts de la guerre.

Des gabariers apportaient chaque jour des nouvelles de l'arrière-pays et les déballaient sur les tables des tavernes. Ils trouvaient aux escales tantôt des Français, tantôt des Anglais, mais tous avaient cessé de montrer les dents et d'arraisonner les caravanes et les flottes pour un oui pour un non. Les vendanges prochaines occupaient les esprits. Août touchait à sa fin; sa chaleur gonflait les grains.

— Ce garçon, disait Jaquette, tu t'es trop vite entichée de lui et tu l'aimes comme on aime le Bon Dieu. Je te vois faire : tu restes plantée des heures à la fenêtre comme s'il allait tomber du ciel, ou alors tu es comme folle d'impatience, brusquement, sans savoir pourquoi. Et tu crois que je ne t'entends pas pleurer la nuit?

Dans les premiers jours de septembre, Flore avait trouvé à s'employer dans l'oustau de maître Bagot. La femme de Simon, Marguerite, attendait son deuxième enfant et ne souffrait pas de rester seule. De jour comme de nuit, il lui fallait de la compagnie, et celle des femmes de la maison l'importunait. Flore commença par travailler quelques heures par jour à la lingerie, puis elle prit ses repas chez ses maîtres et, sur les instances de Marguerite, on finit par dresser un lit pour elle dans le gynécée. La bru de maître James était une longue femme un peu mollasse, qui portait sa maternité avec nonchalance et indifférence; elle n'aimait rien tant que jouer et Flore s'accommodait fort bien de ses lubies. David avait fini par devenir leur sujet de conversation favori. Elles en parlaient si souvent, avec tant de feu, que Marguerite en faisait un héros de légende, une sorte de Galaad, et que Flore elle-même ne le reconnaissait plus.

Un matin de septembre, alors que les vendanges venaient de commencer sur les collines de l'Entre-deux-Mers, Flore secoua l'épaule de Marguerite qui dormait encore.

— Il sera là dans quelques jours, dit-elle. Tu vois que j'avais raison. Il m'aime encore et ne m'a pas oubliée.

Un capitaine de Jean de Gand, duc de Lancastre, était arrivé la veille au soir dans Bordeaux à la tête d'une cinquantaine de lances. La troupe était fourbue après une ultime bataille livrée dans le Quercy, aux environs de Montcuq. Le capitaine avait déposé au port de la Grave un message de David : quelques lignes seulement pour dire qu'il était blessé mais vivant et que son détachement suivait de peu.

Marguerite tint à se faire belle. Elle mit toute la maisonnée sens dessus dessous comme si le Sauveur en personne allait débarquer dans une gloire de lances et d'oriflammes, mais les jours passaient et le « Sauveur » tardait à paraître.

— Vous êtes deux folles! dit Nevile, le frère de Simon. Ma parole, ce garçon vous a tourné la tête à toutes les deux. Qu'a-t-il de plus que moi?

— Il est beau et tu es laid! s'écria Marguerite. Il est grand et tu es petit! Il est courageux et tu es couard!

— Il suffit! Vous ne vous comporteriez pas autrement s'il revenait d'une croisade contre les Turcs avec dans ses bagages les trésors de Byzance.

— Tu es jaloux, voilà la vérité!

Lorsqu'elles furent de nouveau seules, Marguerite fit allonger Flore près d'elle et lui prit la main. C'était un de ces matins bien tranquilles où la ville ronronne comme un gros chat dans le soleil et le vent de l'estuaire. La Grosse Cloche venait de sonner l'heure de tierce. La chambre sentait encore le lait et le pain frais.

— Tu n'as donc pas remarqué? dit Marguerite. — Il est amoureux de toi! Il a une façon de te regarder...

Nevile... C'est vrai qu'il n'était ni très beau ni très grand et qu'il ne semblait pas destiné à s'illustrer sur les champs de bataille. C'était un adolescent un peu fade qui paraissait perpétuellement émerger d'un long sommeil. Il portait le nez un peu fort des Bagot mais avec des yeux tendres. Flore sourit. Elle avait bien remarqué que Nevile venait de plus en plus souvent dans le gynécée, sous prétexte de prendre des nouvelles de sa belle-sœur, et qu'il s'attardait plus que de raison. Marguerite le traitait comme un chien galeux, lui donnait congé sans ménagement dès qu'il l'agaçait.

— Tu n'as rien d'autre à faire? Ta place n'est pas dans la chambre des dames mais au comptoir ou aux chais! Tu ne vois pas que tu nous gênes?

Nevile souriait et partait après avoir fait claquer ses mains sur ses genoux.

— Qu'il soit amoureux de moi m'est bien égal, dit Flore. Il ne me plaît pas, malgré ses yeux et sa gentillesse. D'ailleurs, lorsqu'il est là, c'est à peine si je remarque sa présence. David est absent, et pourtant je ne vois que lui.

La blessure fait une sorte de gibbosité sous la jaque de cuir rouge, entre l'épaule et le cou. David rit en posant la main dessus. Avant même de prendre Flore dans ses bras, il explique :

— C'est un carreau d'arbalète, sous les murs de La Réole. Il a traversé mon épaule de part en part mais j'ai pu continuer à me battre.

Il tient « Jenny » par la bride et chasse de sa main libre les mouches et les taons qui bourdonnent sur le chanfrein et les naseaux. La matinée est déjà lourde malgré l'ombre des ormeaux. A travers les ramures qui commencent à perdre leurs feuilles, on voit se dessiner la silhouette massive de l'Ombrière et le donjon de l'Arbalesteyre. Des enfants mènent grand bruit sur la rive du Peugue, autour d'un cadavre de chien.

— On ne s'entend plus, dit Flore. Suis-moi.

Ils s'éloignent en direction de l'Ombrière, vers les remparts : un endroit plus calme, avec de petits espaces de solitude entre les fourrés. Autour des ormeaux, l'ombre est presque fraîche. Flore fait signe à David de s'asseoir. Il fait quelques manières à cause de ses chausses neuves, vertes à droite, jaunes à gauche, qu'il craint de froisser et de salir. Flore songe que ce qui a changé en lui, c'est moins sa tenue ridicule que cette étincelle de vanité dans l'œil, ce regard affecté, cette manière de tirer au plus court pour le moindre de ses gestes, cette raideur un peu militaire.

— Ta première blessure! dit-elle pour l'éprouver. Tu es un vrai soldat, à présent.

Il rit bêtement, se renverse, le dos contre l'ormeau, le buste droit. « Il plastronne, se dit Flore. L'honneur de sa blessure lui est monté à la tête. » Elle s'éloigne de quelques pas, le regarde durement.

— David, dit-elle, tu n'es plus le même.

— Tu as changé toi aussi. Je ne sais pas si je t'aurais reconnue. Tu es habillée comme la fille d'un bourgeois.

— Ce sont les habits de Marguerite.

Elle se détourne, cueille une herbe.

— Je te préférais avant, David. Tu as pris des airs qui ne me plaisent guère. Tu ouvres à peine la bouche et, si tu pouvais sourire sans déplisser tes lèvres, ça t'arrangerait. Tu ne m'aimes plus.

Il rougit, baisse les yeux et Flore se dit que ce qu'elle prenait pour des airs de supériorité n'était peut-être que de la timidité.

— Il faut me pardonner, dit-il gauchement. Tu es presque une femme à présent et moi j'ai l'impression d'en être resté au point où j'en étais à Domme. Tu as raison de me secouer. Plusieurs mois de vie militaire, toujours sur le qui-vive, ça finit par donner des idées bizarres sur soi-même.

Il s'avance, la prend dans ses bras, la respire, l'embrasse, la respire de nouveau. Lentement, patiemment, il la réinvente, la reconstitue comme un vitrail brisé. C'est elle; c'est lui; une réalité retrouvée mais inconfortable, dont il faut façonner les angles et les surfaces pour que le regard et le toucher n'accrochent pas de nouveautés déconcertantes ou ne glissent pas trop vite sur de délicieuses découvertes.

— Comprends-tu maintenant? dit-il. Lorsque je t'ai vue apparaître tout à l'heure, j'étais moite d'émotion. Tu es plus belle qu'avant et tu as tellement changé! Jusqu'à ta façon de parler qui n'est plus la même. Tu voix a pris quelque chose du milieu où tu vis.

— C'est que je vis chez des bourgeois.

Elle ajoute :

— Tu n'as rien remarqué d'autre?

Elle tourne sur elle-même dans le soleil et l'ombre mêlés. Il penche un peu la tête, un vertige au creux du ventre. Flore a perdu ses allures de chèvre sauvage, ce dur brillant de l'œil des gens qui ont la faim et la peur pour compagnes, ces gaucheries d'enfance dans l'arrondi des mouvements qui vont sans hâte à leur terme. C'est encore Flore, mais c'est presque une étrangère.

— Et moi, comment me trouves-tu?

Il a repris par jeu ses airs de fatuité pour évoluer autour d'elle. Flore se dit que la guerre a façonné pour elle seule ce guerrier aux hanches épanouies, ce visage un peu sec sous le hâle des chevauchées, ces cuisses fermes, ces reins puissants, modelés par le rythme du cheval, mais qu'elle a laissé quelques traces d'enfance dans sa démarche et sur ses traits.

— Capitaine Blake, dit-elle, je suis fière de vous et je vous aime.

Flore venait le rejoindre à l'Ombrière en se faisant passer au châtelet d'entrée pour une lingère.

David avait fini par découvrir et par se faire attribuer dans cette énorme citadelle une sorte de cavité qui prenait jour par un pertuis oblique et rappelait le grenier de Domme avec en moins la mer des toitures rousses fleuries de graminées et en plus la fraîcheur des murs épais. On avait dû enfermer là des prisonniers car des noms et des dates griffaient les murs : des Anglais et des Français. Parfois un vieux chat coupé venait les voir dormir et s'aimer. Il semblait tomber du ciel comme un petit Lucifer de velours gris et s'intéresser passionnément à ces jeux inhabituels.

David et Flore se découvraient nouveaux même dans leur façon de faire l'amour, comme s'ils s'étaient quittés depuis des années. Ils avaient, en se retrouvant, de longs prologues, d'interminables récitatifs où leurs mains tenaient lieu de paroles, où leur bouche, tout en demeurant muette, se faisait plus éloquente que celle des comédiens sur le parvis de Saint-André. Avec patience ils remontaient le cours du temps jusqu'aux premières sources de leur plaisir. Les jours passaient et ils retrouvaient en eux d'inépuisables réserves de délire. Ils n'échangeaient que peu de paroles et toujours pour ne dire que l'essentiel.

— Flore... Tes parents?

Elle remontait haut les épaules pour signifier qu'ils avaient pris leur parti de cette liaison. Ils savaient que Flore ne céderait pas, que rien, ni les menaces ni les coups de ceinture ne parviendraient à lui faire lâcher prise. Le père Itier, d'ailleurs, avait renoncé à la violence. La dernière fois qu'il avait défait sa ceinture dans l'intention de la corriger, elle avait fait front avec une telle détermination qu'il avait baissé les bras et s'était senti humilié. Il était trop occupé à façonner les douves et les douelles des pipes monumentales qui recevraient les vins d'automne pour perdre son temps avec cette entêtée. Jaquette, qui travaillait dur, malgré une grossesse de plusieurs mois, réprimandait sa fille mollement, comme si les préceptes moraux lui revenaient par foucades désabusées.

— Il faudra bien qu'un jour..., commença Flore.

— ... Je me décide à demander ta main à ton père? acheva David.

Il y avait pensé souvent, mais cette perspective l'épouvantait. Il aurait fallu choisir entre Flore et la guerre et il se disait qu'il ne pourrait jamais se décider. Quelle autre profession aurait-il pu exercer? Il ne savait rien faire que se battre. La seule pensée d'entrer au service du gouverneur de l'Ombrière ou de Blanquefort, une citadelle proche de Bordeaux, comme Flore le lui avait suggéré, lui donnait des sueurs froides. Il séjournait à Bordeaux depuis une semaine et déjà l'inaction lui pesait. Il attendait le terme de sa permission partagé entre deux sentiments contradictoires : l'impatience de rejoindre les troupes anglaises du duc de Lancastre, Jean de Gand, campées aux frontières de la Guyenne, l'arme au pied, et l'appréhension d'une nouvelle absence où le souvenir de Flore prendrait l'aspect d'une torture quotidienne.

— Simon Bagot est l'ami du gouverneur et du sénéchal, insistait Flore. Par l'intermédiaire de Marguerite, je pourrais obtenir que tu restes à Bordeaux. Si tu refuses, c'est que tu aimes la guerre plus que moi.

Comment lui faire comprendre qu'il aimait la guerre à travers son image incarnée : celle du prince Edouard de Woodstock, mais il se dit que cet aveu ne ferait que renforcer la jalousie de Flore, qu'elle finirait par haïr ce personnage qu'il admirait à l'égal d'un héros et d'un dieu et que leur querelle risquait de dégénérer. Il refusa d'évoquer cette épineuse question, mais c'est elle qui insistait, lui arrachant des détails dont elle composait Dieu sait quelle effigie barbare — Moloch/Saturne/Laocoon — perpétuellement assoiffée de sang et de sacrifices. Le mal était fait; détruire en elle cette image qu'elle avait, par sa faute à lui, laborieusement sécrétée était impossible. Il y renonça, mais le prince resta entre eux comme une pomme de discorde prête à resurgir à la première parole équivoque.

Trois jours avant le retour de David aux armées, Flore manqua leur rendez-vous. David courut chez les Bagot, la trouva en compagnie de Nevile et de Marguerite, dans le jardin de l'oustau, en train de s'amuser à des jeux d'enfants. Il la somma de le suivre. Elle résista et ils se brouillèrent. Flore vint pourtant au rendez-vous du lendemain.

— Ce Nevile, dit David, qu'est-il pour toi?

Elle joua la confusion comme s'il venait de toucher un point sensible, mais se borna à hausser les épaules. Il insista et elle sortit ses griffes.

— Pars! dit-elle âprement, et tu verras bien ce qui arrivera! Va rejoindre ton prince, puisqu'il compte plus que moi, à croire que tu en es amoureux! Et puisque tu veux tout savoir, dis-toi bien que Nevile me fait la cour. Je l'aime moins que toi, mais il est présent, lui!

David leva la main sur elle. Flore le regarda d'un air de défi.

— Eh bien! ôte donc ta ceinture et frappe-moi! Qu'attends-tu?

Il la voyait en colère pour la première fois, la trouva laide et en conçut une joie mauvaise. Des filles comme elle il en connaissait des dizaines qui suivaient l'armée et se donnaient dans un chariot pour quelques deniers ou un morceau de pain. De retour en Angleterre, fort de l'amitié et de la protection du prince, il pourrait trouver des partis en or massif!

Elle l'écoutait, le visage soudain dépouillé de colère, revenu à une fallacieuse sérénité. Cette brutale exaspération lui était nécessaire; elle s'évertua à la garder en elle toute chaude sans cesser de feindre l'indifférence; elle refusait de la voir se fondre dans cette vague de peine qui montait en elle, menaçait de la rendre vulnérable. Au bord des larmes, elle les refoulait. Ce regard sec était sa meilleure parade.

— C'est notre première dispute, dit-elle, et peut-être la dernière. Tu viens de me révéler le fond de ta nature et je n'y vois que prétention et égoïsme. Ainsi, tout est clair : je n'étais pour toi qu'une passade. Ta franchise m'a été salutaire. Adieu!

Il n'eut pas le temps de répondre. La porte avait claqué. Il se retrouvait seul. Par le pertuis oblique, il voyait une mouette lutter contre le vent avec des cris éperdus. Un son de corne monta des remparts. David se sentait à la fois libéré et embarrassé de lui-même, comme vidé de sa substance, plus léger, plus seul que cette mouette.

Ce n'est qu'un peu plus tard que vinrent les larmes.

2

LA MORT NOIRE

Bordeaux semblait porter le deuil de ses vendanges.

L'eau du ciel avait fait des vignes un désert de boue, aussi bien dans le bas pays, entre Saint-Macaire et Bordeaux, que dans le pays Gasque ou les terres du Quercy et du Périgord. On avait escompté une fin d'été dorée de soleil; elle était grise comme du plomb. L'horizon n'en finissait pas de dégorger ses nuages. Ainsi avaient été le printemps et l'été en Aquitaine; ainsi fut le début de l'automne.

Passé les moissons, le blé se fit rare et cher, puis il finit par manquer tout à fait. Les pancoustiers qui cuisaient le pain pour les familles de Bordeaux se croisaient les bras, chacun élaborant à domicile de mauvaises pâtes de farine mêlée d'herbes. Les pâturages gorgés d'eau nourrissaient mal le bétail qui gonflait et crevait sur place.

Les premières familles de paysans arrivèrent pour le mois des Morts. Les maîtres de portes les regardaient affluer en se grattant la barbe, puis ils leur fermèrent les entrées de la ville. Les malheureux se regroupaient sur les blancs coteaux de Lormont et contemplaient la ville de loin comme un paradis inaccessible sous ses brumes, ses écharpes de pluie et ses fumées. Ils se regroupèrent en bandes et les francs-archers de la milice leur donnèrent la chasse. Alors ils s'enfoncèrent dans les déserts du sud, chassant la grenouille dans les « jaougues », volant le bétail qui leur tombait sous la main, tuant même les chiens. Ils se construisaient des huttes de roseaux et crevaient là de faim et de froid.

Les flottes d'automne venues d'Angleterre chercher le vintage repartaient avec des cargaisons dérisoires. Les chais restaient désespérément vides. Les gabares venant du haut pays étaient assaillies dès leur accostage par les marchands qui se disputaient leur fret à prix d'or et se battaient pour quelques fûtailles de mauvais vin. Plus question de faire attendre péremptoirement, aux limites du diocèse, les embarcations venues des lointains vignobles qui, d'ordinaire, cédaient le pas à celles du Bordelais. Tout était bon à prendre et les moindres piquettes d'arrière pays se vendaient comme un vin d'archevêque.

— Une mauvaise année, soupirait James Bagot. La pire que nous ayons connue. Ce que les gens de guerre ont laissé sur pied, les pluies l'ont pourri.

Il passait le plus clair de son temps, enveloppé dans sa cape de pluie, au milieu de ses fils et de ses commis, grelottant dans le vent du fleuve et le crachin, les pieds dans la boue, pour guetter la moindre barquasse dont les fûtailles faisaient le gros dos sur les eaux limoneuses du jusant. Il avait posté des agents en amont, chargés de surveiller le trafic du fleuve et s'était acquis ainsi quelques cargaisons de vin caorsin dont on ne se donnait même plus la peine d'apprécier la qualité.

Lorsque la famine commença de sévir, la jurade dut ouvrir à regret ses greniers déjà plus qu'à moitié vides. L'hiver commençait à peine que les pauvres de la ville cognaient à l'huis.

Dieu merci, maître James était homme de précaution. La « voulte » de son oustau était bien garnie de victuailles diverses : viandes salées, pipes de harengs et de merlu; il avait dans ses greniers suffisamment de farine de froment et de seigle pour tenir jusqu'à Pâques et même au-delà, à condition de mesurer au plus juste et de crier famine afin d'éviter les solliciteurs et de recevoir d'éventuelles attributions. Pour soulager sa maison, il renvoya les trois quarts de sa domesticité; de même il congédia la plupart de ses ouvriers tonneliers, ne gardant, par pure bonté d'âme, que les plus anciens et, pour l'équilibre de ses finances, que les plus habiles et courageux. Itier fut prié d'aller chercher du travail ailleurs. Flore faillit être traitée de même, mais Marguerite, qui venait d'accoucher, prétendit ne pouvoir se passer de celle qui était devenue mieux qu'une servante : une confidente et une amie.

92

LA MORT NOIRE

Gavée de pain, de fruits et de viandes rouges, la « mère de lait »
du petit Thomas trônait dans ses linges immaculés comme une
reine au milieu de sa ruche. On l'avait choisie avec soin et
prudence dans la campagne de Floirac et, comme le nouveau-né
hériterait de toutes les vertus physiques et morales de la nourrice,
maître Bagot lui-même avait tranché et jeté son dévolu sur une
saine femme et un modèle de vertu. Flore était à son service aussi
bien qu'à celui de Marguerite.

Flore et Marguerite mettaient leurs soucis et leurs peines en
commun. La jeune mère avait eu des couches difficiles qui l'avaient
laissée pantelante pour des semaines; les peines de cœur de Flore
venaient en contrepoint.

— David t'a oubliée, disait Marguerite. S'il ne donne pas de ses
nouvelles, c'est qu'il a trouvé à Londres chaussure à son pied. Les
Anglais sont ainsi : égoïstes. Tout ce qu'il cherchait, c'est son
plaisir. Maintenant il se moque bien de toi. Si j'étais à ta place...

Flore la comprenait à demi-mot.

Les visites de Nevile se faisaient de plus en plus fréquentes dans
le gynécée. Il venait soi-disant rendre visite à son neveu. Après
quelques grimaces au-dessus de la beneste, il s'asseyait au bord du
lit de Marguerite et s'efforçait de faire le joli cœur. Il apportait
tant de soins à sa tenue et d'attentions à son comportement et à ses
propos qu'il en devenait presque beau. Il parfumait sa barbe et ses
cheveux d'eau de Venise, arborait des breloques d'argent et d'or,
faisait miroiter ses bagues dans la lumière des chandelles, donnait à
son élocution une pointe d'accent « londrien » et, sur les instances
de Marguerite, faisait le généreux. Flore ne repartait jamais chez
elle les mains vides, Nevile parvenant sans trop de risques à
distraire quelques rogatons que Flore emportait en les cachant sous
son manteau. Elle acceptait cette nourriture sans vergogne car, sans
ce secours, sa famille aurait été réduite à la mendicité. Elle refusait
toute autre libéralité de Nevile qui révélât des intentions moins
désintéressées.

— Sotte! lui disait Marguerite, que risques-tu en acceptant? Je
connais bien mon beau-frère. Depuis qu'il a travaillé au comptoir
de Bruges, il a appris toutes les rouéries du commerce et gagne
beaucoup d'argent.

— C'est moins ce qu'il me donne qui me gêne que sa façon de le
donner et les raisons qui l'y incitent. Je lis dans ses yeux qu'il s'agit
d'un marché, mais voilà : je ne suis pas à vendre.

— Tu n'as plus rien à attendre de Blake, et Nevile t'aime.

— Il me désire. Ce n'est pas la même chose.

— Non. Je crois qu'il tient à toi plus que tu ne penses. Veux-tu qu'il se déclare? Cela viendra. En attendant, accepte ce qu'il t'offre mais n'accorde rien en retour. Tu verras ainsi jusqu'où il peut aller. S'il t'aime, il n'exigera rien. S'il attend simplement de toi le plaisir de chair, il ne tardera pas à réclamer son dû.

Flore ne goûtait guère ces subtilités. Elle se disait qu'elle connaîtrait aussi bien les intentions véritables de Nevile lorsqu'il cesserait de garnir son tablier. Elle remerciait d'un sourire complice et de quelques fades propos et Nevile paraissait comblé. C'était un garçon taciturne, volontiers boudeur mais simple dans ses sentiments, droit et sincère. Flore appréciait ses qualités, mais le souvenir de David était encore trop chaud dans son cœur pour qu'elle encourageât son prétendant. Elle avait parfois envie de le prendre aux épaules et de le secouer en lui criant de bouger, d'aller travailler au lieu de rester à bâiller du bec, debout contre la cheminée, se chauffant les reins comme une vieille femme, tapotant ses mains l'une contre l'autre dans son dos en se balançant sur la pointe de ses poulaines.

— Regarde-le, ce benêt! lui dit un jour Marguerite. Il crève d'envie de te parler, mais il reste comme avec un os dans la gorge.

— Eh bien, qu'il parle! s'écria Flore. Entendez-vous, Nevile. Dites ce que vous avez à dire au lieu de me regarder avec ces yeux de veau!

La nourrice chuinta pesamment pour la faire taire car le petit Thomas venait de s'endormir sur le lit douillet de sa poitrine, la bouche dégorgeant son lait, une plainte de chat dans la gorge. Flore se leva, se planta devant Nevile qui recula d'un pas au risque de mettre le feu aux pans de sa courte tunique de soie verte. Elle copia son attitude, les mains au dos, se balançant. Il sourit comme s'il s'agissait d'un jeu et passa sa main droite devant son visage pour cacher sa rougeur.

— Eh bien, parle donc! Tu n'es pas timide au point d'avoir peur d'une fille de service? On dit qu'à Bruges tu couchais deux ou trois Flamandes chaque nuit dans ton lit, et jamais les mêmes. Alors qu'attends-tu? La récompense de tes générosités? Tiens! un baiser pour la miche d'hier! Tiens pour le fromage! Tiens pour les harengs! Est-ce assez payé? Veux-tu davantage?

Nevile sursauta. Ce tutoiement d'abord; ces baisers ensuite. Il bredouilla quelques propos incohérents en laissant sa pointe de « londrien » au fond de sa gorge, puis, digne comme un paon, se retira en faisant claquer ses poulaines pailletées.

— Tu t'y prends trop mal! lui dit Marguerite. Nevile est un

tendre. Tu viens de l'effaroucher. Il aura du mal à s'en remettre et tu risques de le détacher de toi.

— Il m'agace, à la fin. Pourquoi reste-t-il muet?

— Il sait que tu penses toujours à David et craint de te brusquer. Et toi qui vas lui jeter des baisers à la figure!

Flore se laissa tomber à plat ventre sur le lit, cachant son visage dans la courtepointe en toile de Venise qui sentait le lait aigre et la violette, se répétant que David ne reviendrait jamais d'Angleterre où il était reparti deux mois avant avec les troupes de Jean de Gand, qu'entre la guerre et elle il avait fait son choix. Flore n'était pour lui qu'un amour d'aventure, une rencontre sans lendemain. Et pourtant il y avait encore en elle tant d'amour, malgré l'érosion du temps et de la colère, qu'elle s'accrochait à son souvenir comme à une épave.

Les mains moites de Marguerite contre sa nuque, ses baisers dans le creux de l'oreille, ses paroles qui coulaient en elle comme une source de lait et de miel, son odeur de chatte respirée à travers sa chemise...

— Tu as tort de t'accrocher à des souvenirs. Blake ne reviendra pas. Si tu es d'accord, je parlerai à Nevile. C'est un bon garçon. Il te comprendra. Laisse-moi faire. Tâche simplement de ne pas lui faire mauvaise figure et même de l'aimer un peu.

Lorsqu'elle déballait ses victuailles sur la table familiale, Itier faisait la grimace. Son licenciement lui restait sur le cœur et il en voulait secrètement à Flore de s'être maintenue dans son service chez maître James. Il ne manquait aucune occasion de critiquer ces « parvenus », ces « Anglais » qui étaient venus manger le pain des Français et jetaient leurs miettes aux pauvres et aux chiens. Ses aigreurs lui avaient détraqué le caractère. Il se négligeait, laissait pousser une vilaine barbe rêche, renonçait à se faire épouiller et allait dépenser dans les tavernes, avec ses anciens camarades de travail, la plus grosse part du pécule que Flore rapportait à la maison. Il vouait une haine particulière à Simon et à Nevile qu'il rendait responsables de ses malheurs : Simon parce qu'il l'avait jeté à la rue; Nevile parce qu'il lui prenait sa fille en échange des « miettes ». Flore n'essayait même plus de le raisonner. A la moindre contrariété, le père faisait mine d'ôter sa ceinture, mais il se retenait car, sans sa fille, la famille serait tombée dans le noir inexorable de la misère.

Un jour, Itier annonça qu'il venait de prendre du service chez

Sanche de Pommiers, chef d'une famille alliée aux Soler et adversaire des Colom. Il ne dit pas de quel « service » il s'agissait mais Flore comprit de quoi il retournait lorsque son père, un peu ivre, jeta sur la table un méchant couteau navarrais, une poignée de marcs sterlings et déploya sur sa poitrine un chiffon barbouillé aux armes des Pommiers. Il venait de s'engager comme homme de main à la solde d'une de ces familles patriciennes qui se faisaient dans Bordeaux une guerre acharnée, comme si la famine n'entraînait pas suffisamment de misère. Désormais il ne reparut dans le taudis de la Rousselle que pour vider le fond de ses poches quand elles contenaient encore quelques sous de bronze, faire le bravache, se vanter d'avoir saigné un homme des Colom, d'avoir pillé ou saccagé un magasin. L'honnête charpentier qu'il avait été se faisait gloire de ses forfaits. Le jour, peu après Noël, où Flore lui tint tête alors qu'il menaçait d'aller mettre le feu à l'oustau de ce jean-foutre de Bagot qui tournait au vent comme girouette, il la chassa et Jaquette se garda d'intervenir, car Itier avait menacé à plusieurs reprises d'aller la noyer dans le Peugue, et Dieu seul pourrait dire s'il ne l'eût pas fait.

Nevile se déclara le troisième dimanche de l'Avent.

On laissa passer les fêtes et le mariage fut célébré pour le Sexagésime, sans éclat, presque à la dérobée. C'était après un long séjour de Nevile à Bruges où maître James espérait sans trop y croire qu'il oublierait Flore. Nevile surprit tout le monde en revenant plus tôt que prévu, fort éprouvé par une interminable chevauchée à travers un royaume écrasé de misère et de famine, mais avec des bagages regorgeant de cadeaux pour sa bien-aimée. Depuis le vieux Stephen, les Bagot avaient appris à ne pas mépriser les gens d'extraction commune et ils firent contre mauvaise fortune bon cœur. La « petite », comme ils l'appelaient, était vive, futée, saine, assez jolie malgré ses formes minces et son ventre plat; elle avait appris très vite à se tenir en compagnie et à s'exprimer correctement. On connaissait d'autre part l'obstination de Nevile qui, sous des dehors timides et des apparences de résignation, n'était pas pour rien un Bagot.

Maître James avait fait appeler Flore.

Il trônait dans le fauteuil de Stephen, ses belles mains grasses épousant les crosses des accoudoirs, un triple sourire figé dans ses mentons en cascade, vêtu de tant de lainages qu'il en paraissait matelassé. Il fit signe à Flore d'approcher, lui palpa le visage de ses mains étonnamment légères, la fit se tourner et se retourner comme s'il la voyait pour la première fois, grognant dans sa graisse sans que Flore pût discerner s'il marquait de la déception ou du contentement.

— Alors, tu veux épouser mon fils, à ce qu'on dit?

— Nevile a demandé ma main, maître. J'ai accepté.

— Est-ce que tu l'aimes? Le rendras-tu heureux?

— Je serais malheureuse s'il l'était, maître.

— Bien. Tu sais que tu auras un rang à tenir dans cette maison?

— Je crois que j'en suis capable. Sinon, je m'effacerai et je ne serai que la servante de votre fils et la mère de ses enfants.

Il la questionna longtemps encore, évitant avec délicatesse de l'humilier en l'obligeant à parler de sa famille et de son passé. Il hochait la tête, souriait, la poussait discrètement à lui en raconter davantage, prenant de toute évidence plaisir à l'écouter. Elle s'en rendait compte, mais faisait en sorte de ne pas outrepasser la liberté qui lui était accordée pour ne pas lasser le vieil homme.

— Tu es une bonne fille, dit-il en la renvoyant avec une tape légère sur la joue. J'espère que tu me donneras de beaux petits-enfants.

Marguerite fut complètement rétablie pour Pâques et Flore put distraire un peu de son temps pour s'occuper de ses propres affaires.

Maître James avait cédé aux jeunes époux une vaste chambre prise sur une dépendance de l'oustau. Ils s'y étaient installés quelques jours après la célébration du mariage, mais partageaient avec les autres membres de la famille les pièces de l'immeuble principal, le maître de maison ayant décidé jadis, une fois pour toutes, que le clan devait rester regroupé. On ne pouvait se retrouver seul que le temps d'aller aux nécessités. Pour le reste, on vivait pour ainsi dire les uns sur les autres et il fallait une dispense du patriarche et une raison sérieuse pour garder la chambre. Malgré l'atmosphère parfois tendue, notamment entre les femmes, les criailleries des servantes, les jeux des enfants qui ne prenaient possession du jardin que par beau temps, les allées et venues indiscrètes des commis rentrant des fins fonds de Guyenne, d'Espagne, d'Angleterre ou de Flandre, Flore s'y sentait à l'aise. Elle aimait le mouvement et le bruit, ne s'isolait que pour apprendre à lire et à écrire avec un clerc du chapitre de Saint-Michel. La famille tout entière l'avait tolérée puis acceptée sans réserve. Il est vrai que la femme de Simon l'avait si bien défendue qu'on ne lui faisait pas trop grief de l'infériorité de sa condition initiale. Et d'ailleurs, Flore s'en moquait.

Un matin d'avril, alors que le vieux tilleul du jardin commençait à porter des feuilles, Flore fit asseoir Nevile près d'elle, sur le banc de pierre garni de coussins. Elle posa sa page d'écriture près d'elle.

— Je suis enceinte, dit-elle, et je voulais que tu sois le premier à l'apprendre. Ton enfant doit avoir deux mois. Cela te fait plaisir?

Nevile bondit, se planta en face de Flore. Le chapeau de soleil à la mode vigneronne faisait à sa femme un teint de fleur, les lèvres et les yeux estompés dans un pollen de lumière blonde. Il ne dit rien, fit quelques pas à reculons, s'éloigna en courant et soudain Flore entendit sa voix retentir dans la maison, puis l'exclamation d'une servante, puis un murmure profond, des rires, des clapements de mains aux fenêtres, et il semblait que le vieil oustau aux murs envahis par la vigne sauvage à peine teintée de roux allait s'effondrer dans le tumulte.

La dame Honoria vint la première, rouge d'émotion, agitant ses bras courts, puis Marguerite, et bientôt toute la maisonnée se retrouva dans le jardin, et même maître James lui-même, tout fleuri de sourires et bourdonnant comme un frelon. On s'empressait autour de Flore qui songeait : « En voilà un remue-ménage! Comme si j'étais la première... Ne dirait-on pas que c'est le Sauveur qui va venir au monde? »

Lorsque cette marée d'hommages se fut retirée, Nevile revint, transformé.

— Tu ne peux pas savoir le plaisir que tu me fais, dit-il en prenant la main de Flore. Je sais bien que tu ne m'as jamais vraiment aimé et que tu continues, peut-être malgré toi, à penser à « l'autre », mais je sais maintenant qu'il existe entre nous des liens plus forts que l'amour. Cet enfant, Flore... Cet enfant de toi...

Ces yeux soudain cernés de rouge au-dessus du grand nez des Bagot... Flore lui prit les mains, les porta à ses lèvres.

— Pourquoi ne dis-tu jamais rien, Nevile? Nous sommes mari et femme et pourtant nous sommes comme étrangers l'un à l'autre.

— Te dire quoi? Que je t'aime, quand je sais que toi tu en aimes un autre? Car tu n'as pas oublié ce David Blake, reconnais-le?

— Je ne sais plus si j'aime David et, même si cela était, quelle importance pour toi? Ne suis-je pas la bonne épouse que tu souhaitais? Et même, tu vois, je suis contente d'avoir un enfant de toi. Ne m'en demande pas davantage.

— Es-tu heureuse, au moins?

— Je ne suis pas malheureuse, Nevile.

Flore annonça la nouvelle de sa future maternité à ses parents à quelques jours de là. Elle les laissa indifférents. Jaquette versa quelques larmes de convenance et, cette fugitive émotion dissipée, reprocha aigrement à sa fille de les abandonner. Flore lui rappela que le père l'avait chassée. On n'en parla plus.

Le ménage paraissait avoir retrouvé une certaine aisance. Itier commandait une occulte compagnie de chenapans et de tueurs au service des Soler. Avec la famine et la misère qui sévissaient à Bordeaux, les gens se sentaient pousser des dents de loups et mordaient pour un oui ou pour un non. Itier avait très vite appris à mordre et à tuer, mais il avait cessé de se glorifier de ses exploits et même, semblait-il, il en avait quelque honte, mais il était trop bien installé dans sa nouvelle situation pour y renoncer.

— Tu finiras au bout d'une corde, lui dit Flore.

— Avec la protection des Soler, ce serait surprenant! D'ailleurs je connais une astuce. Il me suffirait de jurer de mon innocence sur le tombeau de saint Seurin pour être disculpé. Sais-tu que les quartiers du port grouillent de criminels et de voleurs qui se sont repentis du bout des lèvres?

Il ajouta :

— Cette ville n'est pas habituée à la misère. Elle est comme folle depuis quelques mois. Alors ce n'est pas le bon moment pour redevenir raisonnable.

Cette vaste demeure, avec son jardin clos de hautes murailles de brique, semblait bâtie pour une éternité de tranquillité sinon de bonheur. Et pourtant, autour d'elle, la ville, comme disait Raymond Itier, semblait « devenir folle », au sens propre du mot.

La prévôté de l'Ombrière avait renoncé à sévir tant les actes absurdes ou délictueux se multipliaient. Les gens touchés par la famine devaient voler pour survivre, sinon ils mouraient ou devenaient fous. Les bourgeois ne sortaient plus de chez eux qu'accompagnés d'une garde armée de pied en cap. Pour les Bagot, le trajet de la rue Neuve aux chais de la Grave ou de la Salinière se préparait comme une expédition. Des familles de miséreux s'agglutinaient aux portes des oustaus nobles, la main tendue, chantant les monotones litanies de la faim. Jeter quelques piécettes, c'était courir le risque de voir se multiplier les mendiants; ne rien donner pouvait provoquer une émeute. Simon avait été attaqué par des gueux armés de gourdins dans les fossés de la porte Bouqueyre et ils l'auraient assommé s'il avait eu quelque argent sur lui. Un autre frère de Simon, Henri, qui revenait au crépuscule de ses vignobles de Carbon-Blanc, était tombé dans une embuscade tendue par des paysans affamés, dans les marais entourant l'abbaye des Chartreux. On avait vu un jour, rue de la Désirade, un honnête commerçant cordier sortir tout nu de sa boutique et se mettre à danser; il avait fallu l'amener à Sainte-Croix, l'attacher avec des chaînes près de la statue guérisseuse de saint Monmolin. Les lépreux parqués hors des remparts, dans la paroisse de Saint-Julien, étaient gardés militairement et il leur parvenait si peu de nourriture qu'il ne fut bientôt plus nécessaire de monter la garde car ils étaient tous morts de faim.

Un voile de crachin avait passé sur la ville, puis il avait soufflé un vent d'ouest qui avait fait crépiter dans les arbres les dernières étincelles d'eau. Les enfants étaient redescendus dans le jardin où leurs jeux avaient repris.

— Couvre-toi la tête, Flore, dit Marguerite. En cette saison, le soleil peut-être très mauvais. Et dans ton état...

— Je ne crains pas le soleil, dit Flore avec une pointe de forfanterie.

Elles observèrent l'homme qui se tenait devant elles, en face de Nevile. Il venait de se restaurer après une longue course depuis Montauban et portait encore sur ses chausses des poils de sa jument.

— Maître Barthélemy Bonis vient de m'apprendre une triste nouvelle, dit Nevile. La peste approche de Bordeaux. Elle est arrivée à Marseille l'hiver dernier et vient d'atteindre Carcassonne et Toulouse. Les gens meurent par milliers.

— Ne vous affolez pas prématurément! dit maître Bonis. L'épidémie n'est pas encore à vos portes, Dieu merci, à supposer qu'elle y arrive jamais. Mais le maire et les jurats auront à prendre des précautions. A leur place, je commencerais par m'occuper des juifs de la porte Dijeaux et du quartier Saint-Seurin.

— Des juifs! s'exclama Flore.

— Des juifs et des lépreux. Vous semblez ignorer ce que ces gens imaginent pour nous nuire. On en a trouvé porteurs de mystérieuses poudres blanches qu'ils vont jeter la nuit dans les fontaines publiques. Ne me dites pas qu'il s'agit de légendes ou de fausses accusations. Certains ont avoué. Ils n'auront de cesse de nous avoir exterminés. A Toulouse on a tué cinquante juifs et massacré tous les lépreux, de même que les mendiants et les vagabonds tant soit peu suspects. Et Dieu sait qu'il en rôde par nos chemins! Le pape a beau interdire les violences, je dis, moi, Barthélemy Bonis, que tant qu'un juif vivra dans nos villes nous devrons craindre le pire pour nous et nos enfants.

Il ajouta d'un air soupçonneux :

— Recevez-vous des juifs dans votre oustau?

— Non! dit précipitamment Marguerite. Ou du moins à de rares exceptions. Nous n'aimons guère ces gens.

— Alors ne les fréquentez plus et, s'il s'en présente, chassez-les! Évitez de vous rendre à l'église Saint-Nicolas où l'on dit la messe pour les lépreux : ils y ont laissé des miasmes qui vous seraient fatals.

— On dit que l'épidémie pourrait venir des astres, hasarda Flore.

— On le dit. La comète apparue il y a peu, la conjonction de Saturne et de Jupiter dans le Verseau... En ai-je entendu, de ces balivernes! Si vous voulez le fond de ma pensée, ce sont les juifs qui font courir ces bruits pour éloigner d'eux la suspicion. Moi, quand on me dit « peste » je pense « juifs» ou « lépreux ». Vous voyez cette main? Cela fait des années qu'elle n'a pas serré celle d'un fils d'Israël. J'évite même de les regarder en face car le mal peut venir d'un simple regard.

— Et cependant, dit Flore, dans les épidémies, ils meurent comme les autres!

— Justement non! Il en meurt beaucoup moins. Ces gens ont des secrets qu'ils n'avouent que sous la question. Tenez : ils reçoivent leurs fameuses poudres blanches des maîtres d'Orient. Ils se marient dans les cimetières pour se protéger de la maladie et s'y livrent à des sabbats qu'aucun gentil n'oserait raconter.

— C'est horrible! s'exclama Marguerite.

— Mais nous, demanda Nevile, comment pouvons-nous nous protéger?

— Hélas! mon bon ami, nous ne connaissons aucun remède préventif vraiment efficace. A tout hasard, portez sur vous un diamant car cette pierre passe à tort ou à raison pour éloigner les mauvaises influences. Évitez d'aller sans raison impérative flâner sur le port et dans les quartiers pauvres où la contagion est la plus forte, et bien entendu dans les rues habitées par des juifs. Ne faites jamais l'aumône de votre propre main et tenez-vous à distance des mendiants et jamais sous leur vent. Enfin, si cela vous est possible, fuyez la ville.

Le bonhomme, ragaillardi par son discours, paraissait de taille à résister à toutes les épidémies que les juifs, les lépreux et le Diable déversent sur les gentils. Il rassurait rien qu'à le regarder : cette opulence de chair, cette vive carnation, ces manières pleines d'assurance et de conviction, cette économie de gestes...

Ce qu'il avait dit des juifs troublait Flore. Elle partageait déjà en partie l'aversion des Bagot pour ces apatrides qui vivaient en colonie, pratiquaient des rites étranges et manigançaient on ne savait trop quoi dans leurs arrière-boutiques, mais de là à les accuser des pires forfaits...

— Les juifs, dit-elle, pourquoi ne les chasse-t-on pas au lieu de les persécuter?

— Dans certaines villes, on les éloigne durant la nuit et on leur permet de revenir le matin exercer leur négoce. Dans d'autres villes on les rejette, mais c'est au détriment de villes plus accueillantes. Cette engeance se fixe n'importe où et vit sans vergogne de la sueur des pauvres gens. S'il ne tenait qu'à moi on les exterminerait, comme à Toulouse.

Il considéra Flore d'un air grave.

— Vous attendez un enfant, madame Bagot. Alors, je vous en conjure, sortez le moins possible de cette maison, évitez les regards louches et, à la première alerte, retirez-vous dans vos vignes du Médoc! On résiste mieux à la contagion dans une hutte de roseaux ouverte à tous les vents que dans les palais de Bordeaux ou de Montauban.

La peste noire semblait marquer le pas aux frontières de la Guyenne, ce qui fit dire aux Français que l'épidémie venait des Anglais.

La famine, en revanche, ne connaissait pas de trêve. Les greniers de la Jurade étaient vides et les bourgeois eux-mêmes commençaient à mesurer leurs réserves de vivres par « rations ». C'était un mot nouveau, qui donnait à la vie de famille un air militaire. On apprit à se priver du superflu, puis du nécessaire. On jeta chiens et chats à la rue où les pauvres leur donnèrent la chasse; les brouets se firent de plus en plus clairs; on mangeait le pain dur pour l'économiser; les enfants pleuraient en regardant la table vide.

Le mois de juin fut le plus terrible.

Chez les Bagot comme dans les autres familles patriciennes, on regretta d'avoir jeté à la rue les animaux domestiques et les gens de service commençaient à traquer les rats pour leur propre compte. Nevile vendit ses bijoux aux Lombards et aux Caorsins et acheta à prix d'or de la farine et du lait de chèvre pour nourrir Flore et cet enfant qu'elle portait dans son ventre. Les lourdes chaleurs de juin épuisaient la jeune femme; elle passait ses journées allongée dans le jardin et, lorsqu'elle levait les yeux vers les frondaisons du tilleul, elle revoyait cet arbre de mai de son enfance, dans les bas quartiers de la Cité de Limoges, garni de fougasses, de pains d'œuf, de cochonnailles et de rubans multicolores qui paraissaient flamber dans le vent sur le bord de la Vienne, près du Port-au-Bois, et des flots de salive lui baignaient brusquement le palais, et elle se sentait vide comme une outre malgré cet enfant qui bougeait en elle, rejetée hors du banquet de la vie sur une grève déserte où les galets avaient des formes de pains, et elle se disait qu'elle mourrait avant que naisse son enfant. Elle accueillait le sommeil comme les prémices de la mort et, lorsqu'elle s'éveillait, elle se mordait les poings de rage.

Le petit Jaufré était mort. Mort aussi l'enfant que portait Jaquette et qui n'avait même pas vu le jour, mort dans son ventre et rejeté comme un chat crevé dans un flot d'humeurs noires, et maintenant Jaquette n'était plus que l'ombre d'elle-même et Raymond Itier se lamentait à son chevet, s'accusant de ses péchés et de ses forfaits comme s'ils étaient responsables de cette mort.

A la mi-juin, une galéasse de Gênes aux voiles lourdes de pluie s'ancra à la tombée de la nuit à une trentaine de tirées d'aviron de la porte du Peugue, ses calles pleines d'avoine et de blé. Elle attendit pour débarquer son chargement que les chaînes qui barraient le port fussent levées.

C'était par une belle nuit claire. Les matelots firent signe qu'on leur portât du vin, et une barque se détacha du rivage pour aller jusqu'à eux, avec quelques femmes à bord. Toute la nuit des torchères brûlèrent sur le pont et le maître de la porte et ses lieutenants pouvaient entendre monter du fleuve des chants et des rires.

Au matin, le bruit ayant couru que des vivres venaient d'arriver, la foule attendait sur la grave, les pieds dans l'eau. La galéasse s'était rapprochée du bord. Par jeu, les marins génois attrapaient par la queue des rats noirs qu'ils jetaient au milieu de la foule pour le plaisir d'entendre crier les femmes.

Lorsque commença le déchargement, il fallut l'intervention d'une compagnie de francs-archers pour contenir tous ces affamés qui commençaient à protester, disant que ce blé et cette avoine iraient dans les « voultes » et les greniers des notables et que les pauvres n'en verraient pas un grain. Il fallut que le maire en personne, entouré du corps de ville, vînt annoncer une distribution dans la journée et la venue imminente d'autres nefs de Gênes et d'Aragon pour que les émeutiers se taisent.

La foule qui s'était éloignée devant les lances du guet regardait de loin les débardeurs franchir la passerelle de planches et charger les charrettes, comme s'il s'agissait des Rois Mages. Sortis des cales du navire, les rats se jetaient dans le fleuve et gagnaient la rive par dizaines. Des gens les attendaient avec des bâtons, les massacraient, les attachaient à leurs ceintures pour les emporter. C'étaient de beaux animaux, vifs et gras, au poil luisant : une provende inespérée pour les familles plongées dans la famine.

Les sacs de grain chargés sur des charrettes furent entreposés dans les caves de l'Ombrière sous la garde des jurats eux-mêmes, et la première distribution eut lieu au cours de la soirée. Dans les jours qui suivirent, d'autres navires s'ancrèrent au large de l'Ombrière, porteurs de céréales et de rats, en provenance des terres lointaines d'Italie ou d'Aragon, et la population put de nouveau manger à sa faim, ou presque.

Il était là, toujours le même.
Surgissant de l'herbe drue comme un éclair noir, il sautait sur le banc, s'installait en couinant sur le dossier de bois, se dressait sur son arrière-train, passant sur son museau ses pattes roses, et ses moustaches faisaient de chaque côté de sa tête des gerbes de soleil. Il regardait Flore et Marguerite de ses yeux vifs, poussait une sorte de sifflement avant de se couler jusqu'à terre, promenait son museau sur le gravier, en quête de quelques miettes, laissant jouer sur son pelage éblouissant des moires de lumière. Puis il repartait, sa longue queue rose traînant au ras du sol, et Marguerite et Flore riaient de le voir faire, et elles lui parlaient, et elles lui jetaient des miettes, et elles le montraient au petit Thomas, malgré les protestations de la « mère de lait » que le moindre souriceau eût fait plonger sous terre. Puis il en vint d'autres : trois, quatre, dix. Neville ordonna aux domestiques de leur livrer une chasse impitoyable et de tendre des pièges. On en tuait par dizaines, mais il en revenait autant. On aurait dit qu'ils se passaient le mot.

LA MORT NOIRE

On ne pensa pas tout de suite à la peste. Tant de gens étaient morts de faim que, pour quelques dizaines de plus, dans une grande cité comme Bordeaux, il n'y avait pas de quoi sonner le tocsin. C'étaient pourtant des morts suspectes : il poussait des sortes de bubons aux malades; ils se vidaient avec une sorte de furie et leurs cadavres devenaient tout noirs. On incrimina l'excès de nourritures malsaines mais les médecins demeuraient circonspects; ils ne parlaient pas encore de peste car le mot faisait peur, mais ils commencèrent à s'interroger et à faire provision de vinaigre. L'été approchant, des familles de bourgeois partirent pour leurs domaines de campagne. Chez les Bagot, on commença à faire des préparatifs, sur les conseils de maître Francou, le médecin de la famille, homme très maigre, volontiers sentencieux et qui adorait s'envelopper de mystère. Flore refusa de partir, redoutant que le voyage compromît sa grossesse qui lui occasionnait des tourments consécutifs à la mauvaise alimentation passée. D'autre part, la santé de sa mère lui donnait des inquiétudes. Neville décida qu'il resterait aussi. La peste — si c'était bien elle — touchait principalement les enfants mal nourris, les vieillards et ne frappait que les quartiers misérables. Il suffisait d'ailleurs, pour échapper à une éventuelle contagion, de respirer fréquemment un mouchoir imprégné de vinaigre, d'éviter le contact et le regard des juifs, auxquels d'ailleurs la porte de l'oustau était condamnée depuis la visite de maître Bonis, d'avoir un diamant au cou et, à proximité de soi, un cheval ou un bœuf, animaux réputés pour éloigner les miasmes de la contagion. Bien entendu, il fallait éviter aussi les sorties en ville.

Flore et Nevile s'enfermèrent dans leur cocon de solitude et de silence.

L'été lourd et humide pesait sur les toitures rousses et faisait bourdonner autour de la demeure des rumeurs inquiétantes : celles des essaims de mouches dont on se protégeait le visage par des voiles légers et celles, plus insidieuses, de la ville qui semblait se préparer aux terribles épreuves de la peste.

C'était bien elle. On en était certain à présent.

Elle se manifestait par des cris d'agonisants, des appels, des lamentations interminables, des roulements de chariots sur les pavés de la rue Neuve, nuit et jour, par des glas et d'incessantes processions. Elle était là, toujours plus présente. Elle rôdait dans le quartier de la Rousselle, frappait ici et là des demeures tranquilles qui devenaient en quelques jours des cellules de l'enfer, piétinait devant les riches oustaus de la rue Neuve, d'ailleurs presque tous déserts ou confiés à la surveillance de vieux domestiques, passait en rafale dans les taudis où elle fauchait des familles entières. Elle avait un nom; elle finit par se faire un visage, ou du moins chacun put l'imaginer à sa façon mais toujours sous des apparences monstrueuses. La peste vivait; elle se nourrissait des victimes que l'on jetait dehors et dont certaines vivaient encore; elle avait même une voix : une sorte de mélopée de la misère et de la souffrance, insistante et désespérée; elle dégageait une odeur particulière : une puanteur presque palpable qui laissait des glaires nauséabondes au fond de la gorge.

Au début de l'épidémie, maître Francou venait chaque jour à l'oustau. Il arrivait, enveloppé d'une grande cape qu'il laissait avant d'entrer aux mains d'un domestique, s'inclinait dans une odeur de vinaigre, gardait en parlant ses mains dans ses poches bourrées de racines d'aloès, de bézoards, de pentacules et de talismans, ou bien il les portait à sa ceinture de cire bouclée à même la peau. Grâce à cette cuirasse protectrice, il avait réussi à déjouer les assauts de la contagion bien qu'il fût appelé jour et nuit au chevet des moribonds.

— Surtout, ne mettez pas le nez dehors, disait-il. Je vous porterai les nouvelles. Vous savez que les gens meurent par dizaines? On m'appelle pour soigner une petite fièvre bénigne. J'arrive et je trouve un moribond en train de vomir d'étranges matières. La peste èst devenue folle : elle ne respecte aucune famille. Tenez, hier, chez les Soler...

Maître Francou parlait bas, comme si l'esprit de la peste était aux aguets derrière un arbre ou une tenture. Il se complaisait dans la description de ces bubons qu'il fallait crever au bistouri et qui faisaient gicler des humeurs puantes, comme si le corps vomissait ses diableries et ses péchés.

— On ne me sortira pas de l'idée qu'il y a du diable dans tout ça! disait-il. On a constaté une invasion de serpents sur les coteaux de Lormont. Partout on voit sortir de terre des vers énormes.

Il ajoutait en confidence.

— Si l'on veut en réchapper, il faut faire le mort. Je veux dire ne pas provoquer la peste ou alors, comme je le fais, la traiter en familiarité mais avec un mouchoir vinaigré sur la bouche et le nez. Moi, la peste, je la regarde droit dans les yeux, si je puis dire. Mais ce n'est pas donné à tout le monde.

Flore lui demandait à chacune de ses visites des nouvelles de sa mère que le médecin passait visiter chaque jour en lui renouvelant chaque fois la même proposition : qu'elle vienne s'installer à l'oustau de la rue Neuve. Jaquette secouait la tête et refusait, par fierté.

— Votre mère n'échappera pas à la peste, dit maître Francou. C'est une proie idéale : un corps débilité, une certaine indifférence vis-à-vis de la mort, dans un quartier dont presque toutes les maisons sont contaminées...

Itier avait disparu. Il s'était embauché comme « corbeau » et gagnait beaucoup d'argent à collecter, transporter et faire brûler les cadavres. Il n'était pas reparu au domicile de la Rousselle depuis des semaines, mais on savait qu'il était encore en vie, des voisins l'ayant aperçu.

Un soir, se répandirent des odeurs de fumées grasses qui semblaient venir d'au-delà des murailles, des marécages entre Peugue et Devèze. Ce ne furent d'abord que des filaments d'odeur à peine perceptibles, puis des vagues de plus en plus épaisses et serrées. Quelques cendres tombèrent avec les pluies du soir. La peste paraissait marquer une pause, mais ce n'était qu'une illusion. En fait, c'est que la ville se vidait : les morts s'ajoutant aux fuyards, mais fuir ne servait plus à se protéger, la maladie frappant dans les campagnes aussi bien que dans les villes. Selon maître Francou, seul le Béarn était épargné. Mais c'était au bout du monde.

Un matin, des coups résonnèrent à l'huis. Les domestiques accoururent au jardin où Flore et Nevile achevaient leur collation à l'ombre du tilleul.

— Venez vite, madame! C'est votre mère!

Jaquette était allongée devant la porte, enveloppée d'une couverture et baignant dans ses déjections. Elle paraissait sourire, mais ce n'était qu'un rictus qui découvrait des dents de vieille femme.

— Ne t'approche pas! s'écria Nevile. Laissons-la où elle est. De toute manière nous ne pouvons rien pour elle. Elle est peut-être déjà morte.

— C'est ma mère, dit Flore. Je ne peux pas la laisser agoniser à ma porte!

Nevile toucha la moribonde de la pointe d'une perche. Jaquette eut un sursaut et se retourna vers la rue pour vomir des matières blanchâtres. On envoya à la hâte quérir maître Francou qui se présenta quelques heures plus tard. Il découvrit les parties malades, brida en un tournemain un énorme bubon qui gonflait la hanche et qui déchargea de longues giclées de pus. Rapidement, avec le concours d'une nonne qui l'accompagnait, il fit la toilette de la moribonde. Flore et Nevile le regardaient opérer de la fenêtre du premier étage, un tampon de vinaigre sous le nez.

— Vous avez bigrement bien fait de ne pas l'introduire chez vous, dit le praticien. Elle ne se rend compte de rien et vous ne lui seriez d'aucun secours. Elle sera morte dans une heure ou deux. Maintenant, ne restez pas comme des perroquets sur leur perchoir. Rentrez, et vite. On a compté plus de deux cents cadavres dans la seule journée d'hier et ça risque d'être pire aujourd'hui.

Il s'éloigna sans un mot de plus, la nonne trottinant sur ses talons avec son seau. Dans sa cape souillée, il ressemblait à une vieille corneille.

— Rentrons, dit Nevile. L'odeur est insoutenable.

— Je dois rester, dit Flore. Je ne veux pas qu'on l'emporte avant qu'elle soit morte.

Des « corbeaux » passèrent, enveloppés de longues capes brunes, la capuche sur le nez, le bas du visage protégé par un linge, précédant ou suivant des chariots traînés par des bœufs, chargés de cadavres barbouillés de déjections. Lorsque les « corbeaux » s'approchaient de la porte de l'oustau, Flore leur criait de ne pas toucher à sa mère qui n'était pas encore morte, et ils passaient sans un mot. Elle leur disait aussi :

— Si vous rencontrez l'un des vôtres qui se nomme Raymond Itier, dites-lui de venir dès que possible.

Ils l'écoutaient à peine et s'éloignaient sans même lever la tête.

Des groupes de jeunes gens ivres qui venaient de piller une taverne abandonnée passèrent, garçons et filles mêlés, débraillés, vomissant leur vin, frappant par jeu aux portes et aux volets des boutiques. Il vint de la direction de Saint-Siméon une procession de moines noirs qui agitaient des sonnettes, chantaient des cantiques et s'arrêtaient pour proclamer la colère de Dieu et la venue de l'Apocalypse, réclamer la pluie de soufre qui purifierait en la consumant l'humanité pécheresse. Flore ne quittait guère sa mère des yeux. Parfois Jaquette se retournait vivement ou se dressait sur son séant en poussant des cris inarticulés. Elle vomissait encore avec des efforts qui la torturaient puis retombait dans sa prostration, l'œil fixe, un rire atroce aux lèvres.

Raymond Itier arriva alors que tombait un soir chargé de fumées âcres. Il se pencha vers Jaquette, et Flore devina qu'il pleurait aux contractions de son buste. Il rejeta son capuchon dans son dos, regarda Flore fixement d'un air de reproche et secoua la tête pour signifier que tout était fini. Puis il saisit le cadavre par les épaules et le traîna vers la charrette.

Lourde de fatigue mais incapable de discerner autre chose en elle qu'un insurmontable dégoût, Flore referma la fenêtre. Elle passait d'un vertige à un autre et dut s'aliter.

Sur les indications de maître Francou, Nevile avait recouvert de romarin coupé au jardin le parquet d'un cabinet où l'on avait installé Flore. Un grand crucifix fut accroché au mur, face au lit de fortune : une simple paillasse recouverte de draps et d'une couverture. Un brûle-parfum distillait en permanence des odeurs subtiles. La petite fenêtre à ogive donnait jour sur la cime du tilleul et, au-delà, sur l'écran de fumées noires qui montaient des grands bûchers.

Nevile ne tenait plus en place. Il avait voulu être le seul à s'occuper de sa femme, préparant lui-même les médicaments, forçant maître Francou à se tremper les mains dans le vinaigre avant d'examiner la malade, l'interrogeant sans arrêt :

— Est-ce la maladie? Croyez-vous qu'elle aura suffisamment de force pour résister, dans son état? L'enfant vivra-t-il?

Le médecin prenait des airs de mystère, paraissait sonder, derrière ses paupières alourdies de fatigue, des augures de lui seul complices, hésitant à répondre. Cette fièvre, ces frissons, ces vomissements...

— Je ne puis encore me prononcer. Continuez à la soigner comme vous le faites si bien. Moi, je ne peux que surveiller l'apparition des bubons. Dès que j'en sentirai un sous ma main, j'opérerai. J'en ai sauvé plus d'un qui se croyait condamné. La peste a ses caprices. Il faut lui rafler ses malades pour ainsi dire sous son nez. S'ils ont vraiment envie de survivre, la partie est gagnée. Et votre petite Flore a bigrement envie de vivre. Pour ce qui est de l'enfant, je ne vous promets rien...

Juillet passait indolemment dans les tumultes des fanfares, les chants d'ivrognes, les lamenti des cortèges processionnaires, les sonneries désordonnées des cloches, les hurlements de damnés des pestiférés. Bordeaux était devenue un théâtre gigantesque où chacun dialoguait avec sa mort comme pour passer un marché avec elle. La précarité de l'existence donnait aux hommes des envies d'aller au fond du plaisir et d'en ramener une moisson abondante avant de se coucher avec un bubon à l'aine ou à la poitrine. Chacun y allait de son défi à la religion et l'on disait même qu'il se passait de drôles de choses derrière les murs des couvents. Maître Francou en parlait en termes voilés. A l'entendre, Bordeaux était devenue un gigantesque lupanar. Mais, après tout, puisque le Ciel demeurait sourd, pourquoi ne pas aller voir du côté de l'enfer qui, lui, avait réponse à tout?

Flore passa des journées immobile, repliée sur elle-même, tendue à l'écoute de son mal, sensible à la moindre vibration de sa chair, n'accordant à Nevile que des regards où elle tâchait de faire passer un peu de tendresse et beaucoup de reconnaissance. Toutes les forces qui lui restaient et qui s'affaiblissaient de jour en jour, elle les mobilisait pour une lutte sourde et constante. La résignation est l'attitude qu'elle acceptait le plus difficilement. Jaquette s'était laissée mourir; Flore entendait lutter. Parfois le mal prenait le dessus, détruisait tout en elle, la rejetait hors du lit, hurlant et vomissant, les dents découvertes par le fameux rictus de la peste noire. D'autre fois, elle avait l'impression de le dominer à force de le nier, de le subjuguer par ses prières et la contemplation du crucifix qui devenait, à travers les fumées d'herbes, un oiseau aux ailes de feu. Dans ses moments de délire, il arrivait qu'elle appelât David et il lui semblait qu'il se penchait sur elle comme jadis à Domme et à l'Ombrière, l'enveloppait d'un drap de chair souple, d'un souffle léger, et lorsqu'elle revenait à elle, moite de sueur, Nevile lui tendait une coupe d'eau vinaigrée, la forçait à boire jusqu'à la dernière goutte, lui essuyait le corps, le badigeonnait d'essence d'aloès ou d'eau-de-vie, et elle se demandait pourquoi il avait cette mine crispée et ces yeux rouges.

Des plaques gangréneuses apparurent, des bubons se formèrent à l'aine et à l'aisselle.

— Nous y voilà! dit maître Francou. Nous savons maintenant à qui nous avons affaire. Tant qu'il est temps, nous allons débrider. Nevile, je ne veux pas vous donner trop d'espoir parce que la peste est presque toujours la plus forte, mais je constate qu'en ville elle commence à décroître. On meurt beaucoup moins, à croire que la garce a eu son comptant de cadavres. Des millions d'hommes, en France, en Angleterre, en Allemagne...

Il raconta d'étranges choses, notamment les défilés de flagellants qui avaient pour théâtre les confins orientaux du royaume de France, et Nevile l'écoutait en silence comme s'il racontait des histoires d'un autre monde et d'un autre temps.

— A nous deux, ma belle! dit-il avec une apparence de gaieté, sans qu'on puisse savoir s'il s'adressait à la peste ou à Flore.

Les bubons dégorgèrent leurs humeurs nauséabondes. Flore supporta l'opération sans un gémissement. Les plaques supurantes ointes d'une pommade composée par maître Francou, elle prit une tisane, s'endormit, s'éveilla plusieurs fois en hurlant au cœur de la nuit, criant qu' « ils » arrivaient, qu' « ils » commençaient à défiler, ces moines fous, au torse nu, qui se fouettaient avec des lanières plombées, se roulaient dans la poussière en hurlant, s'arrachaient avec les ongles des lambeaux de chair, brandissaient des croix souillées de sang, tournaient sur eux-mêmes en vociférant des incantations et dispersaient autour d'eux une averse rouge.

— Dors, disait Nevile, dors, mon cœur. Demain tu seras guérie.

Le lendemain, lorsque Nevile s'éveilla, Flore baignait dans son sang. Affolé, il fit prévenir le praticien qui survint sur-le-champ, hocha la tête. L'enfant était mort. C'était un petit mâle très bien formé.

— Flore n'aura pas d'enfant pour cette fois, dit-il, mais nous la sauverons. C'est la fin de la peste. Je n'ai eu qu'une dizaine de morts dans la journée d'hier et encore ce n'étaient que des vieillards.

Il ajouta vivement :

— Vous allez aérer cette chambre! Ça pue atrocement. Et éteignez ces chandelles! On ne veille pas une morte ici...

Flore dormit tout le jour qui suivit et une partie de la nuit. Elle s'étonna de ne voir qu'un coin de ciel blanc de lune avec une corne de nuage et se rassura en touchant Nevile qui dormait près d'elle, à même le parquet et ronflait paisiblement. Elle ne sentait plus son corps; il lui semblait même qu'elle aurait pu s'en détacher et voler à travers la pièce jusqu'au-dessus du tilleul. Elle prit plaisir à se dire qu'elle veillait seule dans cette grande maison silencieuse. Lentement, elle fit bouger ses mains, ses jambes, se dressa sur son séant, puis debout, s'adossa au mur frais. Les mains à plat sur la pierre, elle en ressentit le grain rugueux et la dureté comme une promesse de vie. Elle ne se sentait plus portée comme par un nuage; elle avait dépouillé cette enveloppe de chair moite et pourrissante pour se réinventer un corps où elle se sentît à l'aise; au-delà des eaux noires de la peste, les choses venaient vers elle comme des animaux familiers pour la rassurer; elle en éprouvait la vie secrète, l'amitié, le secours; le monde était de nouveau solide sous ses pieds et retrouvait sa densité perdue.

Et soudain elle mit ses mains à plat sur son ventre, tomba sur les genoux et se mit à pleurer l'enfant qu'elle n'aurait pas.

LES AMANTS DE SAINTE-COLOMBE

On ne s'entendait plus. Les gens, quand dormaient-ils? Ce qui restait d'habitants dans la ville semblait pris de vertige. Il fallait, semblait-il, montrer que l'on avait échappé à la peste, que l'on avait encore suffisamment de voix pour chanter, de foi pour prier, de force pour procréer.

Une sorte de démence secouait la population. On sortait dans la rue tout ce qui, en rendant un son, pouvait donner quelque sorte de bruit que l'on pût prendre pour de la musique, et on frappait, et on soufflait, et on s'égosillait par groupes aux carrefours. Pour un oui, pour un non, les cloches se mettaient à sonner, qu'il fît jour ou nuit. Les clercs, les jurats organisaient des processions, promenant les reliques des petits saints guérisseurs avec une ferveur qui confinait au délire.

La ville était à tous et à personne. L'effrayante mortalité, qui avait anéanti des familles entières, laissait des héritages vacants par centaines. Les portes des maisons enfoncées, des forcenés s'en rendaient maîtres, s'y installaient ou volaient tout ce que les anciens propriétaires avaient abandonné dans leur fuite. La nourriture ne manquait plus, ni le vin. Habitués à la famine, on voyait des gens crever d'indigestion au milieu des rues, d'autres vivre dans une ivresse permanente. On ne se connaissait plus; on se regardait les uns les autres comme des reflets dans une vitre, on vivait chacun pour soi et l'on n'avait de rapports aux autres que dans le plaisir. La fin de l'épidémie avait libéré des instincts longtemps bridés et qui maintenant débordaient sans contrainte. Dans l'année qui suivit naquirent beaucoup d'enfants, très souvent deux ou trois à la fois et l'on s'apercevait plus tard qu'ils avaient une denture incomplète.

Certains mots faisaient peur. « Dieu », par exemple. On faisait les fanfarons, on riait lorsque les clercs le prononçaient, on se bouchait les oreilles, mais il produisait une sorte de tonnerre lointain comme un écho de citerne vide. Dieu n'était plus dans les carillons, dans les cantiques, dans les processions ou les prières; on l'aurait cherché vainement dans les églises et les couvents; il n'en restait que des apparences, une enluminure d'absence, à croire qu'il avait fui pour se dérober aux diableries de la peste noire. La foi n'était plus chair, verbe ou pensée mais un mot creux, une sorte de bouchon entraîné par un courant d'eaux nauséabondes. Ceux qui prétendaient avoir vu apparaître un ange de lumière au-dessus de Saint-André, on leur riait au nez; ceux qui annonçaient la venue d'un nouveau Messie qui balaierait cette tourbe de péchés d'un revers de main, on leur montrait ses fesses; ceux qui proclamaient l'imminence du châtiment, on les poursuivait à coups de bâtons comme des rats. La ville, le pays s'enlisaient dans un marécage douillet qui paraissait n'avoir pas de fond, mais tous savaient qu'un jour il faudrait payer. L'envers de ce manteau de fête, c'était la peur. On refusait d'en prendre conscience.

Les uns après les autres, les notables qui avaient pris le large du pays aux premières alertes regagnaient leur domicile.

La plupart de ces familles avaient payé leur tribut à l'épidémie, mais dans de moindres proportions que celles qui étaient restées. On les accueillait comme des déserteurs; on ne se gênait pas pour les éclabousser de regards méprisants et d'insultes et l'on ne s'écartait pas dans la rue et aux cérémonies pour leur laisser le haut du pavé. Ceux qui avaient lutté sur le front de l'épidémie considéraient la ville comme une conquête; des gueux dormaient dans le lit des nobles et des bourgeois et, les propriétaires revenus, défendaient leur proie à la force du poignet. Lorsque le maire et les consuls, appuyés par le prévôt et le sénéchal, s'étaient mis d'accord pour livrer aux flammes quelques misérables pâtés de maisons et le quartier de la Rousselle dans son entier, les occupants avaient failli prendre d'assaut la maison de ville. Ces foyers d'infection permanents brûlèrent trois jours pleins et fumèrent durant une semaine sous les pluies d'automne.

Le bonheur nauséeux dans lequel se complaisaient les habitants fut gâté par un étrange caprice de la nature.

Sur la fin de l'épidémie, on avait vu apparaître, venant on ne savait d'où, des essaims de mouches noires d'une taille hors du commun. Les derniers cadavres abandonnés dans sa retraite par la grande dévoreuse d'hommes en étaient couverts. Il fallait leur disputer le pain et la viande. Elles pénétraient dans toutes les demeures, se fixaient au plafond, aux murs, aux tapisseries, bourdonnaient lourdement quand on les chassait mais elles revenaient plus nombreuses et même les fumigations d'herbes étaient impuissantes à les anéantir. On ne pouvait s'empêcher de frémir en songeant aux sauterelles de l'Apocalypse. Les premiers froids les immobilisèrent, puis elles disparurent comme elles étaient venues. Quant aux rats, ils n'avaient jamais été aussi nombreux et prenaient leur part à la gabegie générale, mais on les redoutait moins depuis que la peste qu'ils avaient véhiculée était repartie sans eux.

Les juifs revinrent sur la pointe des pieds. Ils pénétraient dans la ville à la limite du couvre-feu par les portes les moins fréquentées et dormaient sur le seuil de leurs boutiques en attendant que la prévôté en eût chassé les intrus. Dans presque tout le royaume, ils étaient proscrits et beaucoup se cachaient encore dans les campagnes, sous des noms d'emprunt. A Carcassonne, à Narbonne, on en faisait des feux de joie; à Strasbourg on en brûla près d'un millier. Ceux qui avaient préservé leur fortune à travers la tempête de la peste se réfugiaient dans les États du pape Clément VI, adversaire de toute violence raciale et qui, durant l'épidémie, avait refusé de quitter Avignon. A Bordeaux, on toléra leur réinstallation sans animosité mais sans chaleur.

La peste n'avait épargné personne. Le roi Philippe lui avait abandonné son épouse, Jeanne de Bourgogne, la « Boiteuse ». Après avoir versé des larmes hypocrites sur son sort il avait épousé, un mois plus tard, une fille de dix-huit ans, Blanche de Navarre que l'on destinait à l'un de ses fils et qu'il trouva à son goût. Dans le lit royal, « Belle sagesse » avait succédé à « Mâle reine » la « Boiteuse » sans soulever trop de protestations car tel était le bon plaisir du souverain. Ce que la peste n'avait pu faire, la jolie Navarraise en fut responsable : huit mois plus tard, le vieil homme épuisé rendait l'âme près de Dreux. Le royaume soupira : le premier Valois de la couronne de France s'était endormi dans les affres d'un souvenir qui le harcelait après des années : Crécy. Esprit chevaleresque, le seul énoncé de ce nom lui faisait mesurer l'abîme de médiocrité et de faiblesse de sa nature. Il avait rêvé de débarrasser le royaume de la présence séculaire des Anglais; elle n'avait fait que s'y renforcer. Il portait Bordeaux et Calais comme un double stigmate aux flancs.

La cour d'Angleterre elle non plus n'avait pas été épargnée. Alors qu'elle se rendait en Espagne pour y épouser Pierre, enfant de Castille, Jeanne de Latour, fille du roi Edouard, s'était arrêtée à Bordeaux alors que l'épidémie commençait à régresser. Affaiblie par le voyage, elle s'alita, ne put se relever et agonisa affreusement durant trois jours. Une galéasse ramena son corps en Angleterre. Ainsi, la peste pénétrait même dans les palais et ne faisait aucune différence entre les mortels. L'humilité, ce sentiment que les événements étaient souvent impuissants à susciter chez les grands de ce monde, elle l'imposait. Restait à savoir si elle était envoyée par Dieu ou par le Diable.

Et là, même les docteurs de la foi les plus éclairés sur les mystères du monde se déclaraient impuissants à répondre.

La caravane des Bagot était revenue à Bordeaux sous le crachin d'octobre, ramenant le corps de la dame Honoria et de deux domestiques. Les autres membres de la famille n'avaient guère pâti de cet exil dans le Médoc. Marguerite était de nouveau enceinte; Flore lui apprit qu'elle l'était également, depuis peu, et elles se sentirent plus près l'une de l'autre qu'auparavant.

Il fallut des semaines pour que la famille retrouvât le bon équilibre d'avant la peste, avec un peu de cette gaieté qui donnait goût à la vie, et quelques mois pour que les affaires reprissent leur cours normal. Les Bagot étaient presque ruinés, mais sainement; ils pouvaient rebâtir sur un terrain vierge. Maître James eut la sagesse de comprendre que seule son expérience pouvait être utile à ses fils et que, pour le reste, ils ne devraient compter que sur eux-mêmes. Il fit semblant de se laisser mourir, mais avec l'arrière-pensée de ne rien perdre du spectacle des événements de la maison et du courant des affaires, de survivre dans sa féconde retraite le plus longtemps possible car il aimait la vie.

Il y eut un hiver bien tempéré. Le quartier de la Rousselle reconstruit, les pauvres réinstallés dans des logements neufs, les juifs dans leurs échoppes, les lépreux dans leurs maladreries, la peste n'était plus qu'un souvenir. On vit même renaître les sanglantes querelles entre les familles patriciennes auxquelles l'épidémie semblait avoir donné un regain de combativité. D'autres familles apparurent, anglaises pour la plupart, auxquelles la municipalité bordelaise octroya, comme dans d'autres cités, des « lettres de bourgeoisie », afin qu'elles apportent, après l'hécatombe de la peste, un sang nouveau à la ville. Les notables se serrèrent un peu pour leur faire place.

Environ l'octave de l'Ascension, Marguerite accoucha d'une fille qui prit le nom de la dame Honoria. Quelques semaines plus tard, le mercredi après la Trinité, Flore donna le jour à un garçon qui reçut le prénom de William.

Les relations avec la grande île avaient repris lentement. Les vendanges de l'année de la peste avaient été désastreuses; celles de l'année suivante furent médiocres, la plupart des vignobles ayant été abandonnés durant l'épidémie.

Simon effectua deux voyages à Londres et en rapporta des nouvelles de Blake qu'il rencontrait à chaque séjour. Le jeune soldat qu'il avait connu jadis à Bristol était devenu l'un des écuyers du prince de Galles et l'un de ses plus fidèles conseillers. Il avait épousé l'héritière d'une honnête famille de marchands de laine du West End qui lui avait donné deux beaux enfants. Il vivait dans une opulence qui avait l'ennui pour corollaire et rêvait de revenir sur le continent. Il annonçait à qui voulait l'entendre que, le jour où son maître reprendrait la mer, il serait son homme.

Simon confia un jour à Marguerite :

— Blake n'a pas oublié Flore. A chaque rencontre, il me demande de ses nouvelles, et comment elle se comporte avec Nevile, et si elle a changé, et si elle n'a pas souffert de la peste. Dieu veuille qu'ils ne se retrouvent jamais! S'il revenait à Bordeaux, je saurais bien lui faire comprendre qu'ils ne doivent pas se revoir. Flore est heureuse, et...

Marguerite l'interrompit avec vivacité.

— Flore? Heureuse? Mais qu'appelles-tu donc le bonheur? Elle n'a épousé Nevile ni par amour ni par intérêt, mais par dépit. N'aurais-tu rien remarqué? Es-tu aveugle et sourd? Parle-lui une nouvelle fois de David et observe-la : tu verras ses mains trembler et ses yeux se brouiller. Flore aime toujours Blake et nous n'y pouvons rien. Ces deux-là, tu les séparerais durant trente ans qu'ils seraient prêts à refaire leur vie ensemble. Tu crois peut-être qu'on détruit l'amour comme on arrache un cep de vigne?

Elle parlait avec tant de feu que Simon en conçut quelque soupçon.

— Je me demande si tu ne souhaites pas qu'ils se retrouvent!

— Ils se retrouveront, Simon. Nevile lui-même n'y pourra rien. Ce pauvre Nevile...

Le « pauvre Nevile » aimait Flore d'un amour sans phrases et sans éclat. Il donnait beaucoup de lui-même à sa femme, mais ce n'était pas un abandon véritable; il lui vouait une dévotion profonde et constante, mais tiède; son amour ne sortait guère de lui : il le consumait sans rayonner une grande chaleur. Flore mettait beaucoup d'application à se composer l'apparence d'une épouse parfaite selon les canons de la bourgeoisie bordelaise; elle veillait à l'équilibre de sa vie conjugale, écartant les motifs de discorde, ne se refusant jamais à Nevile mais ne provoquant pas ses étreintes, s'efforçant de lui faire honneur en toute circonstance.

— Dans cette union, disait Marguerite, tout n'est que trompe-l'œil. J'admire Flore d'avoir tant pris sur elle pour préserver les apparences.

Simon fronça les sourcils.

— Tu l' « admires », dis-tu? Je me demande si tu ne deviendrais pas éventuellement sa complice. Prends garde! Je saurais défendre Flore contre elle-même et contre toi. Si Nevile en est incapable, je serai fort pour deux.

— Vous pourriez être mille que ça ne changerait rien.

Simon partit fort courroucé. Le mot de « complicité » qu'il avait lui-même, assez hardiment, glissé dans ses propos, l'obsédait. Qu'est-ce qui poussait Marguerite à tolérer sinon à encourager cette passion coupable? Peut-être le sentiment de n'être elle-même qu'une épouse de parade, un autre trompe-l'œil? N'allait-elle pas, peu à peu, s'identifier à Flore, prendre à son compte cet amour refoulé? Il s'interrogea sur ses rapports avec Marguerite et ne trouva rien à redire. Une épouse parfaite. Elle aussi.

La guerre paraissait somnoler dans le royaume, comme si elle attendait pour se réveiller que la grande marée de la peste se fût retirée.

C'était encore la trêve entre la France et l'Angleterre, mais elle était illusoire. En fait, la France était malade de la guerre après l'avoir été de la peste qui avait enlevé un tiers de sa population; elle la portait en elle comme un corps étranger, vivant de sa vie propre et dont elle n'était pas maîtresse et même qui s'imposait à elle. Une guerre larvée. Le grand sommeil du royaume était troublé par de continuelles poussées de fièvre.

Périgueux faisait front aux bandes anglaises soutenues par le comte Roger-Bernard du Périgord. Autour de la ville, quatorze places fortes étaient tenues par l'ennemi. L'insécurité régnait de nouveau dans la province avec la terreur et la disette. En Bretagne, la guerre s'était soudainement réveillée. Soixante chevaliers : trente Anglais sous les ordres de Bremborough, trente Bretons commandés par Beaumanoir s'étaient affrontés une journée durant dans un duel à mort. A la cour de France, le roi Jean, dit « le Bon » en raison de sa bravoure plus que de sa bonté d'âme, avait inauguré son règne en faisant, pour d'obscures raisons, tomber des têtes prestigieuses. On se battait en Poitou et en Saintonge. En Limousin, les Anglais se jetaient désespérément sur Uzerche et Beaulieu.

Une trêve pourrie.

La nouvelle arriva à Bordeaux par une de ces journées d'automne toutes dorées de soleil sur la splendeur épanouie des vignobles.

On n'y crut pas tout d'abord. Le roi Edouard avait d'autres chats à fouetter. Depuis la fin de la peste en Aquitaine, il y avait quatre ans de cela, le souverain promettait d'envoyer des troupes pour répondre aux provocations françaises, notamment sur les frontières du nord, en Saintonge, où les vieux démons de la guerre se réveillaient avec fureur. Bordeaux ne faisait plus confiance aux bandes « anglaises ». De plus, la peste avait abandonné l'Angleterre tardivement après avoir sévi jusqu'au nord de l'Ecosse.

Maître James avait ce jour-là son air de mystère. Il tapotait de ses doigts gras les accoudoirs de son fauteuil, toussotait en jetant sa tête tantôt à droite, tantôt à gauche, raclait nerveusement des pieds le velours du coussinet. Il s'impatienta. Où donc était passé Nevile? Nevile était aux chais de la Grave. Il arriva en sueur, les mains ocrées d'une poussière de vieux vin, la mine inquiète, s'attendant à trouver le vieux James à l'agonie. Maître Bagot n'avait jamais été aussi vivant et heureux de l'être.

Le patricien parla un peu des vendanges qui ne seraient pas fameuses, des flottes du vin qui n'allaient pas tarder à paraître sur les lointains de l'estuaire, et chacun s'interrogeait du regard. Réunir toute la famille pour lui parler de l'air du temps...

Il réclama à boire et on lui apporta une coupe de vin blanc frais qu'il huma avant de le déguster à petites gorgées. Il paraissait heureux, mais d'un bonheur qui allait au-delà du plaisir que donne le vin.

— Guillaume Soler sort d'ici, dit-il. Ceux de notre oustau qui l'ont croisé ont pu se rendre compte qu'il paraissait très agité. Et il l'était, le bougre! Au point qu'il m'a jeté la nouvelle pour ainsi dire à la figure et que j'ai dû la lui faire répéter deux fois. Voilà, mes enfants : nous allons avoir de la visite.

— Le prince de Galles? dit Simon.

— Edouard de Woodstock en personne, mes enfants. Si les vents sont favorables, il sera des nôtres dans trois ou quatre jours. Une autre coupe de vin, Guillemette! Les émotions me donnent soif et il fait une telle chaleur...

— Il ne vient pas seul, je suppose, dit Nevile.

— Il débarquera avec une armée. Il ne vient pas pour une simple visite d'amitié, bonjour-bonsoir. Il se présentera à nous comme le lieutenant de son père, le roi-duc. Ce «petit Anglais» ne restera pas les mains dans ses poches, à regarder le montant et le jusant de la Gironde en buvant notre vin. Il s'est juré d'abattre Jean d'Armagnac, lieutenant du roi Jean, de le traquer partout où il se trouvera. Ce qu'il a fait à Crécy, il n'aura de cesse de le renouveler chez nous.

Maître James était déjà un peu ivre. Deux coupes de vin non coupé d'eau, c'était une de trop. Un petit rire se frayait un passage dans sa cascade de mentons et venait en écume de bruit mourir sur ses lèvres humides. Simon observait Flore. Elle n'avait pas bronché, pas murmuré un mot. Elle tenait le bras de Marguerite et devait le serrer très fort. Il remarqua une légère rougeur sur ses joues.

— Il va falloir nous préparer, mes enfants, dit le patricien. Faites le recensement des tapisseries, des draps, des lingeries fines. Je veux que tout ce qui est tissé ou brodé soit aux fenêtres de notre façade le jour où «notre prince» débarquera, que toutes les fleurs de notre jardin soient répandues devant la porte pour lui faire honneur. Nous allons pouvoir enfin vendanger le peu qui reste de nos vignes et livrer notre vin sans que nos gens gardent l'arme au pied. Marguerite, Flore, faites brûler un cierge de dix livres à la cathédrale pour remercier Dieu et monseigneur saint Georges.

Maître James eut une grimace de bébé. Deux grosses larmes coulèrent le long de ses joues couperosées et poudrées. Il réclama une troisième coupe qu'on lui refusa. Il trépigna un peu avant de congédier son monde.

Tout lui semble étriqué par rapport à ce qu'il a connu jadis. Le paysage du fleuve se resserre, les falaises de Lormont ne sont qu'un tas de sable et l'abbaye des Chartreux, macérant dans ses marécages avec ses murs verts d'humidité, semble un vieux jouet abandonné. Tout est en place, mais ce sont les dimensions qui ont changé. Il est vrai que le prince Edouard n'est plus revenu à Bordeaux depuis... Il ne se souvient plus de la date exacte de son dernier séjour ni du nom de ceux qui l'accompagnaient.

En abordant les premiers bancs de l'estuaire, au large du Cordouan, il a essayé de rafraîchir ses souvenirs : un fleuve immense, un pays sans limite où la terre est en lutte perpétuelle avec l'eau, une ville écrasée sur des lieues et des lieues de plaine dénudée... Et voilà que ce fleuve, cette terre, cette cité perdent la dimension de la mémoire. En revanche, ce qu'il retrouve intact, c'est cette couleur du ciel, cette odeur puissante que le vent traîne au-dessus d'une nuée de gabares, de pinasses, d'anguilles, de tilholes qui précèdent la flotte anglaise comme un semis de feuilles mortes. Le montant porte bien les navires; ils avancent à bonne allure malgré le vent un peu mou. Une belle flotte. Les ponts de chaque navire sont garnis de la plus valeureuse chevalerie d'Angleterre et d'une foule de gens de pieds et d'archers. Depuis que l'odeur de la terre est sensible, on entend les chevaux gémir dans les cales. Au-delà, par-dessus le château arrière de la nef princière, là où sont regroupés les hommes d'équipage, on voit brasiller au soleil, à une encâblure, les lances des hommes d'armes et frémir les étendards d'Angleterre jusque sur le beaupré du navire qui suit, et plus loin encore ce sont d'autres nefs avec d'autres forêts de lances, et encore, et encore, jusqu'au coude que fait le fleuve dans les parages de Lormont.

— Sir John, dit le prince, entendez-vous ce que j'entends?

Chandos tend l'oreille. Le carillon aigrelet des Chartreux tinte et, plus loin, vers le sud, monte une rumeur de cloches comme pour une fête carillonnée.

— Tout Bordeaux sera là, messire, dit James d'Audley. Regardez toutes ces embarcations qui viennent à nous!

Elles sont comme autant de petites îles de verdure, de fleurs, de pampres, de grappes dérivant dans le courant, timbrées aux armes de Bordeaux et de ses « filleules », un jardin de paradis rompu en mille parcelles flottant sur l'eau bourbeuse de septembre traversée par les lances du soleil.

Devant la flottille innombrable, sont amarrées de grandes pinasses chargées à couler bas de notables chamarrés et d'hommes d'armes appartenant à la milice urbaine ou au captal de Buch, messire Jean de Grailly. On distingue à leurs insignes le sénéchal Jean de

Cheverston, entouré de ses officiers, le maire de Bordeaux, Thomas de Roos entouré d'une enluminure pourpre de jurats, le conseil de Gascogne, la prévôté et les baillis, l'archevêque Amanieu de Lamothe entouré de ses chanoines et de la milice capitulaire sous de hautes croix de fleurs blanches et les étendards à l' « Agnus Dei ».

La flotte anglaise baigne maintenant dans le tumulte continu des cloches, des chants, des ovations qui montent du fleuve et des berges ourlées d'une populace délirante. Le pied sur la queue du beaupré, le prince songe au port de Londres qu'il a quitté une semaine auparavant : une ville endormie dans le soleil mou de septembre et le vent visqueux qui soufflait du sud par-dessus les jardins et les masures de la rive droite; un départ triste comme un adieu, avec une centaine de personnes tassées sur les pontons noir et vert, sur les rives couleur de houille découvertes par le jusant et, au milieu de quelques chevaliers, le roi qui saluait de la main.

— Blake, dit le prince, faites monter mes chiens sur le pont. Je veux qu'ils me précèdent.

— Ils ne vous feraient guère honneur, messire, dit Blake. Tous sont malades et tiennent à peine sur leurs pattes.

On se passera des chiens. Des hommes d'équipage s'affairent déjà autour des canots. Des ordres fusent, des poulies grincent.

— Chandos! Audley! crie le prince, revue de détail! Sommes-nous présentables?

Sir John Chandos, le héraut du prince, cligne des yeux dans la lumière blanche, incline légèrement la tête. Un prince de légende... Il ne s'explique guère ce goût d'Edouard de Woodstock pour la couleur noire : une armure d'argent bruni, une cape couleur de tourbe, des pierres de jais à ses doigts et sur sa poitrine... A la cour et dans l'armée on commence à l'appeler le « Prince Noir ». Chandos se dit qu'il faudrait chercher longtemps dans toutes les châtellenies d'Angleterre, d'Irlande, d'Écosse avant de trouver un personnage dans lequel s'allient avec tant d'harmonie la beauté, la puissance, la majesté, le courage et l'intelligence. Et cette créature de Dieu, la plus parfaite peut-être, est là, devant lui, les jambes légèrement écartées, les poings sur les hanches, son visage encadré d'une fine barbe brune souriant, la tête un peu rejetée en arrière. Chandos, chaque fois qu'il l'observe, se sent au creux du ventre un vertige comme en présence de l'incarnation d'un ancien dieu barbare, d'une effigie de basalte traversée d'un flux subtil de vie et de pensée, un de ces personnages que l'on ne rencontre que dans les brumes du sommeil, moitié rêve, moitié cauchemar, qui passent fermés sur leur silence (les demi-dieux et les génies ne parlent que par la voix des hommes) mais qui laissent des échardes de lumière plantées dans la mémoire. « Il lui manque, songe sir John, quelque détail, qui proclame qu'il est bien vivant. Mais quoi? Peut-être une fleur épinglée à sa cape? Peut-être un oiseau sur son épaule? Peut-être une femme à son bras? »

— Messire, dit-il d'une voix glacée, tout est parfait. Bordeaux sera fier de nous.

Il a envie d'ajouter : « Pour l'amour de Dieu, bougez, parlez, et même riez et chantez quand l'occasion s'en présentera, sinon vous causerez à nos Bordelais autant de crainte que d'admiration. »

— David, dit le vieux Flint, allons-nous laisser ces gens nous étouffer? Je croyais que la peste noire n'avait oublié à Bordeaux que quelques centaines de survivants!

— Laissons faire, dit Blake. Nous n'allons tout de même pas tirer dans la foule pour l'obliger à nous livrer passage!

Avec un sourire crispé, ils repoussaient des grappes d'hommes et de femmes qui se tenaient en travers de leur chemin et leurs jetaient des fleurs au visage. Lorsqu'ils pensaient pouvoir progresser de quelques pas un bouquet de filles leur tombait dessus, leur faisant barrage. Plus loin, c'étaient des mères qui leur tendaient leurs enfants à embrasser comme les femmes des Hébreux au retour des armées de Judas Macchabée. Plus loin encore, ils devaient s'arrêter et boire sur le seuil d'une taverne. En touchant aux abords de Saint-André toute la compagnie était ivre de vin, de bruit et de chaleur. D'où sortaient ces gens? Depuis combien de temps étaient-ils là, debout ou le cul par terre? Et quand cette chienlit cesserait-elle? Il y avait des curieux jusque dans les arbres et sur le toit des maisons, qui agitaient des étoffes de couleur. Ce n'étaient plus des maisons, d'ailleurs, mais un interminable défilé de tapisseries, de linges brodés, de draps immaculés où s'accrochaient des bouquets et des rameaux. Les archers de Blake avaient depuis longtemps perdu de vue la haute silhouette blanche de sir John Chandos. Ils avançaient à l'aveuglette, se laissant porter par le courant capricieux. Ils ne surent qu'ils approchaient de Saint-André que lorsqu'ils aperçurent, sur la marée des têtes et des bannières grossièrement ornées de léopards, les murailles de l'archevêché et le clocher de la basilique. Sur le parvis, les archers durent attendre. Accompagné de l'archevêque et d'un corps de chanoines, le prince, qui précédait le gros de l'armée d'une bonne heure, avait poussé jusqu'à Saint-Seurin pour vénérer les reliques, recevoir de monseigneur Amanieu de Lamothe l'épée et l'étendard de Bordeaux. Lorsque le prince fut de retour, il paraissait grave et tendu, avec des pointes de nervosité qui n'échappèrent pas à ses proches. Il allait s'adresser à la population et il devait se sentir plus mal à l'aise que s'il avait dû affronter, seul une compagnie d'Écossais.

Il fallut du temps pour obtenir le silence, mais lorsque le prince, seul, drapé dans sa cape noire, monta les degrés de l'estrade dressée devant le parvis comme une estacade plongeant dans la foule, on aurait entendu murmurer le jusant. Il déroula un parchemin, parcourut du regard l'étendue de la place et entama son serment d'une voix puissante. Il jurait d'être pour le duché un bon et loyal seigneur, de garder la population « de tort et de force venant soit de moi, soit d'autrui », de la tenir « en bonne franchise, libertés, fors et coutumes lesquels mes ancêtres ont tenus avant ces heures ». Des hérauts allaient porter les échos de sa parole à tous les points de la place avec des effets de manches. Puis le maire, au nom des bourgeois et de toute la population, jura d'être sujets « bons, loyaux, fidèles et obéissants ».

Le prince, descendu de l'estrade dans une vague de vivats, alla saluer sous le porche quelques grands seigneurs du Sud, parmi lesquels un chevalier de haute taille, dont l'abondante chevelure dorée et le visage énergique attiraient tous les regards : Gaston Phoebus, comte de Foix.

Le prince et sa suite logeaient au palais épiscopal, laissant le menu fretin des chevaliers trouver refuge au château de l'Ombrière.

Bordeaux était devenue un gigantesque cantonnement. Des soldats de Gascogne et de Guyenne arrivaient par dizaines chaque jour, transformant des quartiers entiers en caravansérails encombrés de chariots, illuminés la nuit par des feux de bivouac. Les bourgeois s'arrachaient les chevaliers pour les accueillir sous leur toit. Le moindre petit sergent devenait un invité d'honneur que l'on faisait manger et boire à en crever, que l'on écoutait inlassablement raconter ses campagnes contre les Écossais ou, s'il était un vétéran, celles du nord de la France, au temps où Calais devint ville anglaise. On pavoisa de nouveau lorsque le prince annonça solennellement qu'il était décidé, pour relancer l'économie, à faire frapper dans les caves de l'Ombrière des monnaies d'or et d'argent « au coin lourd ».

— Malgré les apparences, dit Chandos, on ne m'ôtera pas de l'esprit que ces gens ne nous aiment guère. Ils ne sont ni Français ni Anglais. Ils nous tolèrent et nous font même bonne figure mais si notre présence leur devient un jour inutile, ils nous le feront bien sentir. Ce qu'ils souhaitent, c'est devenir une principauté qui ne doive rien à l'un ou à l'autre de ces pays. Ce qui compte pour eux, c'est de garder intactes leurs franchises, de bien vendre leur vin et de vivre en paix.

— C'est peut-être ce qu'on appelle le sagesse, dit Blake.

Ils chevauchaient côte à côte dans la rue Neuve dont les belles façades avaient dévêtu leurs revêtements de fête, ne laissant aux fenêtres que cages à oiseaux et fleurs en pots.

— Je vais peut-être vous paraître indiscret, dit sir John, mais cela fait trois fois en deux jours que, sans en avoir l'air, vous m'entraînez dans ces parages et que nous freinons nos chevaux en passant devant cette maison qui est, je crois, celle de Bagot.

— C'est sans doute malgré moi, dit Blake avec embarras. J'ai connu l'un des fils de James Bagot, il y a très longtemps, à Bristol.

— Pourquoi ne frappez-vous pas à la porte. La maison semble accueillante.

— Peut-être n'a-t-on pas envie de me revoir.

Il aimait bien sir John, jusque dans sa manie des tenues de fantaisie et ses grandes capes blanches. C'était un rude soldat, plein de sang et de jovialité sous des apparences un peu frêles et des mines timorées. Sans avoir ni goûts communs ni caractères semblables, ils partageaient une amitié sans passion mais sans nuages. Chandos n'avait pas cette raideur empruntée de la plupart des chevaliers anglais qui, dès qu'ils débarquaient sur le continent, s'attendaient à ce qu'on les prît pour des héros. Il était chevaleresque en diable, mais avec des sursauts de sagesse et de modestie. Le prince l'estimait plus que tout autre car Chandos savait tempérer ses élans qui le portaient souvent aux excès.

On ne peut, le voudrait-on, se contraindre à l'oubli. On croit le passé révolu sans recours et il vous saute à la figure comme un chat en colère. Le cours des années ne fait rien aux affaires de sentiments quand on a le cœur fait pour aimer. On n'oublie que ce qui mérite de l'être; pour le reste, autant jeter des diamants au feu.

Il avait suffi à David Blake de franchir certaines limites, de passer certains seuils, pour comprendre que Flore était autre chose qu'un fantôme. Il lui avait suffi d'apprendre qu'elle vivait encore pour songer que tout redevenait possible. Il ne chargeait pas cette idée d'espoirs démesurés; simplement, il se retrouvait dans un théâtre où, après une longue nuit pleine de tempêtes, tout était en place, où les personnages n'attendaient qu'un mystérieux signal pour revenir l'un vers l'autre. Il se promit de ne rien faire pour retrouver Flore, mais il refusait l'idée de la repousser si elle se présentait à lui. Une passivité vigilante est parfois plus efficace qu'un siège assidu.

A une semaine de son arrivée dans l'armée du Prince Noir, Blake fut convié chez les Soler à un repas auquel sir John répugnait à se rendre seul. Parmi les quelques cinquante convives il ne reconnut pas tout de suite Flore qu'il ne s'attendait d'ailleurs pas à trouver en ces lieux. Il en fut de même pour elle, encore que, depuis trois ou quatre jours, elle n'ignorât pas sa présence à Bordeaux et s'attendît à tout moment à le voir paraître.

Le repas fut un peu guindé, comme ils le sont très souvent chez ces grands bourgeois qui représentent l'élite de la classe patricienne, alors que leurs ennemis, les Colom, s'appuyant plutôt sur la classe populaire, donnaient à leurs réceptions un tour plus familier. La soirée s'anima lorsque commencèrent les danses et que l'ordonnance un peu contraignante de la table se détendit.

Simon Bagot s'avança vers David, la mine sombre, le prit par le bras et l'entraîna derrière un paravent.

— J'aimerais croire, dit-il tout à trac, que tu es venu sans arrière-pensée, mais je jurerais que tu t'es fait inviter sachant que Flore serait présente. Ne le nie pas!

— Tu aurais tort de jurer, Simon. Je suis venu sans idée préconçue. J'ignorais absolument que ta belle-sœur serait présente.

— J'ai bien envie de te croire, mais je ne suis pas convaincu. Quoi qu'il en soit, je te préviens : ne cherche pas à revoir Flore, à lui parler, à danser avec celle. Si tu es homme d'honneur, pars sur l'heure.

Ce visage de dominicain, cette voix tranchante, ces yeux mi-clos qui fixaient le pectoral en forme de léopard serti d'or que Blake portait sur sa tunique...

— Ai-je cherché à revoir Flore? dit Blake. Lui ai-je écrit? L'ai-je suivie dans la rue? Je jure que non. Mais personne au monde ne pourrait m'interdire, si nous nous trouvons en tête à tête au cours d'une danse, de la saluer et de lui dire quelques mots d'amitié.

— Moi, je te l'interdis! Vois-tu, David, mon frère Nevile est un brave garçon, mais qui ferait confiance à un serpent. N'abuse pas de cette candeur; ça te serait trop facile. J'ajoute qu'il aime profondément son épouse et qu'ils ont deux enfants. Flore est très attachée à son mari et nous formons une famille sans faille.

— Dans ces conditions, quel danger pourrais-je constituer?

— Tu n'as plus rien à faire ici! D'ailleurs la soirée va se terminer. Suis-moi sans faire d'esclandre. Tu vas présenter tes civilités au maître de maison.

Avant que David ait pu répondre, Simon tournait les talons en faisant claquer ses chaussures à la poulaine d'un air très sec et se dirigeait vers Guillaume Soler. La voix de sir John l'arrêta dans son élan.

— Eh bien, mes amis, vous ne dansez pas? Au diable les parlotes! Que dites-vous de ce branle d'Allemagne?

Le héraut du Pince Noir était déjà un peu ivre. Il prit Blake par le bras et l'entraîna au milieu des danseurs après lui avoir soufflé à l'oreille :

— Regarde, près des musiciens, à la droite du joueur de viole. « Elle » ne te quitte pas des yeux.

David la reconnut sous son chaperon bleu bordé de martre. Chandos avait raison : elle n'avait d'yeux que pour lui. Assise, le buste droit, contre une tapisserie de Flandre, elle tenait ses mains croisées entre ses genoux. Ce n'était plus la fille un peu sauvage qu'il avait aimée à Domme et à l'Ombrière. Sous la coiffure austère, le visage s'épanouissait, à peine empâté, couleur de lait et de rose, discrètement avivé de vermillon aux pommettes, avec une ombre de lassitude au coin des lèvres et des yeux. La rigueur de sa tunique bleue serrée à la taille par une large ceinture brodée au point de Gênes tempérait le feu fixe du regard. Nevile se tenait derrière elle, embarrassé de ses mains et de son corps.

— Sir John, dit Blake, pardonnez-moi de vous quitter. Je vais prendre congé de maître Soler.

— La danse vient à peine de commencer, dit Chandos. Allons, ne soyez pas timide. Elle attend que vous l'invitiez à danser. Décidez-vous.

— Pardonnez-moi, mais je dois rentrer.

Pour retourner à son domicile, Blake se fit accompagner de deux valets porteurs de torches. Un plumassier lui avait cédé une pièce sommairement aménagée dans les combles, que Blake partageait avec un officier d'intendance. En se couchant il se dit que Flore ne l'avait pas oublié et que, peut-être, elle l'aimait encore. De toute la nuit, il dormit à peine une heure. Il se leva alors que sonnaient matines, écouta les nonnains chanter dans la petite église voisine de Sainte-Colombe attenante au prieuré. La nuit était bruineuse, avec un liséré de lune derrière Saint-André et des odeurs de vendanges venues d'au-delà des remparts. Il se répéta qu'il n'avait nullement cherché à rencontrer Flore et que, même s'il avait pensé la trouver chez les Soler, il n'y serait peut-être pas allé. Peut-être. Il ne pouvait rien affirmer. Il semblait qu'une force irrésistible les poussât l'un vers l'autre. Il allait écrire à son épouse, Jane, tout lui raconter. Il avait besoin de se défaire sur quelqu'un de ce poids de secret dont il présageait qu'il allait devenir très lourd.

Le prince n'était pas venu en Aquitaine pour recevoir des fleurs, en distribuer, faire frapper des monnaies fiables marquées aux léopards. La guerre était son but et sa préoccupation essentielle. Il la préparait avec un soin constant, une application minutieuse. A des vagues d'enthousiasme succédaient des colères de fauve. On ne pouvait jamais prévoir les résultats d'un conseil qu'il présidait mais, à la fin du compte, il en ressortait un unique souci : faire payer très cher aux Français, à Jean d'Armagnac, lieutenant du roi Jean le Bon, au connétable de Bourbon leurs provocations et leurs empiétements sur les domaines concédés séculairement aux souverains d'Angleterre. Toutes les villes, toutes les forteresses qu'ils avaient prises, il faudrait bien qu'ils les restituassent, de gré ou de force! Le roi Édouard, son père, lui avait laissé les coudées franches; le prince n'entendait pas s'endormir dans les vapeurs du vin et les ardeurs des belles Bordelaises.

La défection du comte de Foix jeta Edouard dans des accès de colère noire. Gaston Phoebus avait quitté le dernier conseil en faisant claquer la porte. D'autres seigneurs, se dérobaient avec des excuses embarrassées. Qu'à cela ne tienne! Même réduit à ses propres forces — quelques milliers d'hommes : des Anglais et des Gascons — il prendrait l'offensive.

— Les choses traînent en longueur, dit un jour Blake à sir John. J'ai idée que nous ne quitterons pas Bordeaux avant le printemps.

— Détrompez-vous, dit Chandos. Edouard compte prendre la route du sud avant la mi-octobre. Si je l'avais écouté, nous serions déjà en campagne. Cet homme ne supporte pas d'attendre. Il se ronge dans l'inaction et l'incertitude. Je le connais.

A deux jours de la soirée chez les Soler, David reçut un message de Flore, laissé chez le plumassier par une servante. Le style en était d'une singulière concision, ce qui fit croire tout d'abord à

David, à la lecture des premiers mots, qu'elle souhaitait clore définitivement leur liaison. Il en conçut de l'amertume.

Profitant de l'absence de Simon et de Nevile partis pour le Médoc, elle conviait David à se rendre à l'hôpital Saint-Marcel, tel jour et à telle heure, exigeant qu'il renonçât à la prévenir au cas où il aurait un empêchement de dernière heure. Suivait un luxe de détails sur la façon de se présenter (« avec un manteau et un capulet très sobres », précisait-elle), sur le trajet qu'il devait emprunter pour s'y rendre, les mots qu'il devrait prononcer pour se faire ouvrir la porte par le gardien. Tout cela parut à David fort mystérieux. L'amertume qu'il avait ressentie au début de sa lecture se dissipa. Flore tenait à le « voir », à lui « parler ». Un instant, il se dit qu'il devrait renoncer à ce rendez-vous afin d'éprouver Flore, de savoir jusqu'où elle irait dans son intention de le rencontrer, quels dangers elle pourrait risquer, quelles preuves d'attachement elle pourrait lui donner. Puis il décida d'accepter le rendez-vous.

Flore l'attendait, assise sur un banc au milieu de groupes de malades qui prenaient le soleil en traînant la jambe. Elle portait une cape légère et un chapeau qui dissimulait à moitié son visage. Elle avait dû éloigner sa servante, car David la trouva seule. Il s'assit près d'elle comme elle le lui avait prescrit.

C'est elle qui parla la première, après un long silence.

— Nous avons peu de temps, dit-elle, et tu trouves le moyen d'arriver en retard.

C'était faux, mais elle avait besoin de le défier. Elle ajouta :

— Ma servante est allée comme chaque semaine prendre des nouvelles de sa mère. Parle doucement. N'essaie pas de te rapprocher de moi, ne fais pas un geste et garde ta capuche sur ton nez. Pourquoi es-tu parti si précipitamment l'autre soir? J'attendais que tu viennes m'inviter à danser.

— Tu aurais accepté, malgré la présence de Nevile et surtout de Simon?

— J'aurais accepté.

Il ne put s'empêcher de rire.

— Chez les Soler, j'aurais pu me livrer aux pires audaces. Aujourd'hui, je n'ai même pas le droit de te regarder.

— Nous n'allons pas nous disputer comme la dernière fois que nous nous sommes vus!

— C'était ma faute. Je n'aurais jamais dû partir. Aujourd'hui, peut-être serais-je maître de pont et aurais-je des enfants de toi.

Flore ne parut pas sensible à l'ironie de ces propos. Elle dit simplement :

— David, je ne t'ai pas oublié. J'ai toujours vécu dans l'espoir que tu reviendrais. Si tu devais partir pour toujours, je crois que je souffrirais beaucoup.

— Avec la guerre, il faut faire comme si l'on partait pour toujours. Mais moi, guerre ou pas, je sais que je t'aime, et toi, si tu n'étais pas certaine de tes sentiments, pourquoi aurais-tu accepté cette danse et m'aurais-tu donné ce rendez-vous, au milieu de cette foule?

— Ces gens sont aveugles et sourds. Les malades ne sont préoccupés que de leur mal. Nous ne risquons pas grand-chose.

Elle ajouta d'une voix dont elle contenait mal le frémissement :

— Tu es beau, David. Je t'ai longuement regardé l'autre soir et toute la nuit je me suis remuée dans mon lit comme si j'avais avalé des morceaux de verre. Ça saignait partout en moi lorsque je te revoyais parlant avec sir John, et je ne cessais de me tourmenter, et toi, et toi...

— Parle moins fort, je t'en prie.

— Tu me trouves enlaidie, avoue-le! Je suis une femme, à présent, une femme qui a eu deux enfants et qui a failli mourir de la peste. Oui, je sens bien que tu ne me trouves plus à ton goût et que tu n'as plus envie de moi. Dis-le, au moins! Accorde-moi cette franchise! Pourquoi ne dis-tu rien?

— Parce que je n'ai rien de tel à te dire. Tu as beaucoup changé mais, pour être franc, je n'aimais guère tes airs de chèvre sauvage. Aujourd'hui, tu as gardé ta vivacité tout en devenant femme, et je t'aime telle que tu es. Je n'ai rien à ajouter.

— Et moi j'ai tant à te dire! Par exemple, que je donnerais tout ce que je possède dans mon réticule d'argent pour les pauvres afin de toucher simplement ta main, que je risquerais la colère de Nevile et de Simon pour continuer à t'écouter et que je suis prête à te suivre où tu voudras, quand tu voudras. Rien qu'à te regarder, je suis malade de bonheur. Le jour où j'ai appris qu'Edouard de Woodstock allait venir à Bordeaux, j'ai failli m'évanouir d'émotion.

Elle ajouta après un silence :

— David, il me vient une idée affreuse : j'ai l'impression de t'aimer plus que tu ne m'aimes.

Il rit doucement.

— C'est une idée absurde. Je ne t'aime pas de la même façon, voilà tout. Chacun aime à sa manière et selon sa nature.

— Il n'empêche. Tu n'abandonnerais pas ta femme et tes enfants pour vivre avec moi, alors que, moi, je suis prête à tout laisser pour toi.

— Flore, ma petite fleur, je t'en prie. Nous venons tout juste de nous retrouver. Alors, évitons de nous quereller. Songeons plutôt au moyen de nous retrouver. Mon plumassier est un brave homme sans malice ou qui fait semblant. Il fermera les yeux lorsqu'il verra passer l'ombre d'une femme dans son couloir. Quant à l'officier d'intendance qui partage ma chambre, il reste absent tout le jour et souvent la nuit. C'est dans les combles, tu ne peux te tromper mais ne dis rien à personne de nos rapports et surtout prends garde à Simon Bagot.

— Ne rien dire alors que j'ai envie de crier que j'ai retrouvé David!

— Sois méfiante envers toi-même plus encore. Tu veux toujours aller trop vite et trop loin. L'excès fait partie de ta nature. Ne pas le freiner, c'est nous perdre.

David, je veux vivre avec toi, mais toi, le veux-tu vraiment?

— Je le souhaite, Flore, mais la guerre...

Elle l'interrompit avec vivacité. Des malades se retournèrent :

— Au diable, la guerre! J'ai parfois l'impression que tu l'aimes plus que moi...

Le plaisir commençait avec l'attente. David marchait de long en large dans le réduit, recensait ce petit univers dépossédé de la présence essentielle, qui ne retrouverait sa raison d'être que lorsque Flore serait là. Il déplaçait un objet, puis un autre, changeait de place le coffre qu'il avait loué au plumassier, retendait la vieille tapisserie mangée aux mites qu'il avait acquise d'un juif de Saint-Seurin pour séparer l'espace qu'il occupait de celui de son voisin, rectifiait l'équilibre du miroir qu'elle avait réclamé, ouvrait et refermait la fenêtre sans raison. Il savait que, lorsque les cloches de telle ou telle heure sonneraient au prieuré, Flore quitterait son domicile; il essayait de l'imaginer empruntant les ruelles qui débouchaient dans la rue Sainte-Colombe, tournant à l'angle où se tenaient les marchands de fougasses et de sucreries, longeant les murs couverts de lierre de la taverne de l'Ecureuil d'or, sa capuche sur le nez, écartant les soldats qui se mettaient en travers de sa route, les injuriant avec violence comme elle l'avait déjà fait deux fois au risque de provoquer un attroupement. Il ne l'entendrait pas monter l'escalier de pierre. Elle entrerait pieds nus, jetterait ses petits souliers dans un angle de la pièce, respirerait profondément, murmurant : « Notre odeur, David, l'odeur de notre amour... » et se déshabillerait sans hâte.

Flore s'amusait à regarder les nonnains de Sainte-Colombe gratter leur jardin, dresser des bouquets pour l'autel, jouer sous le marronnier. Comme à l'Ombrière, comme à Domme, ils n'avaient qu'une étroite paillasse jetée à même le sol et fort incommode, mais ils s'en contentaient. La première fois qu'ils s'étaient rencontrés là, ils avaient fait l'amour à même le parquet, sur leurs manteaux, Flore ayant découvert de la vermine sur le traversin et menacé de ne plus revenir s'il ne faisait pas nettoyer et désinfecter la pièce. Les blattes l'indisposaient moins; quand ils avaient fini de s'aimer, ils leur faisaient la chasse.

Toutes ces heures qu'ils vivaient ensemble, ils restaient nus et c'était une découverte sans fin, une source indéfiniment renouvelée de petites ivresses qui s'enchaînaient les unes les autres pour tramer un bonheur sans césure et sans ombre.

David s'étonnait parfois :

— Comment se fait-il que nous vivions dans une entente aussi parfaite? Depuis que nous nous sommes retrouvés, nous ne nous sommes pas disputés une seule fois. J'avoue que j'avais des inquiétudes, te connaissant et connaissant nos différences de nature. Toi, Flore, tu ne ressembles pas aux femmes de mon pays : elles sont plus douces, souvent résignées, et je dois être moi-même très dissemblable des hommes de ton entourage. Tu es la vivacité; je suis le calme et la raison. Tu adores brûler les étapes; je m'y attarde volontiers pour peu que je m'y plaise; tu es exigeante; je suis modéré dans mes désirs; tu dévores l'existence et moi je la savoure. Comment expliquer cette bonne harmonie?

— Ne cherche pas, disait Flore : c'est que nous nous aimons.

Lorsque David parlait de l'expédition vers le sud, qui se préparait, elle lui posait une main sur les lèvres.

— Si tu le souhaitais vraiment, tu ne partirais pas. Prends garde! Si tu tardes trop à rentrer, tu ne me retrouveras pas. Combien de temps va-t-elle durer, cette maudite guerre? Méfie-toi du prince Edouard : on dit qu'il est un peu fou et que la vie de ses hommes ne compte pas pour lui!

David riait, faisait rouler Flore sur le lit, la couvrait de baisers de la nuque aux talons, laissait ses lèvres s'attarder sur le ventre marbré de vergetures, les seins un peu alourdis. Elle s'abandonnait à lui sans la moindre réticence, prête à tout accepter qui fût découverte et enrichissement, en poussant parfois de petits cris effarouchés qui le ravissaient.

Parfois elle lui parlait de Jane et il satisfaisait sans vergogne sa curiosité.

Jane était une bonne épouse, simple, honnête, sans reproche, sinon une propension à l'exclusive. Elle lui avait donné trois beaux enfants qui avaient miraculeusement échappé à la peste noire en se réfugiant avec leur mère dans une petite île au large du Pays de Galles. Flore voulait toujours en savoir plus sur elle : la couleur de ses cheveux, de ses yeux, les robes qu'elle portait, les distractions qu'elle affectionnait, ce qu'elle préférait quand ils faisaient l'amour. Puis elle enfouissait son visage dans l'aisselle de David et disait brutalement :

— Tu l'aimes encore et tu ne la quitteras jamais. La guerre finie, tu repartiras pour l'Angleterre et nous ne nous reverrons plus. Pourquoi ne dis-tu rien? Réponds!

Que lui répondre? On n'est pas maître de sa destinée, à une époque où la guerre et la peste mènent leur ronde.

David s'en tirait avec une parabole :

— Ce n'est pas au cheval de décider où il veut aller, mais au cavalier.

Septembre s'achevait dans la puissante odeur du moût. Les vendanges battaient leur plein sous un ciel pesant, traversé par intermittence de brèves averses tièdes. Dans les ports anglais, les armateurs préparaient les nefs vinadières pour la grande traversée. Elles ne tarderaient pas à paraître sur l'horizon de l'estuaire. Nevile et Simon étaient trop occupés avec leur frère Henry dans le Médoc aux vignes et aux « treuils », pour veiller à la conduite de Flore. Le Prince Noir mettait la dernière main à son expédition et rongeait son frein, partagé entre ses élans et son souci de ne pas improviser.

A la requête du maire, des jurats, de l'archevêque Amanieu de Lamothe, il avait, d'accord avec sir John, son conseiller en sagesse, décidé d'ajourner à octobre la grande aventure de guerre qu'il avait projetée et dont il gardait jalousement le secret.

Il avait trouvé un mot pour la qualifier : la « chevauchée ».

4

VERS LA « MER DE GRÈCE »

Sur la fin de septembre, Marguerite fit à sa belle-sœur une révélation qui la laissa pantoise. Flore s'était-elle interrogée sur les motifs de l'agressivité de Simon envers David? Croyait-elle sérieusement qu'elle était déterminée par le souci d'éviter à Nevile les déboires d'un adultère de la part de sa femme?

— Simon t'aime, ma chérie. Il est jaloux. J'ai mis longtemps à le comprendre mais j'en ai aujourd'hui la certitude. S'il n'y avait que sa manière de t'observer, de te surveiller, de te parler comme s'il avait des droits sur toi... Méfie-toi de lui lorsqu'il reviendra, et même dès à présent car je ne suis pas certaine qu'il ne te fait pas espionner.

— Qu'aurait-il à gagner à me dénoncer? Le jour où Nevile apprendra ma liaison, je quitterai cette demeure. Simon aura tout détruit sans profit pour personne.

— Parles-tu sérieusement? Songes-tu vraiment à quitter la maison des Bagot? Tu sais pourtant que ta liaison avec Blake est précaire. Pour tout dire, je crois qu'elle est sans espoir.

— C'est possible, mais je ne puis renoncer à lui. Je mourrais de ne pas le revoir.

— On ne meurt d'amour que dans les contes, ma chérie. L'absence tue l'amour à petit feu, mais pas les amants, sinon la terre se dépeuplerait vite. Plus l'absence est longue, plus la mort est douce. Blake partira définitivement et tu l'oublieras.

— Tu sembles le souhaiter...

— Pourquoi le souhaiterais-je? Blake et toi, je vous aime et je vous envie. Si tu savais comme tu as changé depuis que tu l'as retrouvé, ton « londrien »! Tous s'en sont aperçus dans cette maison. Ta façon de parler, de t'habiller, de te comporter, ces airs d'absence qui te viennent brusquement au cours d'un repas comme si tu rêvais éveillée... Prends garde! Un jour tu commettras une étourderie qui te trahira. Je te défendrai mais ne pourrai éviter le pire. Tu seras répudiée, jetée à la rue.

— Je pourrai donc vivre avec David.

« Tu ne me verras pas, avait dit Flore. Tu me chercheras dans la foule, mais je ne serai pas là. Je te déteste de me quitter alors que d'autres qui te valent sont restés à Bordeaux. Je ne sais si je te reverrai. Je ne puis dire si je voudrai encore de toi quand tu reviendras. Une nouvelle fois, je vais essayer de t'oublier. »

L'armée du Prince Noir quitta la ville sous une aigre pluie du matin. La « foule », ce n'étaient que quelques attroupements, ici et là, sur les places. L'heure était matinale et la ville fatiguée par les vendanges. Le sénéchal de Guyenne, Jean de Cheverston, chevauchait en tête, en compagnie du Prince Noir. Ils parlaient bas ou observaient de longs silences. Ils se quitteraient à la porte du Mirail; le sénéchal retournerait à l'Ombrière tandis que le prince affronterait avec ses quatre mille cavaliers les espaces de vignes, de landes, de marécages qui le séparaient des premiers territoires relevant de la suzeraineté du roi Jean. Quatre mille cavaliers : des Anglais, des Gallois, des Irlandais et la fleur de la chevalerie de Guyenne et Gascogne (de petits seigneurs pauvres qui avaient dépensé leur dernier argent et vendu quelques terres pour s'offrir une cheval et un équipement convenables). Les hommes de pied n'étaient qu'en petit nombre car il n'y aurait pas de chocs d'armées.

« Je ne veux pas de traînards! avait dit le prince. J'en ai trop vu, de ces hordes qui s'étiraient sur des lieues et se faisaient couper en morceaux comme des vers de terre. Nous ne sommes pas partis pour effectuer des défilés militaires mais une guerre totale. Si mes renseignements sont dignes de foi, aucune armée organisée ne s'opposera à notre avance. Mais si Armagnac, Bourbon et Foix s'unissent pour nous attaquer, nous les mettrons en pièces! »

Blake ne quittait pas des yeux les rangées de curieux qui

assistaient, la mine grise, au départ de la chevauchée. Peu de femmes parmi eux; aucune qui ressemblât à Flore. Jusqu'à la porte du Mirail, il espéra la voir. Elle avait tenu sa promesse, à moins qu'elle se cachât. Les chants de route qui bourdonnaient derrière lui prenaient l'accent de chants funèbres. « Dieu, songeait Blake, qu'il est parfois difficile, simplement, de se laisser vivre alors que l'air que l'on respire prend une odeur de fumée, la salive que l'on avale un goût de fiel, que des vagues de tristesse vous font chavirer le cœur! Flore avait raison : j'aurais dû rester à Bordeaux. » Il lui vint des idées de désertion qu'il repoussa. En vérité, pas une seule fois il ne lui était venu sérieusement à l'esprit de renoncer à son état pour garder Flore, mais jamais il n'avait eu le courage de le lui avouer. Et maintenant il se demandait si un tel respect pour une vocation et pour un homme, fût-il Edouard de Woodstock, valait l'amour d'une femme. Il aurait là de quoi méditer durant des jours, le cul en selle, sur les interminables chemins du sud.

— Tu as la tête d'un homme qui pense trop, lui dit Flint. Méfie-toi. La guerre est impitoyable à ceux qui donnent trop d'importance aux choses et aux gens qu'ils laissent derrière eux. J'en connais une bonne dizaine dans ma compagnie qui se donnent des airs de martyrs pour une fille qu'ils ont dû quitter. A la prochaine halte, je me promets de leur botter les fesses. Ça les guérira peut-être. Avec tout le respect que je vous dois, monseigneur, si vous jugez que le traitement peut vous être bénéfique...

On avançait dans une brume mollasse que le soleil pruineux montant au-dessus des vignes rendait opaque comme un mur. Le corps d'armée allait à vive allure et ceux qui ne dormaient pas sur leur cheval se demandaient vers quel ennemi on pouvait bien courir ainsi.

Jusqu'à Bazas, le raid ne fut qu'une promenade monotone à travers les vignobles roussis par l'automne, sur lesquels tournaient des vols de corbeaux. Passé Bazas, les hommes commencèrent à s'animer comme s'ils avaient bu d'un vin trop fort. Les Anglais et les Gascons se lançaient des défis et se tapaient dans le dos comme s'ils allaient ensemble vers une fête.

On venait à peine de franchir les limites du duché pour pénétrer dans les terres d'obédience française de l'Armagnac, lorsque le Prince Noir réunit son conseil. C'était un autre homme que celui qu'on avait connu à Bordeaux, aimable sans tomber dans la familiarité avec les bourgeois, ne répugnant pas à faire le joli cœur avec les dames, accueillant à tous. Pour affronter cette guerre il s'était semblait-il composé une sorte de masque dans lequel seules bougeaient les lèvres et parfois, dans un moment d'irritation, les moustaches qui lui tombaient jusqu'au menton.

— Je tiens à vous répéter, dit-il, que nous n'avons pas entrepris une promenade militaire mais une « chevauchée ». Je veux que ce mot entre dans l'histoire à partir de ce jour et qu'on ne le prononce jamais durant plusieurs générations sans trembler, et même qu'on hésite à le prononcer. J'ai bien l'intention de n'épargner rien ni personne, comme les Français l'ont fait dans les territoires dont nous avons la garde. Plus rien de vivant ne doit demeurer après notre passage. Ce que nous ne pourrons pas détruire, nous le brûlerons. Il faut que les Français apprennent à nous craindre et nous ne nous ferons craindre qu'en laissant le désert derrière nous. J'insiste : le désert! C'est pourquoi je ne tolérerai de votre part aucun geste de pitié. Admettez une fois pour toutes que ce sentiment n'a plus cours désormais, que nous l'avons laissé comme un vieux vêtement aux portes de Bordeaux. La moindre faiblesse de votre part, je la considérerai comme une lâcheté ou un refus d'obéissance et sera châtiée comme telle. Souvenez-vous de l'étoile Absinthe des Écritures. Lorsque sa lumière surgissait, tout dépérissait et mourait sur terre.

Ils regardaient la pointe de leurs chaussures de route ou leurs gantelets.

— Les femmes, murmura Percy, et les enfants, et les vieillards? Devrons-nous les tuer aussi?

Le Prince Noir eut un mouvement d'impatience.

— Vous m'obligez à me répéter, Percy! J'ai dit : tout ce qui vit, tout ce qui respire. Après nous, le désert.

— Comme après la peste noire, dit Blake.

— Non, sir David. La peste noire ne fait les choses qu'à moitié, avec maladresse et négligence. Elle laisse toujours un peu de vie derrière elle. Elle serait capitaine, je n'en voudrais pas dans cette armée. Elle est sourde d'une oreille et n'y voit que d'un œil.

Il ajouta :

— Si certains d'entre vous s'estiment inaptes pour cette mission, qu'ils me le disent sans plus tarder. Ils seront versés à l'intendance ou au fourrage ou même, s'ils le préfèrent, ils pourront tourner bride. Je ne les retiendrai pas, mais que je ne les trouve plus jamais sur mon chemin! Et maintenant faites passer le mot à l'armée tout entière. Je tiens à ce que tous les hommes soient informés de mes intentions.

— God damn! s'exclama Flint, nous voilà embarqués dans une triste aventure. Je n'aime pas ça, petit! Le vieux Flint n'a jamais fait de mal à son prochain, fût-il juif ou mahométan. Tuer un enfant de nos propres mains, il faut être fou pour accepter ça!

— Alors pars, dit Blake. Personne ne te retient et ce n'est pas moi qui te le reprocherai.

— Un véritable Anglais n'aurait pas eu cette idée. Notre prince est de sang français, ce qui explique tout. Je reste parce que je ne suis pas un déserteur, mais que le bon saint Georges me garde d'avoir jamais à commettre de telles atrocités! Des enfants, Blake! Me commander à moi de tuer des enfants!

— Le prince te verra à l'œuvre demain et te jugera. Quant à moi, j'aurai l'œil sur toi et je te donne ma parole que si toi ou quelque homme de ta compagnie ne répondez pas à ce qu'on attend de vous, vous finirez cette campagne à la maîtresse branche d'un baliveau!

— Cette guerre te pourrit, capitaine Blake, comme elle va nous pourrir tous.

— Écoute, Flint! Tu es mon ami et je te dois beaucoup. Alors va-t-en! Retourne à Bordeaux et passe de là en Angleterre. Fais-moi cette grâce, je t'en conjure!

— Puisque tu le prends ainsi, je reste. Et que Dieu ait pitié de mes péchés.

Le matin dormait encore sur les collines lorsqu'ils arrivèrent en vue du village. L'air sentait le fumier chaud et la fumée de bois, avec une autre odeur plus subtile qui était peut-être celle de la vie. De gros merles s'échappèrent des vignes, gorgés des derniers raisins oubliés par les vendangeurs. Un enfant aux jambes nues courait avec son chien après ses moutons, dans un pâtis qui s'infléchissait doucement vers une ligne d'arbres. D'un alignement de toitures de chaume montaient des bouquets de fumée bleue. Au-delà, derrière un tilleul poudré d'une cendre d'automne, une lourde église de pierre grise ouvrait ses nids à cloches comme deux yeux ronds. Les collines de l'Agenais jouaient à faire des vagues de forêts dans le lointain sous un coulis de soleil.

— A toi, Flint, dit Blake. Et pas de faiblesse!

Une centaine d'hommes : archers et coutilliers gallois, se répartirent en plusieurs groupes pour investir le village. Ils étaient montés sur de petits « hobyns », ces chevaux qui avaient fait merveille dans les campagnes du nord. On appelait ces cavaliers des « hobelars »; ils se déplaçaient avec une rapidité extrême si bien qu'ils semblaient être partout à la fois, surtout là où on ne les attendait pas. Le reste de l'armée était massé à la corne d'un bois et l'on distinguait en lisière le prince dans ses vêtements noirs entouré de quelques chevaliers.

Blake ne quittait pas de l'œil le pâtre qui regardait sans s'émouvoir venir à lui les cavaliers. Il fit coucher son chien à ses pieds et fit un signe de bienvenue. Il y avait des années, sur les croupes du mont Cheviot, des hommes de guerre étaient venus ainsi depuis Melrose. « Oseront-ils? » songeait Blake. Ils osèrent. Il n'y eut pas un cri. L'enfant tomba sur les genoux, la gorge tranchée, et un coup de pique cloua le chien au sol. Blake s'avança, une nausée aux dents au milieu des moutons que les coutilliers de Flint rabattaient vers les chariots de l'intendance.

La consigne formelle était de ne pas donner l'alerte trop tôt afin que personne ne pût fuir. Les gens qui surgissaient à l'improviste, on changeait leur expression de surprise en grimace de douleur. Le massacre faisait peu de bruit. On frappait aux maisons avant d'entrer, puis on refermait la porte et l'on faisait réunir toute la famille. Quand tout le monde était là, on sortait les couteaux et les épées et, en partant, on ne laissait à l'intérieur que des cadavres. Le pillage était pour plus tard. Là encore, on respectait la consigne.

Blake, à la tête d'un petit détachement, s'était rendu aux portes du château. En fait, ce n'était qu'une demeure de modeste apparence, un peu plus vaste que celles qui l'entouraient, avec des fossés étroits et fangeux qu'aurait pu sauter un enfant et une boursoufflure de la muraille qui pouvait passer pour une tour. La porte s'ouvrit aux premiers sons de trompe, sans histoire. C'était une très vieille porte qui ne donnait aucune idée d'héroïsme avec ses paisibles battants de chêne; elle portait encore le souvenir délavé d'une croix blanche du temps de la peste.

Blake réclama le « seigneur » et il se présenta, la barbe à moitié rasée, sa chemise pendant hors de ses braies. C'était une sorte de paysan au teint vineux, avec un étonnement placide dans l'œil.

— Faites venir toute la maisonnée, serviteurs compris, dans la cour, sur-le-champ! ordonna Blake. N'oubliez personne. Vite!

— Je comprends! dit l'homme avec un large sourire. Vous cherchez les voleurs de troupeaux de Grignols! Ils ne sont pas ici, je vous en donne ma parole. Je connais bien monseigneur Jean d'Armagnac et il sait que je ne fais pas cause commune avec ces gredins.

— Assez parlé, dit Blake. Nous sommes pressés. As-tu des gens à l'écurie?

— Un palefrenier un peu simple d'esprit. Ne lui faites pas de mal. Il ne comprend que la langue du pays.

Blake fit signe à un sergent qui descendit de cheval, entra dans l'écurie et referma la porte. Il y eut toute juste un petit cri. Le « seigneur », qui s'était retiré, revint avec une dizaine de personnes parmi lesquelles il était difficile de distinguer les maîtres des domestiques.

— Ma femme est impotente, dit le bonhomme. Avec votre permission, elle restera à l'étage. Voici ma famille et mes gens. Vous pouvez les interroger. Je réponds d'eux.

— Inutile, dit Blake. Vous allez tous entrer dans l'écurie sans un mot. Les enfants et les femmes aussi.

— Vous, dit le « seigneur », vous ne venez pas pour les voleurs de troupeaux. Alors dites ce que vous voulez! Si c'est des vivres et du vin, nos servantes vous guideront aux caves.

— Nous nous servirons nous-mêmes, dit Blake.

Les portes de l'écurie se refermèrent sur le groupe. Cette fois il y eut une rumeur profonde, des protestations, des cris. Une femme n'en finissait plus de hurler d'une voix étouffée, comme si on la forçait, une main sur la bouche : sans doute cette grande fille rousse qui portait encore des traces d'eau de sa toilette sur le haut de la poitrine. Puis quelques râles. Puis le silence. Blake attendait, les yeux clos, les mâchoires serrées, le cœur malade de dégoût, maintenant à grand-peine son cheval qui s'énervait. Il songeait : « Maître de porte à Bordeaux... Le temps rythmé par la Grosse Horloge de la porte Saint-James, les rires de femmes dans la rue, les cris des enfants jouant avec des chiens dans le ruisseau... »

— C'est terminé, dit une voix dans son dos. Que fait-on de la femme, capitaine?

— La consigne vaut pour elle aussi. Mais revenez les poches vides!

Un groupe de soldats s'engouffra dans la demeure. Un long cri de poule égorgée jaillit à l'étage, puis un corps énorme bascula dans la cour avec un bruit mou. La femme s'agitait encore et se vidait de son sang par saccades. On lui avait arraché sa chemise et des entrailles bleues coulaient de son ventre.

Nous avons trouvé « ça » dans une beneste, dit un soudard.

Il traînait par les pieds un enfançon tout nu qui couinait comme un rat.

— La consigne! dit Blake.

Deux hommes saisirent chacun une jambe et tirèrent. Puis ils jetèrent les morceaux sur le tas de fumier. Blake vomit dans sa cape.

— Combien de chevaux? demanda-t-il.

— Trois. De mauvaises bourriques bonnes tout juste à tirer un chariot.

Le détachement se retira très excité. Les hommes avaient des mines de chiens affamés qui cherchent une proie. Il devenait difficile de les tenir en laisse. Les ordres? La consigne? Ils s'en moquaient! Les gens du village pouvaient bien gueuler et appeler à l'aide, cela ne faisait que les exciter davantage. A la moindre réprimande, ils montraient les dents. C'étaient les mêmes qui, la veille, au bivouac, chantaient épaule contre épaule, parlaient de leur famille d'Angleterre, s'endormaient en rêvant à leur femme et à leurs gosses. Ils entraient de force dans les chaumières, violaient, massacraient, ressortaient en traînant par les cheveux des femmes dévêtues qu'ils possédaient avant de les saigner. Ils lâchèrent l'une d'elles sur le parvis de l'église et s'amusèrent à lui décocher des flèches. Les chiens qui s'échappaient servaient également de cible et hurlaient interminablement dans la poussière.

— Le curé s'est réfugié dans son jardin potager, dit Flint. Qu'en faisons-nous, capitaine?

Il paraissait lui-même très excité. Il est vrai qu'il avait bu suffisamment de vin pour tout oublier et s'oublier lui-même.

— La consigne! répéta Blake.

Il se dit que cette formule de sa part traduisait une manière de lâcheté. « La consigne! La consigne! » Il s'abritait derrière ce mot comme une autruche qui enfouit sa tête dans le sable. Pas un mot de plus. « La consigne! » Il obéissait aux ordres froidement et sans passion. Des hommes le regardaient en riant sous cape. Il ne se « mouillait » pas, le chef! Le sale travail, il le laissait faire aux autres. Ainsi, il n'aurait pas de problèmes avec sa conscience. « La consigne! »

L'un d'eux lui dit :

— Nous avons gardé pour vous une fière garce qui refuse de se laisser faire. Nous lui avons planté trois ou quatre viretons dans le cuir et elle renâcle comme une vieille mule. Je crois qu'elle ne veut pas vendre sa peau à n'importe qui. Alors, vous, peut-être, capitaine Blake...

Cette fois, Blake ne pouvait se dérober. Pour la forme, avec une fausse jovialité, il traita l'homme de maladroit et descendit de cheval.

La pièce unique de la masure était dans un affreux désordre. Des cadavres partout. Du sang sur les murs et, dans la huche, un cadavre décapité. La femme était appuyée à la cheminée, haute, droite, ses cheveux répandus sur ses épaules. Elle tenait à pleines mains une hache avec laquelle elle avait mis deux adversaires hors de combat. Le sang pissait de ses blessures dont elle avait tenté d'enlever les flèches, mais, les fers restaient encore dans les plaies. Elle était assez belle, mais ce qu'on remarquait au premier regard c'était sa puissance et sa fureur.

— Laissez-moi seul avec elle! ordonna Blake.

Les soudards se retirèrent avec des rires ignobles. Blake enleva sa cape et tira son épée.

— Tu veux te battre avec moi? dit la femme. Je te préviens que je suis coriace et que ce n'est pas un petit « Godon » comme toi qui me fait peur. Je me suis battue une fois avec des brigands de Captieux au retour de la foire. Ils n'ont pas eu le dernier mot.

— Garde ton souffle, dit Blake. Avec moi, tu n'as aucune chance de t'en sortir, mais je ne te demande pas de tendre le cou. Tu vas te défendre sans me faire de cadeau. J'y tiens! Ce massacre me lève le cœur car je suis un soldat, pas un bourreau, mais voilà! les ordres sont les ordres! Alors, si ce n'est pas moi qui aie ta peau, ce seront les autres. Moi, je te tuerai proprement, et même avec honneur. Nous allons nous battre comme des soldats.

— J'aime ta façon de parler et je te crois, dit-elle. Mais toi ou les autres, mourir proprement ou salement, ça m'est bien égal. Allons, approche un peu!

Le fer de l'épée et celui de la hache se heurtèrent avec un tintement de cloche. Ils reculèrent l'un et l'autre. La femme tenait son arme avec autant d'aisance qu'une quenouille. Le sang qu'elle avait perdu et qui maculait l'un des seins jailli de sa chemise et le devant de sa jupe, ne paraissait pas l'avoir affaiblie. Elle attaqua la première en poussant un cri de rage et parvint à repousser Blake avec ses terribles moulinets jusqu'au milieu de la pièce. Il heurta un cadavre et bascula en arrière. La hache s'abattit dans la terre battue, à deux doigts de son crâne, avec un bruit mou. Il se releva vivement et fit front, un peu étourdi.

— Avant de mourir, dis-moi ton nom.

— Va te faire foutre! hurla-t-elle.

Il para tant bien que mal quelques moulinets, enfonça bêtement le fer de son épée dans le bois de la huche et dut forcer pour l'arracher. Il crut entendre le rire de la femme. « Il ne s'agit pas d'une cour d'amour, se dit-il avec rage. Cette femelle est fort capable de me fendre le crâne. Si je ne la traite pas en soldat, je la déshonore et je risque d'y laisser ma peau. » Il reprit souffle, chercha à atteindre le manche de la cognée de préférence au fer et parvint à envoyer la femme dans les cendres de l'âtre. Elle gémit, porta la main à sa tête qui avait heurté un landier.

— Relève-toi! dit Blake. Je ne frappe jamais un ennemi à terre. La seule fois où ça me soit arrivé, c'était à Crécy. Depuis...

— C'est quoi, Crécy?

— Le nom d'une bataille, loin dans le nord. C'est là que j'ai fait mes premières armes et capturé un seigneur lorrain très huppé.

— J'ai moins de panache que ton seigneur lorrain, mais je me défends mieux que lui, je parie!

— C'est vrai! reconnut Blake. Si tu n'étais pas une femme, je serais intervenu pour toi auprès de monseigneur le prince.

Ils s'affrontèrent de nouveau, avec moins de violence mais avec plus de finesse, comme si le combat tournait au jeu loyal. D'un coup imparable, il la désarma.

— Tu as gagné, dit-elle. Finissons-en car je suis à bout. Alors, donne-moi la mort bien propre que tu m'as promise, et sans me faire souffrir si possible car je suis douillette malgré les apparences.

Elle s'appuya, les bras légèrement écartés, contre le montant de la cheminée.

— Et maintenant, dit-il, oui ou non, tu vas me dire comment tu t'appelles. Ça me permettra de t'oublier moins vite.

— Je m'appelle Miramonde, dit-elle. Comme les gens du pays sont paresseux de nature, on m'appelle Mira.

— Adieu, Mira! dit Blake.

Elle poussa un soupir et resta quelques instants à le regarder avec une grimace qui était peut-être un sourire.

Une dizaine de chariots attendent sur la place du village, attelés de bœufs volés aux étables. On commence à charger le butin. Tout est bon à prendre, des fûtailles au moindre ustensile de cuisine. Un jouet de bois grossier traîne dans la poussière; un archer le ramasse et le jette dans un chariot : il amusera peut-être un enfant d'Angleterre.

Le Prince Noir se tient devant l'église, sous un orme où crépite un concert d'oiseaux. Il semble savourer le silence du village; s'ils pouvait ordonner aux oiseaux de se taire, aux chevaux de ne plus hennir, interdire à la fontaine de couler avec son bruit de bonheur, il le ferait. Il rêve d'un silence de fin de monde, celui qui enveloppera la terre lorsqu'elle sombera dans l'abîme. De même, il aimerait que chacun se tût. Les grands massacres ne sont pas bavards. Pourquoi ces hommes rient-ils en s'interpellant? Ils n'ont pas compris que la guerre n'est pas une partie de plaisir mais un acte qui exige de la gravité. Même le viol d'une femme ou d'un garçonnet, au cours d'une « chevauchée » a un caractère religieux et qui devrait exiger beaucoup de respect (il hoche la tête en songeant au mot « respect » qui lui va comme un diamant au doigt). Ils n'ont pas compris que la guerre est une religion; pas seulement une bataille avec ses conventions un peu figées, ses « gloria » et ses « mea culpa », mais un rituel funèbre avec les actes prétendus barbares qui le précèdent ou l'accompagnent : ces massacres, ces destructions qui ouvrent à l'homme de guerre un champ infini, qui fait de lui l'ange à l'épée de feu, l'étoile Absinthe, le Dieu absolu, dédaigneux des préceptes fallacieux de la morale chrétienne, le représentant d'un pouvoir total qui s'exerce en dehors de tout critère d'obédience humaine. Ils n'ont pas compris qu'en laissant derrière eux la solitude, le silence, la dévastation, ils sont autant de petits dieux perdus pour l'humanité mais épanouis dans la divinité. « De petits hommes, songe le Prince Noir, rien que de petits hommes qui s'endormiront ce soir dans l'indifférence ou dans le remords comme dans leurs vomissures. Lequel parmi eux pourrait me comprendre et accepterait de me suivre là où je souhaite aller? Je ne vois autour de moi que des larves grouillant sur un cadavre. Pas la moindre lumière de salut n'illumine leurs actes. Seul. Je serai seul jusqu'à ma mort. Au-delà peut-être, dans la grande pureté de l'éternité et de l'infini, retrouverai-je des êtres qui me ressemblent et qui me comprendront, revêtus d'une tunique d'orgueil, coiffés de la couronne noire des élus. »

Les chariots remplis à ras bord, les soldats en sueur, débraillés, attendent en cassant la croûte, écartant de leur visage et de leur pain les mouches qui commencent à bourdonner. On entend la plainte d'un chien blessé, loin, dans une prairie. Le prince attend que ce gémissement s'achève pour donner l'ultime signal. Il veut que la mort du village soit « parfaite ». On est venu l'assurer que, selon ses ordres, plus rien ne respire; rien, sauf ce chien. Lorsque la plainte cesse, il dit à Audley :

— Maintenant, brûlez tout, coupez les arbres, ravagez les jardins.

— Même l'église, messire?

— J'ai dit « tout », Audley.

Il ferme les yeux sur une lumière éblouissante qui vient de l'intérieur de lui-même avec le sentiment d'avoir accompli une œuvre parfaite, que l'on citera, en bien ou en mal, comme un modèle du genre. Il parle, il commande sans colère et sans plaisir. La colère est un faux sentiment; elle ne dure pas, elle passe comme une bourrasque, se dissipe et l'homme baigne de nouveau, lorsqu'elle est passée, dans des sentiments tiédasses, émollients, se compromet avec ses faiblesses congénitales, demeure une créature imparfaite, telle qu'il a toujours été. Se méfier de la colère, garder son cœur froid...

— Capitaine Blake! crie-t-il, prenez avec une escorte de cent hommes la tête des chariots et filez droit cap au sud. Le prochain village en vue, même si ce n'est qu'un hameau, vous y attendrez les ordres. Nous vous suivrons à peu de distance.

Il ajoute :

— Vous avez fait du bon travail, mais je sais que si vous pouviez me tuer vous le feriez de bon cœur. Ai-je raison, sir David?

Blake tourne bride sans répondre. Il n'est plus lui-même. Un certain seuil d'horreur dépassé, tout semble facile et même naturel. On lui demanderait d'égorger cent enfants, il le ferait sans haine et sans remords. Le remords viendra plus tard, il le sait, mais il écarte cette pensée. L'exercice de la violence ne lui donne aucune joie. Il est aussi loin de ces hommes qu'il voit autour de lui rire et plaisanter que de ce dieu noir qui semble détaché du monde et baigner dans la lumière d'un atroce paradis qui ressemble à l'Enfer. Il essaie de penser à Flore mais c'est comme à une morte, alors que c'est lui qui a cessé de vivre, qui s'est « volontairement » (le mot lui cause une douleur térébrante) coupé des autres. L'univers où il va devoir vivre, il y sera seul dans une sorte d'aura de silence, de feu, de mort. Le seul être dont il se sente proche, c'est sir John Chandos, mais il est resté à Bordeaux pour ne pas souiller sa belle cape blanche.

Le Prince Noir avait divisé son armée en trois colonnes. Elles chevauchaient de manière à ne pas se perdre de vue, se signalant les unes aux autres par les incendies qu'elles allumaient.

VERS LA « MER DE GRECE »

Des groupes de « hobelars » allaient en tête, surprenant les villages ou les châteaux, veillant à ce que personne ne pût s'échapper, mais les nouvelles allaient vite et l'on devait la plupart du temps se contenter de piller et d'incendier maisons et récoltes. Les châteaux n'offraient qu'un simulacre de résistance : devant ces quatre mille hommes rassemblés qui convergeaient vers eux, ils ouvraient leurs portes et le flot s'engouffrait dans la cour, et le massacre et le pillage ne laissaient qu'une coquille vide. La caravane des chariots traînait derrière sous le ciel lourd de l'automne.

L'armée évitait les bourgades importantes, les citadelles dont le siège aurait immobilisé trop longtemps la chevauchée. Elle poussa jusqu'aux portes de Toulouse où le Prince Noire rêva longtemps aux exploits lointains de Simon de Montfort, à l'époque de la guerre contre l'Occitanie et les Cathares. Puis il poursuivit sa route en direction du Languedoc.

Des terres d'opulence s'offraient à l'armée. Elle se gavait de massacres et de richesses. On faisait des prisonniers, moins par humanité que pour obtenir des rançons. Les petits chevaliers anglais et gascons n'en croyaient pas leurs yeux : tout leur était donné; ils se servaient et détruisaient ce qu'ils ne pouvaient emporter. Depuis Bazas, un triple sillon de cendres marquait le passage de la chevauchée. Les jours passaient et l'on commençait à se demander jusqu'où l'on allait ainsi. Lorsque le prince annonça qu'il comptait pousser jusqu'à la « mer de Grèce », les hommes protestèrent, mais ils sourirent d'aise en apprenant qu'il s'agissait de rallier, non les côtes de Byzance mais celles du Languedoc, entre Narbonne et Montpellier. Et l'on allait en chantant vers la « mer de Grèce ».

Parfois on voyait apparaître sur les crêtes des garrigues des groupes de chevaliers du parti français, hommes de Jean d'Armagnac, du connétable de Bourbon ou de Gaston Phoebus. Ils restaient immobiles à regarder s'écouler le triple torrent. On leur donnait la chasse, mais ils disparaissaient rapidement. Pas une seule fois, ils ne s'opposèrent au sac d'une bourgade ou d'un château; à aucun moment, ils ne demandèrent bataille.

Carcassonne fascinait le Prince Noir. Les récits qu'on lui avait faits des exploits guerriers du temps des vicomtes Trencavel lui revenaient à la mémoire. Il conçut l'idée folle de s'emparer de la forteresse et, lorsqu'il la vit un matin d'octobre, allongée comme une tarasque, hérissée de tours, dans une gloire de brume dorée, son désir se fit plus ardent. Il envoya des « hobelars » en reconnaissance; ils revinrent en annonçant que la basse ville était déjà sur pied de guerre; les défenseurs se pressaient aux remparts en rangs si serrés que l'on aurait dit un collier de grains d'argent étalé au soleil.

Tandis que l'on campait dans les prairies des bords de l'Aude, l'évêque proposa pour que l'armée se retire deux cent cinquante mille écus d'or. Le prince le traita avec beaucoup de hauteur. Le lendemain, il prenait d'assaut la basse ville et la brûlait après avoir entassé le butin dans deux cents chariots.

Capestang offrit également de se rendre et de verser quarante mille écus pour obtenir du prince la grâce des habitants et un délai de cinq jours : le temps pour les bourgeois de voir apparaître les secours qu'ils avaient demandés. Le Prince Noir ne tomba pas dans le piège. Il évita Capestang et fonça vers Narbonne à travers les collines surchauffées par un été tardif. Pour atteindre la côte, il fallut traverser des déserts de rocaille et de marécages à moustiques. Il semblait que l'on ne verrait jamais la mer.

Elle apparut un soir dans le grand vent, mince ligne bleue au-dessus des joncailles et des roselières. L'avant-garde prit le galop et surgit près d'un village de pêcheurs écrasé entre des fourrés de tamaris ébouriffés. Les hommes devaient lutter contre le vent, ployés en deux, pour parvenir jusqu'à la grève. Les premiers arrivés s'assirent dans le sable autour du prince qui, lui, resta debout, sa cape noire flottant dans son dos, respirant avec lenteur, les yeux mi-clos, comme s'il voulait faire entrer en lui l'immensité glauque, les odeurs brassées par le vent, la couleur et la lumière. Les rivages d'Asie pour lesquels tant de nefs avaient appareillé au temps des croisades, il en portait le désir depuis sa jeunesse lorsque la moindre barquasse à voile flottant sur la Tamise le faisait rêver. Il se disait qu'un jour il affronterait à son tour les périls de la mer pour aller réveiller les fantômes des chevaliers endormis dans le sable, qu'il fonderait une ville en plein désert, puis une autre, puis d'autres encore et qu'il retrouverait les routes d'Alexandre. Le rêve, c'est ici qu'il commençait.

Il ne voulut pas se retirer dans les terres pour camper. Le vent étant tombé avec le soir, on fit de grands feux pour éloigner les moustiques qui montaient des marécages par nuées.

Le Prince Noir dormit mal, cette nuit-là. Il réveilla Blake qui était allongé près de lui sur un matelas de fenouil et de jonc, lui commanda de l'accompagner. Montant à cru, ils chevauchèrent longtemps le long de la grève, sous une lune d'octobre large comme une targe mauresque et colorée d'un peu de sang. Cette immensité de terre et d'eau lui donnait la mesure de ses limites et un sentiment d'humilité qu'il n'avait jamais éprouvé auparavant. Il mûrissait des projets qui auraient demandé deux ou trois vies d'hommes; il rêvait de l'avenir comme si le temps n'existait pas — c'est le propre des dieux.

Narbonne refusa d'ouvrir ses portes à la horde; on fit brûler ses faubourgs. Le Prince Noir trouva à cette ville quelque ressemblance avec Londres et il s'y serait volontiers attardé en d'autres circonstances. De là, il prit la direction de Montpellier. Aucune armée en vue; le pays était livré sans défense avec toutes les richesses d'un automne opulent — les récoltes avaient été fécondes; granges et celliers regorgeaient de fourrage et de grain.

Entre Montpellier et Avignon, on vit apparaître un cortège au-devant duquel chevauchaient les évêques envoyés par le pape limousin Innocent VI. Les ambassadeurs durent attendre deux jours pleins sous la pluie et dans les bourrasques que le Prince Noir daignât seulement recevoir le message pontifical. Après l'avoir lu, il dit simplement :

— Dites au Saint-Père que j'épargnerai sa bonne ville d'Avignon. C'est à mon père, désormais, qu'il devra présenter ses requêtes car je ne suis, moi, que son lieutenant.

Il venait d'apprendre que le roi Edouard avait débarqué dans le nord du pays pour une campagne de longue durée et que, peut-être, cette fois-ci, l'histoire allait basculer. Le roi Jean, le prince le connaissait par l'image qu'on en donnait à la cour de Londres : sot et borné, d'une crédulité qui le faisait tomber dans les pièges les plus grossiers, mais chevaleresque comme on ne l'était plus que dans les contes et les romans.

Une nouvelle alarmante parvint au prince : le roi Jean avait mis deux armées en campagne; l'une d'elles, à marches forcées, se dirigeait vers Bordeaux. On rebroussa chemin à la hâte à travers les montagnes et les vignes, par Limoux et Mazères. Avant de franchir les limites du duché, le prince licencia à Mézin les compagnies gasconnes qui se partagèrent une bonne part du butin. Le reste — un millier de chariots et quinze mille prisonniers — parvint à Bordeaux dans les premiers jours de décembre en descendant la Garonne.

Il fallut garder militairement le butin comme les trésors de Golconde.

Les chariots avaient été regroupés dans un vaste padouen proche de Saint-Michel. On avait réparti les prisonniers en différents lieux de la ville avec promesse sur l'honneur de ne pas chercher à prendre le large.

La ville recommençait à délirer comme sous une pluie attendue après des mois de sécheresse. On se pressait aux portes de la résidence épiscopale pour tâcher d'apercevoir Edouard de Woodstock. La moindre de ses sorties en ville tournait à la marche triomphale. Des poètes composèrent des chansons en son honneur; des femmes passaient des jours et des nuits à tisser des tapisseries où il figurait au milieu du chœur des anges dans une apothéose de rayons célestes. Il était soldat et il était dieu. Des fêtes qu'il donnait pour les seigneurs et les notables, on parlait comme des banquets du roi Salomon. Le bruit de la chevauchée du Languedoc avait fait le tour de l'Occident; on voyait affluer dans Bordeaux des barons d'Allemagne, des grands bourgeois de Flandre, des podestats d'Italie, des boyards de Hongrie, des voïvodes de Pologne... Bordeaux passait en éclat et en renommée Londres et Paris; la cour princière faisait penser à celle du Basileus de Constantinople.

A son retour chez le plumassier, Blake avait trouvé quelques messages de Jane. Un enfant leur était décédé lors d'une épidémie; elle s'inquiétait, réclamait des nouvelles, souhaitait le retour prochain de son époux. Des lettres froides, appliquées, sans passion. Il n'y avait jamais eu entre eux qu'une entente un peu guindée traversée de quelques orages sans conséquence. David devinait qu'il pourrait ne jamais revenir sans susciter le moindre mouvement de révolte de son épouse. A ce mariage de raison avaient succédé des rapports de pure convenance.

Un soir glacé de la mi-décembre où il tombait sur la ville une pluie acérée mêlée de neige, le plumassier intercepta Blake au moment où, ayant secoué sa cape sur le seuil de la boutique, il s'apprêtait à regagner son domicile.

— « On » vous attend là-haut, dit-il avec son air habituel de complicité. Une dame très parfumée dont je n'ai même pas vu le bout du nez, mais qui portait de jolis souliers sous la crotte. Ses gens l'ont laissée là et sont repartis. Je lui ai confié votre clé pensant que vous attendiez cette visite.

David monta quatre à quatre. Il pensait trouver Flore et c'est

Marguerite qu'il vit assise sur un escabeau, les mains au-dessus du brasero. La chambre sentait la fumée. Un ciel jaunâtre pleurait à la fenêtre, au-dessus de Sainte-Colombe.

— Ce n'est pas moi que vous attendiez! dit-elle avec une pointe d'ironie. Ça se voit à votre mine.

— Je n'attendais personne, bougonna Blake. Je suis fatigué, malade. J'ai traversé des épreuves dont vous n'avez pas idée, depuis mon départ de Bordeaux.

— Rassurez-vous, dit Marguerite, je ne resterai pas longtemps. On risque de trouver singulière mon absence de chez les Bagot à cette heure.

— C'est Flore qui vous envoie?

— Je ne lui ai rien dit de cette visite. Elle me l'aurait interdite et, si elle apprenait...

Il allongea ses mains à côté de celles de Marguerite après avoir ranimé la braise avec un éventail de sparterie.

— Comment va Flore?

— Elle vous aime toujours, peut-être même plus que jamais. J'ai eu la naïveté d'espérer qu'elle pourrait vous oublier. Allons donc! La pauvrette a passé quatre nuits sans dormir. Elle me réveillait pour me parler de vous, se levait brusquement, prenait un manteau pour aller se promener dans le jardin et, par la fenêtre ouverte, je l'entendais qui pleurait. Il ne s'est pas passé une demi-journée qu'elle ne me parle de vous. Pourquoi ne lui avez-vous pas écrit? Il y avait des courriers entre l'armée et Bordeaux.

— C'était trop risqué. D'ailleurs j'ai bien réfléchi. Cette liaison ne mène nulle part; cette passion est sans issue.

— Si votre passion était aussi forte que celle de Flore, vous vaincriez tous les obstacles. Que vous ignoriez présentement où elle conduit importe peu. Il devrait vous sufffire de savoir qu'elle existe. Mais c'est une passion qui, de votre côté, ne me paraît guère partagée. Dites-moi franchement si j'ai tort, Blake.

— Il n'y a qu'une femme dans mes pensées : c'est Flore. Je vous le jure. Durant notre raid, je n'en ai touché aucune autre sinon — Dieu me pardonne! — celles que j'ai dû tuer par ordre.

— Votre réponse me paraît embarrassée. L'aimez-vous, oui ou non?

Blake se leva pour allumer une chandelle, tirer le rideau devant la fenêtre, puis il chercha quel autre geste il pourrait faire pour différer sa réponse.

— J'ai compris, soupira Marguerite. Vous n'aimez pas vraiment Flore. Vous hésitez entre le chaud et le froid et finalement, je crois que vous n'êtes qu'un pauvre homme très tiède. La seule passion dont vous soyiez capable est celle que vous vouez au Prince Noir et à la guerre. Et quand je dis « la guerre »... J'ai appris beaucoup de choses sur votre conduite durant cette chevauchée. Vous avez choisi. C'est dans l'ordre, car vous êtes avant tout un soldat. Puisqu'il en est ainsi, adieu!

— Attendez! Ce que vous pensez de moi importe peu et d'ailleurs vous avez sans doute raison. Mais c'est avec Flore que j'aurais aimé discuter de tout cela. Pas avec vous! Il faut que nous nous voyions.

— Vous avez du toupet, Blake! Vous aimeriez attiser le feu et le noyer à votre convenance. Si vous décidez de renoncer à Flore, elle finira par vous oublier. Si elle reste dans l'incertitude, elle est perdue. Allez donc retrouver votre femme à Londres et vivez en paix!

Il essaya de la retenir, de lui parler encore. Ses semelles claquaient dans l'escalier qu'il l'appelait toujours. Il jeta sa cape sur ses épaules, la rejoignit alors qu'elle s'apprêtait à franchir le seuil.

— Vous ne pouvez repartir seule, dit-il. Permettez que je vous fasse un brin de conduite.

Il ajouta :

— Je vous préviens, Marguerite, si vous ne m'amenez pas Flore je suis capable d'aller la chercher moi-même!

Elle souleva sa capuche sur un sourire.

— J'aime mieux quand vous parlez ainsi, Blake. Flore viendra vous retrouver, mais je vous préviens : je ne vous pardonnerai pas de lui faire du mal.

Elle ajouta avant de tourner les talons :

— Elle attend un enfant de vous.

Blake allait retrouver Flore, et la guerre, de nouveau, portait ses orages aux frontières du duché. Une vraie guerre, cette fois-ci.

On en parlait à mots couverts dans les couloirs de l'Ombrière et dans les chancelleries de l'archevêché. Edouard d'Angleterre avait débarqué trop tard dans le nord de la France et ses armées s'embourbaient dans les plaines de Picardie. La guerre avait pris ses quartiers d'hiver; elle se réveillerait au printemps avec une fureur accrue.

David n'y alla pas par quatre chemins.

A peine s'étaient-ils retrouvés, alors que Flore venait tout juste d'ôter son manteau de pluie, il la fit asseoir près de lui, sur le haut lit encourtiné qu'il avait prélevé dans le butin. Les braises saupoudrées d'herbes, la chambre sentait la fumée de printemps.

— Flore, je t'aime. J'ai dû me battre contre moi-même, me répéter que mes sentiments n'avaient que les apparences de la passion, et j'étais presque parvenu à m'en convaincre. Il a suffi que Marguerite vienne me parler de toi, de cet enfant de moi que tu attends pour me persuader que je n'étais pas le « pauvre homme très tiède » qu'elle a cru voir en moi. Voilà pour ce qui est de mes sentiments. Me crois-tu?

— Je te crois, dit-elle d'un ton morose.

Il lui ôta ses gants fourrés, embrassa les mains froides qui sentaient le lait d'amande, le bout des doigts hérissés de petits copeaux de chair déchirée.

— Je dois te dire aussi qu'il me faudra repartir bientôt. Dans une semaine? Dans trois mois? Je n'en sais rien. Nous venons d'entrer dans une nouvelle guerre qui sera décisive pour le sort de l'Angleterre et de la France. On aura besoin de moi. Tu devras accepter que je parte et promettre de me retrouver à mon retour. S'il devait en être autrement, mieux vaudrait renoncer tout de suite à notre liaison.

Il ajouta :

— Cet enfant, tu ne dois pas le garder.

Flore sursauta. La guerre avait changé David. Elle découvrit avec surprise ces deux longs plis durs de chaque côté de la bouche, cette froideur du regard, cette stature qui éliminait ce qui était resté en lui des grâces de l'adolescence. Elle n'aimait pas ce ton autoritaire dû sans doute à l'habitude du commandement. Il lui demanda d'un ton sournois si elle était certaine que cet enfant fût de lui. Elle ne répondit pas. Il insista. Elle sauta du lit où elle était assise et saisit son manteau. Il arrêta son geste, s'excusa de sa dureté, lui confia qu'il n'était plus le même, qu'il avait parfois l'impression qu'un autre personnage se substituait à lui et le forçait à dire des choses, à accomplir des actes qu'il regrettait ensuite. Il lui prit les mains, les plaqua contre son visage. Cet enfant, qu'elle le garde si telle était sa volonté! Ils l'élèveraient ensemble car, la guerre finie, ils se retrouveraient pour ne plus se quitter. Il deviendrait maître de porte, capitaine de la milice consulaire ou capitulaire. Il parlait, parlait. Un autre personnage venu de très profond, effaçait l'ombre du précédent, tissait un avenir douillet, semait des fleurs sur leur chemin, dressait des tentures de fête autour d'eux, s'exprimait avec des paroles de miel. Entre ces deux personnages, le véritable David n'existait que comme une ligne de démarcation. Ce n'est que dans la solitude qu'il parvenait à se dépouiller de ses virtualités, à redevenir lui-même. Et il était rarement seul.

Même les gestes de l'amour étaient dénaturés. Ils mirent des jours à retrouver l'intensité de leurs étreintes, à se dépouiller de leurs rancœurs, à se retrouver nus comme la première fois, à Domme, au-dessus de la mer des toitures rousses.

Les fêtes de la Nativité leur furent une épreuve. Ils décidèrent de s'en protéger le mieux possible, lui en demeurant seul dans leur chambre, elle en se repliant derrière le prétexte d'une fausse maladie. Ces jours qu'ils durent passer loin l'un de l'autre leur furent un supplice, moins du fait de leur séparation que de la joyeuse animation qui bourdonnait autour d'eux, dont ils se sentaient exclus. Des exilés.

David avait envoyé à sa femme, par la dernière flotte du vin, la plus grosse part du butin qui lui était échu, sous forme de joyaux; il reçut d'elle, quelques semaines plus tard, une couverture de laine épaisse et légère avec une lettre aussi conventionnelle que les précédentes. Les enfants s'entraînaient au tir à l'arc, apprenaient le français, commençaient à monter à cheval. On racontait de fort vilaines choses sur la chevauchée du Prince Noir, mais Jane était certaine qu'on exagérait.

Tout l'hiver à Bordeaux se passa en fêtes. La ville baignait dans l'opulence. L'argent des rançons affluait. Jamais les banquiers et les marchands n'avaient réalisé d'aussi bonnes affaires. L'argent semblait brûler les doigts. On achetait des vêtements brodés d'or et d'argent que l'on portait pour une fête et que l'on cédait à vil prix le lendemain. Des contingents de Navarraises peuplaient les bordels et les tavernes, restaient une semaine ou deux et repartaient chez elles avec une petite fortune. Il n'y avait plus de pauvres; les mendiants cachaient de l'or sous leurs hardes; les voleurs, les pipeurs de dés, les marchands d'orviétan qui s'étaient abattus sur la cité comme des compagnies d'étourneaux, menaient une vie de prince. Dans les couvents et les églises, les frères trésoriers ne chômaient pas : les donations pleuvaient comme une manne céleste, dictées par le remords d'une richesse acquise souvent à l'encontre des Commandements ou de la simple morale.

Itier s'était remarié et, par la même occasion, s'était acheté une conduite. Il avait acquis une maisonnette de torchis au bord du Peugue, entre la porte Salinière et la porte Pélegris. Du seuil, on voyait passer les embarcations qui apportaient le sel de Saintonge, les poissons et les coquillages jusqu'au cœur de la cité, et les cortèges de notables qui se rendaient à l'Ombrière, au palais de la Monnaie. D'où tenait-il le pécule qu'il avait placé chez un banquier caorsin du quartier Saint-Christophe? Mystère. Il avait repris son métier de tonnelier et gagnait honnêtement sa vie. Flore et son père ne parlaient jamais de Jaquette, mais elle demeurait entre eux comme une ombre : leur dernier lien.

On ne parlait pour ainsi dire plus de la guerre. Si l'on en parlait, c'était comme de la peste, en se disant qu'elle ne reviendrait plus jamais rôder aux portes de Bordeaux. Le Prince Noir lui-même semblait l'avoir oubliée. L'alerte aux confins nord du duché avait fait long feu et quelques troupes solidement tenues en main par Chandos veillaient au grain.

David rencontrait parfois le prince au jeu de paume, aux étuves ou en salle d'armes. Edouard de Woodstock avait pris de la majesté et un soupçon d'embonpoint. Il était tombé amoureux d'une femme de Langon qui lui avait tourné la tête au point qu'il en oubliait sa future femme, cette Jane de Kent, qui devait venir bientôt le rejoindre à Bordeaux. Elle le suivait dans tous ses déplacements, jetait, par ses exigences et ses caprices le trouble dans les cérémonies, se conduisait dans le public et en privé comme si le prince l'avait choisie pour être son épouse. Elle finit par devenir si insupportable et si compromettante qu'il dut s'en séparer. Il resta trois jours dans une cellule de Saint-Seurin, sans voir personne, refusant toute nourriture. On l'entendait parfois pleurer, gémir, parler seul comme à une morte.

Il était sorti de sa retraite depuis trois ou quatre jours, lorsque Blake le rencontra aux étuves où ils allaient se faire épouiller régulièrement par les mains expertes de jeunes Macédoniennes. Le prince avait maigri et avait les traits tirés.

— Blake, dit-il, je m'ennuie. L'inactivité me ronge. J'envie mon père : il a dû repasser en hâte la Manche pour affronter les Écossais qui sont de nouveau entrés en guerre en son absence. Ces tournois auxquels je participe ne sont qu'un trompe-la-faim, et le jeu est faussé à l'avance. Je me retiens de seller mon cheval et d'aller voir ce qui se passe en Limousin et en Auvergne. Nos gens se battent là-bas, et nous...

— Il y a temps pour tout, messire, dit Blake. Un temps pour la guerre, un temps pour la paix. Aujourd'hui...

Parfois le prince parlait à Blake des étranges nouvelles qui arrivaient de Paris et que lui avait rapportées une sorte de merveilleux vagabond nommé Jean Froissart, qu'il avait rencontré récemment au château de Blanquefort. Le roi de Navarre, Charles le Mauvais (« El Malo »), semait la confusion dans le royaume de France. Ce petit homme intelligent, rusé, brouillon, remuant, toujours porté aux idées folles, n'avait jamais pardonné aux Valois leur mainmise sur la couronne de France alors qu'il pouvait y prétendre avec plus d'évidence que Philippe ou qu'Edouard d'Angleterre.

— As-tu vu jouer les marionnettes siciliennes? demanda le prince. C'est à elles que Charles me fait penser. Il apparaît, disparaît, frappe, se retire comme par enchantement, danse, tourbillonne dans les feux de son armure, vole une province ici, un château là, dès que les Français ont le dos tourné, complote sans cesse, entortille le roi Jean ou ses fils dans ses toiles d'araignée. Lorsque la guerre reprendra, nous l'aurons sans doute de notre côté, mais nous devrons rester constamment en alerte pour déjouer ses complots et ses pièges.

Cet hiver-là, le Navarrais intriguait pour opposer le dauphin Charles, duc de Normandie, au roi Jean. Il déployait pour cette subtile opération une éblouissante virtuosité, remuait les cours d'Europe pour se trouver des alliés et semait la zizanie à la cour de France.

— Je préfère avoir ce trublion avec nous que contre nous, dit le prince. Comment peut-on se battre contre une marionnette de Palerme? Le roi Jean, en revanche, est un adversaire à ma convenance : assez brave pour me donner l'occasion de quelques valeureux exploits, assez sot pour se laisser prendre dans un traquenard. Il me tarde de le rencontrer.

C'était jour de fête pour Blake et ses compagnons lorsque le prince leur faisait l'honneur de les défier en salle d'armes, à l'Ombrière ou à Blanquefort où il résidait parfois.

Il prenait soin de prévenir qu'on n'était plus dans la lice d'un tournoi, sous le regard des belles Bordelaises, qu'il ne ferait pas de cadeaux à ses adversaires, pas plus qu'il ne tolérerait qu'on lui en fît. C'était un adversaire redoutable, qui prenait bien les coups et en distribuait généreusement.

Blake était son partenaire favori. Avant et après l'engagement, ils se dépensaient en sourires et en compliments à double sens, buvaient du vin en choquant leurs coupes d'argent. Le duel commencé, ils devenaient pareils à des lions. Ils s'affrontaient avec des épées au tranchant émoussé, une taloche de deux pieds carrés pour se protéger, mais avec une telle violence que des étincelles jaillissaient et qu'ils avaient du mal à garder leur aplomb sous les chocs terribles qu'ils s'assénaient.

— Un jour, dit Flore, tu recevras une blessure sérieuse! Cessez donc ces jeux de vilains! Que souhaitez-vous démontrer?

David riait. Il écartait brusquement les draps, découvrait, les yeux fermés, le corps de Flore, son ventre qui commençait à se tendre, ses seins un peu lourds, ses longues jambes à la peau rêche au-dessous du genou; il y promenait ses lèvres et ses dents, mordait la peau, s'attardant à savourer le goût de fruit des cuisses et des aisselles. Perdu dans ce jardin de chair, il faisait l'amour avec tout son corps, composant et bouleversant des jeux de formes et de couleurs, mais attentif à ne rien brusquer, à prolonger le jeu jusqu'à la limite où il devenait tension, où des gémissements se formaient dans sa gorge, où une salive de bonheur filait entre ses dents.

Après l'amour, lorsque le froid n'était pas trop rigoureux, ils ouvraient la petite fenêtre, laissaient l'air frais chasser les odeurs de fumée et de fièvre, puis ils revenaient s'allonger sur leur lit, nus, silencieux, jusqu'au premier frisson, écoutant le chant des nonnains de Sainte-Colombe, leurs rires et leurs jeux dans le jardin gris de l'hiver.

Parfois des personnages semblaient sortir de l'ombre, se mettaient à tourner dans la pièce, des présences qu'ils redoutaient mais ne parvenaient pas à chasser, qui les épiaient, leur rappelant la précarité et les dangers de leurs rendez-vous. David se levait alors, allait fermer la fenêtre, allumait la chandelle au brasero qu'il éventait pour ranimer la braise. Il était temps de se séparer.

Nevile était allé passer une partie de l'hiver à Bruges pour traiter un important marché de tissus. Simon était resté et il veillait.

— Il sait tout de nous, dit Flore. Marguerite m'en a prévenue. S'il nous trouve ensemble, il nous tuera.

David ne prenait pas cette menace très au sérieux. Si le frère de Nevile avait nourri ce projet, il l'aurait déjà exécuté. Ou alors, qu'est-ce qui le retenait?

— Il y a en Simon, dit Flore, un mélange de folie et de prudence. Tu es l'un des proches du prince, son ami. Simon sait qu'il paierait de sa vie son crime, quel qu'en soit le motif. Mais je crains qu'un jour sa folie prenne le dessus et lui fasse perdre toute prudence.

— Il t'aime toujours ?

— Plus que jamais. Il sait qu'il n'a rien à espérer et il en a pris son parti parce qu'il a pour son frère une affection profonde, mais il ne tolérera jamais notre liaison. Sans Marguerite, il nous aurait déjà fait payer ce qu'il appelle notre « trahison ». Elle nous protège car elle sait que, tant que tu seras là, Simon ne pourra se laisser aller tout à fait à sa passion pour moi.

Aux premiers jours du printemps, David se sentit repris par les angoisses qui l'avaient assailli au retour de la chevauchée en Languedoc.

L'idée de reprendre les chemins de la guerre lui donnait des cauchemars. Il ne passait pas une nuit, seul dans sa chambre, sans voir surgir à sa mémoire des images de sang et de mort dont il avait été le témoin ou l'acteur. Il revenait chez lui le plus tard possible, veillait à la chandelle en lisant des contes, se préparait au sommeil comme à une épreuve. A peine avait-il fermé les yeux, les morts surgissaient de tous les coins, dansaient autour de lui, les mains sur leur gorge ouverte ou leur ventre crevé. Parfois une image s'imposait à lui avec plus de force que les autres et lui tordait le ventre : celle de Miramonde qui le regardait en souriant, son épée en travers du corps, debout contre la cheminée et qui n'en finissait plus de mourir. Il s'éveillait en sursaut, ouvrait la fenêtre sur un monde réel et rassurant, guettait une lumière chez les moniales et se rendormait péniblement.

— Ce que j'ai fait, dit-il à Flore, je ne pourrais le recommencer. Je n'en aurais ni le courage ni la force. J'en conviens : ces cruautés n'ont pas été inutiles. Jadis, les croisés ont fait bien pire en Occitanie. L'ennemi a baissé pavillon et ne reviendra pas de sitôt porter la guerre et le pillage à nos frontières. Mais le prix dont nous avons payé leur renoncement est trop lourd.

— Si tu refusais de nouvelles épreuves, tu perdrais l'amitié du prince, et cela, tu ne peux l'accepter. Je te connais.

Édouard de Woodstock commençait à pressentir l'approche des hostilités.

Les événements se précipitaient. Le roi Jean avait fait arrêter Charles de Navarre alors qu'il dînait avec son fils, à Rouen et l'avait fait enfermer au Louvre. Débarrassé du trublion, il allait pouvoir se retourner contre le roi d'Angleterre et son fils aîné.

La guerre éclata comme la foudre lorsque le frère de Charles le Mauvais, Philippe de Navarre, excellent capitaine et homme de bon sens, s'enferma dans le fief de son frère, à Évreux, que le roi Jean menaçait de confisquer. Il ne s'y maintint que peu de temps. Menacé d'être pris au piège, il évacua la cité. Dans les premiers jours de juin, les troupes françaises occupaient la place sans coup férir.

— La Normandie n'est pas perdue, dit le prince. Philippe de Navarre et le comte d'Harcourt tiennent encore des villes importantes et viennent de demander le secours de nos troupes. A l'heure qu'il est, si les vents sont favorables, notre flotte doit cingler vers le continent, commandée par mon frère Jean de Lancastre, avec quelques milliers d'hommes. Robin Knolles a dû quitter la Bretagne pour se porter à sa rencontre.

Ce regard dur... Cette voix tranchante... Blake retrouvait le Prince Noir de la chevauchée en Languedoc. Les jours étaient comptés.

— Le roi Jean, poursuivit le prince, a rassemblé une arme de cinquante mille hommes, malgré la résistance des États qui lui ont mesuré les subsides. Les nôtres sont dix fois moins nombreux, mais ils savent mieux se battre. A l'heure où je vous parle, peut-être les hostilités ont-elles débuté. Nous devons nous préparer.

— Nous ne disposons pas d'une flotte suffisante pour embarquer nos troupes, objecta Audley.

— Qui vous dit que nous allons prendre la mer?

— Vous compter traverser les terres du roi Jean?

— Si nous voulons faire rapidement notre jonction avec Lancastre, il n'y a pas d'autre voie. Ce qui nous a réussi en Languedoc, nous allons le renouveler.

— Une nouvelle chevauchée? s'écria Blake.

— Cela vous fait peur?

— Cela me fait honte. Je vous demande la permission de rester à Bordeaux, messire.

— Vous êtes citoyen anglais, Blake! Dites-vous bien que, si nous n'arrivons pas à opérer notre jonction avec le corps expéditionnaire du nord, la guerre est perdue pour nous et que nous aurons les Français sur les côtes d'Angleterre avant la fin de l'année. Si vous maintenez votre requête, je la considérerai comme une trahison. Y a-t-il d'autres traîtres parmi vous?

Personne ne broncha, mais il était aisé de comprendre que le mutisme de l'assistance valait une réprobation.

— Je suis à vos ordres, messire, dit Blake.

Les préparatifs prirent du temps. Le captal de Buch, Jean de Grailly, l'un des plus puissants seigneurs d'Aquitaine et le plus fidèle allié du prince, partit faire une levée en Gascogne, la province qui fournissait les meilleurs soldats, et revint avec quelques milliers d'hommes, parmi lesquels des vétérans de la chevauchée ves la « mer de Grèce ». On fit venir des équipements et des chevaux d'Espagne. Dans les premiers jours de juillet, l'armée était sur pied de guerre. Une véritable armée, avec des tenues chatoyantes, des enseignes immaculées, des armes neuves fabriquées par les faures de Bordeaux, réputés les meilleurs du monde occidental. La population put la voir à plusieurs reprises à l'exercice sur les padouens du sud de la ville.

— Nous allons partir dans quelques jours, dit Blake. Nous prendrons la direction de l'est afin d'éviter les terres dangereuses de la Saintonge. Nous remonterons la Dordogne en direction de Bergerac. C'est là que doit avoir lieu le rassemblement. Je pars la mort dans l'âme, mais que pouvais-je faire?

— Je ne t'en veux pas. Je souhaite simplement que tu reviennes vite et que tu me retrouves vivante à ton retour. Ton enfant sera là. J'ai honte de faire croire à Nevile qu'il va de nouveau être père et je redoute que Simon lui mette des soupçons dans l'esprit. Tu vois, David, je n'ai plus aucune rancœur envers toi. Tu agis au mieux de ta conscience. L'essentiel, c'est que tu continues à m'aimer comme je t'aime.

— Si c'est une fille, dit David, il faudra l'appeler Miramonde.

LIVRE III

Poitiers, 1356
Londres, 1357
Najera (Espagne), 1367

1

PAR LE FER ET PAR LE FEU

Il a retrouvé sa stature. Ce dieu de la Guerre ne se sentait pas à l'aise à Bordeaux. Quand il entrait dans une salle, les murs paraissaient sur le point de craquer; lorsqu'il présidait une assemblée, il faisait le désert autour de lui. Participait-il à des joutes? Il ne trouvait devant lui que des myrmidons près à simuler la terreur dès qu'il montait à cheval. Même avec les femmes il se sentait un étranger. Etranger à tout être qui ne lui permît pas de donner sa mesure; étranger à Bordeaux où il aimait résider mais juste le temps de prendre conscience de l'admiration et du respect qu'il inspirait. A la longue, le flot de louanges dans lequel il baignait lui paraissait tiède et saumâtre. Bordeaux était sa capitale et il souhaitait qu'elle le demeurât, mais sa destinée était ailleurs, sur des chemins de conquête, au milieu des orages où se font et se défont les événements qui gouvernent le monde. Il rêvait d'« ailleurs » et d'« impossible », mais il avait décidé de ne pas partir avant que le grand dessein de son père se réalisât : la couronne de France ajoutée à celle d'Angleterre pour constituer le plus grand empire que l'Occident eût jamais connu. Le roi Edouard était français de sang, de cœur, d'esprit; il ne se sentait étranger qu'au milieu de sa cour et de son peuple de Londres. A peine avait-il posé pied sur le sol du continent, parlé avec des gens de France, traversé une ville amie, ce qu'il portait en lui et sur lui de la terre d'Angleterre s'évanouissait comme poussière au vent. Il aurait pu prendre, de nuit et la tête dans un sac, la route de Paris.

Edouard de Woodstock poussait le rêve et l'ambition plus loin encore. Succédant à son père à la tête de l'Empire d'Occident, France et Angleterre réunies, il conduirait ses armées vers l'Orient, non pour reprendre aux Musulmans le tombeau du Christ mais pour fonder de nouveaux empires. Ses vues, il les payait d'une solitude douloureuse. Un dieu parmi les hommes ne peut qu'être seul.

Avec sa stature, il a retrouvé ce regard de pierre, ce silence de banquise, ces gestes de commandement réduits à l'essentiel. Il continue à se vêtir de noir, des poulaines au capulet; s'il pouvait se teindre les cheveux, la barbe et les moustaches en noir, il le ferait. chaque jour élargit autour de lui un cercle stérile. Pour l'approcher il faut franchir un espace désert et silencieux au cœur duquel il trône comme une divinité dans son sanctuaire. Lorsque, par condescendance ou par nécessité le dieu redevient homme, c'est pour un bref moment, quitte à se laver ensuite de toute trace de promiscuité.

A Bergerac, il s'est trouvé réinséré dans sa nature véritable et dans ses pleines dimensions.

Le Périgord est dompté. Les compagnies des léopards tiennent solidement le pays. Périgueux vit dans la terreur et le respect depuis que les troupes anglaises ont pris la Cité, veillent sur le Puy-Saint-Front comme sur une cage aux fauves. Une armée de dix mille hommes l'attendait sur le bord de la Dordogne : archers gallois, fantassins, coutilliers, « brigands » de Gascogne menés par le captal de Buch. Elle s'est installée dans un marécage asséché par l'été, non loin de la rivière, entre des aubarèdes où le vent de l'ouest fait crépiter les étincelles d'une averse matinale. Il aime ce silence traversé par les appels des écuyers et des sergents, les aigres coups de sifflets et cette musique de ménestrels qui brode soudain, à peine a-t-il paru, une dentelle lumineuse à cette tapisserie. Il s'avance seul sur son cheval noir, sa cape flottant sur la croupe de sa monture, les hautes plumes de son casque donnant une apparence de vie par leurs mouvements d'ailes à cette effigie hiératique.

La route de Paris est ouverte. Jean de Gand, duc de Lancastre descend vers lui; il se portera vers Lancastre. Leur jonction devrait se faire sur la Loire.

— Vous devez être satisfait, dit sir John Chandos. Nous voilà presque arrivés en vue de la Loire et nous nous sommes battus] convenablement. C'est bien une vraie guerre que vous souhaitiez, Blake, et non plus un massacre des Innocents? Je dois dire que j'y suis pour quelque chose. Si je n'avais pas raisonné le prince, vous auriez encore bien des crimes sur la conscience.

Il souriait en affûtant son épée contre une pierre, à genoux, la tête légèrement inclinée sur le côté.

Blake s'était allongé sous un saule, le goût de la bouillie d'orge au fond de la gorge, des papillons de sommeil plein la tête. Une « vraie guerre »? Par la force des choses. Une chevauchée dans le genre de celle du Languedoc aurait fait long feu. A peine avait-elle déferlé sur les plaines du Berry, l'armée anglo-gasconne s'était heurtée à une résistance opiniâtre et insoupçonnée. Plus question de creuser des « sillons de terreur » (une expression que le prince affectionnait) et d'affoler les populations. Il fallait dégainer non pour égorger des femmes et des enfants mais pour se battre contre des ennemis qui n'étaient pas décidés à tendre le cou. Blake s'était donné au combat avec une furie joyeuse comme s'il voulait, après des années, faire payer à l'ennemi son absention lors de l'expédition en Languedoc.

Ce n'étaient plus Jean d'Armagnac, le connétable de Bourbon ou le comte de Foix que l'on avait devant soi (les Français les accusaient de collusion passive avec les Anglais), mais des villes prêtes à la défensive, qu'il fallait emporter en faisant tonner les bombardes, ou de petits détachements de Français fort hargneux qui attaquaient avec violence et ne repartaient pas sans laisser de traces.

On avait dû renoncer à prendre Issoudun, Bourges, Vierzon, se battre à mort pour Romorantin. La Loire n'était plus qu'à quelques lieues, fort heureusement, car la fatigue commençait à se manifester et l'armée se traînait dans les plaines de juillet dont on ne voyait pas la fin. Pour se délasser et se réconforter, les soldats allaient regarder les prisonniers comme on se divertit au spectacle d'ours en cage, et ces ours-là se nommaient Amaury de Craon, lieutenant du roi Jean pour les provinces du Périgord, de Saintonge et de Poitou, Jean de Meingre et d'autres seigneurs de haute volée que l'on avait capturés en rase campagne et dont on attendait une belle vendange de rançons.

— La bonne guerre, dit Blake, ce sera lorsque nous parviendrons en vue de l'armée du roi Jean. A ce jour, qu'avons-nous fait sinon détruire des taupinières, baisser pavillon devant les places fortes et livré combat à des détachements avancés?

— Crécy..., dit sir John. Vous voudriez une belle bataille comme à Crécy. Patience! Vous l'aurez, et je suis certain que vous vous y comporterez en bon chevalier.

Il vérifia du gras du pouce le fil de son épée et entreprit d'aiguiser son poignard. Le fer faisait sur la pierre un bruit de cigale. Blake s'endormit. L'après-midi bourdonnait de mouches. On se trouvait au cœur d'un pays d'eaux mortes et de boqueteaux très verts où la moindre roselière prenait des allures de jardin royal. Un léger vent du sud faisait crépiter par foucades des phragmites à panaches dorés. Dans les flaques de soleil des clairières s'épanouissaient des odeurs de champignons.

— Nous serons bientôt sur la Loire, dit sir John. Nous irons faire risette aux gens de Montlouis, mais gare! On est très français dans ces pays. Quand les gens parlent de la Loire, ils en ont plein la bouche comme s'ils pensaient au Jourdain. Eh! Blake...

Blake ne répondit pas. Sir John s'installa à son tour sous un saule, sortit de sa ceinture un calepin et une mine qu'il suçota avant de commencer à écrire le poème qui tournait dans sa tête depuis le matin.

Les gens de Montlouis avaient dû recevoir des renforts car leurs remparts se hérissaient de lances. Les bombardes anglaises ne causèrent aux murailles que des éraflures sans conséquence. On chercha vainement des gués; les embarcations avaient disparu comme par miracle et les ponts étaient si bien gardés qu'on eût dit qu'ils défendaient les approches du Louvre ou de la Tour de Londres. Il aurait été dangereux de franchir le fleuve avec les chevaux à cause des courants et des bancs de sable. Et pour aller où? On ignorait où pouvait bien se trouver le corps expéditionnaire de Lancastre, si toutefois il n'avait pas été taillé en pièces par les cinquante mille hommes du roi Jean.

Le Prince Noir décida d'attaquer Tours. Une fois dans cette place forte on pourrait attendre les étendards de Lancastre. L'opération tourna court, le maréchal Jean de Clermont, qui commandait la ville, refusant de tomber dans le piège et de sortir en rase campagne. La mort dans l'âme, le Prince Noir dut se rabattre sur Châtellerault où Lancastre venait de donner rendez-vous à son frère.

Edouard de Woodstock quitta la Loire à regret. Il s'était promis de porter « le fer et le feu » jusqu'au cœur du royaume, aux portes de Paris. Le soir d'avant son départ, il l'avait passé sur la rive du fleuve, dans un bouquet de chênes, au sommet d'une falaise. Sur la rive opposée brûlaient des feux : ceux de Lancastre. Ils étaient là, à portée de voix ou presque, mais on était au début de septembre; tenter une traversée eût été une folie. Lancastre avait annoncé qu'il traverserait d'ici peu, à l'ouest, aux Ponts-de-Cé, près d'Angers. Il ne restait plus qu'à attendre en se repliant vers l'ouest.

L'armée anglo-gasconne venait à peine de s'installer à Châtellerault prise de vive force, qu'un courrier arrivait de la Loire : la colonne de Lancastre, bousculée par les avant-gardes françaises avait dû battre en retraite avant d'atteindre le passage prévu. L'armée du roi Jean commençait à passer le fleuve et à déferler vers le sud. Les éclaireurs la décrivaient comme une horde puissante mais désordonnée, forte de plusieurs dizaines de milliers d'hommes à qui rien ne semblait devoir résister.

— Nous devons à tout prix l'empêcher d'atteindre Poitiers, dit le Prince Noir. Pour nos ennemis, ce serait la porte ouverte sur le Bordelais et les vendanges compromises, ce que les gens de Bordeaux ne nous pardonneraient pas. Il va falloir livrer bataille. Où? Quand? Je l'ignore. Ce que je sais, c'est que nous ne devons pas perdre notre sang-froid et ne pas jouer les héros. Les Français sont dix fois plus nombreux que nous et bien pourvus en équipement et en vitaille, mais nous sommes mieux aguerris et je compte bien que le roi Jean commettra quelque bévue.

Affronter les Français? Encore fallait-il les trouver. On croyait le roi Jean à Chauvigny; il était du côté de Loudun. On l'attendait aux portes de Lusignan; il campait dans les parages de Vouillé. En revanche on croisait à tout bout de champ le train du cardinal de Talleyrand, venu exprès de Périgueux pour prêcher la trêve. De part et d'autre, on l'écoutait distraitement et on lançait, à la légère, des propositions inacceptables. Ce que les Anglais apprirent de plus clair grâce aux religieux, c'est l'importance de l'armée conduite par le roi Jean : elle se composait bel et bien d'environ cinquante mille hommes parmi lesquels un nombre important de chevaliers et, pour la commander, les propres fils du roi.

Le jeu du chat et de la souris se poursuivit des jours et des jours à travers les opulentes campagnes du Poitou que l'automne commençait à velouter de brumes.

Un dimanche de la mi-septembre, près de Savigny, le Prince Noir écouta le cardinal de Talleyrand d'une oreille moins distraite. Le mot « trêve » ne lui restait plus dans la gorge et il le prononçait même avec un certain détachement. Il fit dire au roi de

France qu'il était disposé à mettre bas les armes à des conditions raisonnables. A des lieux de distance, on discuta avec un grand luxe de mystère et tout un jeu de fausses pistes. On en vint même à parler de mariage entre les deux familles royales. Et puis le roi ajouta à ses exigences, réclamant la restitution des villes conquises, la reddition du Prince Noir et de cent hommes choisis parmi ses proches. Lorsqu'il entendit ces propositions, le cardinal leva les bras au ciel. Tout allait être à reprendre de zéro. Et la navette reprit.

Estimant que ce jeu avait assez duré, le Prince Noir décida un repli au sud de Poitiers. On mit une telle hâte dans cette retraite qu'une partie de la caravane de bagages et de butin resta dans les prés de Chauvigny. Les hommes grognaient. Où les menait-on encore? Quand allait-on rencontrer ces Français avec lesquels on jouait à cache-cache? Ces messieurs du conseil avaient promis monts et merveilles et on se retrouvait toujours au même point, l'estomac creux, les pieds en sang, sur des chemins poussiéreux qui ne menaient nulle part.

De loin, c'était un plateau mollement ondulé, entre les bois de Nouaillé et de Saint-Pierre, avec un joli serpent de rivière dans le fond : le Miosson. Vers l'ouest il descendait en pente douce mais à tel point encombré de haies, coupé de ressauts, qu'il ne donnait aucune envie de s'y aventurer. Au nord et au sud, des pentes raides, peu favorables à la cavalerie. A l'est, une profonde forêt. Des bouquets d'arbres très innocents moutonnaient sur la crête.

— Ce site me rappelle celui de Crécy, dit le prince. Si les Français nous en laissent le temps, nous allons en faire une redoute.

Il ordonna à James d'Audley de prendre une centaine de Gascons et d'installer, sur les pentes où la cavalerie du roi Jean serait susceptible de diriger son attaque, des nids d'archers. Des entassements de buissons coupés feraient l'affaire. Blake fut chargé de faire creuser des fosses en travers de la pente pour poster d'autres archers.

— Je veux du bon travail, mes amis! dit-il. Et qu'on ne voie pas les coutures.

Les Français se trouvaient à une lieue environ et ne seraient pas à Maupertuis (un village proche du plateau) avant le matin suivant, à supposer qu'ils marchent de nuit.

Au soir tombant, les Anglais avaient établi leur camp sur toute la largeur du plateau. Tout eût été pour le mieux, si la vitaille avait suivi. A l'aube, une reconnaissance française commandée par Eustache de Richemont se planta sur un mamelon, au-dessus de la vallée, au lieu-dit « Les Bordes » et tourna bride par mesure de prudence. L'armée du roi Jean n'était plus très loin; du sommet du plateau, les Anglais pouvaient même apercevoir un petit bourdon de poussière dans la direction de Poitiers. Blake, qui revenait de conduire une patrouille de « hobelars » gallois dans les parages de La Cadrouse et de Bernon, n'en croyait pas ses yeux.

— Des cavaliers! Rien que des cavaliers! dit-il. A croire que toute la chevalerie de France est sur pied de guerre.

— Ce n'est pas nouveau, dit le prince. Souviens-toi de Crécy.

Le Prince Noir s'était levé avant le jour. Il avait écouté la messe, avait communié avec tout son état-major et s'était livré dans sa tente à des abblutions minutieuses aux mains de ses écuyers. Il déjeuna d'un croûton et d'un gobelet de vin coupé d'eau. On ne l'avait jamais vu aussi serein. Cette mer humaine qui avait envahi la vallée, à peine agitée de frissons et de murmures sous le soleil rasant qui faisait scintiller armes et équipements ne paraissent guère lui imposer. Il avait confiance dans la position qu'il avait choisie et le dispositif qu'il avait adopté. Une seule voie d'accès pour la cavalerie ouvrait vers le plateau où il avait massé le gros de son armée, et là elle était piégée. Il fit quelques pas en direction des postes d'archers qui sommeillaient pour calmer leur fringale, car la plupart n'avaient rien mangé depuis la veille au matin.

— Tenez le coup! leur disait le prince. Vous voyez ces chariots, au fond de la vallée? Ils sont pleins de vivres. Si Dieu est avec nous, ce soir nous n'aurons plus ni faim ni soif.

La journée s'annonçait resplendissante. On allait pouvoir passer aux choses sérieuses.

— Sir John Chandos, dit le Prince Noir, c'est à vous. Je veux une belle manœuvre sans bavures.

Rangée sur le bord du plateau de manière à être aperçue des français, la colonne de Chandos s'ébranla en direction du sud, de manière à faire croire à une retraite. Simultanément, il y eut chez les Français un tourbillon accompagné d'une tempête de cris. Des groupes de cavaliers partaient à bride abattue pour couper la route des fuyards, faisaient précipitamment demi-tour. « Vont-ils enfin se décider? » se demanda Chandos. Il vit un escadron s'arracher au gros de l'armée, foncer en désordre vers le plateau, s'engager sur la pente, le maréchal de Clermont en tête, suivi du maréchal d'Audrehem et du connétable de Brienne. Ils s'étaient à peine engagés à mi-pente qu'une bordée de flèches en tirs croisés s'abattait sur eux. En quelques instants, tous les chevaux étaient à terre ou tournaient bride. Les coutilliers gallois surgirent de leur cachette. Étourdis par leur chute, encombrés de leurs armures, les cavaliers se défendaient mal ou pas du tout. Ceux qui ne furent pas tués, on les conduisit au prince, une lance dans les reins.

— L'opération a réussi! s'écria le Prince Noir. Nous allons sans doute, maintenant, voir charger le fils du roi, le duc de Normandie.

Le duc Charles, dauphin de France, se tenait en tête de la première « bataille ». C'était un garçon de dix-huit ans, qui ne passait pas pour un foudre de guerre et se méfiait de ces gueux d'Anglais pour qui la guerre n'était pas un jeu. Il fit mettre pied à terre à ses cavaliers, qui, pour être plus à l'aise, tranchèrent leurs poulaines et raccourcirent leurs lances. Eustache d'Auberchicourt à leur tête, ils se lancèrent à pied à l'attaque dans un joyeux tumulte d'armures en mouvement. Cette lente progression de gros insectes de fer marchant d'une allure saccadée, peinant sur la pente, trébuchant aux moindres accidents du terrain, s'accrochant aux arbustes pour être plus vite au contact de l'ennemi, ravissait le prince.

— Lâchons-leur sur les reins deux compagnies de « brigands », dit-il. Avec quelques bonnes volées de flèches, cela devrait suffire.

Les assaillants avaient marqué un arrêt sous la première grêle de flèches des archers de Blake. Ils allaient reprendre leur assaut lorsque surgirent les « brigands » du captal de Buch. Jouant avec aisance de la hache, de la masse d'armes, du glaive contre ces mannequins de fer, ils démantibulaient les bassinets, cherchant la chair sous le métal, faisant jaillir d'une même poussée des hurlements et des flots de sang. Les coquilles de fer s'agitaient, rampaient en s'accrochant aux herbes, criant « merci », invoquant la Vierge et les saints. Les blessés de qualité que l'on ramenait vers le camp anglais pissaient le sang par toutes les jointures de leurs cuirasses. De la bonne « viande à rançon »...

Sir John surgit devant le Prince Noir comme les derniers survivants de la « bataille » du duc de Normandie se repliaient en désordre. Il était couvert de sang des pieds à la tête, son bassinet arraché par un coup d'épée pendant sur son gorgerin de maille.

— Monseigneur, dit-il, c'est à vous maintenant. Si vous voulez mon avis, il faut piquer droit sur les Français.

Le prince fit donner les cornemuses, ordonna à sa chevalerie de se regrouper derrière ses enseignes et déboucha sur la pente. Une deuxième « bataille » française l'attendait en bon ordre, commandée par Philippe d'Orléans, frère du roi. Arrivé à mi-pente, le prince reçut de plein fouet la première vague qui éclata et se dispersa. Le reste en fit autant quelques instants plus tard.

— La victoire est à nous! s'écria sir John.

— Pas encore! dit le prince. Le roi Jean ne va pas de sitôt baisser pavillon. Il lui reste des milliers d'hommes, des troupes fraîches et bien nourries.

— On se bat mieux avec l'estomac creux, dit sir John.

La « bataille » du roi se tenait à deux ou trois portées de flèches, immobile et silencieuse, barrant l'horizon entre Bernon et La Cadrouse. Sur l'espace de prairies qui séparait les deux armées tournaient des chevaux blessés traînant leurs housses armoriées, marchaient en titubant et rampaient sur les genoux des cavaliers désarçonnés. Il était près de midi. La chaleur était suffoquante et il soufflait par bouffées d'atroces odeurs de boucherie.

Les deux armées en étaient encore à s'observer, lorsqu'un mouvement se produisit sur l'aile gauche du Prince Noir. Il fallut vite en convenir : le captal de Buch et ses « brigands » amorçaient une retraite. Dans le camp français retentirent des cris de joie.

— Serrez les rangs! ordonna le Prince Noir. Nous allons attaquer!

Les hommes échangèrent des regards terrifiés. On allait être écrasés, laminés, anéantis! Ce n'étaient pas quelques volées de flèches tirées sur cette multitude par quelques dizaines d'archers gallois qui allaient arrêter cette marée humaine. Formés en hérissons sur les flancs de l'avant-garde conduite par le prince, les archers vérifiaient la corde de leur « longbow ». Chandos, Audley, Blake, descendirent de cheval, s'agenouillèrent, jurant sur la Sainte Épine de ne plus boire de vin d'une semaine, de ne plus blasphémer et de rester chastes un mois durant s'ils se tiraient indemnes de cette folle aventure.

— Par saint Georges! cria le Prince Noir, en avant!

Le choc fut épouvantable. A peine les deux armées s'étaient-elles affrontées, la mêlée devint d'une extrême confusion. La première vague française avait roulé en grande partie sous les traits des archers qui n'avaient pas bougé d'un pouce. Il y eut un flottement dont le prince profita pour fondre comme un fer de hache au cœur de l'ennemi. Il y disparut avec Chandos, Audley et quelques autres à sa suite.

— Eh bien, David, cria Flint, tu rêves? Regarde ce qui nous arrive par la droite!

Blake n'avait pas quitté des yeux le Prince Noir jusqu'au moment où la mêlée s'était refermée sur lui. Il se retourna prestement, assez tôt pour voir fondre sur lui, l'épée au clair, trois cavaliers qui semblaient jaillir de terre. Dans un éclair, il songea à Flore et à l'enfant qui devait être né de leurs amours. Il donna des éperons, bouscula le premier assaillant qui s'envola littéralement par-dessus l'encolure de son cheval, plongea son épée à toute volée dans le flanc du second cavalier qui, avant de dégringoler, eut le temps d'arracher un morceau de la jaque de cuir de son adversaire, avec un lambeau de chair. Le troisième freina sa monture et attendit en position de combat. Ils se donnèrent une belle fête de coups d'estoc, cramponnés d'une main à leur monture pour ne pas vider les étriers. Une flèche dans la gorge, le Français tomba à terre.

— Merci! Flint, s'écria Blake. Je suis de nouveau en dette avec toi.

— Restons ensemble, dit Flint, et poussons un peu plus avant. J'aimerais voir ce qui se passe dans ce panier de crabes, là-bas.

Le petit homme paraissait possédé par le feu Saint-Elme. Le visage coloré, l'œil pétillant, le geste nerveux, il ne tenait plus en place sur son « hobyn » pommelé à la robe couverte d'écume. Le « panier de crabes » dont il avait parlé était une fameuse mêlée, mais, avant de l'atteindre, il fallait franchir ce roncier de chevaliers de Picardie qui rongeaient leur frein en attendant un ordre du roi Jean qui se tenait à peu de distance sur son destrier couleur d'hermine, droit sur sa selle, l'œil froid, le geste bref. Les Picards parurent héberlués de voir surgir ces fous furieux. Le temps pour eux de se reprendre, Blake, Flint et leurs compagnons en avaient couché une dizaine sur le pré et semaient la panique avec leurs petits chevaux dans le reste de la compagnie. Ils traversèrent leurs rangs et se retrouvèrent sur un espace de prairie d'un calme d'églogue, avec dans son milieu un gros œil d'eau vers lequel les chevaux tournèrent la tête. Des hommes bien équipés arrivaient en face au grand galop.

— Vois-tu ce que je vois? dit Flint. By Jove, mais c'est... le captal de Buch et ces têtes de mules de Gascons!

— J'ai compris! dit Blake. Sa retraite n'était qu'une feinte. Écartons-nous de ce raz de marée, sinon...

Flint ne broncha pas. Lentement, il inclina la tête sur la crinière de son cheval.

— Eh, Flint!... hurla Blake.

Le cavalier de Picardie se tenait derrière, son épée rouge au poing. En deux bonds, il était sur Blake qui l'évita de justesse. Ils se mesurèrent du regard un court instant puis se lancèrent à toute volée l'un sur l'autre, roulèrent sur le sol et se remirent en garde. Les épées crissèrent en s'affrontant, dansèrent lourdement, s'enlacèrent.

Des cris passèrent en tourbillon, puis le sourd martellement des chevaux affolés, puis un gros silence se fit brusquement autour de Blake.

— Flint? dit Blake.

— Sans nouvelles, dit sir James d'Audley. Mort sans doute. Il n'aura pas vu la victoire de nos armes.

— La victoire, dites-vous?

— C'est vrai, Blake, vous ne pouvez pas savoir. Vous êtes resté une journée entière entre la vie et la mort. C'est miracle que vous vous en soyez tiré. De même pour moi. J'ai reçu une terrible blessure en me battant contre le vieux maréchal d'Audrehem. J'ai survécu. Lui, non. Dieu ait son âme.

Il s'assit sur le lit, près de Blake, montra son bras en écharpe.

— Ouvrez bien vos oreilles, Blake. Non seulement nous avons battu les Français mais nous avons fait prisonnier le roi Jean et la plupart des gens de qualité qui ont préféré rendre leur épée plutôt que de mourir. Le roi s'est bien défendu. Un vrai chevalier de l'Étoile! Il est resté le dernier sur le terrain avec son fils Philippe et s'est battu jusqu'à l'épuisement malgré ses blessures. Aujourd'hui encore il se demande comment cela a pu lui arriver. Il ne comprend pas. A Crécy, son père a perdu la bataille parce qu'il avait fait fonds sur l'invincibilité de sa cavalerie contre de vulgaires piétons anglais. A Poitiers, Jean est vaincu parce qu'il a demandé à sa chevalerie de se battre à pied.

Il rit doucement, ajouta :

— Voyez-vous, Blake, son drame, c'est d'être un chevalier avant d'être un soldat. C'est le plus sûr moyen de perdre une bataille. Je ne suis pas sûr qu'aujourd'hui encore il admette cette évidence. Pour lui, la guerre ne peut être qu'une affaire d'honneur, un règlement de compte entre « gentlemen ». Il la considère comme un jeu dangereux réservé à une caste et il n'en démord pas. Des chevaliers à panache vaincus par cette tourbe de paysans et de gueux, voilà qui le dépasse. Il est à la fois très brave et très sot.

— Avons-nous fait beaucoup de prisonniers, sir James?

— Nous en avons dirigé de pleins chariots sur Bordeaux. Le menu fretin des fuyards, nos hommes les ont talonnés jusqu'aux portes de Poitiers et les ont égorgés par milliers. Vous avez bien de la chance d'avoir coupé au spectacle!

Blake tenta de se dresser sur ses coudes et poussa un cri. Il lui semblait que son corps se déchirât de haut en bas. Simplement respirer lui faisait mal.

— Il est préférable de rester sans bouger, conseilla sir James. D'ici quelques jours, vous prendrez avec le dernier convoi des éclopés la direction de Bordeaux. Avez-vous faim? Avez-vous soif? Curieuse infirmerie, n'est-ce pas? Nous sommes à l'auberge de la « Fée Mélusine », sur la route de Vivonne. Les seuls clients, c'est vous, moi, et ceux qui sont là autour. Sir John vient de partir, mal en point lui aussi. Il occupait ce lit, près du vôtre.

Audley. La quarantaine dans toute sa puissance. Une tête bien ronde et dorée de cheveux courts, des pommettes fleuries, une assurance royale en toute chose. Il avait brillamment mené campagne avec Derby, en Gascogne, moins de dix ans auparavant et le roi l'avait nommé gouverneur de Berwick. Édouard de Woodstock, qui aimait son courage tranquille, en avait fait avec sir John Chandos l'un de ses conseillers. Audley se serait laissé égorger pour lui.

— Que va-t-on faire du roi Jean? demanda Blake.

— Le garder prisonnier à Bordeaux avant de le conduire à Londres par la mer. Tenant le roi, nous tenons la France à notre merci. Il lui faudra des années pour payer sa rançon et celles de ses proches. Ses fils ont été laissés en liberté. Le dauphin Charles n'est pas un adversaire bien dangereux; il aime trop les livres et sa santé est précaire. Il porte la mort sur son visage.

Blake se fit raconter la reddition du roi.

Entouré d'ennemis, Jean et son jeune fils Philippe rendaient coups pour coups. Le roi, jugeant qu'il n'y avait plus d'espoir, avait réclamé un baron à qui tendre son gant. Un chevalier d'Artois, Denis de Morbecque, s'était présenté. Le Prince Noir, à qui on avait conduit Jean, avait mis un genou à terre en le voyant s'approcher. Il avait fallu ensuite, après que les Anglais eurent pris d'assaut les chariots de vivres, faire le compte des morts et des prisonniers. Ces derniers étaient plus de deux mille. Ne sachant qu'en faire, on renvoya le plus grand nombre d'entre eux, en leur demandant sur l'honneur, pour ceux du moins qui possédaient quelque bien, de venir payer rançon avant Noël à Bordeaux.

— On n'aura jamais vu autant de chevaliers à Bordeaux qu'à la

Noël prochaine, dit en riant Audley. Des Rois Mages par centaines...

Un homme enveloppé d'un manteau de pluie entra en courbant l'échine, jeta une bûche sur le feu. Une odeur d'automne mouillé entra avec lui, et Blake frissonna. Il pleuvait depuis la veille, interminablement. Un néflier se balançait avec grâce devant l'auberge se secouant sa robe trempée. Des chariots attelés de bœufs s'arrachaient péniblement aux fondrières.

— Un temps de chien! dit Audley. Au fond, nous sommes mieux ici que par les chemins. Si vous n'avez rien ni personne qui vous attende à Bordeaux...

Blake songea à Flore et son cœur se serra. « Elle m'attend et moi je suis là, impotent, immobilisé pour des jours ou des semaines, infirme peut-être... »

— Audley, dites-moi, croyez-vous que je pourrai vivre comme avant? Parlez franc!

Le bon rire d'Audley...

2

LA PETITE LUMIERE DU BON DIEU

— J'ai hâte de quitter ce trou à rat, dit David et l'on dirait que tu fais tout pour retarder le jour de ma sortie. A l'archevêché, le roi Jean a plus de liberté que moi. Lui, au moins, peut se promener dans les jardins, dans l'Entre-deux-murs et on ne l'oblige pas à boire ces infectes tisanes!

Il saisit la pochette de tissus et la jeta sur le vif du brasero. Cela fit une fumée suffocante. Flore toussa, ouvrit la fenêtre. De petites langues d'air mouillé palpitèrent dans la pièce.

— Ça ne sert à rien de te mettre en colère. Maître Francou a dit que, dans trois ou quatre jours... D'ailleurs tu as de la visite : avant-hier sir James d'Audley, hier sir John Chandos... Toute la chevalerie d'Angleterre se sera succédé à ton chevet!

— Maître Francou est un âne! Si je l'avais écouté, je serais encore enveloppé de bandelettes comme une momie d'Égypte. La vérité, c'est que tu veux m'éviter de rencontrer Simon. Il doit avoir les dents vertes de bile, depuis qu'il attend que je revienne en affûtant son petit couteau. Il n'aura pas l'occasion de s'en servir. S'il s'en prend à moi, je me contenterai de lui donner une leçon dont il se souviendra. Il s'accorde trop d'importance dans cette affaire.

— Prends garde! S'il manque son coup, il enverra dix hommes t'attendre au coin d'une rue. Si tu l'humilies, il te tuera. Et pas avec son petit couteau, comme tu dis. Quand il en veut à quelqu'un il est capable d'inventions dont tu n'as pas l'idée.

Ils toussaient tous deux à s'en arracher la glotte. De pathétiques odeurs de crottin frais montaient de la venelle où les francs-archers venaient de passer; il vint à David de lancinantes envies de liberté. D'abord marcher un peu en longeant les murs pour éviter que cette faiblesse qu'il sent encore aux genoux n'entraîne une chute. Puis voir Stephen.

— Cette plaque jaune qu'il portait au pied droit...

— Une bagatelle : le lait de la nourrice n'est pas fameux. Nous allons en changer. Ne t'inquiète pas.

— J'ai besoin de voir mon fils, Flore.

Assis au bord du lit, il se massait les cuisses.

— Pense à autre chose, dit Flore. Nous en parlons avec Marguerite et nous finirons bien par trouver un moyen de te le présenter bientôt.

— « Bientôt », ça veut dire dans combien de temps?

— Ça veut dire, riposta Flore avec une vivacité qui lui mettait du rose aux joues, que, pendant que je cherche à éviter le scandale tu te prélasses en bonne compagnie!

Elle renversa du pied les cruches de vin vides qui montaient la garde au pied du lit, s'enveloppa de son manteau de pluie et ouvrit la porte.

— Ne pars pas! cria David. Attends! Aïe!

— Tu vois bien que tu ne pourrais même pas danser une pavane! Assieds-toi! Le courant d'air pourrait te renverser.

Nevile savait.

Il était revenu de Bruges, harassé par une interminable chevauchée à travers un royaume livré à la misère, à la violence, à l'anarchie. Flore ne lui avait jamais vu ce visage tendu, cette manière de lever le menton comme pour répondre à une provocation, ces silences obstinés. Il fallait lui arracher les mots et, lorsqu'il daignait parler, c'était par morceaux de phrases coupés au couteau.

— Simon a dû le prévenir, dit Flore. Ça ne peut-être que ça, et qui donc d'autre que lui aurait pu l'informer? C'est à peine si Nevile a regardé Stephen et il ne lui a pas souri.

A deux ou trois reprises, alors qu'il se croyait seul, elle l'avait surpris penché sur la beneste, le visage renfrogné, comme s'il contemplait une couvée morte.

— Il peut avoir des doutes mais il n'a aucune certitude, disait Marguerite pour la rassurer. Heureusement, c'est un homme qui ne se contente pas de présomptions pour agir. Simon, lui, t'aurait déjà

175

tuée. Nevile réfléchit et ça le ronge. Le jour où il aura acquis une parcelle de vérité, alors gare!

— Je devrais lui parler.

— N'en fais rien! Feins de n'attacher aucune importance à son attitude. Quand on est en faute, la meilleure arme, c'est le silence. Si Nevile t'interroge, prends-le de haut. Il redoute les gens qui parlent plus fort que lui.

— Cette situation ne peut pas durer. J'aime David et c'est avec lui que je veux vivre.

— C'est comme si tu voulais vivre avec le vent! Il ne tient pas en place. Si tu parvenais à le fixer, il serait malheureux et t'en voudrait. Laisse faire le temps. Il arrive qu'il arrange tout.

« Le temps n'arrange jamais rien, songeait Flore. Ce n'est pas parce qu'une situation pourrit qu'elle porte de meilleurs fruits. »

Depuis la mort de maître James, Simon était passé chef de la famille.

Tandis que le Prince Noir bataillait en Poitou, le vieil homme n'avait pu survivre à ses angoisses : il voyait les hordes françaises se rapprocher, déferler sur les vignobles alors que les vendanges s'annonçaient magnifiques. Sa raison vacillant, il s'était transformé en prophète larmoyant, décrivait le grand saccage des vignes, l'incendie des « treuils », le massacre des populations vinadières, avec l'accent d'un patriarche d'Israël pleurant sur les malheurs de la tribu face aux guerriers de Pharaon. On le laissait pleurer et gémir. Quand cessèrent ses jérémiades on comprit que la mort était proche. Elle survint peu avant la bataille de Poitiers. Il est vrai qu'à deux reprises il avait vu les Français fouler les vignes avec leur cavalerie, comme de vulgaires joncailles, et chaque fois il avait failli en mourir. La guerre lui importait peu, pourvu qu'elle se fît ailleurs.

Simon gouvernait en fait depuis deux ans déjà. L'ambition qui n'était jamais montée à la tête du vieux James, il y cédait sans retenue.

Allié aux Soler, la plus puissante famille de Bordeaux, il visait la jurade et tous les espoirs lui étaient permis : il avait la fortune, l'ambition, l'entregent. Il menait ses affaires avec une raideur dominicaine et une parfaite insensibilité. Sa seule faiblesse était sa notion de l'honneur — celui de sa famille en particulier. Marguerite était sans reproche : sa seule passion, apparemment, était sa garde-robe et son coffret de fards et elle menait parfaitement son train de maison. L'inconduite de Flore, en revanche, l'exaspérait.

Avec le temps, le sentiment qu'il avait éprouvé pour elle ne vibrait plus que comme un grelot dans une cave; restait la blessure d'honneur : elle l'empêchait de dormir. Aux messes du dimanche, à Saint-André (la famille avait déserté Sainte-Colombe où se pressait trop de menu peuple), il s'imaginait être le point de convergence de tous les regards lorsque l'officiant stigmatisait en chaire les vices qui rongeaient comme teignes certaines familles bordelaises dont l'honorabilité n'était qu'une façade. Pour accéder au niveau des Soler, être admis à leur table, traiter de pair avec eux d'affaires de vin, de chevaux, de laines ou d'armes, il restait à monter une marche; quelqu'un se tenait en travers et Simon savait qui.

La première sortie de Blake fut pour rendre visite au Prince Noir.

Sir John lui envoya deux valets avec « Jenny » qui avait trouvé refuge dans les écuries de l'abbaye. La froide lumière d'hiver, les bruits de la rue (on était à quelque temps de Noël et les boutiques regorgeaient de marchandises et de chalands), les mouvements processionnaires de la foule l'étourdissaient.

Arrivé au niveau de la porte Basse, peu avant Saint-André, il pénétrait dans un autre monde.

Assis au soleil, marchant en groupes, bras dessus, bras dessous, des archers anglais interpellaient les femmes qui sortaient de la cathédrale. Des odeurs de soupe chaude et de viandes grillées montaient des tentes encore couvertes de givre. Des baladins dansaient sur des cordes, jonglaient avec des torches enflammées, promenaient des chiens déguisés et des ours. Sur les façades de Saint-Salvadour et de Notre-Dame, face à la cathédrale, on avait dressé un échafaud pour des joutes et répandu sur le sol une épaisse couche de paille; un vaste proscenium pour un mystère occupait le coin gauche. L'espace que Blake découvrait du haut de son cheval bougeait comme une mer houleuse avec au loin, dans un voile de brume et de fumée, la masse gigantesque de Saint-André. L'air vibrait autour de lui comme une harpe profonde.

On n'entrait pas dans le palais comme dans un moulin. Des archers portant sur leur pourpoint les armes du Yorkshire ou du Pays de Galles montaient la garde avec une raideur de statue, leur « longbow » en travers des cuisses. Des pelotons chamarrés conduits par un écuyer à cheval, vêtu de cuir et de fer, passaient de temps à autre devant les grilles. On entendait, montant de la cour centrale, derrière de hauts piliers noirs, des concerts de cornemuses et de trompettes.

177

— Holà! cria une voix. Par le chef de saint Thomas, mais c'est notre ami Blake le ressuscité!

Le comte de Warwick arborait une tenue bizarre : chausses mi-partie rouge, mi-partie verte, pourpoint de velours grenat garni de gros noyaux de pierre noire, un énorme léopard d'argent suspendu en sautoir, son bonnet rond et plat comme une crêpe, constellé de piécettes et de perles, lui tombant sur l'oreille.

— Des amis français, dit-il en montrant un groupe de chevaliers qui se tenaient derrière lui, la mine embarrassée. Noël approche. En hommes d'honneur, ils sont venus s'acquitter de leur rançon.

Blake s'inclina avec un sourire un peu guindé. Les chevaliers français répondirent brièvement à son salut, aussi avenants que des dogues d'Angleterre.

— Vous avez bien failli avoir ma peau, dit-il. Par Dieu, ce jour-là, la chance n'était pas de votre côté mais je n'aimerais pas me retrouver de nouveau en face de vous l'épée au poing!

— Nous allons boire à la santé de Blake le ressuscité! annonça Warwick. Je connais une taverne tout près d'ici...

— Pardonnez-moi, dit Blake. Je suis attendu par le prince Edouard.

— Il ne faut pas faire attendre le prince! dit Warwick. Un conseil : armez-vou de patience. On fait la queue dans l'antichambre, pire que chez le mire en temps de peste.

L'attente dura des heures. Blake s'endormit à plusieurs reprises sur son banc, se réveillant lorsque sonnait la voix amicale d'un combattant de Poitiers qui venait de le reconnaître. Sir John vint le faire patienter. Il faisait noir et froid dans la grande salle où passaient et repassaient des officiers de maison, raides et gourmés comme des oies de Gascogne, qui ne semblaient rien voir d'autre que la pointe de leurs poulaines. Un petit homme noir sortait parfois d'une porte basse, éternuait, claironnait un nom, scrutait d'un œil froid l'assistance.

Les valets commençaient à allumer les torchères lorsque la porte s'ouvrit pour Blake. Le petit homme noir le guida jusqu'au prince qui se leva pour l'accueillir, posa ses mains sur ses épaules et, les yeux mi-clos, garda un instant le silence.

— Je ne vous ai pas oublié, dit le prince. Sir John me tenait au courant de votre santé. J'ai cru que c'en était fait de vous lorsque ces fous de Gascons vous sont passés sur le corps. Quand on vous a ramené aux chariots vous n'aviez plus un os soudé à l'autre. Êtes-vous complètement rétabli? Vous a-t-on versé régulièrement votre solde? Je vous veux dans ma maison, désormais. Un à un, mes compagnons regagnent l'Angleterre, si bien que, si je n'y mets pas le holà je finirai par être seul dans cette ville, entouré de Gascons qui m'écorchent les oreilles avec leur accent! Vous ne souhaitez pas repasser le « chanel », vous, au moins?

— Non, messire, tant que vous souhaiterez me garder près de vous.

— A la bonne heure! J'ai justement une mission à vous confier. Rien de dangereux, rassurez-vous. Il s'agit de pousser jusqu'à la tour du Cordouan.

— Les Français l'auraient-ils occupée?

Le prince partit d'un bon rire.

— Ne vous ai-je pas dit que c'était une mission sans risques? Les Français à la tour du Cordouan! Qu'en feraient-ils, par saint Georges! Outre quatre ou cinq moines, il n'y a là que des vagues, des embruns et de la brume. Ces misérables arpents de rochers que l'océan recouvre à marée haute n'intéressent que les navigateurs, qu'ils soient français ou anglais, et les saints hommes qui entretiennent le feu comme les vestales de Rome. L'un de ces religieux est venu me présenter une requête : la tour est tellement battue par la tempête et les orages qu'elle commence à menacer ruine. Il faut la reconstruire. Vous allez me faire un rapport. Si vous devez vous battre, ce sera contre le vent et le maître maçon qui sera chargé des travaux. Pardonnez-moi, Blake, mais je n'ai pas d'autre guerre à vous proposer pour le moment, sinon vous envoyer en Quercy, en Périgord ou en Auvergne, mais ce sont là des rixes de vilains indignes de votre valeur. Je préfère vous garder pour des choses sérieuses.

Le Prince Noir ajouta en le congédiant :

— Voyez mon secrétaire, Carrington. Il vous donnera des consignes plus précises et vous dira où vous pouvez trouver le vieil ermite qui vous mènera à la tour du Cordouan. Si je puis dire, bon vent, Blake, et rendez-vous passé Noël!

— C'est une chance, dit David. Un moment, j'ai redouté que le prince m'envoie faire la guerre ou, à Paris, pour voir comment se déroulent les événements de France. Je n'aurais guère aimé cela. Paris...

Paris est comme un volcan. De temps à autre, la ville explose. Le dauphin Charles ne maîtrise plus la situation; ce sont les bourgeois, les maîtres des corporations, qui ont pris les affaires de la France en mains. A leur tête, le prévôt des marchands, Étienne Marcel. On dit qu'il a touché des subsides des Navarrais pour renverser les Valois et les remplacer sur le trône de France par la famille de Charles le Mauvais. Les caisses de l'État sont vides. La population meurt de faim.

— David, je crois que nous ne vivrons jamais ensemble. Je te sens de jour en jour plus lointain. Nous ne nous voyons qu'entre deux guerres ou deux missions. Tu vas partir de nouveau et moi je resterai seule contre Nevile, contre Simon, avec ces remords qui m'assaillent. Un jour, je me retrouverai seule, irrémédiablement, et toi tu vivras à Londres, au milieu de ta femme et de tes enfants. Notre liaison n'a aucun sens. Elle est condamnée.

— Si tu le crois vraiment, cessons de nous voir!

— Non! Tu sais bien que je ne pourrais pas.

Ce lit, comme une barque poussée vers le large mais retenue au rivage inéluctablement. Cette coquille de chaleur et d'odeurs légères où, l'espace d'une heure, tout semble possible si l'on sait oublier et se taire. David frémit. Ne plus sentir sous sa main cette peau qui palpite de plaisir, ne plus respirer, à la racine des cheveux, là où la chair est blanche comme du lait, cette odeur d'enfance, renoncer à ce tourbillon qui naît d'une étreinte, se propage, fait éclater le temps, s'exaspère, fait de deux corps vivants deux oiseaux morts, encore tièdes, allongés l'un près de l'autre? Autant accepter que la vie soit un désert où l'on va de touffe d'herbe en point d'eau sans autre ambition que de survivre.

Blake poussa la porte de la chapelle : une sorte de cave éclairée par des vitraux barbouillés de cendre, dépouillée comme une cellule. Un autel de pierre nue, un crucifix de métal noirci par le temps et l'humidité et, devant lui, une forme noire agenouillée. Le père Hélias achevait ses oraisons. A la base de son crâne nu comme un galet, couleur de vieil os, une discrète couronne de cheveux blancs. Il se leva péniblement, vacilla.

— Vous êtes David Blake? dit-il. Je vous attendais. Suivez-moi.

Ils traversèrent le cloître, longèrent des couloirs baignés d'un demi-jour visqueux, pénétrèrent dans une cellule meublée d'un bat-flanc, d'un escabeau et d'une table sur laquelle était posée une croix. Le père Hélias désigna l'escabeau et s'assit lui-même sur la paillasse.

— Avez-vous jamais essayé, dit-il, d'imaginer quelle peut être notre vie sur ce rocher? A peine aurez-vous débarqué l'envie vous prendra de reprendre la mer. Le Cordouan, ça ne ressemble à rien. Pour y vivre volontairement, jeune homme, il faut avoir beaucoup à regretter ou beaucoup à espérer, je veux dire en la vie éternelle, mais vous m'aviez compris. Et puis, bien entendu, assurer le salut des navigateurs. Vous ne pouvez pas savoir quelles sortes d'idées peuvent nous venir à l'esprit quand nous regardons cette petite flamme sur notre tour! C'est une infime parcelle de la divinité, une étincelle constamment menacée par la tempête, un signe que Dieu est là et que le salut est assuré. On peut y voir, si l'on est porté aux spéculations, une image de la destinée humaine. Quant à moi, chaque fois que je la regarde, je me dis que Dieu est infini, même dans les plus modestes manifestations de Sa bonté. Et c'est un spectacle dont je ne me lasse pas et qui me manque chaque fois que je m'absente.

Il posa ses mains parcheminées sur son visage creusé de rides par les couteaux du vent et se mit à rire.

— Qu'avez-vous? s'inquiéta Blake.

— Figurez-vous, jeune homme, que la première fois que j'ai débarqué au Cordouan, j'ai cru devenir fou. Il faut dire que notre petite embarcation avait essuyé un coup de chien et s'était échouée, pour ainsi dire le ventre à l'air sur les récifs. J'avais l'impression de me trouver au bout du monde ou sur la lune. Trois fantômes très noirs m'attendaient, debout, les pieds nus dans les flaques laissées par la marée, les mains dans leurs manches, immobiles sous les bourrasques, comme enracinés. L'un d'eux m'a dit : « Mon frère, réfléchis bien avant de décider si tu souhaites rester parmi nous. » Ce n'est que le soir, au réfectoire, qu'ils ont laissé tomber leur capuche dans leur dos et que j'ai pu voir leur visage : ils paraissaient sortir d'un cul-de-basse-fosse...

Il ajouta, la main en cornet sur son oreille, le tutoyant :

— Combien de temps comptes-tu rester?

— Je l'ignore, dit Blake. Le temps d'inspecter les lieux : le phare et ses dépendances.

— Ses dépendances? Tu en auras vite fait le tour.

Il ajouta, son visage plissé par l'attention :

— Parle fort. Le bruit de la mer et du vent m'ont rendu presque sourd. C'est d'ailleurs pour cette raison que je suis venu moi-même en mission auprès du prince Édouard, aussi singulier que cela puisse te paraître. Ainsi, il n'a pu marchander son aide et m'a renvoyé avant d'avoir pu faire la moindre objection. Dieu me pardonne cette ruse innocente... Il te faudra rester trois jours, quatre peut-être. Autant dire que tu passeras Noël en notre compagnie. D'ailleurs ne te fais guère d'illusion : ce n'est pas toi ni le prince qui pourront décider de la date de ton retour, mais le temps.

Il se leva et Blake fit de même.

— Nous partirons ce soir, au dernier jusant, dit le religieux. Il me tarde d'embarquer. Je suis depuis une journée à Bordeaux et j'en ai la tête qui me tourne. Tous ces gens affairés, qui doivent faire un bruit intolérable... Après quoi courent-ils, mon Dieu ?

Le père Hélias était joyeux comme un pinson et bavard comme une pie. Sur la gabare, il ne tenait pas en place, bousculait par manière de plaisanterie les mariniers, buvait un coup avec eux, les incitait à parler de leur travail, de leur famille, de leurs ennuis et ils y allaient de bon cœur, gueulant plus qu'il n'était nécessaire dans le cornet de son oreille et de sa main. Le jusant portait bien. Gréée carré, la « Marinette » filait allégrement ses cinq à six nœuds. On passait sans s'en rendre compte d'un amer à un autre : le clocher de Saint-André-de-Cubzac, la citadelle de Bourg, nid de corsaires auquel il valait mieux ne pas se frotter, les pêcheries de Patiras... Il tombait une pluie dure et froide qui imprégnait les mariniers jusqu'aux os. Dans les parages de la passe saintongeaise, on essuya une bourrasque comme la nuit tombait, mais la gabare tint bon : c'était une bonne grosse barquasse qui portait couramment ses vingt tonneaux de vin et ne rechignait pas à aller se frotter à la barbe de Neptune.

Le lendemain, la « Marinette », arraisonnée par ces chiens de Talmondais, dut s'accoter à un rivage fort raide parmi des coquilles qui étincelaient au soleil. Le père Hélias vint à la rescousse du maître de gabare. Voilà maintenant qu'on s'en prenait aux pauvres ermites du Cordouan! Voulait-on lui ravir sa bure et la chemise rapetassée qu'il portait dessous? Voulait-on les affamer et les faire geler sur place en leur volant les maigres provisions et les deux mesures de bois que comportait la cargaison? Par les mamelles de la Vierge, ignorait-on que la Nativité approchait et qu'il convenait de ne pas offenser les représentants du Seigneur par des chicanes sans objet? Il parla si longtemps et si énergiquement que les dogues de Talmont lui firent signe de passer son chemin et même poussèrent au cul la « Marinette » pour lui faire reprendre le fil du jusant.

Par bonheur il y eut, jusqu'au droit-fil de la forêt de Suzac, une admirable bonace avec une brise profonde et alerte, juste ce qu'il fallait pour gonfler la voile en téton de nourrice.

— Jeune homme, dit le religieux, nous aurons eu une belle

traversée. Le ciel est avec nous. Tu vois cette petite écorchure, droit devant toi? C'est la tour. Nous allons débarquer gentiment, comme le navire du roi au port du Peugue, sauf qu'il y aura moins de monde pour nous accueillir.

Il fallut louvoyer au milieu des rochers et des hauts-fonds qui faisaient sous la surface des traînées violettes. On débarqua sans histoire les provisions, le bois, le fût d'huile pour la lampe du phare qui avait gros appétit. Le père avait caché sous les rondins de précieuses victuailles : quelques jambons, un sac de farine de froment, des poissons fumés pour les jours maigres, une barrique de bon vin pour la messe, la table et les naufragés qui n'appréciaient rien tant, en sortant de la saumure glacée, qu'une pinte de vin chaud à la canelle.

— Ne va surtout pas croire, dit le frère Hélias en transportant un énorme jambon sous chaque bras, que le Cordouan, c'est Byzance! Ce que tu vois là est notre nécessaire et rien de plus. La règle est la règle, ici plus qu'ailleurs.

Trois formes noires encapuchonnées les attendaient au pied de la tour. L'un des religieux s'approcha de Blake et lui dit :

— Mon frère, réfléchis bien avant de décider si tu souhaites rester parmi nous.

— C'est tout réfléchi! dit Blake en souriant. D'accord ou pas, il faut que je reste, au moins quelques jours.

— Alors, sois béni, mon garçon, et remplis ta mission en conscience.

Il fit un signe de la main.

— Suis-moi : je vais te montrer ta couche.

Le vieil ermite n'avait pas exagéré : la tour surmontant une lourde bâtisse qui, de loin, ressemblait à une succession de « bories » du Périgord ou du Quercy, était sillonnée de lézardes colmatées avec du mortier et des cailloux. Le soleil faisait scintiller comme un pyramidon de cristal la calotte de verre de la lanterne. Blake songea en frissonnant qu'il suffirait d'une tempête un peu folle ou d'un fort orage pour en faire une ruine définitive et, des frères, des naufragés sans espoir.

L'intérieur était morne et sombre. La salle commune servait de réfectoire et de dortoir. La « chapelle » était au fond : une cellule avec, simplement, un portrait grossièrement peint de la Vierge et une statue de bois taillée dans une épave, représentant un saint. Par deux orifices que fermaient par mauvais temps des ventaux de bois le vent de mer faisait ses gammes. Le four était installé dans une encoche de la salle commune, avec deux réchauds où brûlait un maigre feu et fumait la soupe.

Sur le soir, les nautonniers ayant réembarqué, le temps se gâta.

Il était venu de Saintonge des convois de nuages épais comme des charretées de foin, avec quelques éclairs. Les moines prédirent une grosse tempête; ils mangèrent leur brouet en silence et allèrent se coucher tôt, après leurs oraisons du soir.

Blake dormit peu. La fatigue l'emportait dans des tourbillons d'eau noire d'où l'arrachaient les bourrasques. Il faisait un froid de pierre. De quelque manière qu'il se tournât sur son bat-flanc, il ne pouvait échapper aux couleuvres glacées qui se glissaient sous sa couverture. Un à un, les moines montaient la garde autour de la lanterne, inspectaient l'horizon sombre comme le cul d'un four, sonnaient de temps à autre une grosse cloche qui rendait des sons funèbres.

Au fort de la nuit, Blake rendit visite au père Hélias, dont c'était le tour. Il se tenait pelotonné dans sa bure au pied de l'échelle de fer scellée dans le mur et, de temps en temps, se levait pour aller secouer la cloche. Blake s'assit près de lui et ils grelottèrent de conserve, sans s'adresser une parole. Les éclairs ou la fugitive clarté de la lune dégageaient de l'ombre des fumées d'embruns qui tournoyaient avant de disparaître dans le gouffre.

Un petit œil de soleil contemplait Blake à son réveil. Les moines se tenaient sur la terrasse, autour du phare, sondant du regard l'horizon. Une barque dormait sur les rochers, prête à prendre le large pour porter secours aux naufragés.

Pour Blake, cette première journée fut entièrement occupée à sa mission : un relevé des bâtiments puis un projet de restauration et de construction de locaux plus vastes et moins sommaires. Il travailla avec cœur, arpentant l'îlot découvert pas la marée basse, prenant des notes et griffonnant des croquis sur un calepin, accompagné du frère Hélias qui le freinait sans cesse.

— Prends ton temps! Par la vénérable mamelle de la Vierge, jamais je n'ai vu un tel remue-ménage depuis que le frère supérieur nous a rendu visite, il y aura bientôt cinq ans. Si tu n'as pas compris, après quelques jours passés en notre compagnie, que le temps ne compte pas, tu n'auras rien compris à la vie. Ce qui nous sauve, nous qui sommes fixés ici comme des moules sur leur rocher, c'est que nous avons oublié le temps.

— Vous avez bien de la chance, dit Blake.

Le père Hélias mit sa main en cornet.

— Je dis, hurla Blake, que si le monde et le temps vous oublient, vous devez être des gens heureux.

— Nous sommes des gens sans désirs, jeune homme. Une part de nous-même est morte de notre propre volonté. Celle qui nous reste, nous la donnons à Dieu et aux autres hommes. Nous n'avons pas la plus mauvaise part.

Blake avait achevé son travail à deux jours de Noël. Il fut convenu que l'on attendrait une bonace sans faille pour le conduire jusqu'à la côte du Médoc où il trouverait bien un patron de gabare, peut-être une galéasse de Gênes ou de Biscaye pour le remonter jusqu'à Bordeaux.

— On dirait que tu n'es plus tellement pressé de nous quitter? dit le père Hélias. Tu ne dis rien, mais tu as une manière de t'exprimer qui ne trompe pas. Avoue donc que cette vie te plairait assez! Une fois que tu auras mesuré la vanité du monde, peut-être reviendras-tu parmi nous?

— Peut-être, dit Blake.

Il contemplait du haut de la tour l'estuaire de lumière et de boue. La boue, elle était là, presque à ses pieds, lourdement brassée par les lames; la lumière au loin, javelles d'épis dorés répandus sur l'immensité. Il frissonna et commença à descendre l'escalier de fer.

— Ce soir, dit le père Hélias, nous fêterons la Nativité et tu verras qu'il peut y avoir de la joie pour tous dans le monde quand le cœur est plein d'innocence.

Les moines, pour une soirée, semblaient avoir retrouvé le goût du temps : celui des autres hommes, que l'on ne gouverne que par le mors ou les éperons. Au cœur de la nuit, la messe dite, les quatre religieux et Blake se retrouvèrent dans le réfectoire dont la table avait été fleurie de coquillages, d'étoiles de mer et de plaques de mousse très vertes découpées en forme de croix.

Ils dînèrent de bon cœur, contèrent des histoires du temps où ils vivaient parmi les hommes.

— Ce sont toujours les mêmes histoires, dit le père Hélias, mais, comme nous ne les racontons qu'une fois l'an, nous avons le temps de les oublier.

Ils s'enivrèrent un peu, bien qu'ils n'eussent bu qu'un ou deux gobelets de vin du Médoc et, pour finir, allèrent annoncer au monde la naissance de l'Enfant Dieu; ils trébuchaient sur les marches qui conduisaient à la terrasse, riaient et chantaient, se conduisaient comme des enfants. Tour à tour, à commencer par Blake, ils sonnèrent la grosse cloche à la dégoncer. Il faisait une nuit de perle, à peine froide, avec de petits flocons de nuages d'argent et des chardons d'étoiles sur l'immensité du ciel. Il sembla à Blake que des navires arrivaient de partout à la fois, de l'estuaire et de l'océan, des côtes de la Saintonge et de celles du Médoc, mais il se dit qu'il avait vraiment trop bu et que ce devait être un banc de baleines ou de marsouins comme on en voyait parfois passer au large, et il s'endormit dans le bruit des cloches et des cantiques comme dans la plus grande et la plus riche des cathédrales.

3

LES SURPRISES DU CHEMIN

Avec une certaine solennité et beaucoup de maladresse, le père Hélias avait hissé une voile de six pieds carrés, découpée dans la voilure d'un navire échoué quelques années auparavant et qui portait, barbouillée de couleurs criardes, une grande image de la Vierge. La petite embarcation s'était envolée et il lui avait fallu un peu moins d'une heure pour gagner la terre ferme, à la pointe de Grave, où se trouvait, dans un poste planté au milieu des dunes littorales, un officier marinier chargé de surveiller le passage des navires.

Blake attendit là deux jours à jouer aux dés, à manger et à dormir, puis il se lassa d'attendre et prit à pied, son baluchon dans le dos, la direction du sud sous une aimable pluie qui sentait le printemps. Les moines lui avaient donné des victuailles pour une semaine. Il n'était pas pressé. Son séjour chez les religieux lui avait mis dans l'âme une certaine sérénité qui lui tournait un peu la tête. Il lui semblait que, désormais, les êtres et les événements allaient prendre une dimension une qualité et un rythme nouveaux. Lesquels? Il l'ignorait, mais il se demandait par exemple si, projeté brutalement dans une bataille, il saurait encore se servir de son épée pour tuer d'autres hommes. Il se demanda aussi s'il aimait encore Flore, et là son cœur se mit à battre si vite que cette question lui sembla superflue.

Il attendit encore à Port de Goulée puis à Port de By. Les gens hochaient la tête : en cette saison, le trafic de l'estuaire était réduit. A Saint-Christoly, on lui annonça le passage d'une galupe qui devait transporter un chargement de bois à Fort-Médoc; il attendit, assis sur un ponton pourri au bout duquel pendait un carrelet pavoisé d'algues vertes. De guerre lasse, il reprit à pied le chemin de Bordeaux.

Ce n'est que peu à peu qu'il comprit que quelque chose de pas franc se tramait dans son dos. Il pensa à des voleurs, mais la région était relativement sûre. A plusieurs reprises, en se retournant, il crut apercevoir dans les vignes et les roselières des mouvements d'ombres suspectes. Comme il n'était armé que d'un couteau, il hâta le pas, si bien que ses jambes le firent souffrir, mal remis qu'il était, malgré le temps, de ses blessures de Poitiers. Pour plus de sûreté, il évita la côte et piqua droit par le grand chemin, à travers les vignobles des graves.

Peu avant Saint-Laurent, alors qu'il se restaurait près d'un estey gorgé d'eau croupie, il vit venir à lui un groupe de cavaliers emmitouflés dans des manteaux de pluie. Il se dit que ce pouvait être la suite d'un petit baron du Médoc descendant vers Bordeaux et demanda qu'on lui louât une monture et qu'on lui permît de suivre le train jusqu'à la ville. On lui désigna une haridelle qui fermait la marche, chargée de bastes de cuir.

La petite troupe cheminait depuis moins d'une heure quand celui qui paraissait être le chef descendit de cheval et se dirigea vers le nouveau venu, lui ordonnant sur un ton qui n'admettait pas de réplique de mettre pied à terre.

— Nous nous arrêtons là, dit-il sans abaisser son capuchon. C'est le moment de payer votre dû.

— Et je dois combien pour cette promenade.

— Un « léopard » fera l'affaire.

— Pour ce prix, je garde le cheval et le bagage, bien qu'ils vaillent beaucoup moins. Je n'ai pas cet argent sur moi, mais voici un ordre de mission signé de monseigneur le prince Edouard de Woodstock qui me permettrait de réquisitionner vos montures et vous par la même occasion, avec ordre de m'escorter jusqu'à l'abbaye de Saint-André.

Il sortit un pli de son pourpoint de cuir. L'homme fit mine de le parcourir, parut hésiter puis le rendit à Blake. Il était incapable de lire son propre nom.

— Ainsi, c'est vous, David Blake? Comment se portent ces bons moines du Cordouan?

— Les moines se portent fort bien, mais vous faites erreur. Je ne suis pas ce David Blake dont vous parlez. Je le remplace dans sa mission. Au dernier moment il a été empêché de partir. Que lui vouliez-vous?

L'homme réclama de nouveau le parchemin, le glissa dans son manteau, fit encadrer le voyageur par ses hommes et ils se dirigèrent tranquillement, sans forcer l'allure, vers Saint-Laurent-Benon. Le chef s'arrêta devant le presbytère, s'entretint avec le curé et, sans un mot, remonta à cheval et donna l'ordre de poursuivre la route. Le groupe abandonna la piste qui va vers Moulis et prit une traverse en direction de l'estuaire par un paysage de vignes inondées sur lesquelles montaient les premières brumes du soir. Le groupe fit halte entre deux haies de ronces et de vimes et, sans plus de hâte que la première fois, le chef fit descendre Blake de cheval.

— Tu es bien David Blake. Le curé a lu ton nom sur le parchemin. Non seulement tu refuses de payer le prix demandé pour la location du cheval, mais encore tu nous racontes des balivernes. Ça mérite une leçon.

— Cette leçon-là pourrait vous en valoir une plus cruelle. Lorsque le prince apprendra ce qui m'est arrivé, il remuera ciel et terre pour vous trouver. Allez rapporter mes paroles à Simon Bagot et vous le verrez changer de couleur.

Avant que le chef ait pu faire un geste pour se protéger, Blake lui rabattait son capuchon dans le dos, le temps d'apercevoir une face rougeaude, encadrée de cheveux gris, un front marqué d'une cicatrice en forme de croix : sans doute une marque infamante infligée aux brigands.

— Maintenant, dit Blake, fais en sorte que je ne revoie jamais Bordeaux. Si tu rates ton coup, tu te condamnes à danser au bout d'une corde et tu envoies ton protecteur au billot. Tu vois, je n'ai pour ainsi dire rien pour me défendre. Qu'attends-tu? Crois-tu que la mort me fasse peur? Je l'ai courtisée si souvent que je la connais jusqu'au fond de l'œil. J'étais à Crécy et à Poitiers. Alors, tu comprends...

Le gredin recula d'un pas, considéra avec une courtoisie mêlée de respect ce coq qui faisait vibrer si haut sa crête et demeurait militaire jusque dans sa façon de porter sa fatigue.

— Nous ne vous ferons pas de mal, dit-il. Je crois bien que nous nous sommes trompés d'adresse.

— Ton erreur me vaut bien un modeste dédommagement. Je garde le cheval que j'irai remettre moi-même à Simon Bagot. Voici pour t'être dérangé sans raison.

Il porta la main à sa ceinture, fit sauter de la pointe de l'ongle une pièce d'argent que le brigand attrapa au vol.

Blake déboucha dans le cloître de Saint-André alors qu'éclatait un orage de paroles.

Il s'approcha d'un groupe de seigneurs et de chevaliers français caquetant comme une volière affolée par le renard. Au milieu d'eux claironnait la voix puissante du roi Jean, une voix de basse taille que fêlait par moment un diamant de colère. A la première foucade, cette voix faisait impression et l'on se disait que seul Jupiter et Moïse pouvaient parler si haut et si fort; mais on comprenait qu'il s'agissait d'un jeu sans finesse et d'une parade. Cet homme était roi mais il avait le tort de montrer sans discernement qu'il était aussi un sot. Il fleurissait sa bouche à tout moment d'un mot qui semblait révéler des vertus magiques et résumer le but de toute destinée humaine : l'honneur. Pourtant, à Poitiers, il avait payé très cher pour apprendre que l'on doit s'assumer homme d'honneur par des vertus qu'il ne possédait pas. Il n'avait rien appris. Ce chevalier de l'Étoile (un ordre de chevalerie qu'il avait créé quelques années auparavant, dédié à l'Étoile des Bergers et qui stipulait notamment qu'il était interdit, en bataille, de reculer de plus de quatre arpents), avait visé trop haut. Son « Étoile » n'était qu'une lanterne fumeuse. Courageux, certes, mais du courage des imbéciles.

Autour de cette grotesque statue de la Bêtise revêtue d'une cotte blanche, d'un surcot vermeil, qui se faisait précéder d'une bannière rouge ornée d'un portrait de Notre-Dame constellé d'étoiles, bourdonnait un essaim de conseillers véreux : Pierre de La Forêt, Regnault Chauveau, Jean Poilevilain, Simon de Bucy, dont la plupart s'attachaient à renverser à leur profit une situation qui aurait dû les plonger dans l'humilité et l'indigence.

Blake intercepta sir John Chandos qui venait vers lui, son mince visage coloré d'indignation, battant des bras dans ses vêtements blancs comme s'il sortait d'une mêlée.

— Quelle affaire! cria-t-il, le roi refuse de quitter Bordeaux! Entendez-le! Il ne cesse de répéter qu'il se fera tuer sur place ou qu'il proposera au prince de régler l'affaire sur le pré si l'on veut le contraindre à faire ses bagages. A lui seul, il fait plus de bruit que les dix-sept comtes, les soixante-dix barons, les deux mille chevaliers et l'archevêque que nous avons pris dans la bataille de Maupertuis.. Non seulement il exige les logements les plus confortables, les serviteurs les mieux stylés, les produits les plus délicats pour sa cuisine, les tailleurs d'habits les plus habiles, mais il s'est mis en tête de choisir ses lieux de résidence. Bordeaux lui convient. Pas Londres! Il prétend qu'il déteste le brouillard et n'a jamais pu supporter de naviguer en mer.

— Il ne sera pas seul à s'opposer à ce changement de résidence. Je connais des chevaliers gascons qui ne mâcheront pas leurs mots. Comment les en blâmer? On les dépossède du fruit de leur victoire.

— Le prince n'est pas un ingrat. Cent mille florins d'or pour qu'ils se taisent, sans compter les rançons et le butin, c'est un beau pécule!

— Peu de chose comparé aux trois millions de couronnes d'or que le roi doit verser pour une rançon qu'il mettra plusieurs années à payer.

— Cela se fera plus vite qu'on ne pense. Il projette de vendre sa fille, Isabelle, à Jean Galleas Visconti contre trois cent mille florins. S'il avait quelques autres filles à marier, il pourrait se libérer sur l'heure.

Au moment de pénétrer dans la salle d'audience, Blake se heurta presque à Robin Knolles. Le vétéran des guerres de Bretagne et d'Auvergne paraissait agité. Il froissait d'une main frémissante son surcot de satin vert portant brodé un lion d'Angleterre, comme si quelque vermine le démangeait. C'était un homme au visage brutal, barbu jusqu'aux yeux.

— J'arrive tout juste du Périgord, dit-il. Il paraît, mon cher Blake, que nous sommes en paix! On dit même que la trêve de Bordeaux est signée ou doit l'être sous peu. By Jove! on ne s'est jamais autant étripé dans cette province. Je viens de faire mon rapport au prince.

Il prit familièrement Blake par le bras.

— Qui est du parti français et qui du parti anglais, dans cette foutue province? Allez savoir! Il n'y a plus d'armée digne de ce nom, mais des bandes qui courent les campagnes. Il faut faire très attention aux gens que l'on rencontre. Telle compagnie qui tenait hier pour le prince porte aujourd'hui les couleurs du roi, selon ce que son intérêt lui commande. J'ai combattu, mon cher Blake, des gens qui se disaient pour la France depuis deux jours seulement. Il y a quelques semaines, à Sarlat, on a exécuté un soi-disant « Anglais »: Jean de Vétéricastro, aussi anglais que toi et moi sommes écossais. Ce gredin arrivait devant une place forte, déployait ses gueux autour, montrait les dents. Affolés, les gens demandaient composition et le dénommé Vétéricastro tournait bride avec une forte rançon. Il est mort (que le diable l'emporte!), mais d'autres font la même chose à sa place. Il s'arrêta, réfléchit.

— Pour mettre un peu d'ordre dans cette chienlit, pour ramener sous d'honnêtes bannières ces loups que la paix a répandus dans nos campagnes, je ne vois qu'un homme : messire Bertrand Du Guesclin. L'ennui, c'est qu'il aime les Anglais autant que la peste!

— Qui donc, dîtes-vous?

— Du Guesclin. Je l'ai rencontré en Bretagne et je ne vous souhaite pas de le trouver un jour sur votre chemin, à moins que vous ne désiriez conquérir vos éperons d'or. S'il vous arrive de rencontrer mon compagnon Nicolas de Dagworth, demandez-lui de vous parler de certain duel qui l'a opposé à cette brute avec trois armes et trois coups seulement pour chacune. C'était dans les fossés de Rennes.

Le Prince Noir était de fort mauvaise humeur. Le petit homme prévint Blake dans un souffle, avant de l'introduire :

— Soyez bref. Si c'est pour une requête, mieux vaut revenir demain. Il y a de la tempête dans l'air ce matin.

— La tempête, dit Blake, j'en sors tout juste.

Le prince arpentait la salle d'audience, l'œil sur la pointe de ses chaussures. Il était occupé à dicter une lettre au roi, son père, s'arrêtait pour plonger à pleins regards dans une tapisserie représentant des scènes de vendanges, avec de petits personnages au visage rond et un peu niais qui dansaient la gigue dans les « douils ».

S'apercevant de la présence de Blake, il suspendit une phase en cours et lui demanda abruptement le but de sa démarche. Il l'écouta en silence, l'œil perdu dans les jardins gris du cloître. Il n'écoutait que d'une oreille ou pas du tout. Le sort des quatre religieux et de leur lumignon, de quel poids était-il, comparé aux problèmes qui l'assaillaient?

— Dois-je pousuivre, messire? osa demander Blake.

— Impertinent! s'écria le prince. Vous ai-je demandé de vous interrompre? De toute manière, j'en sais suffisamment. Si j'ai bien compris, vous demandez que l'on édifie un palais pour ces « pieux anachorètes », comme vous dites. C'est le phare d'Alexandrie que nous devrions leur construire si je suivais votre idée! Et pourquoi pas les jardins de Sémiramis? De combien de jambons, de barriques de vin de Médoc ces « pieux anachorètes » ont-ils acheté votre complaisance?

— Monseigneur! s'écria Blake.

— Pardonnez-moi, dit le prince. Je suis entouré de tellement de voleurs : banquiers véreux, hommes d'affaires marrons, marchandeurs de rançons, solliciteurs de charges, quémandeurs d'offices, que, dès que je vois cette porte s'ouvrir, je me demande de combien de « léopards » mes coffres vont s'alléger. Combien de « léopards » faut-il pour ces moines?

Blake lança un chiffre, l'air perplexe.

— Il faudra vous débrouiller avec la moitié, mais expédiez prestement cette affaire.

Il fit un geste sec du poignet pour indiquer la fin de l'audience. Lorsque Blake eut atteint la porte où l'attendait pour le reconduire le petit homme noir éternellement enrhumé, le prince le rappela :

— Capitaine Blake, nous ferons bientôt de vous un chevalier et nous veillerons à vous pourvoir d'un bon domaine. Vous faites partie de ces gens honnis du roi de France, qui se sont élevés avec les pieds dans la bonne terre de notre pays et ont eu le toupet de vaincre son père à Crécy et lui à Poitiers. Je vous aime autant qu'il vous méprise. Ce sont des gens comme vous qui gagnent les guerres et non ces mannequins de fer qui s'imaginent que le mot « honneur » est une clé qui ouvre toutes les portes. Leur sens de l'honneur est aussi efficace que la plume qu'ils portent à leur casque.

C'était de la provocation. Blake en convenait volontiers.

Il avait mûrement réfléchi avant de mettre son projet à exécution, puis s'était décidé brusquement en revoyant par la pensée le visage de la brute qui l'avait intercepté dans le Médoc.

Il prit la horse par la bride, se rendit rue Neuve, frappa à l'huis et demanda à rencontrer maître Simon. La porte refermée, le judas mit quelques minutes à s'ouvrir, se referma sèchement, s'ouvrit de nouveau sur un mouvement de visages et un chuchotement de voix. Un serviteur s'effaça pour le laisser entrer. Malgré l'hiver, le jardin avait un air aimable; il était bien clos par des murs à rosiers et à vigne vierge, avec en son centre un gros tilleul qui devait, à la belle saison, embaumer tout le quartier.

« C'est ici que vivent Flore et Stephen, songea David. Si seulement mon fils pouvait passer le nez à la fenêtre... »

C'est maître Simon qui se montra. Mi-figue, mi-raisin. L'air d'un bougre sur lequel on vient d'ouvrir la porte des cabinets et qui relève son pantalon. Blake remarqua qu'il avait des taches d'encre au bout des doigts; il revit la grosse main velue du brigand, l'imagina tachée de son sang et cela lui donna le comptant d'aplomb qui lui faisait défaut.

— Maître Bagot, dit-il, cette haridelle vous appartient. L'honnête homme que je suis vous la rapporte. Ne prenez pas cet air déconfit. Vous vous attendiez sans doute à la voir revenir avec mon cadavre en travers de la selle? A défaut de mon deuil, il faudra prendre celui de vos illusions.

— J'ignore d'où vient ce cheval, dit Simon Bagot avec un calme glacé. Sûrement pas de mes écuries car il ne porte pas mon fer. Vous pouvez le garder ou le revendre.

— Maître Bagot prenez garde! De tout ce qui sera fait contre Flore ou contre moi, je vous tiendrai comptable et vous devrez vous en expliquer devant le prince ou son prévôt, un homme que vous connaissez et qui a la corde facile.

Maître Bagot avait changé de mine. Il devait, lorsque Blake était arrivé, être occupé dans sa voulte : une toile d'araignée s'était accrochée à ses cheveux et il sentait la chandelle froide.

— Qu'attendez-vous de moi? demanda maître Bagot.

— Que vous cessiez de prendre en compte une affaire qui ne vous concerne qu'indirectement. Seul votre frère Nevile serait fondé à me demander raison.

— Nevile? On voit bien que vous ne le connaissez pas. Volez-lui son cheval, c'est tout juste s'il ne vous cherchera pas des excuses. En affaires, il faut veiller à lui ménager des partenaires d'une honnêteté irréprochable. En revanche, si vous lui volez sa femme, il en mourra ou deviendra fou. J'aime trop Nevile, malgré ses insuffisances, pour ne pas me substituer à lui quand il n'est pas de force à se battre. Quant à vous, qui avez en Angleterre femme et enfants, vous risquez de faire des malheureux.

Le ton moralisateur de maître Bagot était insupportable à Blake, d'autant qu'il le confrontait à des vérités en pierre de taille dont les angles le blessaient.

— Sans doute avez-vous raison, dit-il, mais ce qui vous pousse à intervenir aussi lâchement que vous l'avez fait, c'est que vous aimez Flore. Vous admettriez l'adultère à condition qu'il ne sorte pas de la famille!

Simon parut pétrifié.

— Qui vous a mis cette absurdité en tête? cria-t-il. Décidément à vous aussi toutes les armes sont bonnes!

— Sachez que je ne renoncerai jamais à Flore. Je l'ai connue bien avant Nevile et ce n'est pas l'anneau que l'un et l'autre nous portons au doigt qui y changera quelque chose.

— L'enfant, dit Simon, vous en être le père, cela saute aux yeux. Nevile, lui, a des soupçons mais aucune certitude. Il a fait une scène à Flore, mais le pauvre s'y est si mal pris qu'il a fini par lui présenter des excuses. On lui ferait avaler les pires couleuvres. Heureusement pour vous, Blake, sinon il pourrait devenir comme un chien enragé en découvrant la vérité. Je ne l'ai vu en colère qu'à deux reprises mais c'étaient de vraies colères. Méfiez-vous!

Il ajouta, comme Blake tournait les talons :

— Vous n'avez pas soufflé mot de vos intentions. Allez-vous enlever Flore, l'obliger à se séparer de Nevile, continuer à vivre comme vous le faites et à vous retrouver rue Sainte-Colombe en tremblant qu'on vous surprenne?

Simon sourit de la mine consternée de Blake.

— Rassurez-vous, je n'irai pas vous trahir. Nevile serait capable de vous tuer et de tuer Flore aussi.

Il ajouta en secouant la tête :

— Blake, nous avons passé de bons moments ensemble à Bristol et nous aurions pu demeurer bons amis. Aujourd'hui, je vous hais, mais surtout je vous plains, car je n'aimerais pas être à votre place. Il est vrai que vous êtes soldat. La guerre et le temps peuvent arranger beaucoup de choses...

Elle se dressait sur ses coudes, les poings sous cet orage de cheveux couleur de châtaignes brûlées, qui tourbillonnaient autour de ses oreilles et de son front, et la peau de ses joues se tendait, ses yeux se bridaient et elle restait ainsi à regarder sommeiller David.

Lorsqu'il se réveillait, il prenait à pleines mains les grappes de chair suspendues à la poitrine. Elle fermait les yeux, roucoulait une plainte amoureuse et ses reins se mettaient à palpiter sous un nouveau flux de plaisir. Elle murmurait : « Non, David, je dois partir. Mon père va encore se fâcher. Tu sais qu'il m'a encore fouettée, hier, avec sa ceinture. Regarde cette marque, là, sur mes reins... » David embrassait la marque du fouet. « Reste encore un peu. Nous ne ferons pas l'amour, mais reste. » Elle glissait sa tête contre la poitrine de David et murmurait : « Rester... Partir... Serons-nous ensemble un jour pour tout de bon? Je crois bien qu'en vérité tu ne veux pas de moi! » Il la repoussait durement. Quel plaisir prenait-elle à le provoquer sans cesse, à tenter de lui faire avouer ce qu'il refusait de lui dire : que jamais il ne pourrait vivre tout à fait avec elle car il devrait renoncer pour cela au métier de la guerre. Le vieux Flint le lui avait bien dit : « Cette fille n'est pas pour toi, Blake. Tu tiens trop à elle pour y renoncer et pas assez pour l'épouser. Mon gars, c'est la pire des situations. J'ai failli connaître la même avec une servante d'auberge du Hampshire, une beauté pleine d'admiration pour ce bras-là qui tuait une huppe à cent pas et elle gémissait comme une damnée dès que je la touchais. God damn! j'étais sur le point de briser mon « longbow » et de dire adieu à mes compagnons. Quelle bêtise j'aurais faite! Tu vois ton vieux Flint dans la peau d'un valet d'auberge? Crois-moi, mon gars, j'ai eu raison de renvoyer la fille à ses fourneaux. Si tu es un homme, fais de même! » Blake songeait qu'il aurait dû suivre les conseils de Flint mais, chaque fois qu'il retrouvait Flore, ses résolutions s'envolaient comme graines de pissenlit au vent. « J'ai essayé, Flint, je t'assure, mais c'est impossible. D'ailleurs, à quoi bon devancer les événements? Nous devons nous séparer et Dieu seul pourrait dire si nous nous retrouverons. La guerre, Flint... » « Je te plains, mon gars, disait le maître archer, mais je te préviens : si tu rates encore la cible trois fois comme tu l'as fait hier dans la cour du château, ton choix sera fait malgré toi et nous perdrons le meilleur tireur de la compagnie. » Le nez de Flore sous son aisselle; elle soufflait comme un chat, mordillait la chair. « J'aime ton odeur, David. J'aime tout de toi. Et toi tu ne m'aimes que pour ton plaisir. »

C'était à Domme. Le printemps faisait crépiter ses premiers pollens sur les toitures rousses. Un milan sifflait parfois, très haut, dans le ciel tumultueux.

« J'aurais dû l'épouser, songe David. Qu'est-ce donc qui m'a retenu de le faire? »

Nevile revint de Lamarque de fort méchante humeur.

Les Bagot possédaient là-bas, sur les plus belles graves du Médoc, un vignoble qui aurait dû produire deux fois plus si l'intendant n'avait été un drôle plus intéressé par la pêche à l'esturgeon et la récolte du caviar que par le vin. Placide de nature, Nevile avait éclaté, mais il n'avait pas eu le dernier mot. « Si vous ne me mesuriez pas la main-d'œuvre comme vous le faites, avait proclamé l'intendant, les résultats seraient meilleurs. »

Nevile était revenu à Bordeaux avant la date prévue pour présenter à son frère un rapport qui, déjà, menait une danse d'épées dans sa tête.

A part les domestiques, l'oustau était désert. Simon avait dû déserter sa chère « voulte » pour aller discuter chez les Soler d'un marché de chevaux avec la Biscaye. Au magasin, les commis jouaient aux dés sur des sacs de farine. Marguerite? Elle était allée faire ses dévotions à Saint-Fort pour obtenir la guérison d'Honoria, une fillette d'une complexion délicate. « Et la dame Flore? » demanda Nevile. La servante se troubla. Peut-être la nourrice savait-elle? La nourrice ne savait rien, mais elle affirma son ignorance d'un air si buté que Nevile se dit qu'elle devait être mieux informée qu'elle voulait le laisser croire. Il la pressa de questions, menaça de la renvoyer et avec elle ce chat pelé qui miaulait dans la beneste, puis il renonça et se précipita chez les Soler. Il y trouva Simon enfoui jusqu'au nez dans les paperasses.

— Toi, dit Nevile, tu sais où se trouve Flore! Rien ne t'échappe de ce qui se passe dans cette maison.

— Au diable! riposta Simon, si je sais ce que nos femmes manigancent tous ces longs après-midi. Peut-être Flore est-elle à Saint-Fort avec Marguerite...

— Elle n'y est pas.

— Peut-être quelque achat à faire chez les juifs de Saint-Seurin.

— On m'en aurait informé tout à l'heure. Simon, tu sais où elle se trouve mais tu ne veux rien dire. Oublies-tu que je suis ton frère et que j'ai le droit de savoir comment chacun se comporte dans « ma » maison!

— Il serait temps que tu t'en préoccupes! Flore irait rejoindre le palefrenier chaque nuit dans le foin que tu ne t'en rendrais même pas compte.

Nevile saisit son frère par les revers de son pourpoint et se mit à le secouer.

— Je considère ton silence comme une trahison. Si tu ne me dis pas où je peux trouver Flore, tu le regretteras. Je saurais bien te prouver que tu n'es pas le maître absolu de la famille et que, sans moi...

Simon décrocha sans hâte les mains de Nevile. Elles étaient brûlantes. Il avait le visage d'un fou.

— Promets-moi d'être calme et de ne rien prendre au tragique.

— Je te le promets, dit négligemment Nevile.

— Le plumassier de la rue Sainte-Colombe loue des chambres. On y a vu entrer plusieurs fois ton épouse.

Nevile s'enfonça dans les rues et les venelles où l'approche du soir suscitait une aimable animation. Il bouscula un groupe de clercs et ne s'en excusa pas, faillit renverser un marchand d'eau qu'il injuria, effraya un bourricot qui portait une vieille femme.

— Blake! dit-il. C'est bien ici qu'il habite?

Le plumassier leva le nez de son bouquet de plumes de cygne teintes de couleurs suaves, revint à son chef-d'œuvre, souffla délicatement sur les aigrettes.

— Absent, dit-il.

— J'ai un pli à lui remettre de la part d'un ami.

— Posez-le sur cette étagère.

— Je préférerais le glisser sous sa porte.

— Tout en haut, une porte de chêne à double battant.

Nevile sentit que la tête lui tournait lorsqu'il se planta devant la porte de chêne. Par la plinthe inférieure, il distingua un mouvement d'ombres et, l'oreille collée à l'un des battants, surprit un murmure. Il sentit en lui comme une ivresse de vin en touchant la garde de son poignard. Il frappa. Quelque chose grinça à l'intérieur. Il frappa une seconde fois, un peu plus fort, et il y eut un long silence suspendu comme une dalle de marbre.

— Ouvrez! cria-t-il. Je sais que vous êtes là. Vous m'entendez, Blake?

De nouveau une rumeur, puis un gémissement de femme; puis un nouveau silence et le bruit sec du loquet.

— Ça devait arriver, dit David en ouvrant. Maintenant, vous savez tout et cela vaut peut-être mieux. Ne restez pas sur le seuil.

Nevile entra lentement, marchant comme avec des semelles de plomb. Son visage un peu gras déjà, au nez lourd, d'une immobilité de pierre, semblait près d'éclater. Seules bougeaient ses lèvres. Il s'accrochait à la garde de son arme comme un mourant à un crucifix.

— Si c'est simplement une preuve que vous cherchez, dit David, vous l'avez, servie toute chaude, et je puis même vous avouer que le manège dure depuis des mois. Je puis être plus précis encore si vous le désirez et si la vérité ne vous fait pas peur. Je n'ai plus rien à cacher à présent et je me sens même délivré.

— David! s'écria Flore, vas-tu te taire!

Elle était assise sur le lit, les mains à plat sur la courtepointe rapidement rabattue, les cheveux défaits.

— Laisse-moi dire, Flore. Je n'aime ni les demi-vérités, ni les demi-mensonges. C'est bien la vérité que vous êtes venu chercher, Nevile? Vous avez été trop longtemps berné pour que je vous la mesure, et je n'ai aucun mérite à me montrer généreux. Cet enfant, Stephen, il n'est pas de vous.

Nevile ouvrit la bouche pour parler mais aucun son n'en sortit. C'est ce que redoutait David. Avec un homme décidé à parler, tout peut s'arranger. Le danger commence avec le silence. David prit Flore par la main, la conduisit vers la porte pour qu'elle se retirât, lui jeta son manteau sur les épaules.

— Non! dit Nevile. Qu'elle reste!

Il semblait que sa bouche eût soufflé de la glace à travers la pièce. L'effort qu'il avait fourni pour prononcer ces trois mots faisait battre une grosse veine à son cou. Il tira son poignard. David s'interposa entre lui et Flore.

— Bien, dit David. Voilà qui est clair. Tu veux te battre, Bagot? D'accord, mais pas ici. D'ailleurs, tu vois, je suis désarmé. Dis quelque chose, par la Vierge! Tu es venu pour tuer, hein?

Nevile s'était peu soucié de prendre un rendez-vous d'honneur. Il bondit, s'embrocha dans l'escabeau que David, d'un coup de pied, lui envoya dans les jambes, et alla heurter de la mâchoire le montant du lit qui vibra comme un tambour. Il porta la main à son menton. En se redressant, il chancelait.

— Flore, je t'en conjure, dit David, quitte cette pièce. Tu vois bien que c'est toi qu'il veut tuer!

— Non, dit Flore, je reste. S'il veut me tuer, je ne résisterai pas. Après tout, ce qui arrive, je l'ai mérité.

— Bagot, dit David, tu mords comme un vieux chien malade et tu tiens à peine sur tes jambes. Tu voulais la vérité, tu l'as! Maintenant, jette cette arme de demoiselle. Deux meurtres n'arrangeraient rien.

Nevile ne parut pas comprendre. Il était dans un monde exclusif de tout autre : celui de sa folie. Il bondit de nouveau, si prestement que son poignard, dévié par la main de David, alla frapper Flore à l'épaule. Elle gémit mais ne bougea pas d'un pouce. Nevile regarda son poignard, l'épaule blessée. Il eut un méchant sourire. La surprise de son geste passée, il paraissait éprouver une fierté de mauvais augure. Sa poitrine se gonfla. Il se mit en garde et dit, les dents serrées :

— Viens, Blake! Viens, traître!

En fait d'armes, depuis que David avait transporté ses pénates à Saint-André dans le voisinage du prince, il n'avait que son épée qu'il renonça à utiliser et une hachette de ménage qui lui servait pour débiter les bûchettes dont il alimentait le brasero. Il bouscula Nevile qui tournoya sur lui-même avant d'aller choir à l'autre extrémité de la pièce, puis il revint se planter devant Flore.

— Cessez de vous battre! cria-t-elle. Nevile! David!

Remis sur pied, Nevile reniflait, essuyant de son poignet gauche le sang qui coulait de ses narines. Il tomba tout d'une pièce sur David qui bascula sur le lit, cherchant de sa main libre à maîtriser celle qui tenait le poignard, de crainte qu'il n'atteignît Flore de nouveau. Le tranchant de la hachette contre la gorge de son agresseur, il parvint à le repousser. Nevile porta avec étonnement la main à ce petit bracelet de sang qui commençait à laisser suinter de grosses perles rouges.

« Cette fois-ci, se dit David, il va devenir fou furieux! »

Il se mit en garde, l'arme levée et, comme Nevile revenait à la charge, il lui assena un coup terrible au milieu du front. Nevile écarta les bras, lâcha son arme, tomba sur les genoux, un jet vermeil jaillissant du front éclaté. Puis, lentement, dans un mouvement plein de grâce, il se laissa couler à terre.

— Je crois bien que je l'ai tué, dit Blake.

Il se pencha pour observer le visage, hocha la tête.

— Mon Dieu! gémit Flore.

Un homme entra en coup de vent, haletant comme s'il venait de courir. C'était le plumassier. Il dit tout d'une traite :

— J'ai tout vu. La porte était restée ouverte. Cet homme vous a défié. Vous l'avez tué. C'est dans l'ordre.

— Par saint André! jura le sergent des archers, c'est un beau coup. Dites-moi ce qui s'est passé.

— J'ai tout vu, répéta le plumassier. Lorsque cet homme s'est présenté dans ma boutique, il avait un drôle d'air. J'ai eu tort de le laisser passer. Le temps de réfléchir aux conséquences, je monte en catimini et qu'est-ce que je vois : ces deux-là face à face et cette femme blessée.

— Et vous êtes resté sans intervenir, comme un piquet!

— Je suis plumassier de mon état, sergent. Je pourrais vous dresser le plus riche plumail de Bordeaux mais ne me demandez pas de m'interposer dans une querelle car ça ferait un mort de plus, et pour rien. Je puis vous dire, afin d'éclairer la justice, que Blake n'a fait que se défendre et même qu'il a refusé le combat au début de la querelle. Le mort en voulait surtout à la femme. Je crois comprendre que c'est le mari. Un jaloux. Blake est innocent comme l'eau claire. A sa place vous auriez agi de même.

— Tudieu! fit le sergent, une telle aventure ne risque pas de m'arriver. Je tiens ma femelle trop serré pour qu'elle aille roucouler avec des galants mais si je la surprenais à faire la bête à deux dos, je me contenterai de lui donner une cinquantaine de coups de ceinturon sur les fesses, qui lui ôteraient l'envie d'aller les montrer à d'autres. Si tous les maris trompés agissaient comme celui-ci, Bordeaux se dépeuplerait vite!

— Que va-t-on faire au capitaine Blake, sergent? Vous pensez qu'il mérite la corde?

— C'est à monsieur le prévôt qu'il faudrait poser cette question, plumassier. Il a la main lourde pour la crapule. Là, il s'agit d'une affaire d'honneur.

Il ajouta avec un air de mépris.

— Après tout, ce mort n'était qu'un bourgeois.

4

UNE COURONNE DE FEUILLES MORTES

Le prince se renversa dans son fauteuil, souleva ses avant-bras, les laissa retomber sur les accoudoirs de chêne ciré terminés par des têtes de léopards qu'il emprisonna dans ses mains.

— Blake, vous me décevez. J'avais fondé des espérances sur vous et je constate que vous ne méritez pas ma confiance. Je viens de prendre votre reine. Vous en êtes-vous seulement rendu compte? Je pensais que vous seriez pour moi un meilleur partenaire que sir John, qui semble toujours en train de se demander si je ne prendrais pas ombrage de ses bons coups. Quand au roi Jean, il est trop peu discret dans ses victoires et il prend ses défaites trop à cœur. Eh bien, qu'avez-vous, Blake? M'entendez-vous seulement?

— Pardonnez-moi, messire. Je vous entends. J'ai honte de jouer aussi mal alors que ce jeu me passionne d'ordinaire.

— C'est votre départ qui vous préoccupe à ce point? Vous préféreriez rester à Bordeaux mais c'est impossible depuis l'affaire que vous savez. Je vous ai épargné le pire. A l'heure qu'il est, vous devriez être aux fers dans les cachots de l'Ombrière. Alors, ne me demandez pas de vous laisser sur les lieux du scandale. J'en connais qui feraient un beau tintamarre s'ils vous croisaient dans la rue! Dieu sait que je n'aime guère ce parvenu, Simon Bagot, mais à sa place je vous aurais provoqué sur le pré Saint-Georges. Je crois d'ailleurs qu'il n'a pas renoncé à venger la mort de son frère. C'est pourquoi il vaut mieux pour vous rester consigné à l'abbaye. Je tiens à vous, Blake, et je ne veux pas qu'il vous arrive malheur. Ces bourgeois ont failli vous tuer deux fois déjà. Il faut dire que vous l'avez bien cherché.

— Je le reconnais, messire.

— Et vous le regrettez?

— Non, messire.

— Vous ai-je prévenu que vous devez partir seul? Je ne veux pas d'un nouveau scandale à Londres. Oubliez ce qui s'est passé à Bordeaux, et surtout cette femme qui est la cause de tout. Vous allez retrouver votre épouse, vos enfants, mener avec eux une vie normale. Nous sommes d'accord, Blake? Holà! Vous rêvez tout éveillé, ma parole! Allons disputer une partie de paume pour nous dégourdir les jambes.

David à Londres. Flore, qui sait où?

Depuis la mort de Nevile, ils ne se sont pas revus, et c'est en vain qu'ils ont attendu des nouvelles l'un de l'autre.

Parfois, David regarde la haute flèche de Saint-André et se dit : « Peut-être la regarde-t-elle aussi, en même temps que moi. » Parfois Flore se réveille en pleine nuit. Un meuble qui craque, un craquement dans le tiroir de la console, près de son lit. Elle songe : « C'est un signe de David. Il pense à moi. Il ignore où je suis, ce que je fais, mais il sait que je suis éveillée et que je pense à lui. Et il en sera de même lorsqu'il sera à Londres et moi chez mon père. » Elle se rendort dans un nuage de sérénité, certaine qu'un jour ils se retrouveront. Lorsque l'on s'aime comme ils s'aiment, malgré toutes les traverses qu'ils ont affrontées, malgré ces vagues de colère et de passion autour d'eux, et ces remords en eux, il ne peut en être autrement.

— Tu ne peux plus rester dans cette maison, lui a dit Marguerite. Dieu sait que j'ai été ta complice jusqu'au bout et que je m'en repens, mais aujourd'hui je ne puis rien pour toi. William restera parmi nous puisqu'il est un Bagot, mais tu emmèneras Stephen avec toi. Tu ne manqueras de rien. Je veillerai à ce que Simon respecte tes droits.

Elle avait ajouté :

— Tu connais le couvent des Clarisses, au sud de la ville, près du palud des Islets? L'abbesse a accepté de t'héberger quelque temps, malgré tes péchés. Lorsque tout sera réglé de ta situation, tu quitteras Bordeaux pour Limoges où ton père est retourné. Il ne pourra refuser de t'héberger car tu ne lui seras pas à charge, bien au contraire. Tu vois : je suis encore ton amie malgré ce qui s'est passé. Aussi promets-moi de ne plus penser à cet homme qui a été la cause de tout, de ne plus chercher à lui écrire et à le revoir.

— Je suivrai tes conseils et respecterai tes décisions, avait répondu Flore, car tu es plus sage que moi. J'élèverai dignement mon fils. Mais, par la Vierge, ne me demande pas de renoncer à David! Je ne sais combien d'années passeront mais j'ai la certitude que nous nous retrouverons.

— Alors, Flore, c'est que le diable te possède.

Où est Flore? Est-elle seulement encore en vie? Qui interroger? Marguerite? Elle est inabordable; la dernière fois que Blake l'a rencontrée, dans l'antichambre de la prévôté, elle n'a pas eu un regard pour lui. David a interrogé des gens proches des Bagot et tous lui ont fait la même réponse : l'oustau de la rue Neuve est devenu une tombe et mieux vaut ne pas prononcer le nom de Flore lorsqu'on rencontre quelqu'un de la famille.

« Sait-elle seulement, songe David, que je vais partir pour Londres avec la suite du roi Jean? Si elle l'apprend, elle va s'imaginer que tout est fini. »

— Ma mère, pouvez-vous faire porter un pli à Saint-André?

— Non, mon enfant. J'ai reçu des consignes. Et d'ailleurs il ne serait pas bon pour vous de renouer des rapports avec ce meurtrier. Faites en sorte de ne jamais renouveler une telle démarche. Cela vous vaudrait une pénitence.

— Mon petit Stephen, ma mère, quand pourrais-je le revoir?

— Bientôt, mon enfant. Nous en prenons soin. Il n'est pas malheureux, allez!

— Confiez-le moi : une heure seulement.

— C'est impossible. Nous avons donné notre parole.

— Vous parlez de pénitence. Laquelle pourrait être pire que de priver une mère de son enfant?

— Priez. Priez pour qu'il vous soit rendu dès que possible. Il n'est de pires pécheresses que le Seigneur à la longue n'entende et n'exauce.

L'absence l'un à l'autre. L'absence au monde.

Bordeaux n'existe que par ces groupes qui entrent et sortent, flânant au soleil d'avril dans le cloître ou les jardins de Saint-André. La vie de la ville ne se manifeste que par ses rumeurs, les sons de la Grosse Cloche que l'on entend lorsque le vent est favorable, les cris des mariniers qui montent leurs charges de blé ou d'avoine jusqu'au moulin de l'abbaye Sainte-Croix. Bordeaux n'existe plus. Entre Saint-André et Sainte-Croix s'étend un espace infini, peuplé d'êtres sans visage, silencieux et aveugles, un désert où le cri se perd comme la pluie dans le sable, un océan sans navire et sans amers, un estuaire sans amont et sans aval, un ciel sans étoiles.

Les murs eux-mêmes... Ils sont plus haut que de simples murs. Ils sont tout autre chose : des frontières sans recours dans l'espace et le temps. « Un mur, songe David, on peut le détruire par un travail de sape bien mené ou quelques charges de bouches à feu. Mais ces murs-ci... » Il pose ses mains à plat contre la pierre. Il imagine que Flore est derrière, dans la même attitude : elle appuie ses mains de toutes ses forces, elle cogne du poing à s'en faire éclater la peau; elle espère comme lui que quelque chose finira par céder de cette texture de matière moins réfractaire que le cœur humain, qu'une lézarde s'ouvrira, puis une brèche, qu'ils se retrouveront paume contre paume et que leurs doigts se refermeront les uns dans les autres comme lorsqu'ils s'aimaient. Surtout, ne pas renoncer. Refuser l'oubli, garder en soi la plaie vive, entretenir ce mal comme une bénédiction, repousser le désespoir, attendre en allumant chaque jour la petite flamme en haut de la vigie, comme les ermites du Cordouan. Veiller.

Le roi Jean a quitté Bordeaux en grand secret, durant le Carême, le mardi d'après Pâques, afin de ne pas susciter de troubles. Ainsi, les chevaliers et les bourgeois n'ont pas vu « leur » prisonnier royal et tous les grands personnages de sa suite, captifs comme lui et comme lui soumis à rançon, prendre le chemin de l'estuaire. Lorsque, dans les feux de l'aube, les groupes de curieux alertés par un remue-ménage inhabituel se sont massés sur les graves, ils n'ont aperçu que les galées de queue qui profitaient du courant de jusant et du vent qui gonflait leurs voiles rouges.

Après vingt-quatre jours de mer, la flotte débarquait à Plymouth. C'était le 4 mai. Le cortège pour Londres s'organisait.

Après la bataille de Poitiers, dans tout le royaume de France, on avait ordonné en signe de deuil des processions, des séances de prières collectives, prohibé les jeux, les danses, les vêtements trop voyants. En Angleterre, le roi captif arrivait pour ainsi dire en triomphateur dans le tumulte des fanfares, sous des pluies de fleurs et de verdure, au point que l'on se demandait si le vainqueur de Poitiers, ce n'était pas lui, ce monarque au visage épais, au corps puissant, monté sur un grand destrier blanc, plutôt que ce chevalier drapé de noir qui lui faisait escorte comme un simple écuyer.

Arrivé à neuf heures au pont de Londres où des grappes humaines brandissaient bonnets, chaperons, oripeaux, étendards aux armes de France la tête du cortège ne parvenait qu'à midi, tant la foule était dense, au palais de Westminster, résidence de transit du roi de France, avant l'hôtel de Savoie dont on avait fait son domaine provisoire. A la folie tumultueuse de la journée avait succédé, le soir venu, une débauche de lumières dans toute la ville. Quatorze mille torches de douze pieds brûlèrent aux carrefours et les églises s'illuminèrent de quatre mille cierges de dix livres.

Les gens s'interrogeaient. Si l'on tenait le roi Jean, ne tenait-on pas la France? Était-ce la fin de cette guerre qui avait rapporté à l'Angleterre, depuis la bataille de Crécy, tant de richesses qu'il n'y avait guère de maison, à Londres et dans tout le royaume, où l'on ne pût montrer quelque bijou, une pièce de monnaie aux fleurs de lys, des objets précieux ou des babioles portant la marque des artisans de France? Ce grand personnage, le plus puissant souverain d'Occident, qu'allait-on en faire? Il mettrait des années à s'acquitter de sa rançon. D'ici là, n'allait-il pas mourir d'ennui?

Mourir d'ennui...

On ne savait qu'inventer pour distraire le roi Jean : jeux, fêtes, tournois, duels, combats de coqs (il en raffolait), parties de chasse, courses de lévriers... Outre sa domesticité française dont il avait refusé de se séparer (et surtout pas de son cuisinier, le célèbre Taillevent), il avait à son service des gens chargés spécialement de prévoir ses divertissements et de les varier suivant les humeurs que le roi manifestait à son réveil. Lorsqu'il recevait à sa table (on lui en donnait largement les moyens), Taillevent, entouré d'une compagnie de gâte-sauce, faisait des prouesses qui arrachaient aux invités anglais des cris d'admiration. Les bourgeoises de Londres, porteuses de présents, encombraient son antichambre.

Le roi était-il las de son séjour à l'hôtel de Savoie? On le conduisait à Windsor. Lorsque Windsor l'ennuyait, on frétait un cortège en direction de Hertford ou de Blakhamsted. Ce manège permanent avait fini par lasser la suite du roi Edouard, habitué à une existence plus austère et moins dispendieuse, et à irriter la population qui s'attendait à voir une source de profits crever sur l'Angleterre.

UNE COURONNE DE FEUILLES MORTES

Comme les exigences du roi devenaient de plus en plus lourdes et que, d'autre part, des bruits d'invasion par une flotte française circulaient sous le manteau, on finit par l'assigner à résidence à la Tour de Londres où il retrouva ce vieil allié de la France : David Bruce, roi d'Écosse, que l'on y tenait prisonnier.

Dans l'enceinte de la Tour, le roi devenait morose. Il s'amusa un temps d'une horloge portative dont il se fit expliquer le mécanisme, des facéties des fous que le dauphin Charles lui avait envoyés. Il consultait chaque jour son astrologue, guettant dans le mouvement des astres la date de sa délivrance.

Il s'intéressa au commerce du vin, acheta les meilleures récoltes du Languedoc et se défit des produits de qualité banale qu'il vendait comme de l'ambroisie, réalisant de copieux bénéfices qui vinrent s'ajouter dans sa caisse aux subsides que les communes de France lui envoyaient. Il s'intéressa aux chevaux, joua les maquignons puis passa à d'autres occupations.

Cœur d'or sous des apparences futiles, le roi faisait parfois bon usage de ses richesses. Il visitait ses domestiques lorsqu'ils étaient malades ou trop vieux pour exercer encore leur office, prenait soin d'eux et distribuait discrètement des libéralités aux couvents peu fortunés.

Les mois passaient. Les nouvelles de France devenaient de plus en plus alarmantes.

Les États de langue d'oc et de langue d'oïl allaient de session en session et renvoyaient les questions urgentes sans parvenir à trouver une solution. Charles de Navarre s'était évadé de la forteresse d'Arleux avec la complicité de bourgeois et affirmait avec plus de détermination que jamais ses prétentions au trône de France. Aidé de son frère Philippe, il avait massé des troupes anglo-navarraises dans les environs de Paris et refermé sur la capitale une ceinture de fer. Melun pris, l'absence des vivres convoyés par la Seine menaçant de réduire la capitale à la famine, les Parisiens durent traiter malgré l'intervention de Du Guesclin qui s'était dépensé en prouesses, et le dauphin céder en compensation des terres en Normandie

Dans Paris, le prévôt des marchands, Étienne Marcel, que l'on disait soudoyé par Navarre, affrontait le dauphin en des joutes oratoires sur les places, au milieu de la populace déchaînée. « Ce pauvre Charles, soupirait le roi Jean en se promenant sur les chemins de ronde de la Tour en présence de ses conseillers, il n'est pas de taille à faire face aux événements. Il est né pour la cléricature, pas pour diriger un État. »

QUAND SURGIRA L'ETOILE ABSINTHE

Le roi, se souvenant de Poitiers, revoyait ce visage veule, au long nez couleur de cire, ce regard où ne passaient que des expressions de crainte ou de terreur. Il n'avait ni le goût de l'initiative ni le sens du commandement. Les vieux barons blanchis sous le harnois lui faisaient répéter ses ordres pour le décontenancer. Oui : ce triste adolescent aurait fait un excellent abbé; s'il n'avait pas été dauphin de France mais bâtard du roi Jean, il aurait fini archevêque ou même cardinal chez le Saint-Père, en Avignon.

Les combats se poursuivaient en Aquitaine et en Provence malgré la trêve de Bordeaux. Autour de Paris, les Jacques sortis de leurs champs et de leurs bois commençaient contre les seigneurs une guérilla sans pitié. « Au fond, songeait le roi Jean, je n'ai pas la plus mauvaise part. Je suis encore le roi et, bien que captif, on me craint et on me ménage. Mes désirs sont des ordres et j'ai tout à ma convenance. Mon cœur se serre en apprenant les nouvelles de France mais, par la force des choses et grâce à Dieu, je ne trempe point dans ce sang et dans cette boue. »

David Blake ne reconnaissait plus sa demeure. C'était toujours cette façade un peu étriquée serrée entre deux opulentes maisons de marchands, dans le quartier populeux qui s'étend entre Saint-Paul et le fleuve, si bruyant le jour qu'on devait souvent fermer les fenêtres pour être au calme. L'intérieur avait changé. Des tapisseries flamandes ornaient les cloisons et les murs, jadis nus, des meubles cirés encombraient un espace réduit, si bien que l'on devait louvoyer pour passer d'une pièce à une autre et que l'on ne pouvait guère, une fois assis, allonger les jambes. David reconnaissait bien là le goût de Jane pour l'opulence que l'on peut contempler quotidiennement.

Jane ne l'attendait pas de sitôt. Elle joua le ravissement, puis l'affolement. Pourquoi n'avait-il pas prévenu? Elle s'était mis en tête que David passerait la nuit avec le prince Edouard à l'hôtel de Savoie, qu'elle ne le verrait que le lendemain et pourrait fêter dignement son retour.

Il s'assit, les jambes ramenées sous lui, la regarda aller et venir comme une grosse chatte en train de chercher ses petits. Elle était belle encore, avec sa taille de Flamande, sa poitrine épanouie, trottant menu sur ses petits talons avec une grâce un peu maniérée. « Les plus petits pieds de Londres et les plus délicats », disait jadis Blake. Ce léger embonpoint lui allait bien et la large ceinture brodée, ornée d'une daguette damasquinée et d'une bourse d'argent tressé, mettait en valeur ses hanches et ses cuisses rebondies. « Une belle femme, se disait David en la regardant aller et venir, mais ai-je encore désir d'elle? » Depuis son départ de Bordeaux, il n'avait en mémoire que le souvenir de Flore; les formes du corps s'estompaient dans sa mémoire, mais le visage demeurait dans toute sa netteté, lumineux, pareil à une amande mystique.

— Comment vont les enfants? demanda-t-il. Où sont-ils?

La gouvernante les avait conduits jusqu'au pont pour assister à l'arrivée du roi de France. Ils n'allaient pas tarder à rentrer mais, avec cette foule... Elle minauda, s'excusa, en accrochant des boucles à ses oreilles, de devoir s'absenter — un achat urgent dans un quartier lointain. La litière attendait dans la cour et on entendait hennir les chevaux.

— J'aimerais parler avec toi, dit-il en se levant.

Elle s'approcha de lui, posa ses mains grasses et parfumées au lait d'amande sur ses épaules, considéra avec une expression de gravité et de pitié cet homme qui était son mari et qu'elle avait du mal à reconnaître. Jadis, quand elle posait ainsi ses mains, il les détachait de son épaule, réunissait les doigts en bouquet, embrassait du bout des lèvres ces fleurs d'ongles et de chair. Refusait-il d'accomplir ce geste ou l'avait-il oublié? Il n'avait guère changé quand on y regardait de près : ces mêmes cheveux blondasses, que le manque de soins avait striés d'alluvions jaunes, ce front ferme et bien plein, ces yeux verts qui restaient froids même dans le plaisir ou la tendresse, ces joues creusées — mais si peu! — ce torse de dieu grec... Elle n'aimait pas cette odeur de cuir et de cheval et, décrétant qu'il allait prendre un bain, elle fit tinter une sonnette pour qu'on mît l'eau à chauffer aux étuves.

— Nous parlerons davantage ce soir, si tu veux bien, dit-elle. Nous avons des choses sérieuses à nous dire. Comme tu peux le deviner, il s'est passé des événements en ton absence et tu ne t'es guère montré curieux.

Elle coiffa une toque de velours grenat ornée d'un plumail noir retenu par une énorme perle de verre, lança en anglais quelques mots à la servante, enjamba, en soulevant le bas de sa tunique, les jambes de David qui venait de se rasseoir et disparut dans un tourbillon de parfum et de grâce.

David était si las qu'il s'endormit dans son bain. C'est le froid de l'eau et la main de la servante dans la tignasse qu'elle épouillait qui le réveilla. Il se sentait bien dans sa peau mais étranger à tout ce qui l'entourait : cette servante qui parlait la langue vulgaire, cet intérieur qui lui collait à la peau comme un vêtement trop strict, cette île de silence au milieu d'un quartier dépeuplé par la grande parade royale... Ses bagages étaient à l'étage supérieur, entassés avec leur poussière et leur boue, sous une console vénitienne surmontée d'un miroir, et il y songeait comme à une bouée de sauvetage dans le monde incertain où il avait pénétré. Il n'avait pas répondu à la servante lorsqu'elle lui avait demandé ce qu'elle devait faire de ses hardes car il ne savait pas encore s'il resterait ou s'il irait rejoindre le roi Jean.

— Comment vont les enfants? demanda-t-il.

Hugh avait eu un abcès à la gorge, mais le barbier l'avait si bien soigné qu'il n'y paraissait plus. Paula était une petite femme à présent et jouait les coquettes. Quant à John...

— Qui est John?

La servante se troubla, ouvrit grand la bouche où elle fourra, en le roulant entre ses doigts affolés, un pan de son devantier.

— Qui est donc John? répéta David.

— Ai-je parlé de John? En vérité il ne fait pas partie de la maisonnée. C'est un enfant du voisinage qui vient parfois jouer avec les vôtres.

— Quel âge a-t-il?

— Il aura deux ans le dimanche de Quasimodo. Vous ne le verrez pas. Il est en nourrice à la campagne en raison de sa santé fragile.

Deux ans... Et cela faisait près de quatre ans que David n'avait pas revu son épouse. John? Un bâtard. Comme Stephen. C'était dans l'ordre des choses et il n'y avait rien à redire. Il demanda à voir la chambre des enfants. C'était une petite pièce tapissée de velours vert très tendre, à laquelle on accédait par deux marches grinçantes. Il y avait un lit et, tout à côté, une beneste décorée de grands ramages de fleurs et d'oiseaux sculptés.

David réclama à boire, vida le pichet. C'était un riche vin de Bergerac qui laissait dans la gorge une bouleversante dentelle de saveur. Il réclama un autre pichet, s'endormit avant de l'avoir vidé, s'éveilla, la tête lourde. Jane était de l'autre côté de la table, une chandelle à la main. Il faisait nuit déjà et il aurait dû se trouver auprès du prince. Il le dit à Jane d'une voix pâteuse. Elle haussa les épaules.

— Reste cette nuit au moins. De toute manière, il te faudrait beaucoup de temps pour parvenir à l'hôtel de Savoie, même à cheval. La foule est encore plus dense et plus folle que dans la journée. Il y a eu des morts du côté de Westminster : des gens qui voulaient approcher le roi de trop près pour le toucher comme une relique. Il y a eu des bousculades. Les archers ont tiré. Tu es trop fatigué pour repartir et tu dois avoir faim...

Elle lui fit servir des œufs, du porc en gelée et du pain très blanc qui changeait des lourdes boules grises de l'armée. Il n'avait pas faim mais mangea par gourmandise.

— Pour John, dit-elle, tu as appris. J'ai corrigé la servante mais, de toute manière, je t'aurais parlé de lui. David, tout cela est ta faute autant que la mienne. Je suis ta femme devant Dieu, mais Dieu s'est détourné de nous. Notre anneau de mariage est là, dans cette cassette. Il y a longtemps que je ne le porte plus.

— Qui est mon rival?

— Il occupe un poste important à la chancellerie et voit le roi presque chaque jour. Il ne te fait pas déshonneur.

— Devons-nous nous séparer?

— Il n'y a rien d'autre à faire. Je garderai les enfants. Ils seront élevés dignement et ne manqueront de rien. Les deux premiers te ressemblent de plus en plus. Je veillerai à ne pas faire d'Hugh un soldat. Ils parlent le français aussi bien que la langue de leur pays.

Elle ajouta :

— Tu vas te coucher. Je t'ai fait préparer un bon lit dans la soupente, avec un matelas de plume et une courtepointe que tu m'as envoyés de France. Demain, nous aviserons.

— Tu auras été jusqu'au bout une bonne femme pour moi.

Il aurait aimé en dire plus, mais il se sentait ivre et enclin à en dire plus qu'il n'était raisonnable. Il eut une petite convulsion de rire derrière sa main en songeant à ces cadeaux qu'il avait apportés à Jane et aux enfants : des vêtements qu'il avait achetés lors d'un mouillage, en Bretagne.

La servante l'aida à se dévêtir en reniflant ses larmes, mais il ne se rendit compte de rien.

Un peu plus tard, la flamme d'une chandelle papillota sous ses paupières. Il crut que la servante venait se proposer pour la nuit et s'apprêta à la renvoyer d'un geste bourru. Jane prit ce réflexe avec le sourire. Les mains en visière, il regarda cette colonne de chair laiteuse qui palpitait dans des vagues d'ombre et de lumière et il se dit qu'il aurait fallu être saint Antoine dans son désert pour résister. Le lit était étroit. Jane se coula contre lui et souffla la chandelle. Il eut du mal à se frayer un chemin en elle, car il était encore malade de vin et de tristesse, mais, à peine eut-il trouvé ses aises, aux premiers mouvements qu'elle fit au-dessus de lui, le plaisir éclata comme une grenade mûre.

Au matin, elle lui dit :

— Pardonne-moi cette faiblesse de la nuit. Oublie-la. Mes résolutions n'ont pas changé.

Il se sentit brusquement seul, atrocement seul. Inutile. Malheureux.

— Que s'est-il passé cette nuit? dit-il.

Durant des semaines, la·vie à la cour du roi Jean avait été une fête continuelle. David ne s'en plaignait pas. Chaque jour lui apportait son lot de réjouissances. Les menus plaisirs du roi captif, il en profitait comme beaucoup d'autres.

Parfois le roi le faisait appeler discrètement.

— Dites-moi, sir David, cette lady qui est venue me présenter hier matin ses civilités et que j'ai revue durant l'office, dans la chapelle de Windsor, la connaissez-vous?

Sir David se penchait à l'oreille du roi.

— Elle semble être aussi vertueuse que belle, disait le roi.

— Sire, les apparences...

— Vous m'intriguez, sir David! J'aimerais m'en assurer moi-même.

— Qu'à cela ne tienne, messire. Je vais faire le nécessaire.

Ce rôle de pourvoyeur des plaisirs du roi était l'un des côtés divertissants du rôle de Blake. Il l'assumait sans déplaisir, avec une raideur glacée, mais sans faillir et avec délicatesse. Il en allait autrement lorsqu'il s'agissait de pourvoir aux frasques des barons français et leur livrer le contingent de filles de joie et de servantes d'auberge qu'il allait collecter dans les quartiers miteux, la main sur la garde de son épée. On les voulait belles, jeunes, saines. Lorsque, par hasard, il se glissait dans, le lot une brebis galeuse et qu'un chevalier était atteint du « mal français », c'est sur Blake que s'abattait sa colère. Les Français devenaient de plus en plus exigeants : il fallait prendre de force ce que l'on ne pouvait obtenir par la persuasion et par l'argent. Blake se plaignit au prince, retour de ses domaines de Woodstock et du comté de Kent où sa future épouse, Jane de Kent se consolait d'un veuvage ancien. Le prince enleva Blake au service du roi Jean et lui promit qu'il ne quitterait sa maison que de son plein gré.

— Pourquoi ne pousseriez-vous pas jusqu'à vos nouveaux domaines du Northumberland? lui suggéra le prince. Vous ne paraissez guère pressé de faire une visite à vos sujets! Il est vrai que vous auriez préféré un domaine en Aquitaine et quelqu'un que je connais pour vous y attendre.

A Londres, les pourparlers entre les deux souverains avaient failli tourner court lorsqu'il s'était agi de signer un traité de paix. Le roi Jean prit avec beaucoup de hauteur les prétentions de son « cousin » Edouard qui revendiquait la moitié de la France et toutes les côtes.

— Nous continuerons à nous battre! avait jeté le roi Jean en claquant la porte.

Le lendemain, il courait quelques lances contre des barons anglais qu'il faisait basculer cul par-dessus tête.

Non : la guerre n'avait pas cessé; il semblait même qu'elle dût s'éterniser.

Des hordes de paysans ivres de faim et de colère menaçaient Paris. Dans la capitale, les bandes armées à la solde de Marcel, après s'être lamentées sur l'assassinat du prévôt des marchands au coin d'une rue, avaient acclamé le dauphin Charles et le roi de Navarre qui venaient de se réconcilier avec toutes les apparences de la bonne foi, en fait bien décidés à se débarrasser l'un de l'autre dès que possible. Les seuls bruits qui montaient du royaume étaient des tocsins et des chants de mort. Lentement, inexorablement, il s'enfonçait dans la nuit, le désordre et l'horreur. Désemparé, traqué par les responsables des finances pris de vertige devant les coffres vides, le dauphin était allé demander du secours à l'empereur d'Allemagne, Charles IV, son oncle, auquel il offrit une épée à la poignée constellée de pierreries, cinquante mille florins d'or amassés à grand peine et deux épines de la couronne du Christ, ne recevant en échange que des paroles d'apaisement et de vagues promesses.

Il semblait que le royaume fût à prendre. De tous les pays d'Occident on s'y ruait comme à la curée, alors qu'il ne restait à picorer que des cadavres au milieu des ruines. De tous, les Anglais étaient les plus acharnés. Le capitaine Robin Knolles, avait traversé le pays d'ouest en est, ravageant les campagnes comme jadis le Prince Noir en Languedoc, rançonnant Auxerre avant de s'installer douillettement en Bourgogne. Les chefs de bande étaient les véritables maîtres du pays.

Depuis deux ans le roi Jean jouissait de son exil doré en Angleterre, lorsque le roi Edouard décida d'embarquer des troupes pour le continent, la trêve de Bordeaux ayant expiré.

La paix semblait compromise. Le dauphin Charles, devenu régent du royaume, avait, avec l'accord du peuple de Paris, repoussé les termes du traité que son père avait fini par signer à Londres et qui mettait la France entre les mains de son adversaire. Le Prince Noir s'opposa à cette expédition dont la date lui paraissait mal choisie — on ne commence pas une guerre en octobre.

— Au diable la saison! avait riposté le roi son père. S'il pleut pour nous, il pleuvra bien aussi pour nos ennemis!

Tout lui paraissait facile. Son armée, solidement charpentée, ardente, aguerrie par de nouveaux conflits avec l'Écosse que David Bruce, revenu de sa captivité à la Tour de Londres, agitait aux frontières, ne ferait qu'une bouchée des gueux que les capitaines navarrais, allemands ou flamands traînaient dans leur sillage comme une défroque barbare. En fait, il avait une autre idée en tête et un autre objectif que Paris : il voulait atteindre Reims et s'y faire sacrer roi de France.

Retour de son domaine de Northumberland (des étendues de tourbières et de mauvais pâturages, une population de paysans à demi sauvages), Blake demanda à regagner le continent.

Il était las d'une existence qui, sous son brillant, était devenue d'une monotonie extrême. Dans son sommeil, les trompettes de la guerre lui cornaient aux oreilles. Il alla embrasser une dernière fois ses enfants chez Jane.

Sur la fin du mois d'octobre, il s'embarqua pour le continent, sur le navire amiral commandant une flotte de plusieurs dizaines de galées convoyant une multitude de barges chargées d'hommes et de chevaux. Il soufflait un vent de noroît aigu comme une épée sous un ciel de cristal glacé. A Calais, l'armée trouva le fils du roi, le duc de Lancastre, qui commandait une ribaudaille en train de cuver le fruit de ses rapines en Picardie.

— J'étais de la chevauchée du Languedoc, dit le sergent Walter, le second de sir David, mais, par saint Georges, nous avions du soleil et de grasses campagnes. Ici, c'est le désert et la pluie. Reims, c'est loin?

Blake fit un geste vague pour signifier qu'il faudrait peut-être un mois et que on n'y serait pas avant Noël. Walter soufflait comme un phoque sous ses moustaches rousses imbibées d'eau. C'était un géant bourru, maigre et noir comme un Écossais, que Blake avait choisi en raison de la crainte qu'il inspirait aux hommes de troupe et bien qu'il eût une fâcheuse propension à se montrer cruel pour le plaisir. Blake lui avait fait la leçon, au départ de Southampton, et Walter avait écouté en baissant l'oreille. Il avait promis de veiller à sa conduite, mais Blake se disait qu'il devrait l'avoir à l'œil.

L'armée traînait sur deux lieues environ, encombrée d'un charroi colossal : fourgons transportant des canots en cuir bouilli pour la traversée des rivières en crue et pour pêcher dans les étangs en Carême, moulins pour les céréales, fours à pain ambulants, ménétriers, prêtres, filles de joie, sans oublier le mobilier et la vaisselle plate du roi, ses deux meutes de soixante couples de chiens chacune, et une vénerie de trente fauconniers à cheval.

En quittant Calais, l'armée avait si belle apparence et donnait, avec sa fanfare et ses ménétriers, une telle impression d'allant et de puissance qu'on eût dit qu'elle allait affronter le khan des Tartares dans les campagnes de Buda. Quelques jours plus tard, dans le brouillard et la pluie du début de novembre, elle se traînait lamentablement à travers les immensités gorgées d'eau où s'enlisaient les chariots.

— Je n'ai plus trois poils de sec! grommelait Walter. Même les cordes de mon arc sont détrempées au point que je manquerais un cerf à vingt pas. Saint Georges fasse que notre ennemi ne nous barre pas la route!

Le mauvais temps importait peu à Blake. Des ruisseaux d'eau glacée dans son cou, le visage crevassé par les vents âpres du petit matin, il avançait dans une sorte de bonheur. Il lui suffisait d'avoir voulu cela passionnément, pour y trouver une certaine volupté. Il est des bonheurs qui ne souffrent pas d'être imposés; ceux que donne la guerre, par exemple.

Une guerre? En vérité, une expédition en rase campagne à la poursuite du vent et d'un fantôme d'armée, dans un désert de brouillard et d'eau. Le clocher d'une bourgade pointait-il au loin? Le roi y envoyait une reconnaissance de « hobelars » qui revenaient, la mine longue, n'ayant trouvé que des maisons vides. De l'armée française, toujours pas de trace.

— Tant mieux! s'exclamait le roi. Nous serons plus vite à

Reims. Mon cousin, l'archevêque Jean de Craon, doit m'attendre pour la cérémonie du sacre. J'aimerais qu'il fût célébré pour Noël.

Il s'enfouissait dans son opulente barbe blonde comme dans des herbes de sommeil et rêvait des étreintes de sa jeune maîtresse, Alice Perrers, qu'il avait laissée à Londres. Le bourdonnement de la pluie sur l'étendue des molles collines l'endormait; les cris et les jurons des conducteurs d'attelage l'éveillaient. Il regardait d'un œil inquiet ce grand chariot à bâche rouge timbrée de léopards, qui contenait un coffre d'argent damasquiné dans lequel étaient enfermés la couronne et les attributs du sacre. Le jour où il versa dans une fondrière, il confia les chevaux coupables aux vivandiers qui les abattirent et les débitèrent sur-le-champ, puis il fit fouetter les maladroits qui avaient mal manœuvré.

On était dans les premiers jours de décembre lorsque l'armée anglaise se déploya devant Reims dont toutes les portes étaient fermées et défendues. Aux sommations du roi, on répondit par des lazzi. Où donc était l'archevêque? Au secret! Emporter la ville d'assaut? Le roi, en une saison plus propice, aurait tenté l'aventure. Les quelques bombardes et couleuvrines qu'il transportait étaient inutilisables, la poudre étant devenue dans les barils aussi compacte qu'une bouillie de son. Construire des engins de guerre? Les murailles de Reims étaient trop puissantes et l'on n'avait aucune intelligence dans la place qui permît d'espérer une trahison.

L'armée anglaise établit ses quartiers dans les bourgs et les châteaux des environs, suffisamment dispersés pour éviter toute surprise. Une partie de l'hiver, aux alentours des fêtes de la Nativité, se passa en promenades dans les campagnes lorsque cessaient la pluie et la neige, en raids vers des villages éloignés sur lesquels on tombait par surprise, en lamentables orgies dans les salles glacées des maisons fortes, en chasses au faucon ou au chien.

Parfois, certains soirs, lorsqu'il était ivre, le roi répétait la cérémonie du sacre en présence de ses chevaliers. Tandis qu'un chapelain jouait d'un orgue de campagne avec ses doigts gourds et que les trompes sonnaient à rompre le tympan, il s'avançait en titubant, drapé dans son manteau brodé de lys, cadeau de la reine Philippa, vers un trône de fortune juché sur quatre planches drapées d'étoffes mitées. Un jour, c'est sir David Blake qui joua le rôle de l'archevêque Jean de Craon. Il pouffa de rire au moment de placer la couronne sur la tête du souverain et fut mis aux arrêts pour une semaine.

UNE COURONNE DE FEUILLES MORTES

Flore occupait l'esprit de David, mais comme un nuage qui s'attarde sur une crête un matin d'été et dont la chaleur estompe les formes peu à peu. De l'amande mystique qui avait brûlé dans sa mémoire au départ pour Londres ne restait qu'une lumière brumeuse. Peu après la décision prise par le roi d'hiverner dans les parages de Reims, il avait demandé la permission de convoyer un courrier pour Bordeaux. Permission refusée! Il n'en ressentit que plus cruellement le vide creusé par l'absence de Flore. Le brave Walter lui procurait des filles qu'il introduisait à la nuit tombée dans le galetas où sir Blake était enfermé et qu'il venait reprendre à l'aube. Et le vide était toujours plus profond. Le matin, épuisé, encore tout visqueux d'amour, il se cognait la tête contre les murs et gémissait. Que cet hiver finisse! Qu'on prenne enfin la route de l'Aquitaine! Il lui semblait que le soleil de Pâques, miraculeusement, allait faire resurgir sa bien-aimée.

Un matin de la mi-janvier, le roi fit mander le conseil. Son visage paraissait plus long que d'ordinaire. Ses gens réunis, il mit quelques instants avant de parler. Ses yeux mi-clos paraissaient ne voir que les lévriers couchés à ses pieds sur la pierre chaude de l'âtre.

— Qu'allons-nous faire? dit-il à voix basse. Mes bons amis, je n'ai pas la naïveté de croire que Reims va m'ouvrir ses portes, le printemps venu. Allons-nous retourner en Angleterre? Rester là à attendre que les Français arrivent? Pousser vers le duché de Bourgogne où Robin Knolles se prélasse avec ses contingents de Bretagne?

Le conseil opta pour la dernière proposition. Quitter la France aurait été considéré comme une retraite honteuse. Les Français finiraient peut-être par se montrer et demander bataille. Si l'on parvenait à renouveler les exploits de Crécy et de Poitiers, la route du sacre et celle de Paris par la même occasion seraient ouvertes. Le roi partageait l'avis général. L'armée reconstitua ses unités et prit la direction de la Bourgogne. On passa dans des contrées plus accueillantes que la Champagne les dernières semaines d'hiver. Le vin était bon et les femmes peu farouches.

Warwick arrivait essoufflé et radieux du dernier conseil.
— Le roi semble avoir retrouvé son énergie, dit-il. Il a décidé que nous partirions dans quelques jours. Le beau temps semble le

stimuler. Sir David, préparez-vous à vous battre! Votre épée s'impatiente, je le sens. Nous n'allons pas à Reims mais à Paris en passant par le Gâtinais. Paris, sir David, Paris...

Il fallut trois jours pour arracher à la terre bourguignonne l'armée du roi et les huit mille chariots que comportait maintenant son train. Une procession interminable sur les espaces déserts où le blé commençait à propager ses ondes de moisissure verte et bleue. A l'horizon, pas une armée, pas une compagnie de routiers. Simplement, de rares caravanes de pèlerins encadrées de soldats en route vers Compostelle, Rocamadour ou Sainte-Foy-en-Rouergue.

— Mais où sont passés les gens de ces pays? bougonnait Walter.

Ils avaient trouvé refuge dans Paris. La ville, surpeuplée, craquait de toutes parts. Les bourgeois grondaient en voyant arriver ces colonnes de vilains ahuris, vêtus de guenilles, des poux jusqu'aux yeux.

Comme le roi l'avait prévu, la capitale avait fermé ses portes à son approche et ne paraissait guère intimidée par ce que l'on appelait par dérision, intra-muros, l' « armée du sacre ». Dans les grands faubourgs de la ville : Saint-Germain-des-Prés, Saint-Marcel, Notre-Dame-des-Champs, on ne trouva que des chiens, des vieillards, des infirmes et des lépreux qui se terraient dans leurs maladreries comme des nichées de rats.

Innocemment, le roi envoya des émissaires demander bataille. Le régent fit répondre qu'il allait réunir son grand conseil. Il ne paraissait ni effrayé ni pressé d'en découdre. Il vint un soir contempler l'armée des « Godons » déployée sous ses murs, à une longueur de flèche au-delà des fossés. Pas un pli de son visage ne bougea. L'impatience du roi Edouard l'amusait. Lui, Charles, il avait tout son temps. Il souhaitait même que le prétendant au trône de France se lançât à l'assaut de la ville pour le voir s'y briser les dents. On avait bien vu comment avaient tourné les assauts de ces chiens enragés : les ribauds de Charles de Navarre...

Le régent se félicita d'avoir temporisé. Edouard n'attendit pas deux semaines avant de tourner bride. Désorienté, traînant derrière lui une armée qui demandait en vain bataille, il prit à tout hasard la direction du sud. Le ciel n'était pas avec lui. En pleine Beauce, l'armée fut prise dans une tourmente de pluie et de grêle. Les cavaliers se démenaient sur leurs chevaux affolés pour aider à redresser les chariots qui versaient. Ce n'était plus une armée mais une horde pataugeant dans des lacs de boue qui passa piteusement sous les murs de Chartres.

Warwick et Burgersh s'approchèrent de Blake occupé avec sa rigueur coutumière, à reconstituer son unité et à lui trouver un cantonnement au sec.

— Un message vient d'arriver de Londres, dit le comte de Warwick. Ça va très mal au pays. Tandis que nous sommes ici à patauger dans la gadoue, les Français et les Écossais ont déclenché une action combinée. Bruce a attaqué en force. La flotte française ravage nos côtes du Sussex et pille les environs de Winchelsea.

— Le chancelier a fait crier l'arrière-ban, ajouta Barthélemy de Burgersh. Tout le pays est en armes.

— Alors, aucune hésitation, dit sir David. Nous devons reprendre au plus vite la direction du nord. Quel est l'avis du roi?

— Il dort, dit Burgersh. Au coucher, il était d'une humeur telle que personne n'ose le réveiller.

— Et Lancastre?

— Il est partisan de traiter, dit Warwick. Etes-vous avec nous pour appuyer la proposition de Lancastre?

Sir David se dit qu'à tout prendre, c'est vers Bordeaux qu'il aurait été partisan de pousser, mais il entrait dans ce choix trop de convenance personnelle pour qu'il s'y attachât.

— Je suis d'accord, dit-il.

— Alors, la guerre est finie, dit Burgersh. Il faudra bien que le roi s'incline.

Le mois de mai débutait dans une fête de soleil et d'oiseaux, lorsque les commissaires du régent vinrent à la rencontre des délégués du roi d'Angleterre.

Ils se retrouvèrent à Brétigny, une bourgade aimablement tapie entre des forêts et des champs, non loin de Chartres. Les archers de sir David Blake, revêtus de tuniques blanches ornées de léopards, maintenaient un cordon de sécurité autour du village. Durant la semaine que durèrent les négociations, les chemins retrouvèrent une animation de bon aloi; les paysans abandonnaient les châteaux et les villes où ils s'étaient entassés, pour retrouver leurs demeures ou ce qui en restait. Ce blé qui ondulait sur les plaines, on était presque assuré de le récolter.

Très vite, des bruits coururent sur les conclusions de l'entrevue. Ils se confirmèrent. Les territoires anglais en France s'accroissaient de plusieurs provinces, parmi lesquelles le Poitou, la Saintonge, avec La Rochelle, l'Agenais, le Périgord, le Limousin et le Quercy, ainsi qu'une multitude de comtés ou de villes fortes, ici et là.

Edouard, quant à lui, s'engageait à renoncer à la couronne de France. Il fallut bien parler de la rançon. Le roi Jean fit promettre de verser six cent mille écus ancien type, à l'effigie de Philippe VI, sur les trois millions de la rançon, dans un délai de quatre mois et de fournir des otages comme gage de ses bonnes intentions. Les deux rois s'engageaient également à renoncer à leurs alliances respectives: Edouard avec les Flamands et Jean avec les Écossais.

Précédé d'une petite escorte, le roi d'Angleterre reprit la direction de Calais. Les Anglais firent à Chartres, de tout le butin superflu, un feu de joie. De ce qui restait de vin, les hommes de Lancastre s'enivrèrent à crever. Ils dansèrent avec les filles autour d'un mannequin de paille coiffé par dérision d'une couronne de feuilles et tenant à la main un sceptre de bois vert. Le fils du roi grogna un peu, mais laissa faire : ses hommes ne faisaient qu'exprimer par cette irrévérence ce qu'il pensait lui-même, à savoir que son père le roi s'était laissé duper. Avec de la circonspection et de l'audace, il aurait été couronné roi de France et d'Angleterre. Maître du monde occidental pour tout dire. Une fois de plus, il avait laissé passer cette occasion. Surveillé du coin de l'œil par Blake et Salisbury qui craignaient une grosse colère, Lancastre, des larmes de rage impuissante dans l'œil, regarda jusqu'au bout les flammes dévorer l'effigie de carnaval et la couronne de feuilles s'envoler dans une colonne de fumée.

5

UNE FEMME SOUS UN PORCHE

On avait beau avoir le cœur endurci, le spectacle de ces foules en train de se lamenter faisait pitié.

Les portes ouvertes après des parlotes et des formalités interminables avec des consuls arrogants et des officiers de ville menaçants, on s'avançait avec prudence, l'œil fixé aux fenêtres et aux toitures, la main à la garde de l'épée, la lance à l'étrier, une flèche dans l'encoche du « longbow », mais il suffisait de regarder et d'écouter pour convenir que ces gens n'avaient cure d'aggraver les conditions qui leur étaient faites. Ils allaient aux devants des bannières anglaises, tombaient à genoux, les bras écartés, et se lamentaient :

— Mes bons seigneurs, nous avons reçu tout ce que le Ciel peut nous envoyer en fait d'épreuves et de pénitences. La gelée a détruit nos récoltes dans la terre, nos fruits pourrissent sur les arbres, nous n'aurons pas assez de blé pour les semailles prochaines. Pour payer la rançon du roi Jean, nous avons accepté de donner nos dernie.s sous. Lorsque la peste est venue frapper à nos portes, nous avons pensé que c'était trop de misère à la fois et que mieux valait vivre comme les animaux de la forêt. Et maintenant, vous nous demandez de renier le roi de France et de « tourner anglais » !

Sir John Chandos descendait de cheval, s'avançait, se mêlait à eux pour écouter leurs doléances. Ses écuyers regardaient son bonnet blanc s'enfoncer dans cette tempête de désolation et fronçaient les sourcils lorsque ces jérémiades tournaient à la menace.

Le héraut du prince avait refusé d'entrer en tenue militaire dans les villes dont il venait prendre possession, et le maréchal français qui l'accompagnait et qui se nommait Jean de Meingre (mieux connu sous le nom de Boucicaut), avait dû faire de même bien qu'il désapprouvât cette décision risquée.

Chandos faisait se lever les gens agenouillés, serrait des épaules et des mains, disant :

— Pauvres gens, ce n'est pas à nous qu'il faut vous en prendre, mais à ceux qui vous ont trompés et ont conduit votre pays à la défaite. Nous sommes venus vers vous de par la volonté de nos deux souverains. Le roi Jean vous demande de vous soumettre en bons et loyaux sujets. Vous devez obéir!

— Que va-t-il advenir de nous, mon doux seigneur? Qu'allez-vous nous prendre encore, à nous qui n'avons que notre chemise?

— Nous ne vous prendrons rien, bonnes gens. Vos privilèges seront confirmés et peut-être même renforcés si votre conduite est sage. Songez que si la ville de Bordeaux est prospère, c'est grâce à nous.

— Et quand vous serez partis après avoir reçu notre serment de fidélité à votre souverain, qui nous dit que les gens de l'autre parti ne viendront pas nous reprocher notre attitude et nous provoquer?

C'était pitié de voir ces gens, comme à Cahors, se coucher en travers des portes, mouiller la terre de leurs larmes, tendre leurs mains nues contre les lances de Chandos et de Boucicaut en criant qu'ils avaient toujours montré un visage avenant aux Français et que le roi Jean faisait bon marché de leur fidélité. Ils s'en prenaient à Boucicaut, s'accrochaient aux longes, aux mors, à la selle, lui criant qu'il était traître et relaps, si bien que l'ambassadeur du roi Jean dut faire donner la troupe pour qu'on lui livrât passage.

Une fois dans la place, il fallait discuter. Comme le roi Jean l'avait fait pour la remise à Chandos des lettres l'accréditant à prendre possession des villes au nom de son maître (des semaines et des semaines à le faire attendre et à le berner), le maire et les consuls temporisaient. Ils réunissaient le corps de ville, tenaient d'interminables réunions, annonçaient des contre-propositions qui ne venaient pas... Sir John et Jean de Meingre finissaient par se fâcher tout rouge et les bourgeois cédaient à contrecœur. On connaissait le sacrifice de Rigois, mais peu d'entre eux étaient tentés de l'imiter. Ce capitaine marinier d'Abbeville avait refusé de prêter serment aux Anglais; battu au sang, jeté dans un cachot, il s'obstinait; torturé, affamé, il criait encore ses injures et son refus;

on finit par le porter au large et le jeter dans la mer avec une pierre au cou.

A Londres, des otages, parmi lesquels le propre fils de Jean, Philippe, avaient pris la place du souverain captif qui avait regagné Paris.

Ébloui par les rentrées d'argent qui s'amoncelaient dans ses coffres pour payer sa rançon, il y puisait sans retenue pour ses menus plaisirs, et l'or fondait comme neige au soleil. Des six cent mille florins que payèrent les Galléas de Milan pour faire entrer la fille du roi, Isabelle, dans leur famille, une faible part seulement prit le chemin de Londres. Il fallut décréter des taxes, des droits, des impôts. Le peuple gémit, plia, mais de ce gigantesque pressoir ne coulait plus qu'un mince filet d'or.

— Nous ne viendrons jamais à bout de notre mission, se plaignait sir John. De toute évidence, ces gens ne veulent pas de nous. A la première occasion, ils se vengeront. Il leur suffira de soudoyer quelque capitaine d'aventure, de battre le ban et l'arrière-ban de la gueusaille et ce sera pour nous autant de petites guerres à livrer.

Chandos : un lion dans les combats; un saint dans la vie civile.

Ce n'est pas lui que le roi Edouard aurait dû envoyer mais un « dur » comme Robin Knolles, par exemple. Il aurait imposé sa volonté sans barguigner, avec d'imposants déploiements de forces, quelques volées de flèches par-dessus les remparts, quelques décharges de bombardes; il aurait tenu tête à Jean de Meingre, ce rusé renard toujours prêt à pousser les bourgeois, sinon à la révolte, du moins à des réserves.

Chandos et Boucicaut avaient quitté les bords de la Loire depuis un an déjà et piétinaient en Périgord.

Les bourgeois de Périgueux avaient tendu les clés de la ville d'un air rogue à Jean de Meingre qui les avait lui-même confiées à sir John. Cette formalité se déroulait par un triste Noël de neige. La nuit on entendait les loups chanter leur faim sur les rives de l'Isle; on les voyait rôder aux abords des moulins et des hameaux, jusque sous les gibets d'Escornebœuf et de l'Orme-des-Vieilles.

Quelques jours après Périgueux, l'armée anglaise se présentait aux portes de Domme, campait en plein vent durant trois jours sous des vols de corbeaux affamés que les archers tiraient pour tromper le temps. Lorsque les portes s'ouvrirent enfin, seuls les consuls étaient là, entourés de sergents municipaux, tremblants dans leurs fourrures de lapin, la population s'étant claquemurée derrière ses murs. Blake se rendit chez le mazelier et apprit que la peste avait emporté toute la maisonnée. A sa place, officiait un jeunot plein de suffisance qui refusa l'entrée à Blake en faisant étinceler par bravade ses grands couteaux. Blake voulut revoir la pièce qu'il occupait avec Flore, mais on le renvoya comme s'il portait la peste et avec tant d'impertinence qu'il se fâcha.

— Laissez-moi donner une leçon à ce gueux! s'écria Walter. J'ai bien envie de lui couper les couilles!

— Laisse donc! dit Blake. Nous avons suffisamment d'ennuis.

Passé Domme, l'armée mit le cap sur le Limousin à travers les campagnes enneigées.

A Limoges, les rapports avec les bourgeois faillirent tourner à l'aigre. L'armée, soulagée de nombreuses compagnies laissées en garnison dans les villes soumises, dut attendre le long des fossés du château, dans un brouillard glacé, que le conseil de ville eût délibéré. Des francs-archers de la milice gardaient les portes, impassibles, le visage blanc de froid. Les hommes de Chandos allaient leur rire au nez ou leur tirer la barbe, mais aucun ne bronchait.

La réponse des consuls ne vint qu'à la nuit, apportée par un simple officier municipal, à la lumière des torches et sans cérémonie. Les Anglais pourraient prendre possession de la ville et de la Cité au matin. Il fallut camper, allumer de grands feux et, pour les alimenter, aller arracher les piquets des vignes dans les parages des couvents dont on distinguait les murailles sombres sous un ciel barbouillé d'une clarté de neige.

Au matin, les hommes étaient d'une humeur de fauves. Bousculant les archers qui gardaient encore les portes et avaient pour consigne de ne pas livrer passage avant l'heure de prime, ils pénétrèrent comme un torrent dans la ville, prêts, malgré les ordres, à riposter sans merci à la moindre provocation. Des enfants ayant jeté des boules de neige garnies de pierres dans leur direction, les hommes de Warwick leur donnèrent la chasse à travers les rues noires et fort raides, au risque de faire chuter leur monture sur le pavé gelé. Ils ne trouvaient que maisons aux volets clos, boutiques et échoppes fermées.

Lorsque le maire apparut sur le perron de la maison de ville, l'armée murmura. Jean de Meingre et sir John s'approchèrent, méfiants, l'œil fixé aux fenêtres des étages derrière lesquelles brillaient d'inquiétantes clartés de métal.

— Je vous en conjure, dit le magistrat, ne vous attardez pas chez nous plus de temps qu'il ne faut. La population est fort montée contre vous. Ils étaient trois ou quatre cents, hier soir, sous mes fenêtres, avec des torches et en armes. J'ai dû descendre jusqu'à eux, leur parler. Ils refusaient de me laisser en liberté tant que je n'aurais pas promis de résister comme d'autres l'avaient déjà fait, si bien que j'ai failli contracter un mal de poitrine. Nous comprenons mal, d'ailleurs, pourquoi vous ne vous en êtes pas pris aux gens d'en face, ceux de la Cité. L'évêque aurait fait moins de façons. On dit qu'il a des sympathies pour vous...

— Les ordres concernaient la « Ville » et le « Château » de Limoges. La « Cité » viendra à son heure, dit Jean de Meingre.

— Maintenant, laissez-nous entrer pour nous entretenir avec vous, dit Chandos. Nous ne voudrions pas être responsables de l'aggravation de votre mal.

Le maire leva les yeux au ciel.

— Si je vous ouvrais les portes de la maison de ville maintenant, dit-il, je serais considéré comme un traître. Mes gens ont consenti à ce que je vous reçoive, mais dehors. Si vous voulez vraiment entrer, faites-moi d'abord prisonnier.

Il tendit ses poignets à sir John qui recula, le visage rouge de colère.

— Nous sommes venus vous apporter la paix et non la guerre, dit-il. Je vous demande votre main pour la serrer dans la mienne, non vos poignets pour les ficeler. Pouvons-nous compter sur votre loyauté?

— Sur la mienne, sans doute, mais je ne suis pas seul. Mes collègues du consulat brillent par leur absence et la garde est restée au chaud. Vous avez ma parole que je ne ferai rien pour contrarier les accords, mais je ne puis vous promettre qu'on va célébrer des actions de grâce dans la cathédrale. J'ai d'ailleurs préparé un modeste document...

Il recula de quelques pas, tira de son manteau un rouleau et se mit à lire à haute voix un texte plein d'emphase et d'équivoque en s'arrêtant à chaque phrase pour tousser ou s'éclaircir la voix.

— Au diable si j'entends le moindre mot de ce charabia! s'écria le maréchal en arrachant le parchemin des mains du bonhomme. Je prends note, monsieur le maire, que nous aurons à mater cette ville. Nous allons y laisser quelques lances et, au moindre incident, vous aurez des comptes à nous rendre.

Les deux ambassadeurs remontèrent à cheval dans un lourd battement de cloches, sous une volée de neige balayée par un vent aigre.

— Par la mort-Dieu! jura le maréchal, nous n'aurons pas vu le nez d'un de ces sacrés Limougeauds, sauf celui de ces jean-foutre de gamins, du maire et des soldats.

— Vous vous trompez, dit sir John. Regardez près de la fontaine cette femme et cet enfant près d'elle. On dirait qu'elle veut nous parler.

— Une mendigote ou une putain, grogna Jean de Meingre, mais il faut reconnaître qu'elle ne manque pas de courage.

Ils revinrent, l'œil aux aguets, vers la porte où les attendait le reste de l'armée. Il faudrait compter une bonne heure avant que toutes les portes de la ville s'ouvrissent aux nouveaux occupants.

— Nous allons voir maintenant, dit le maréchal, ce que les gens de Brive pensent de nous. On dit qu'ils ont « tourné anglais » depuis peu et que leur vin est le meilleur à cent lieues à la ronde. Après, nous descendrons vers le Rouergue, mais là, plus qu'à Limoges, sir John, nous aurons affaire à de fortes têtes.

L'homme poussa un cri de chevreau, se cambra violemment à deux ou trois reprises puis s'immobilisa en tirant une langue violacée qui lui descendait jusqu'au menton. C'était le troisième en une semaine. Celui-là était un cordonnier un peu simple d'esprit qui ne parlait que par des « han » et des « hon » à cause d'un défaut du palais. La veille, il s'en était pris à un archer gallois en train de pisser contre le mur de son échoppe sans penser à mal; il l'avait menacé de son tranchoir et lui avait même arraché un bout de doigt. Châtiment : la corde. Sir David Blake s'était montré intraitable.

— Partons, et vite! dit Blake. L'odeur de ces deux autres gredins, là-bas, me lève le cœur. Fais-les dépendre sans tarder et porter à la fosse commune. Demain, fais passer un avis par les crieurs publics pour annoncer les autres pendaisons. Limoges semble plus calme depuis quelques jours. Qu'en dis-tu, Walter?

— Ma foi, messire, je crois que nous viendrons à bout de ces obstinés. Votre dernier avis a porté. Ils ont peut-être enfin compris que nous ne faisons qu'exécuter les consignes des rois de France et d'Angleterre.

Il ajouta à voix basse :

— Et Mondine, messire? Vous a-t-elle donné satisfaction cette nuit?

— Je la trouve un peu forte des tétons. Dorénavant, si possible, je les veux plus fluettes. Ma parole, tu les choisis selon tes goûts à toi? Je garderai Mondine quelques jours encore car elle est muette comme une carpe. C'est une qualité que j'apprécie chez une femme.

La vie à Limoges avait repris son cours.

Après quelques mouvements d'hostilité de la part de la population, les patrouilles ne rencontraient qu'indifférence. De temps en temps, elles cueillaient un bougre surpris à cracher sur les pas des chevaux ou à montrer le poing; on l'enfermait deux ou trois jours et on le relâchait avec un coup de pied au bas des reins. Les francs-archers de la milice étaient rentrés dans leur trou après avoir rendu leurs armes, déposées sous clé au consulat. Le moment n'était pas encore venu où l'on pourrait vaquer en toute quiétude dans la rue du Jeu-d'Amour ou dans les quartiers bas de la Cité, près du Pont-au-Bois, pour respirer le frais de la nuit, mais, de jour, on pouvait se promener seul sans risquer le froid d'une lame dans le dos. Les gens de Limoges avaient la tête chaude mais le cœur généreux et du bon sens à revendre. Dès qu'ils avaient craché leur fiel et pissé leur vinaigre, ils reprenaient leur place derrière l'établi ou le comptoir en rongeant leur frein. Sir David l'avait bien compris; il décréta encore quelques pendaisons mais seulement pour des cas graves.

Les soirées étaient longues. Il y avait Walter qui savait conter des histoires salaces, Christopher, imbattable aux échecs, Robby, qui chantait des complaintes galloises, et puis le vin et les femmes.

Blake se couchait la tête lourde, écoutait longuement le pas des patrouilles, essayant de mettre un nom sur les voix qui claquaient sèchement dans la cour du château. Il s'allongeait entre les draps chauffés par le corps de Mondine, se livrait sans y mettre beaucoup de cœur aux gestes de l'amour et dormait jusqu'au matin comme un fer de hache au fond d'une mare. Parfois, éveillé au cœur de la nuit, il se mettait à réfléchir, les mains sous la nuque. Le courrier qu'il avait envoyé à Bordeaux, chargé, entre autre mission, mais sous le sceau du secret, se prendre des renseignements sur Flore, était revenu bredouille : Marguerite, malgré les années, refusait de dire quoi que ce fût et les serviteurs ne savaient rien; chez les Colom, ennemis des Soler et donc des Bagot, on savait seulement que Flore avait quitté Bordeaux et on ajoutait qu'elle avait dû mourir de l'épidémie de peste qui avait fait un bref retour en Aquitaine; pas de trace de Raymond Itier dont le panonceau de fer représentant des douelles peintes en rouge battait au vent au-dessus d'un atelier abandonné.

La plaie, refermée avec le temps, avait emprisonné en Blake un vide qu'il peuplait de souvenirs. Il était certain qu'aucune femme ne remplacerait jamais Flore. De toutes celles qui avaient passé dans son lit, rien ne restait dans sa mémoire sinon un trait de leur visage, une courbe de leur corps, l'inflexion d'une voix, le vide d'un regard, un nom parfois, au milieu d'un insaisissable brouillon de plaisir qui défaisait et recomposait sans cesse ses harmonies et ses dissonances, sans cohérence et sans signification : un jeu qui ne proposait que des ébauches décevantes sur lesquelles il ne pouvait fonder aucun plaisir véritable. Derrière ce réseau d'illusions se terrait une Flore lointaine, perdue dans les nuages, rongée par l'érosion du temps, mais présente par cette incandescence diffuse qui n'arrivait pas à se résorber.

A l'aube, Blake regardait dormir Mondine ou quelque autre fille de hasard et le dégoût de lui-même le prenait au ventre. Il chassait sa compagne d'une nuit — cette chienne galeuse! — et se purifiait dans un baquet d'eau glacée. Parfois il se rendait dans la Cité, écoutait la messe du matin, moins par conviction religieuse et pour sauver son âme que pour y retrouver la permanence d'un mystère : celui d'une absence plus présente que la vie-même.

— Elle s'est refusée à dire son nom, dit Walter, mais elle prétend vous connaître. Ça fait des soirs et des soirs qu'elle vient, à peu près à la même heure. Elle s'installe sous le porche du forgeron, juste en face, avec son gosse, et elle regarde votre fenêtre. Au début, nous n'avons guère prêté attention à ce manège qui nous amusait même un peu. Puis nous lui avons dit de passer son chemin, mais le lendemain soir elle était là de nouveau. Ce doit être quelque pauvresse qui a une requête à vous présenter mais qui n'ose pas. Elle n'est pas dangereuse. Nous nous en sommes assurés en la fouillant. Voulez-vous que nous vous l'amenions?

— Demain! s'écria sir David. Tu vois bien que je suis occupé!

Il réfléchit, rappela Walter, demanda qu'on lui amène la femme. Autant en finir tout de suite.

On la lui amena sur-le-champ.

— Que veux-tu? dit-il d'un ton rogue. Sois brève!

Elle ne dit rien, rejeta simplement son capuchon dans son dos et secoua ses cheveux. Il ne la reconnut pas tout de suite car c'est à peine s'il l'effleura d'un regard, puis, comme elle ne disait toujours rien, il s'avança vers elle. Brusquement il s'immobilisa comme sous une décharge de foudre.

— J'ai donc tant changé? dit-elle. Toi aussi, David, mais tu es plus beau qu'avant. Et quelle autorité!... Tandis que moi, pauvresse...

David avait reculé vers sa table de travail. Il s'y appuya des deux mains par-derrière.

— Pardonnez-moi, maître Roger, dit-il à son secrétaire, d'une voix changée. Nous reparlerons demain de cette livraison de pointes de flèches. Il faut encore que j'y réfléchisse.

Le bonhomme s'éclipsa, le dos rond, en faisant traîner ses socques de bois.

— Walter, laisse-nous, toi aussi.

Il ajouta à voix basse :

— Je veux rester seul cette nuit. Dis à Mondine... Dis-lui ce que tu voudras.

La porte claqua. Un murmure de voix, le bruit décroissant des socques...

— Je t'ai cherchée partout, dit David, et tu étais là, près de moi. Voilà deux ans que je suis en France courant de ville en ville. Chaque fois que j'entrais dans l'une d'elles, je me disais : « Elle est peut-être là, à m'attendre. Je la reconnaîtrai entre mille au premier coup d'œil. » Pas une seule nuit, je ne me suis endormi sans penser à toi, que ce soit en Angleterre ou en France, seul ou avec des compagnes de plaisir. J'en venais à me dire qu'on t'avait fait disparaître et pourtant je ne parvenais pas à t'oublier. Tu savais où me trouver, toi. Pourquoi n'as-tu pas donné signe de vie? Et pourquoi, aujourd'hui...

Elle se contenta de sourire, de pousser Stephen vers David. C'était un garçon de six ou sept ans, un peu fluet mais avec des joues comme des pommes, des yeux vifs et une chevelure tirant sur le blond.

— Ne crains rien, Stephen, dit-elle. Sir David est ton père. Je t'ai souvent parlé de lui, souviens-toi! Ne fais pas attention, David. Tu l'intimides avec ta tenue militaire et ce gros léopard sur ta poitrine.

David souleva Stephen à hauteur de son visage, le contempla comme un gros oiseau blessé qui serait tombé du ciel à ses pieds. Il aimait cette chaleur moite sous les aisselles, cette étincelle d'inquiétude dans le regard gris-vert et jusqu'à ce pli des lèvres qui annonçait les larmes. Il l'embrassa sur les deux joues, chercha ce qu'il pourrait lui donner pour le rassurer ou le distraire et lui tendit les fers de flèches barbelés, luisants comme des bijoux, que maître Roger avait laissés sur la table.

— C'est pour toi. Maintenant, va jouer dans la cour. Allons, va!

Les deux mains de David se refermèrent sur les épaules de Flore. Il défit le manteau, le jeta sur un escabeau, promena ses mains sur elle comme pour se prouver la réalité de sa présence. Elle avait beaucoup changé. Les griffures de l'âge n'avaient pas épargné le cou, la commissure des lèvres, le coin des yeux, le front où commençaient à se marquer des rides. Le corps avait perdu de sa belle liberté passée et la large ceinture de laine grise comprimait mal le ventre un peu lourd.

Une idée absurde vint à l'esprit de David : il eut envie de lui demander de danser, là, devant elle, comme elle le faisait parfois, nue, dans la lumière d'une chandelle. Il ne supportait pas de la voir immobile, collée encore à l'image de l'absence. Un peu sèchement il lui ordonna de marcher et elle s'exécuta en faisant baller ses bras, et elle tournait la tête vers lui par-dessus son épaule avec un air d'indulgence amusée et d'étonnement. Il répéta plusieurs fois son nom et elle comprit : il retrouvait de petits morceaux d'elle et la recomposait lentement.

— Tu es belle, dit-il. Plus qu'avant peut-être... Il a toujours manqué en toi quelque chose qui fasse que je t'aime totalement, que je sois capable pour toi de couper les ponts, de brûler mes vaisseaux. Tu semblais toujours t'effacer derrière je ne sais quoi. Tu ne parvenais pas à te débarrasser tout à fait de ta jeunesse. Pardonne-moi de te le jeter ainsi à la figure : tu étais un peu verte, acide, toute en angles vifs. Tes colères, je ne parvenais pas à les prendre pour autre chose que des caprices. Tu n'as commencé à devenir vraiment femme que lorsque tu as porté cet enfant de moi. Et c'est alors que nous avons dû nous séparer. Mais maintenant, Flore, maintenant...

Il riait en la touchant, en la serrant à pleines mains. Elle souriait, surprise et ravie.

— David, réfléchis bien! Je suis presque une vieille femme. J'ai passé la trentaine. Es-tu devenu à moitié aveugle? Regarde-moi! Regarde-moi bien, David, et souviens-toi de celle que j'étais.

Il répétait : « Non! non! » avec obstination, continuant de la palper, de la caresser comme un enfant qui vient de retrouver un jouet longtemps abandonné. Elle en conçut gêne et irritation et le secoua.

— Eh bien! Que cherches-tu? Ne préfères-tu pas que nous parlions?

Il revint à lui-même, embarrassé.

— Tu as raison. Parlons! Assieds-toi là! Non, pas sur ces

documents! Sur ce coffre. Oui. Parle! J'ai besoin d'entendre ta voix. Oui, même ta voix a changé. On dirait que tu as du velours sur la langue. Tu avais une voix un peu aiguë, jadis... Parle, je t'en prie!

Elle raconta. Les Clarisses, la longue claustration, le silence et le froid des pierres. Puis le départ, quelques mois plus tard, pour Limoges où son père, après des tractations laborieuses et des exigences draconiennes, avait fini par accepter de l'héberger avec son bâtard. L'épouse d'Itier n'était pas une mauvaise femme, mais elle défendait leur intimité avec une rigueur implacable. Flore et Stephen étaient bien soignés, traités dignement, ne manquaient de rien, si ce n'est de quelque affection. Flore ne se plaignait pas. Elle prenait la plus grosse part des soins du ménage, s'usait la peau des mains aux lessives que l'épouse surveillait avec une vigilance vétilleuse; ses genoux étaient à vif à force de ramper sur les parquets qu'il fallait nettoyer à la brosse chaque jour. L'argent rentrait bien dans la famille, la réputation de tonnelier de Raymond Itier lui ayant assuré une fidèle clientèle, mais l'on ne glissait dans la bourse de Flore que les piécettes destinées aux offices du dimanche.

— Voilà! dit-elle presque joyeusement. Je ne suis plus qu'une malitorne sans un sou vaillant. S'il venait à l'idée de mon père et de ma belle-mère de me jeter à la rue, il ne me resterait plus qu'à mendier. L'argent que les Bagot versent encore pour ma pension va dans la cassette de mon père. Et pourtant je ne suis pas malheureuse.

Il sursauta :

— Que dis-tu? C'est donc que je ne te manquais pas?

— David, si tu ne m'avais pas manqué, je ne serais pas là, ce soir. Lorsque j'ai appris que l'armée du roi d'Angleterre allait prendre possession de la ville, j'ai pensé que tout était encore possible. Le jour de votre rencontre avec le maire, j'étais là, sous la neige et dans le froid, seule avec Stephen, et mon père m'a giflée lorsque je suis rentrée à la maison, mais je ne me suis pas rebiffée tant j'étais heureuse de t'avoir aperçu. En apprenant que tu restais pour commander la garnison, j'ai cru devenir folle de joie.

Elle ajouta abruptement :

— Il faut que je parte! Je vais avoir tant de trésors à cacher que ce sera miracle si rien ne perce.

— Partir? dit David. Tu n'y penses pas? Répète ce mot et je te fais enfermer avec tous ces gueux, qui attendent la corde dans nos cachots! Je pensais que tu avais compris... Flore, regarde-moi! Je suis un homme libre. J'ai fait table rase de mon passé. Ma femme,

Jane, a épousé un homme de Londres dont je ne sais même plus le nom et que je n'ai jamais rencontré. Je suis libre et toi tu restes avec moi. J'irai voir ton père dès ce soir, je lui expliquerai, je...

— Non, David! Si tu le désires vraiment, je reviendrai, mais je veux que tu réfléchisses. Laisse passer quelques jours. Je jure que je ne m'aventurerai plus jusqu'ici comme je l'ai fait si imprudemment, dans l'espoir, simplement, de t'apercevoir.

— Bien, dit-il. C'est toi qui as raison.

Il lui tendit son manteau, le lui noua au cou, la serra longuement dans ses bras.

— J'aimerais faire brûler un cierge à saint Martial, dit-elle, mais je n'ai pas de quoi m'acheter la moindre chandelle.

— Tiens! dit-il. Tiens!

Il vida le contenu de sa bourse dans le creux de ses mains.

— Tu en feras brûler un pour moi aussi, dit-il. Et ne lésine pas! Je veux deux gros cierges de six livres qui dureront des jours et des nuits. Choisis-les en cire rouge...

6

L'AMOUR D'UNE INFANTE

Une nouvelle épidémie de peste avait ravagé la Guyenne et enlevé dans la seule ville de Bordeaux des milliers de gens. Des enfants surtout. Au fil des années, la peste choisissait ses victimes; elle avait ses caprices. Une année elle s'acharnait sur les enfants; une autre sur les vieillards. Mais peut-être était-ce simplement le hasard : une grande roue noire qui tournait et s'arrêtait on ne savait pourquoi, en tel lieu et en telle saison. Ce dont on était certain, c'est que peu de provinces pouvaient se dire privilégiées : chacune à son tour devait payer son écot, ou toutes ensemble parfois.

L'arrivée du Prince Noir et de son épouse Jane de Kent fit à Bordeaux l'effet d'une bénédiction.

Ce printemps-là fut plus qu'un printemps. Dieu paraissait l'avoir chargé de promesses, et chacun se disait qu'il en aurait sa part, et tous s'apprêtaient à tendre les mains pour le jour où Dieu secouerait l'arbre pour en faire tomber les fruits. Dans les premières tiédeurs de février, alors que le prince, qui avait touché terre à La Rochelle, s'avançait par petites étapes vers sa capitale aquitaine et les territoires de sa nouvelle principauté, on sentait passer des souffles ineffables : ceux qui devaient gonfler les tentes d'Israël à l'annonce de la Terre Promise.

— Il nous délivrera de tous nos maux, bonnes gens, entendait-on dans les rues de Bordeaux. De la peste, du gel de l'hiver, des

233

ravages des grandes compagnies et de ces collecteurs d'impôts qui nous saignent à blanc! En vérité, c'est Dieu lui-même qui a préparé le retour de notre prince. De lui ne nous sont venus que gloire, fortune et honneur. Puisse-t-il en être ainsi dans les temps à venir.

Deux jours avant son arrivée, des gens se répandaient dans les campagnes pour être les premiers à apercevoir ses bannières. Certains assuraient qu'il arriverait par la route de Pons; d'autres proclamaient qu'il viendrait directement d'Angoulême, une de ses villes les plus chères, et qu'il y resterait plusieurs jours. Passerait-il l'eau à Blaye ou à Saint-André? A Lormont, peut-être... On dressait des arcs de verdure auxquels on mêlait les premières fleurs du printemps en l'honneur de la princesse Jane. On enveloppait les parapets des ponts de rameaux feuillus. On envoyait des coureurs aux nouvelles. Sur la rive droite de la Gironde, face au Port de la Lune, cinquante barques attendaient pour faire traverser le prince et sa suite, et l'on avait tant coupé de lauriers et de tamaris sur les blanches collines de Lormont qu'on en sentait le parfum jusqu'à l'Ombrière.

— Dieu le garde parmi nous longtemps, mes amis! Jusqu'au jour où il devra porter la couronne d'Angleterre.

La fin des hostilités entre la France et l'Angleterre avait libéré capitaines, sergents et la multitude des petits chevaliers de Gascogne qui, ne sachant faire que la guerre, séchaient sur pied dès que soufflaient les vents de la paix et n'avaient d'autre recours pour attendre le prochain conflit que de se livrer au pillage.

Au départ, une poignée de gueux derrière un chef, avec de petits moyens, des ambitions modestes. Ils pillaient ici un hameau, là un groupe de pèlerins ou de marchands, passaient le dos rond au large des châteaux. L'ambition leur venait avec le nombre. Puis l'arrogance. La folie n'était pas loin. Dans les contrées qu'ils prenaient comme base de leurs opérations, ils installaient la terreur; lorsqu'ils les abandonnaient, il n'y avait plus qu'un squelette de pays comme après le passage des sauterelles. Suivant les besoins, l'humeur du moment ou les circonstances, ils arboraient les couleurs de France ou d'Angleterre, mais peu parmi ces gens parlaient la langue de ces deux pays, car ils venaient de Navarre, d'Aragon, du Brabant, de Hollande ou d'Allemagne. Leurs chefs se nommaient Troussevache, Fier-Derrière, Bras-de-Fer, Taillecol, l'Archiprêtre... Leurs bandes devenaient rapidement, en se fondant les unes dans les autres, des troupes, et les troupes des armées. Elles avaient leurs officiers, leur train, une certaine manière de discipline qui ne s'embarrassait pas toujours de justice. Un pays épuisé, ils passaient à un autre, au besoin en chassant les premiers envahisseurs. Des loups. Des chiens. Des rats.

Pour éloigner ces hordes, le pape d'Avignon leur faisait miroiter des illusions de croisades. Ils se ruaient vers le Comtat, écoutaient les prélats parler de villes dorées au bord des mers tièdes, partaient d'un seul élan mais, déçus, ne tardaient guère à revenir avec des mines de chiens enragés. Ceux qui restaient en cours de route, comme l'Anglais Hawkwood, devenaient parfois des capitaines d'aventure ou des potentats cousus d'or.

Lassé de leurs exactions et de leurs exigences toujours renouvelées, le pape finit par les excommunier et par décréter une nouvelle croisade, mais contre eux cette fois.

Les gueux étaient plus de quinze mille dans les plaines de Brignais, au sud de Lyon, pour affronter l'armée royale. Contre une telle marée humaine armée jusqu'aux dents, que pouvait-on? Les troupes régulières se débandèrent, laissant des morts illustres sur le terrain.

C'est dans le courant de l'été qui suivit la défaite de Brignais que le roi Jean traversa son royaume pour saluer ses sujets qui avaient tant fait pour le libérer de sa rançon.

Somnolant dans sa litière, jouant, pour tromper son ennui et sa fatigue, avec ses femmes et ses fous, il flâna à travers les campagnes ravagées et quasi désertes. Il assistait sans plaisir au dépeçage des brigands que les villes parvenaient parfois à capturer pour la circonstance, s'endormait au milieu des discours, des banquets et des sauteries. Il choisit Villeneuve-lez-Avignon, pour y passer l'hiver. Il ne sortait d'un ennui doré que pour s'enflammer aux projets d'une croisade en Terre Sainte dont vinrent l'entretenir le roi de Chypre, Pierre de Lusignan, et le légat du pape en Orient, Pierre Thomas. Il en fit son affaire, s'occupa lui-même des préparatifs, convoquant les principaux chefs des grandes compagnies, les recevant avec honneur, acceptant dans l'enthousiasme de prendre la tête de l'expédition en tant que capitaine général. En écoutant le pape Urbain V prêcher la croisade dans l'immense salle du palais d'Avignon décorée des bannières de France, il pleura des larmes de joie. C'était promis : il embarquerait! Il croyait à cette aventure comme au seul moyen de racheter ses faiblesses, ses sottises et ses péchés. Le chevalier de l'Étoile brillait de nouveau de tous ses feux de gloire, rêvait de batailles sous les murs d'Acre ou de Jérusalem, de déserts peuplés de tribus tourbillonnantes, de caravanes d'or et de joyaux, de palais de marbre ou des fontaines pleuvaient sur des esclaves nues.

Au printemps, le roi Jean, encore possédé par la fièvre, remonta à Paris, accompagné du roi de Chypre, histoire de régler quelques affaires urgentes avant son départ. En fait, il savait déjà qu'il ne partirait pas. Le fabuleux décor de l'Orient s'estompa, tomba en charpie comme les toiles peintes d'un théâtre abandonné. Il se sentait de nouveau vieux, fatigué, incurablement triste et impuissant. Les affaires du royaume l'ennuyaient et d'ailleurs il n'y comprenait rien. Il aurait aimé retourner à Londres, n'avoir à s'occuper que de ses chevaux, de ses femmes et de ses chiens.

Ses conseillers venaient parfois l'entretenir des affaires de Bourgogne. Après la mort du duc Philippe de Rouvres, le roi Charles de Navarre (le Mauvais), gendre du roi Jean, disputait la succession au troisième fils du roi, Philippe. Jean partit pour Dijon, installa son fils dans sa capitale. Il portait à son gendre une haine implacable; ce trublion prêt à mettre la main sur les possessions françaises, à peine avait-on le dos tourné, il rêvait de le mettre en cage comme il l'avait fait une fois déjà mais « El Malo » était insaisissable; autant vouloir prendre le vent dans ses filets...

Le roi Jean reprit la route d'Angleterre plus tôt qu'il n'avait osé l'espérer.

L'un des quatre princes qu'il avait laissés en otage au roi Edouard en attendant que la totalité de la rançon fût réglée : Louis d'Anjou, avait manqué à l'appel à la suite d'une escapade en France. Homme d'honneur, le roi Jean réintégra de lui-même sa prison dorée de l'hôtel de Savoie.

Ce n'était plus le même homme mais un vieillard : barbe grise, épaules voûtées, regard fuyant. Des visites qu'il faisait, à Westminster, à son « cousin » Edouard, il ramenait l'image d'un souverain en pleine possession de toutes ses facultés, maître de sa maison et de son royaume, vif et plein de forces malgré la cinquantaine passée, ragaillardi par sa jeune maîtresse, Alice Perrers. En regardant Edouard vivre et gouverner, il prit conscience de ses propres faiblesses et il l'envia.

Le roi Jean mourut en avril. Peu de gens le pleurèrent parmi sa suite comme dans le peuple. Depuis qu'à Poitiers il avait tendu son gant aux Anglais on le considérait comme un mort en sursis.

Pour elle, le temps n'existe pas. Elle sait tout par avance. Elle devance les horloges. Il suffit qu'elle porte son regard intérieur dans un coin du futur qui n'appartient encore à personne, pour que rien ne lui échappe. Elle ferme les yeux, gardant une simple chandelle allumée dans la pièce plongée dans la pénombre et le silence, et soudain, c'est comme si l'humaine mesure du temps de détraquait. Aventurière de l'informulé, elle s'avance par des chemins que d'autres fouleront plus tard. On se tait autour d'elle. On l'écoute en retenant son souffle.

Cette nuit, il ne reste de visible, au milieu de la grande salle, que ce masque de cire froide encadré d'une chevelure brune et luisante dans la clarté vacillante de la chandelle. Les yeux larges et verts paraissent chercher quelque apparence de réalité, suivre le vol d'un papillon invisible pour tous ceux qui l'entourent. Les lèvres aiguës disparaissent, les sourcils qui semblent dessinés au charbon se rapprochent dans la crispation du front étroit, puis les paupières lentement s'abaissent et chacun se retient de respirer trop fort, de faire craquer son siège, de bouger un membre. On regarde Tiphaine mourir au présent pour renaître dans un autre temps, y voyager, en rapporter les mystères informulés.

Elle a prédit la victoire de son époux, messire Bertrand Du Guesclin, en juin dernier, à Cocherel, un peu plus d'un mois après la mort du roi Jean, à Londres. Elle a entendu les cris des chevaliers bretons et français : « Notre-Dame du Guesclin! Montjoie Saint-Denis! » et compris la ruse de son époux qui a simulé la fuite pour attirer à lui les troupes de Jean Jouël et les écraser, et même elle a vu sur une colline un homme au visage altier vêtu comme ceci et comme cela, qui est descendu de son cheval et a tendu son gant, et elle l'a décrit et chacun par la suite a reconnu le capitaine gascon Jean de Grailly, captal de Buch. Tout s'est passé ainsi qu'elle l'avait prédit. Depuis, on vient la consulter de partout; des seigneurs, des capitaines, des bourgeois, des gens du peuple, et elle reçoit chacun quel qu'il soit et d'où qu'il vienne. Toute la Bretagne parle de Tiphaine comme d'une sainte un peu sorcière. Peut-être, si elle n'avait été l'épouse de messire Bertrand, l'eût-on jetée au bûcher.

Un rossignol chante dans le lierre de la muraille. Des grenouilles coassent dans les fossés. Il fait une nuit douce et paisible, mais ce n'est pas une nuit comme les autres. On y sent palpiter comme des lumières de Noël.

En face de Tiphaine, un homme respire lourdement : messire Bertrand. L'immobilité lui coûte; les mouvements qu'il refuse à son corps s'expriment par son visage : une face de gargouille brûlée et tannée par le vent, le soleil, la guerre, qui semble surnager sur les eaux troubles d'un marécage. Le silence est devenu insupportable.

Le visage de Tiphaine s'anime d'un frémissement sourd comme si quelque chose d'étranger bougeait en elle, dont elle se serait attaché à comprimer les mouvements. Tiphaine est ailleurs, en route vers l'inconnu, vers ce pays qu'elle décrit d'abord à voix basse et incertaine comme si sa vue se brouillait : des étendues de landes dans le pays d'Auray et, face à face, deux troupes qui s'observent.

— Je vois des bannières et des pennons d'Angleterre, dit Tiphaine d'une voix changée, froide et monocorde, qui n'est pas vraiment sa voix à elle. Monseigneur Bertrand se tient au côté de messire Charles de Blois. Il fait chaud. Des vipères sortent des pierres sous les pas des chevaux. C'est dimanche! Mon Dieu! ce soleil noir, ces épées et ces lances comme une forêt sous l'orage! Où êtes-vous monseigneur? Pourquoi vous envoie-t-on au fort de la mêlée? « Notre-Dame Du Guesclin! » Des léopards surgissent, des fers de hache dansent au soleil... La mort... Mon Dieu... Mon beau, mon doux seigneur, il faut vous rendre! On a tué le duc Charles... Un coup de dague dans la gorge... On ne voulait pas le faire prisonnier! Il devait mourir! Les Anglais sont sur vous! Prenez garde! Rendez-vous! Ils sont une multitude derrière un cavalier vêtu de blanc! Chandos. Vous, ils vous veulent vivant! Jetez votre gant!

— Stupidité! hurle soudain messire Bertrand. Tiphaine, revenez à vous, par Notre-Dame. Assez de balivernes! Moi, battu, moi, captif!

Il se dresse, frappe du poing sur la table. Tiphaine ouvre les yeux, sa bouche reprend forme, se distend comme si elle allait hurler. La nuit de cristal noir est sur le point d'éclater.

— Auray! dit-elle. J'en suis certaine : c'était bien dans le pays d'Auray, sur la lande. Ah! monseigneur, pardonnez-moi, mais qu'y puis-je : je vous ai vu aux mains des Anglais, entre Chandos, Robin Knolles et Jean de Montfort.

On rallume les chandelles et les torchères. Des gens se retirent comme des ombres. Il semble que la salle soit pleine encore d'un tumulte de bataille. Messire Bertrand ne tient plus en place. Il bouscule un page occupé à ranger les sièges, souffle bruyamment, le visage en sueur, les yeux fous.

— Est-ce tout, madame? N'avez-vous point vu quelque autre catastrophe?

— Si, monseigneur, dit-elle en baissant la tête, comme pour s'excuser, mais plus loin, beaucoup plus loin dans le temps et dans un autre pays. J'ai vu deux armées s'affronter dans un désert, sous un soleil effrayant. Et vous, monseigneur...

— Prisonnier? Mort? Allons, dites!

— Je ne puis rien affirmer. C'est si loin, si vague...

Il balaie d'un revers de main le chandelier qui va rebondir contre la muraille.

— Après Dieu, la Vierge et le roi de France, c'est vous, madame, que j'aime et vénère le plus au monde, et le Ciel m'est témoin que je sacrifierais ma vie pour vous, mais ce que j'ai entendu ce soir, faites en sorte que je ne l'entende jamais plus sinon je douterai de votre raison. Regagnez votre chambre et dormez le plus longtemps possible. Vous avez besoin de repos.

— Pardonnez-moi, messire, dit sir David, mais je ne vous comprends pas. Vous méprisez le roi Pedre, vous ne croyez pas un mot de ses fables et de ses promesses. Pourtant, vous vous apprêtez à sacrifier des centaines, des milliers d'hommes peut-être, pour tenter de le faire remonter sur le trône de Castille!

— Sir David, dit le prince, cessez de raisonner avec votre logique étriquée de soldat. Votre indignation me navre. Vous l'avez dit : je méprise don Pedre qui porte avec ostentation son surnom de « Cruel » et ne suis pas dupe de son jeu. Résumons la situation, voulez-vous? Don Pedre est le successeur attitré de son père. C'est irréfutable! L'ennui, c'est qu'il a eu, dès le début de son règne, la manie de la persécution au point d'exterminer tous ceux qui le gênaient, comme son épouse, la sœur du roi Charles de France, la reine Blanche, abandonnée le jour de ses noces au profit de la belle Padilla et trouvée morte peu après dans une sinistre forteresse du Quercy, à Molières, je crois. Voilà notre Pedre en mauvaise posture. Charles refuse de laisser ce crime impuni. Pour défendre sa cause, il se présente un champion : don Enrique de Trastamare, bâtard du roi défunt, prétendant au trône de Castille. Suivez-moi bien, sir David! Une intervention contre Pedre a pour le roi de France un double avantage : elle draine vers l'Espagne, sous la conduite de messire Bertrand Du Guesclin, d'Audrehem et de ce traître de Hugh de Calverley, les compagnies qui ravagent le royaume de France, avec la bénédiction... et l'argent du pape; d'autre part, en plaçant le Trastamare sur le trône de Castille avec l'assentiment du roi d'Aragon, le « Cérémonieux », les Français s'en font un allié. Comprenez-vous cela, sir David?

Blake hoche la tête.

— Vous connaissez la suite, poursuit le prince. Le déferlement des compagnies sur l'Espagne derrière Du Guesclin, don Pedre délogé de Burgos où Enrique se fait élire roi et distribue aux chevaliers français des villes, des châteaux, des provinces qu'il n'a pas encore conquises, avant de poursuivre son rival jusqu'à Tolède et Séville, lui dérobant son trésor... Et voilà le roi déchu venant mendier notre soutien pour reconquérir son trône. A ma place, que feriez-vous?

— Ma foi... dit Blake.

— Nous aiderons Pedre, moins par sympathie que par intérêt. J'ai moi aussi deux raisons : nous sommes de nouveau en guerre contre la France et ne devons laisser passer aucune occasion d'affronter l'ennemi; de plus, l'Espagne me tente : c'est une terre facile à conquérir quand on sait s'y prendre. Si nous replaçons Pedre sur son trône, nous tenons l'Espagne.

Il ajoute brutalement :

— Si je vous ai demandé de me rejoindre à Bordeaux, ce n'est pas pour vous révéler les secrets de ma diplomatie mais pour vous demander de m'accompagner.

— Vous prendrez donc la tête de l'expédition, messire?

— Vous voudriez que je laisse à mes chevaliers l'honneur de conquérir la Castille? Il y a là-bas un certain Du Guesclin auquel j'ai hâte de me mesurer.

Il était arrivé à Bordeaux hâve et dépenaillé sur une haridelle qui boitait de deux jambes, avec un train de cavaliers maures. Les trois filles qu'il avait eues de sa favorite se tenaient assises sur des mules derrière lui, maigres comme des louves et couvertes de poussière. Des rares chevaliers de sa suite on n'aurait pas voulu pour courir la quintaine dans une fête de village. Le prince avait dû vêtir tout ce monde et glisser quelques poignées d'or dans la cassette royale.

A quelques jours de là, on ne reconnaissait plus les miséreux qui avaient fait une si pitoyable entrée à l'abbaye de Saint-André.

Le roi Pedre était bel homme : haute taille, prestance affectée, brun de poil et de peau, mais avec des airs inquiets de bête traquée et cherchant à mordre. Son premier soin avait été de s'inventer une légende.

Il ne lui déplaisait pas qu'on le surnommât le « Cruel » et que l'on évoquât ses crimes dans son dos : la disparition mystérieuse de la reine Blanche, le meurtre de quelques « traîtres» de sa maison et même, sur la route qui l'avait conduit à Bordeaux, l'assassinat de l'archevêque de Compostelle, don Suero, et du doyen du chapitre, sur les marches de l'autel, sous prétexte qu'il s'étaient déclarés pour le Trastamare! Il racontait volontiers qu'avant de quitter la terre d'Espagne, il avait jeté à terre une poignée d'or en annonçant qu'il reviendrait prochainement récolter ce qu'il venait de semer. Il parlait à mots couverts de trésors enfouis dans les souterrains d'une forteresse de Galice, qu'il distribuerait à son retour à ceux qui l'auraient aidé dans la reconquête de son trône.

— Son trésor, je n'y crois pas! avait déclaré le prince. Je fais semblant d'y croire car don Pedre est de ces gens qui ne souffrent pas que l'on conteste leurs hâbleries. Ses tables d'or, cet énorme diamant qui brille comme une étoile de nuit et de jour, s'ils ont vraiment existé, sont aujourd'hui aux mains de son rival. Un capitaine des galères, le Génois Bocanegra, les a saisis sur les côtes du Portugal...

Les « Castillans » (c'est ainsi qu'on appelait le roi Pedre et sa suite) n'étaient qu'une poignée, mais ils occupaient de la place comme cent et faisaient du bruit comme mille.

On les rencontrait partout dans Bordeaux. Ils ne restaient pas longtemps sous le même toit, et même la nuit, à en croire le récit des exploits de tels ou tels capitaines à barbiche noire qui hantaient les bordels et les lits des filles faciles, généreux de leur corps plus que de leur argent. Il semblait qu'après s'être attachés à circonvenir le prince, ils aient eu dessein de conquérir pacifiquement la ville.

La moindre sortie du roi Pedre, pour se rendre, par exemple, de Saint-André à l'Ombrière, prenait des allures grandioses. Il louait les services de quelques dizaines de gueux en rupture de solde, les faisait habiller par les tailleurs du prince à la mode de Castille, empruntait les plus fières cavales aux écuries princières, déployait les oriflammes de Burgos, de Tolède ou de Séville et traversait les quartiers populeux derrière les fifres et les tambours, descendant parfois de sa selle pour distribuer aux pauvres qui se massaient sur son passage des piécettes de cuivre dont il avait garni sa ceinture. La galéasse qu'un capitaine marinier originaire du Guipuzcoa était venu mettre à sa disposition, le roi Pedre en avait fait la nacelle de ses plaisirs et de ses amours. Elle évoluait la nuit sous des lanternes de couleur entre le port de la Rousselle et celui de Tropeyte, précédée et escortée de dizaines de naves dont il avait loué les capitaines et les équipages. Afin de distraire le peuple massé sur les graves, le cul dans la vase laissée par le jusant, on tirait vers la lune des décharges de serpentines.

Chaque semaine, sur le pré Saint-Georges, le roi armait des

champions pour des joutes et des tournois qui faisaient monter ses couleurs au mât plus souvent qu'à leur tour, une poignée de « léopards » ayant fait taire la susceptibilité des juges.

Au cours d'une de ces joutes, sir David Blake eut l'honneur d'être choisi comme champion et de courir six lances pour Constanza.

Il avait tout d'abord poliment décliné la proposition de l'infante. Il n'aimait pas son visage rond, ses cheveux plats, sa voix aigrelette et ses manières autoritaires. Elle était revenue à la charge avec tant d'insistance qu'il eût été discourtois et dangereux de s'en tenir à un refus. Il obtint de ne pas porter les armes de la Castille, mais dut nouer autour de son bras le foulard vert de la demoiselle. Il gagna cinq lances sans effort, mais, à la dernière, sur une maladresse, il bascula rudement hors de sa selle et fut traîné aux étriers jusqu'au bout de la lice.

Quand il revint à lui, l'infante Constanza était en pleurs à son chevet, sous la tente.

— Vous avez failli mourir pour moi, dit-elle. S'il en avait été ainsi, je crois que je me serais retirée au couvent pour le restant de mes jours. Fort heureusement vous serez debout dès ce soir. Le mire vient de vous examiner. Demain nous danserons ensemble à Saint-André.

Blake jugea qu'elle passait avec une surprenante aisance des larmes au sourire. Il se dit qu'elle devait être très sotte et lui bien naïf de ne pas s'en être rendu compte plus tôt. Ce n'était certainement pas le genre de fille dont il aurait pu s'enticher...

Elle lui souleva la tête, lui fit boire d'un vin tiédasse, le força à manger une pomme qu'elle tint à peler elle-même avec de petites mines précieuses. Lorsqu'il eut bu et mangé, elle s'assit à genoux près de lui, l'embrassa sur le front et lui dit :

— Désormais, je veux que vous soyez mon chevalier servant. Vous serez près de moi de mon lever à mon coucher, et pour me servir à table, et pour m'accompagner dans mes promenades avec ma duègne.

Elle ajouta, tout près de son oreille :

— J'ai tout appris de vous. Vous êtes un vrai chevalier!

Elle battit des mains avec ravissement et ce fut soudain comme si la tente était pleine d'oiseaux affolés.

— Je ne suis pas digne d'un tel honneur, dit Blake, et d'ailleurs je dois assurer mon service auprès du prince avant de retourner à mon poste, à Limoges, où...

Elle l'interrompit en agitant l'index.

— Non! ne cherchez pas à vous dérober. Ce serait inutile. J'ai parlé au prince Edouard. Il a d'abord refusé, puis il a fini par céder. Il semble tenir à vous. Vous êtes un homme de grande valeur, sir David, et déjà je sens que je vous aime.

Blake sursauta.

— Qu'entendez-vous par là?

Elle minauda, mit la main devant son visage pour cacher une rougeur imaginaire.

— Écoutez! dit Blake en se dressant sur ses coudes. Je pourrais être votre père. Je suis presque vieux, je me tiens mal à cheval et je ne saurais satisfaire les exigences de votre jeunesse.

— Ce n'est pas ce qui compte, riposta-t-elle, outrée. Je vous veux près de moi, c'est tout.

Elle ajouta, les lèvres dures :

— Cette femme qui vous attend à Limoges, cette Flore, vous l'oublierez vite.

— Ce n'est pas mon intention.

Constanza poussa un cri éraillé, fronça les sourcils. Un éclair de menace dans ses yeux bruns.

— Il « faudra » l'oublier puisque, de toute manière, vous ne la reverrez plus. Je l'exige!

Elle éclata de rire dans son cou. Il entendit une voix lointaine, étouffée, lui dire :

— Vous savez, j'ai beaucoup de prétendants, tous jeunes, beaux, courageux et qui se disent prêts à mourir pour moi, mais c'est vous que je préfère. Vous voyez bien, sir David, que vous ne pouvez pas vous refuser à moi...

Malgré la vigilance de leurs duègnes — un peu plus relâchée chaque jour — les trois infantes jouaient le même jeu de séduction auprès d'autres chevaliers du prince.

Ses fiançailles avec l'infant du Portugal rompues à la suite des déboires de don Pedre, Béatrix, l'aînée des trois filles, s'était amourachée d'un seigneur du Kent; la cadette, Isabelle, s'était attachée au destin d'un jeune majordome du château de Blanquefort. Ce n'est qu'après avoir essuyé un échec auprès d'un damoiseau de la famille Soler que Constanza avait jeté son dévolu sur David.

Don Pedre fermait les yeux, tout à sa Padilla qui était arrivée d'Espagne par la mer avec, à l'en croire, une armada ennemie à ses trousses. Le prince s'amusait du récit de ces idylles. Blake s'ouvrit à lui de son ressentiment.

— Comment! s'écria le prince, vous m'en voulez de favoriser cette liaison avec une infante d'Espagne! Ingrat! Lorsque nous aurons reconquis les Castilles sur les bandes de Du Guesclin et du Trastamare vous deviendrez le gendre du roi et l'un des plus grands capitaines du royaume. De quoi vous plaignez-vous?

— Laissez-moi retourner à Limoges, insista Blake.

— Les raisons de votre requête, je les connais, mais je me refuse à croire que vous choisiriez de gâcher votre bonne fortune pour la fille d'un tonnelier. Sir David, j'ai de plus grands desseins pour vous, et puisque l'infante Constanza, qui est charmante, vous fait l'honneur de vous choisir, il faudra la satisfaire dans tous ses désirs.

— C'est déjà fait, messire, dit sombrement Blake.

« Voilà, Flore, je t'ai tout dit. Je n'aurais pas toléré qu'il y eût le moindre nuage entre nous. Je crois que Constanza se lassera vite de moi. C'est une enfant versatile. Ses caprices sont redoutables et l'on ne peut s'y dérober sans risques graves. Nous nous retrouverons bientôt et tout reprendra comme avant. Écris-moi. Donne-moi de tes nouvelles et de celles de notre petit Stephen. Walter se chargera d'acheminer ta correspondance. Je t'aime. David.»

Il avait fini par consentir. Tyrannique, elle supportait mal ses absences et exigeait des comptes. Lorsqu'il se rebellait, elle faisait avec rouerie valoir quelques faiblesses qu'elle prétendait dues à sa passion pour lui, s'abandonnait, l'enveloppait d'un nuage de tendresse. Blake finit par tolérer ses excès tout en refusant de laisser à ses sentiments la bride sur le cou. Il prenait même un certain plaisir à la retrouver, au château de Blanquefort où le prince avait fini par reléguer cette encombrante tribu.

Comme Constanza prétendait ne pouvoir fermer l'œil si son chevalier servant ne veillait pas sur elle, il avait accepté de dormir sur une paillasse jetée en travers de sa porte, jusqu'à ce soir d'orage où elle était venue l'éveiller, une chandelle à la main, nue comme l'aurore et si moite de peur qu'il n'avait pu résister et l'avait raccompagnée jusqu'à son lit. Malgré la présence de la duègne qui dormait derrière une tapisserie, ivre et ronflant atrocement, elle avait apporté à ses transports la fougue de sa jeunesse. Ses velléités de pudeur se dissipaient comme les voiles de Salomé. Elle lui jura tant qu'il l'éveillait à l'amour qu'il finit par le croire et redoubla de zèle et d'attentions. Ce jeune corps frêle était toujours prêt pour l'amour, insatiable, et Blake sentait de nouvelles sources de désirs et de vigueur l'inonder. Il s'épanouissait en elle et elle en lui; il inventait pour l'étonner de nouveaux jeux d'amour qui faisaient pousser à l'infante de petits gémissements effarouchés.

« Flore, cette passion n'est qu'une passade. Un feu de paille. Que le prince m'ordonne de quitter Bordeaux, je partirai sans autre regret que le plaisir de chair dont on se déprend vite. Je sais que tu me comprends : tes lettres me l'ont confirmé. Constanza n'est rien pour moi. Elle n'est que ton ombre, une image de toi. Je te fais revivre en elle. Crois-moi. Il faut continuer à me croire et à me faire confiance. Cette liaison est sans lendemain. Au début de l'année, nous quitterons Bordeaux pour aller faire campagne en Navarre et en Castille. Les bandes de Du Guesclin ont commis tant de méfaits que les populations sont prêtes à se révolter contre lui et don Enrique. C'est la guerre de nouveau, et ma dernière campagne. J'éprouve à cette idée beaucoup de joie mêlée d'un peu de dépit, comme si je devais mourir à moi-même pour renaître dans une nouvelle félicité auprès de toi, ma femme que j'aime. David.»

— C'est absurde! dit Blake.
Constanza jaillit des draps, fronça ses sourcils noirs. Il montait de son corps moite cette odeur amère d'après l'amour qu'il ne se lassait pas de respirer.
— Tu oserais! dit-elle. Tu partirais en me laissant dans cette sinistre forteresse? Tu te moques de moi!
— Si tes sœurs restent, tu resteras aussi. De toute manière, il fallait bien qu'un jour nous nous séparions. Ce jour est venu. La guerre finie, la paix rétablie dans ton royaume, tu reviendras vivre à Burgos ou à Tolède. Tu épouseras l'un des infants du Portugal ou de la Navarre, et moi...
— Et toi tu reviendras vivre à Limoges avec cette femme à qui tu écris des lettres si pathétiques : « Flore, cette passion n'est qu'une passade... »
— Tu fais intercepter mon courrier?
— Imbécile... Depuis le début de notre liaison toutes tes lettres sont passées entre mes mains. J'ai fait comme si de rien n'était parce que je t'aime et que je ne perds pas l'espoir de te conquérir tout à fait. J'ai même eu un moment l'idée d'envoyer un de nos

agents à Limoges pour supprimer cette femme, et puis j'ai renoncé en me disant que, si tu l'apprenais, je te perdrais tout à fait.

— Tu viens de me perdre, Constanza. Nous allons cesser de nous voir. D'ailleurs j'ai trop à faire avec les préparatifs de notre expédition. Adieu!

— Non!

Elle s'accrocha à lui avec une telle vigueur qu'il renonça à résister, de crainte de la meurtrir. Elle lui cria au visage :

— As-tu assez répété à cette femme que je ne te prodiguais que les apparences de la passion! Tu sais maintenant que je suis sincère et prête à tout pour te garder. S'il le fallait, je te tuerais et je me tuerais ensuite. Mon père vient de me donner son accord : je pars, que cela te plaise ou non, et mes sœurs avec moi. Je ne saurais t'obliger à partager mon lit, mais je ferai en sorte de me trouver près de toi jour et nuit. Tu ne pourras plus m'échapper. Continues à écrire à Flore, si ça te chante. Tes lettres ont cessé de m'amuser, de même celles que tu caches dans ton coffre.

— Constanza, je ne te reconnais plus! Tous ces changements en toi depuis que nous nous connaissons...

— Cela te surprend? Pourtant, c'est ton œuvre. J'avoue que je ne me reconnais plus moi-même. Non seulement tu m'as appris l'amour mais aussi la vie. Je suis ton œuvre, David Blake, et tu ne peux abandonner cette œuvre avant de l'avoir achevée. Que tu le veuilles ou non, quoi que tu en aies dit à Flore, nous sommes liés, toi et moi, jusqu'à la mort.

Il en arrive tous les jours. On les voit apparaître par toutes les portes de la ville ou par les chemins du fleuve, gris de poussière ou trempés de pluie, fatigués par un interminable voyage, par petits groupes, par compagnies, par troupes, équipés de bric et de broc, montés sur des haridelles efflanquées ou traînant la savate.

C'est sir David, secondé par sir James d'Audley, qui est chargé de les passer en revue. Ils sont impitoyables. Les canards boiteux, les débiles, les rougneux, les mandigots déguisés en soldats, ils les chassent d'un simple geste — ordre du prince! Ils s'éloignent avec des mines de chiens battus, tenant sous leur bras la miche de pain et la gourde de vin qu'on a eu la bonté de leur jeter.

Bertucat d'Albret et Jean de Grailly ont amené leurs Gascons, et c'est soudain comme si l'on avait ouvert sur la ville des volières libérant des milliers de pies. Le prince les regarde d'un air perplexe courir en bandes les auberges et les bordels, trousser les filles dans les rues, bousculer le bourgeois sur sa mule, attacher à la queue du bourricot portant un clerc un tortillon de paille enflammée, rôder dans les rues après le couvre-feu en bravant les rondes, gueulant des chansons obscènes sous les porches des couvents... Il faut les ménager car ce sont les meilleurs soldats du monde, mais susceptibles en diable et solidaires comme les doigts de la main.

Le Prince Noir fit sensation lorsqu'il décréta en conseil qu'on n'attendrait pas le printemps pour franchir les Pyrénées. Il revenait de Libourne, où il avait tenu une longue conférence avec don Pedre et Charles de Navarre. Le « Mauvais » acceptait de laisser le passage libre à travers ses États, moyennant deux cent mille florins et des compensations sous forme de concessions de territoires.

Jean de Grailly ne décolérait pas : faire confiance au roi de Navarre, c'était se fier à un serpent.

— Vous savez bien qu'avant de recevoir vos florins, il a accepté ceux du Trastamare! Lequel des deux trahira-t-il?

— Il nous suivra, précisa sir John Chandos. Nous aurons l'œil sur lui durant toute notre campagne. Si ses montagnards nous attaquent, il sera exposé comme nous et même davantage car il aura un couteau sur la gorge. J'en serai personnellement responsable.

Olivier de Clisson contestait la date du départ.

— Nous ne pourrons passer les cols en cette saison, dit-il, ou alors nous y laisserons la moitié de nos effectifs. Les « ports » sont impraticables en février. Les rares pèlerins qui s'y hasardent meurent de froid et de faim. J'en connais qui sont revenus avec les membres gelés.

— C'est ce que pense don Enrique, dit le Prince Noir. Il ne nous attend pas si tôt. Nous allons lui faire une surprise dont il ne pourra se remettre. Annibal le Carthaginois n'a pas agi autrement en franchissant les Alpes avec ses éléphants en plein hiver pour tomber par surprise sur les légions de Rome. N'est-ce pas, don Pedre?

Le roi se contenta de sourire et de hocher la tête. Il paraissait se tenir aux aguets comme un loup, dans sa grande cape brune.

— Vous avez pu constater, ajouta le prince, quel soin j'ai apporté à la constitution de cette armée. Aujourd'hui, j'en suis très fier. Il n'y a pas de secret : des soldats bien nourris, convenablement équipés, leur solde payée à terme échu, cela donne souvent de la graine de héros. Il n'y a pas un de mes hommes dont je ne sois sûr. On n'en dirait pas autant des troupes de don Enrique et de messire Bertrand. Leurs routiers se sont débandés comme des rats à peine leur « croisade » achevée. A l'heure qu'il est, ils font leurs choux gras dans les campagnes du Lauraguais.

— Edouard n'a jamais paru aussi sûr de lui, dit Audley à Blake.

Le prince restait debout en parlant, face aux chevaliers assis sur des bancs, leur épée en travers des genoux. Économe de gestes et de paroles, sans qu'aucun mouvement du cœur ou de l'esprit n'affleurât sur son visage long, sec, encadré d'une barbe blonde treillissée de fils d'argent, il semblait dépasser sa propre réalité pour se projeter dans sa légende. S'il y mettait de l'affectation, nul n'aurait pu le soupçonner tant il s'incorporait à son propre mythe. Il n'y avait pas deux hommes en lui mais un seul et qui était double, avec un visage tourné vers les hommes, sensible à leurs faiblesses mais impitoyable à leurs trahisons, et celui qu'il tournait vers l'avenir et vers les dieux, un visage de marbre avec des yeux de verre noir qui pouvaient voir des choses qui échappaient aux autres hommes. Il avait aussi une double manière de s'exprimer : il savait prendre la voix du mari jaloux pour réprimander son épouse sur les outrances de sa toilette, provocante malgré son état (elle était enceinte) et, quelques instants plus tard, s'entretenir avec Chandos, Audley ou Blake au coin d'une cheminée, avec des accents de général hébreux haranguant les tribus d'Israël.

Il semblait peu à peu devenir sa propre statue.

Peu avant le départ de l'expédition, le Prince Noir eut une grande joie : il vit revenir d'Espagne, tête basse, le bon géant Hugh de Calverley, qui avait quitté le prince sur un coup de tête et cédé à l'amitié de Du Guesclin qu'il avait fait prisonnier à Juigné et qui l'avait entraîné dans la « croisade » des grandes compagnies en Espagne.

Le prince lui présenta un visage de dogue, le consigna dans une cellule de l'abbaye d'où il vint lui-même le tirer, le temps de sa pénitence achevé, pour le serrer contre sa poitrine et recevoir ses larmes dans son épaule.

— Je suis vôtre, désormais, à la vie, à la mort, messire, lui dit-il, un genou à terre, comme s'il venait de reconquérir ses éperons de chevalier. S'il vous plaît de me faire trancher la tête, n'hésitez pas car je l'ai mérité mille fois.

— Elle m'est trop précieuse, quoique un peu vide. Tu vas revenir en Espagne, mais avec nous cette fois. Nous partons dans une semaine par le « port » de Roncevaux. Puisque tu connais le chemin, tu nous guideras.

— Je vous suivrais en enfer! dit Calverley, mais c'est tout comme, sauf qu'on y gèlera au lieu d'y brûler.

Calverley parla longuement de messire Bertrand en grattant sa barbe rongée de vermine et de croûtes teigneuses. Le chevalier breton, fait, par la grâce du nouveau roi, duc de Grenade, avait poussé avec ses hordes jusqu'en Andalousie. Il délirait. Ces terres exerçaient sur lui une inexplicable fascination. Il galopait interminablement dans la « vega », à la manière des princes maures, vautrait son corps de paysan dans des lits de soie et de plume, portait les joyaux offerts par le Trastamare et parlait de faire venir de Bretagne sa chère Tiphaine pour prédire les événements et vivre avec elle dans ces marches où la guerre était une fête.

— J'ai hâte de me mesurer à lui, dit le Prince Noir. Cet homme me plaît. Il me semble parfois que nous sommes faits pour nous affronter.

— Lui-même vous attend avec impatience. dit Calverley. Je vais faire des vœux pour être présent le jour où vous vous trouverez face à face.

— Précaution inutile, mon bon Hugh. Tu seras au premier rang.

7

DANS QUEL PAYS VAIS-JE MOURIR?

Emmitouflés dans leurs peaux de loups et de moutons, les gens de Saint-Jean-Pied-de-Port regardent s'éloigner l'armée, dans l'odeur lourde des bergeries du petit matin.

Il fait un temps de cristal, mais ceux qui connaissent les secrets de la montagne portent des regards inquiets vers les sommets : cette cape de nuages violets qui stagne au ras des crêtes sera, quelques lieues plus loin, un mur quasi infranchissable. Les faucilles de vent qui sifflent à ras de terre portent des odeurs de neige. Derrière les vitres des hospices et des auberges, les pèlerins patientent : ces journées fardées d'un trop beau soleil ne leur disent rien qui vaille. La tempête n'est pas loin. Avant ce soir, elle déferlera sur la cité et seuls les loups peupleront les rues à la recherche de quelque charogne oubliée par les chiens. Ils frottent la vitre givrée pour mieux regarder ce chevalier vêtu de noir qui se tient, impassible, devant les premiers groupes de cavaliers, dans une musique de fifres, de tambours et de cornemuses destinée à exorciser les dangers de l'expédition. Les chevaux s'impatientent, frappent du sabot le sol gelé, tendent la tête vers la Nive qui gronde entre ses dents de glace. sur les remparts, des groupes muets agitent les mains.

« De cette grande et belle armée, songent les gens de Saint-Jean, combien d'hommes et de chevaux se retrouveront sur l'autre versant de la montagne et verront les amandiers mettre leurs premières fleurs? » En ont-ils vu de ces fous qui croyaient pouvoir maîtriser les éléments! Les bergers retrouvaient leurs dépouilles sous les herbes du printemps, des mois plus tard.

Un sergent appartenant à une unité commandée par Robin Knolles, immobilisé par une chute de cheval, se tenait au milieu d'un groupe de bergers et paraissait très excité.

— Regardez bien, bonnes gens, disait-il, ouvrez grand vos yeux car jamais vous ne reverrez un tel spectacle! Cet homme vêtu de noir c'est notre bon seigneur, le prince Edouard d'Angleterre. A sa droite, un peu en retrait mais pas plus qu'il ne faut, don Pedre de Castille dont nous allons reconquérir le trône et, à sa gauche, près de ce beau cavalier blanc qui est sir John Chandos, héraut du prince, le roi de Navarre. Hourrah pour sir John, par saint Georges! Quelle allure, mes amis! Dites-moi si vous voyez un bridon mal graissé ou l'absence d'un clou de cuivre à un hoqueton ou une jaque lacée de travers! God damn! Je n'aime guère faire tapisserie quand on danse la gigue et me voici perclus comme un vieil homme!

Le froid serrait. La bise était tellement acérée que le soleil n'était plus sensible que par sa lumière. Les gens de l'avant-garde regardaient avec un œil d'envie le corps d'armée qu'on avait laissé à Saint-Jean et qui prendrait la route un peu plus tard.

Lorsque les cavaliers passaient dans l'ombre d'une haute colline aux flancs arbrupts, c'était comme s'ils pénétraient dans un univers où l'homme n'avait pas sa place. Des tonnerres de vent grondaient sur les pentes, dispersaient en nuées des papillons de feuilles rousses qui scintillaient dans le cristal du ciel.

Le temps noir, c'est plus loin et plus haut, passé l'immense cirque où les collines semblaient danser, champignons couleur de cendre, par-dessus un lac de brume d'une densité de pierre, qu'on le rencontra.

— Voici la neige, dit Blake.

Il se tourna vers ses hommes, sourit pour les encourager. Entre le bassinet et la brigandine, on ne voyait que leurs yeux humides de froid et la buée qui montait de leurs moustaches.

La colonne se disloquait au fur et à mesure que la pente se faisait plus raide et le froid plus vif. Dans la seule unité commandée par Blake, avant même que l'on eût aperçu les toitures rousses d'Arnéguy, on avait dû abattre des chevaux qui s'étaient rompu les jambes en glissant sur le roc gelé. Blake se trouvait au centre de ce fleuve d'hommes et de chevaux qui s'étirait sur un quart de lieue et d'où montaient ou descendaient par bouffées des bribes de chants de route anglais, gallois ou gascons.

La neige. La brume. Le ciel s'obscurcit sous une danse de voiles argentés se superposant dans une bourrasque qui redoublait de force. Blake frissonna, ferma les yeux quelques instants.

« Je te laisserai en paix jusqu'à Pampelune, lui a dit Constanza. C'est promis. Mais, pour cette nuit, j'exige que tu restes avec moi. Ce sera peut-être la dernière... » Elle souffle la chandelle, rabat sur eux les lourdes couvertures de laine. Dehors chantent les soldats ivres, dans cette auberge miteuse proche de la sinistre prison des Évêques. Le ciel est encore clair à l'occident. Au-delà du jardinet, la silhouette d'un guetteur se dessine sur le chemin de ronde. Au loin — brume ou neige? — des coulées d'opale traînent au bas du ciel. La bonne chaleur qui se dégage du corps de l'infante... « La duègne? » dit Blake. Constanza égrène un rire dans son aisselle. « Je lui ai tant fait boire de vin qu'elle en crèvera peut-être. Si seulement elle pouvait dormir en silence... » Constanza à cheval dans sa tenue de soldat : culotte de peau, hoqueton de cuir clouté de cuivre, casque de fer, le visage à demi enveloppé dans une brigandine de maille. Constanza un peu pâle et crispée. « Je t'avais bien dit que je serais partout où tu seras, même au milieu des pires épreuves. Il faudrait que je sois morte pour ne pas t'accompagner. »

C'était maintenant un véritable mur de neige qui se dressait face à l'avant-garde du Prince Noir. Une nuit blanche, épaisse, pleine de pièges, dans laquelle les chevaux affolés donnaient des naseaux. On ne voyait pas à dix brasses devant soi. Tout paraissait irréel : un théâtre de fantômes. Sa propre main prenait des apparences fantastiques; les chevaux devenaient des monstres et les cris et les appels qui perçaient le tumulte paraissaient monter d'une géhenne. « Folie! songeait Blake. Pour faire une surprise à don Enrique nous risquons de sacrifier une partie de notre armée. » Il remercia le Ciel d'avoir choisi un cheval solide, endurant et placide, qui faisait confiance à son cavalier, ne se laissait pas affoler pour un rien, savait où il mettait ses sabots et ne se risquait qu'avec précaution dans les passages dangereux. Pas beau, certes, avec son allure rustique, sa robe rude et grise, ses paturons hirsutes, ses lignes balourdes, mais avec plus de tête que les splendides destriers du prince et des deux rois.

Ce n'était pas le moment de fermer les yeux.

On était maintenant en pleine tempête de neige et les chevaux de tête que l'on avait envoyés ouvrir la marche en avaient jusqu'au garrot. Elle donnait, malgré les coups de boutoir du vent, des idées de sommeil et d'ensevelissement.

« Non, Blake! Ne me fais pas l'amour. Laisse-moi. Pas cette nuit. » « Tu crains d'être fatiguée demain? » « Sot! tu sais bien que ce n'est pas cela. Je veux rester sur le souvenir de notre dernière nuit, à Bordeaux. Tu te souviens? J'ai senti que je mourais et c'était délicieux. » Les soldats continuent de chanter. Une petite lumière clignote à la fenêtre du gardien, dans la prison de l'Évêque. Un chien aboie aux loups qui doivent commencer à se montrer au pied des remparts. Blake aime rester ainsi, collé à plein ventre et à pleine poitrine contre le dos de Constanza, tenant ses seins entre ses mains, le nez dans sa chevelure. « Tu as écrit à Flore aujourd'hui? » « Oui. Quelques mots seulement. Je lui ai annoncé que tu m'accompagnes. » « Tu l'aimes toujours autant? » « Toujours. Lorsque nous nous reverrons, ce sera comme si rien ne s'était passé. » « Tu ne la reverras jamais... »

Le temps n'existait pas. On savait que le jour était encore vif lorsque, au cœur de la bourrasque, un petit lac tout bleu et tout clair s'ouvrait vers le sud, au-dessus des forêts, restait en suspens, image d'un paradis lointain qu'un lourd charroi de nuages balayait brusquement. On ne se sentait vivant, rattaché au monde, que par cette lutte constante contre le vent, la neige, les pièges du chemin, le froid et la peur. L'avant-garde du Prince Noir n'était plus qu'une horde. Les compagnies s'imbriquaient les unes dans les autres, conduites par des aveugles et des sourds-muets, livrés aux seuls caprices de la montagne et du vent.

Derrière Blake, la situation était pire. Responsable d'une partie des convois transportant les armes et les vivres, Audley avait sombré avec sa monture dans une congère d'où l'on avait eu bien du mal à s'extraire. Lorsque le brouillard se dissipait, Blake contemplait avec stupéfaction le spectacle des chariots enlisés ou renversés, des chevaux qui crevaient sur place, de froid ou d'épuisement, s'ils ne devenaient pas subitement fous.

— Chandos! C'est vous?

— C'est vous, sir David? Que faites-vous ici?

— Qu'y faites-vous vous-même, sir John? Vous êtes au milieu de ce qui ressemble à ma compagnie.

— Charles de Navarre a disparu, dit sombrement Chandos. Le prince est comme fou. Il parle de trahison. Si nous ne le retrouvons pas sans tarder, c'est qu'il aura fui pour alerter ses partisans navarrais. Nous risquons de les avoir sur le dos dans les parages de Roncevaux ou peut-être même de Valcarlos.

— Valcarlos? Voilà une heure environ que nous avons passé ce hameau!

On retrouva Charles de Navarre un peu plus tard. Il attendait sagement, en compagnie de ses écuyers, sous une roche où il était parvenu à allumer un maigre feu. Chandos l'obligea à remonter à cheval, relia par une corde sa selle à la selle du roi. Ils ne se quitteraient plus désormais jusqu'à Pampelune.

« Si nous n'arrivons pas à Roncevaux avant la nuit, songea Blake, nous sommes perdus corps et biens. »

Roncevaux... On en était encore loin, lorsque le soir s'annonça par une coloration rosâtre de l'air. La tempête s'essoufflait. Le froid devenait moins vif. Les guides de Saint-Jean dont le prince avait loué les services, proposèrent de faire halte dans une vallée latérale, au pied de raillères abruptes et noires, à l'abri du vent. Ce qui restait de l'avant-garde s'y entassa. Les hommes enfouis dans leurs couvertures grignotèrent le pain raide de froid qu'ils devaient casser sur des pierres avec le manche de leur couteau. L'armée semblait frappée de mort. Un dernier rayon jaune comme de l'ambre illumina la vallée où l'on avait peine à distinguer, sous la neige qui recouvrait les bâches, le convoi des chariots enlisés.

« Non, David. Non! Tu m'as promis... » Elle est chaude et molle de sommeil. C'est à peine si elle a protesté lorsqu'il l'a prise, mais elle s'est donnée avec plus de passion que jamais et même une sorte de fureur, et plus tard elle lui a avoué qu'elle dormait à moitié et qu'elle n'avait jamais aussi bien joui de lui. Le matin s'annonce par une volée de nuages roses et des hennissements de chevaux que les palefreniers sont en train de panser. « C'est peut-être notre dernière nuit, David. » « Pourquoi dis-tu cela? » « Je ne sais pas. David. Je ne sais pas. »

Des chevaux morts de fatigue et de froid. Des hommes qui ne valaient guère mieux.

Une aube de cendres froides se leva sur le cimetière. Il avait neigé durant la nuit. Une neige lourde et silencieuse de fin de monde, quand tout est dit et qu'il ne reste plus qu'à laisser s'ensevelir les hommes et les choses. C'est une horde qui était arrivée la veille au soir dans cet enfer; c'est une horde qui, lentement, péniblement, reprit l'escalade.

Roncevaux dormait encore dans un brouillard glacé lorsque les avant-gardes, sous la conduite de Hugh de Calverley, aperçurent les masses sombres et rectilignes de la basilique, des hospices de pèlerins et des auberges. On attendrait là le reste de l'armée qui avait coupé à la tempête. Il fallait réparer les dégâts, trouver des chevaux de trait et des montures fraîches, refaire ses forces. Cette première bataille avec la montagne n'était pas une victoire : environ un quart des effectifs de l'avant-garde avait fondu — hommes morts de froid ou d'épuisement, malades que l'on devrait laisser à l'hospice, déserteurs.

Tandis que nombre de chevaliers, sur les ordres du Prince Noir, se répandaient dans les campagnes d'alentour pour réquisitionner des chevaux, sir David obtint de rester pour attendre le convoi suivant le gros de l'armée, dans lequel se trouvaient les trois infantes. Il les découvrit tassées avec leurs duègnes dans un chariot, à demi-mortes de froid et de peur. Il fit avertir don Pedre de leur arrivée et les conduisit à l'abbé afin qu'il veillât lui-même à leur faire donner des soins et à les installer confortablement.

— Vous devriez rester ici toutes trois, dit sir David. Vous n'avez eu qu'un avant-goût de ce qui nous attend. Les choses sérieuses vont commencer. A Roncevaux, vous pourriez attendre paisiblement notre retour.

Elles prirent la suggestion avec hauteur. De quoi se mêlait-il, ce petit chevalier? Leur place à elles était au sein de l'armée. Elles se prenaient pour de véritables petits soldats depuis qu'elles en avaient revêtu la tenue.

Le matin du troisième jour, sir John arriva au pas de course dans la chambre de l'abbé qu'occupait le Prince Noir. Le roi Charles de Navarre s'était échappé! Après avoir fait égorger les sentinelles postées devant les cellules de l'abbaye qu'il occupait, il avait pris le large en pleine nuit avec une petite escorte qui l'attendait au-dehors. Se lancer à sa poursuite? Inutile! Il avait pris trop d'avance dans une contrée qu'il connaissait bien. Le Prince Noir se fâcha, mais sans conviction : il savait bien qu'un jour ou l'autre, dans ce pays où il pouvait bénéficier de faciles complicités, il prendrait la clé des champs.

— Il nous reste à souhaiter, dit le prince, qu'il ne lève pas une armée en Navarre. Sinon, qu'il aille au diable! Nous avons franchi le « port », c'est ma première victoire.

Alors que l'armée se préparait au départ, un espion de don Pedre se présenta sur sa mule, habillé en pèlerin. Il apportait des nouvelles de Burgos. La zizanie régnait entre don Enrique et Du Guesclin. Le Breton était partisan d'opérations de harcèlement, le pays étant favorable à ce genre de guérilla. Son allié voulait une vraie bataille, et avec lui ses sombres cabaleros de Castille — battre en retraite, même par souci tactique, ils écartaient cette idée honteuse!

— Si nous ne livrons pas bataille le plus tôt possible au Prince Noir, expliquait don Enrique, les gens de Castille croiront à de la faiblesse de notre part, se soulèveront contre nous et accueilleront Pedre en libérateur.

— Vous voulez une belle bataille, en rase campagne? s'écriait le Breton. Soit! vous l'aurez... Mais avant de prendre cette décision, laissez-moi vous parler de Crécy et de Poitiers et peut-être changerez-vous d'avis. J'ai vu les Anglais à l'œuvre assez souvent et je puis vous dire que ce ne sont pas vos hordes à demi sauvages qui en viendront à bout!

Le Trastamare était demeuré intraitable. Il voulait écraser son demi-frère une fois pour toutes, selon les règles de la chevalerie et non pas dans ce qu'il appelait des « rixes de vachers », en pleine montagne, dans des endroits sans nom. Du Guesclin s'inclina en bougonnant. Pour se concilier ses bonnes grâces, on lui laissa le soin de choisir l'endroit où il souhaitait livrer bataille. Il porta son dévolu sur la petite ville de Zaldiaran, non loin de Burgos : une contrée accidentée, propice aux mouvements de l'infanterie castillane, plus mobile que celle des Anglais et des Gascons et connaissant mieux le terrain.

A quelques jours de là, les premières lances anglaises apparurent à l'horizon, conduites par les deux frères Felton. L'engagement fut rapide et terrible. En quelques heures, des compagnies anglaises il ne restait que des cadavres, rares étant ceux qui avaient pu prendre la fuite face à cette marée humaine qui menaçait de les encercler. Cinq cents hommes tués en combat ou massacrés. Une énorme boucherie.

— Il faut regagner dès que possible la côte atlantique par Vitoria, suggéra Lancastre. Bayonne n'est pas loin et nous y serons à l'abri.

Le Prince Noir l'écrasa d'un regard de reproche.

— Nos chances ne sont nullement compromises, dit-il. Nous allons nous replier dans les parages de Logrono, y reconstituer nos forces et nous préparer à de nouveaux affrontements.

Sir John Chandos était de cet avis. Le Navarrais ne bougerait pas. On venait d'apprendre que, pour se délier des serments et des promesses faits à don Enrique et à don Pedre, il s'était volontairement laissé capturer par un parent de Du Guesclin : Olivier de Mauny, qui gouvernait la région de Borja au nom du Breton. Une tactique bien digne de ce personnage sans aveu.

On s'apprêta donc à se replier sur Logrono. Mis à sac par les grandes compagnies à l'aller puis au retour lorsqu'elles avaient reflué vers la France, le pays était nu jusqu'à l'os. Un désert où la vitaille était aussi rare que les pièces d'or.

L'hiver persistait sur ces rudes terres. La neige fondante laissait place à des brouillards glacés, à des vents aigres qui balayaient les oliveraies désertes. Les vivandiers battaient sans relâche la campagne, revenaient avec des chariots vides, quand ils revenaient. Pour obtenir quelques poignées d'olives ou des viandes douteuses, il fallait sortir son épée, pendre et brûler. Cette armée de ventres creux marchait en désordre, par petites étapes, abandonnant les malades sur le bord des pistes. Au bivouac, on tuait des chevaux, des mules, des ânes, et la lente procession reprenait. Qui donc avait parlé de climat serein et d'amandiers en fleurs? Chaque jour on voyait apparaître les célèbres « génètes » de Castille, ces redoutables cavaliers plus rapides et mobiles que les « hobyns » anglais. Ils se tenaient en groupes serrés, à des distances dérisoires comme par bravade, observaient la marche et la disposition de l'armée et soudain fonçaient sur elle comme une tornade, frappant de leurs petites sagaies avec des hurlements de démons. Insaisissables, ils attaquaient la nuit comme le jour, massacrant les déserteurs, les traînards et les blessés abandonnés. Quant au gros de l'armée du Bâtard, on n'en avait pas de nouvelles; les éclaireurs ne trouvaient devant eux que des immensités désertes et glacées.

— Laissez-moi, dit Blake. Vous voyez bien que je suis désormais inutile. Comment pourrais-je survivre jusqu'à Logrono? Je n'ai rien mangé depuis deux jours et c'est à peine si je peux me tenir à cheval.

— Tout le monde est plus ou moins dans votre situation, dit sir John. Regardez-moi, je n'ai que la peau sur les os. Nous allons vous aider à remonter à cheval. On ne meurt pas de la dysenterie. Bientôt nous aurons des vivres à satiété. Allons, sir David, courage!

— Comment va le prince?

— Il en est au même point que nous et refuse toute mesure de faveur. Ce matin, en essayant de monter seul à cheval, il a fait une chute et il a fallu le ranimer. Il souffre de fièvre, de crampes et il fait du sang. Remontez en selle, Blake. Ce soir nous sacrifierons encore quelques chevaux.

Il glissa discrètement trois olives dans la main de Blake avant de se retirer.

— Tout mon trésor, dit-il.

Blake avait eu raison d'insister auprès de don Pedre. Les trois infantes, finalement, étaient restées à Roncevaux, malgré leurs supplications et leurs menaces. Le matin où l'armée avait quitté le « port », elles se tenaient debout sur le bord du chemin, devant la petite chapelle du Saint-Esprit, dans une bourrasque de neige qui soulevait leurs manteaux, immobiles, muettes, leurs duègnes plantées derrière elles comme un paravent, et elles étaient restées ainsi jusqu'à ce que le dernier chariot se fût effacé dans la brume. « Elle n'a pas eu un mot, pas un geste à mon intention, songeait amèrement Blake. A peine un regard, mais si chargé de reproches et de haine que je le porte en moi comme une blessure avec cette brûlure dans mon ventre lorsque je songe à ses étreintes. Béatrix, Isabelle ont renoncé à leur liaison avant notre départ de Bordeaux. Pourquoi n'a-t-elle pas fait de même? Qu'attend-elle de moi? Elle sait pourtant que je suis perdu pour elle... »

On dut aider Blake à se remettre en selle. Il vomit des glaires. Il était tellement faible et si peu maître de son corps qu'il faisait sous lui sans s'en rendre compte et que ses cuisses étaient gluantes d'un sang fétide. Les montagnes, les hautes falaises roses des sierras basculaient d'un côté puis de l'autre. Quel était ce pays où il allait mourir? Qui étaient ces gens qui s'affairaient autour de lui? « Constanza! Flore! Vos mains sur ma peau. Votre haleine sur mon visage. Seulement vous toucher et je crois que je guérirais. » Il perdit connaissance. Lorsqu'il reprit conscience, il constata qu'on l'avait attaché à son cheval. Le soir, on lui fit boire une atroce décoction d'herbes ou de racines. Le matin, il allait mieux. La fièvre était tombée, mais il se sentait encore si faible qu'il renonça à se lever. On le jeta dans un chariot avec d'autres « canards boiteux ». Dans la journée, sir John lui fit porter de la viande de cheval grillée qu'il avala péniblement et faillit vomir. Puis de nouveau cette décoction qui lui levait le cœur.

— Nous serons bientôt à Logrono, dit Chandos, et nous y trouverons de quoi survivre.

— Où sommes-nous?

— Pas très loin de Najera. On peut apercevoir la ville au loin, sous ces falaises rouges...

Les éclaireurs étaient formels : la route de Logrono était coupée.

Le gros des forces castillanes se trouvait massé non loin de Navarrete, à environ deux heures de cheval de Najera. Elles avaient devancé les Anglais de deux bonnes journées. Le Prince Noir décida que l'on s'installerait à Najera. La ville n'avait pas l'air trop dépourvue; on y trouverait au moins de quoi se refaire des forces en attendant la bataille. Tout d'abord il fallait gagner du temps, l'armée anglaise n'étant pas en état d'affronter l'ennemi.

Entre les hautes falaises rouges de Najera, creusées de cavernes, et le rio Najerilla qui roulait ses eaux printanières, l'armée anglaise retrouvait vie.

On regardait avec ravissement les amandiers épanouir leurs flocons de fleurs roses sur la plaine hachurée de ravines, les vignes bourgeonner, le ciel se pommeler de nuages légers, avril se pavaner sur les olivettes argentées. On mangeait à sa faim, on buvait à satiété de ce vin un peu lourd du pays et l'on s'amusait des mines de messire Bertrand lorsqu'il venait en personne, avec un superbe aplomb, provoquer le Prince Noir jusque dans son camp et devant sa tente. Il parlait haut, avec des pointes de colère très aiguës, roulait des épaules, si laid avec sa face de Carême, ses jambes immenses, son torse de bûcheron, son vieux costume de cuir tailladé de dizaines d'estafilades, que les hommes se tapaient sur les cuisses en l'escortant. Le Prince Noir n'avait pas relevé ces défis; il savait que l'heure viendrait d'affronter ce monstre, mais il refusait de lui laisser le choix du moment et du lieu.

— L'heure approche, dit sir John. Le prince et don Pedre sont à bout d'arguments et les Castillans sont impatients d'en découdre. Etes-vous certain de pouvoir vous joindre à nous, sir David, lorsque le moment sera venu?

— Tout à fait certain, dit Blake. J'ai retrouvé mes forces et ma volonté. Ce matin, je me suis livré à quelque exercice avec mon haridelle et je ne suis pas mécontent du résultat. Comment se porte le prince?

— Il m'inquiète. Il s'est mis à grossir d'une façon singulière. Nous pensions que c'était la bonne chère et le repos forcé, mais son mire pense différemment. On murmure que le Trastamare cherche à le faire empoisonner, mais ce sont des ragots de chambrières. Il est méconnaissable, au point qu'il a dû faire réajuster ses vêtements et son équipement, mais il a un moral à toute épreuve.

— La bataille est pour quand?

— Elle aura lieu dans quelques jours. On en est aux dernières provocations. Depuis que le prince a écrit au Trastamare qu'il traiterait ses Espagnols comme des bouseux qui abritent leur peur derrière les haies, le ton a monté. En offensant ouvertement le Bâtard il sait ce qu'il fait. Trastamare ne tardera pas à réagir en chevalier outragé, à proposer une bataille, sinon il viendra tenter de nous déloger. Messire Bertrand aurait préféré que nous reprenions sans combattre la route des Pyrénées, afin de nous assaillir à sa manière et de nous exterminer dans ces opérations de harcellement où il excelle.

L'armée anglaise évolua en bon ordre sous les murs de Najera, pennons au vent, dans l'aigre flonflon des fifres, des tambours, des cornemuses. Réduite d'un bon tiers, elle n'en présentait pas moins une magnifique apparence. La plupart des chefs étaient à leur poste : Lancastre, Chandos, Calverley, Knolles et Blake pour les Anglais, ainsi que l'un des Felton qui avaient échappé au massacre de Zaldiaran; le captal de Buch et Albret se tenaient à la tête de leurs Gascons. Les robes des chevaux luisaient de santé sous le soleil d'avril. Le moindre routier avait astiqué son équipement, fourbi ses armes dans le sable du rio Najerilla. Entouré de sa cavalerie maure drapée de vert, don Pedre resplendissait sur son genet castillan; il avait promis tant de récompenses, distribuant à l'avance des trésors, des villes, des provinces que les soldats le considéraient déjà comme le maître incontesté de toutes les Espagnes.

La nouvelle éclata alors qu'on ne l'attendait plus, à une semaine de là : les troupes espagnoles faisaient mouvement entre Navarrete et Najera, dans un vaste espace de désert planté de rares champs de vignes et de quelques olivettes rachitiques, coupé de dépressions. Dans le bruit des cornes d'alerte qui s'entrecroisaient à travers le camp, les hommes précipitèrent leur toilette ou leur déjeuner pour courir aux armes. En moins d'une heure, l'armée était sur pied de guerre et franchissait le rio Najerilla, s'avançant sans hâte en direction de Navarrete. Il faisait un temps un peu aigre. Sous le ciel tumultueux, le vent brassait des odeurs d'amandiers en fleurs.

Le Prince Noir se porta avec son état-major sur une avancée de terre ocre. L'armée du Bâtard se déployait à l'infini. Autour d'un îlot immobile, hérissé d'étendards, palpitait un océan d'hommes et de chevaux d'où montait une rumeur profonde. Aux franges, des vagues de cavaliers turbulents se détachaient, fonçaient pour le plaisir, disparaissaient et reparaissaient en brandissant leurs lances courtes.

— Ils sont plus nombreux encore que je ne le supposais, dit Lancastre.

— Certes, dit le Prince Noir. Comme à Crécy ou à Poitiers; mais, cette fois-ci, nos adversaires ont en plus à leur tête un véritable homme de guerre. Reste à savoir comment messire Bertrand parviendra à se rendre maître de cette horde de chiens sauvages.

Il redescendit dans la plaine, commença à ranger son armée en ordre de bataille. Lancastre et Chandos se tiendraient aux avant-gardes. Derrière et sur leurs ailes, avec un léger décalage, les routiers gascons du captal de Buch et d'Albret, vétérans des compagnies, couturés de blessures comme les légionnaires de Rome, qui faisaient la guerre autant pour le plaisir que par goût du profit. Les « batailles » du Prince Noir et les cavaliers maures de don Pedre se rangèrent immédiatement derrière Lancastre et Chandos. Sur les flancs et les arrières, des unités solides d'archers, lanciers, coutilliers d'Angleterre, de Gascogne, d'Irlande et de Bretagne rangés en ordre impeccable.

L'armée du Prince Noir se trouvait déjà en ordre de bataille que ceux d'en face en étaient encore aux improvisations. On distinguait à leurs bannières les unités de don Sanche, d'Audrehem, du Bègue de Villaines et du Grand Maître des chevaliers de l'Écharpe, le capitaine-historien don Pedro Lopez de Ayala entouré d'un sombre escadron de chevaliers de Castille.

Durant une heure qui parut une éternité, les deux armées s'observèrent dans un silence tel qu'on entendait crépiter les criquets et le vent rouler dans les vignes mortes et les ravines. Les murailles des sierras se dessinaient en rose, très loin et, au-delà, les festons de neige des Pyrénées dentelaient les rives d'un lac de ciel d'un bleu intense. « Qu'attend-on pour commencer? » se demandait Blake.

C'était chaque fois la même impression : moins une angoisse qu'une interrogation obstinée qu'il n'avait jamais le temps d'élucider. Se bat-on pour vivre ou pour mourir? L'absurdité de ce dilemme le faisait délirer. Il commençait à aligner des arguments en désordre, les effaçait comme une trace de craie sur un mur, recommençait. Il n'y avait que les premières rumeurs du combat pour le distraire de ses fumeuses spéculations. « On se bat parce qu'il faut se battre, se disait-il, et, que l'on devienne héros ou victime, cela ne change rien à la face du monde puisque, de toute manière, la guerre est une absurdité. »

L'engagement débuta par une volée de flèches tirée des rangs anglais sur une unité conduite par messire Bertrand, qui s'était mise en marche la première et ne parut pas autrement indisposée par ces piqûres de guêpes. Lancastre donna l'ordre de se porter en avant. Les deux blocs des avant-gardes se heurtèrent de plein fouet aux cris de « Saint-Georges! », « Santiago! » et « Notre-Dame Guesclin! », tandis que, débordant sur les ailes, les routiers de Bretagne et ceux de Gascogne s'empoignaient avec allégresse. Très vite l'engagement avait tourné à la mêlée confuse animée de mouvements incontrôlables, se déplaçait dans un nuage de poussière avec des mouvements de vagues. L'espace entre les deux armées, un immense promontoire de terres ocre et très sèches, s'était couvert d'un grouillement larvaire où des chevaux affolés par leurs blessures creusaient parfois des entonnoirs.

Blake attendait l'ordre d'entrer en danse lorsqu'un parti de frondeurs aragonnais se présenta au galop sur son flanc droit. Une douleur fulgurante à l'épaule faillit lui faire vider les arçons. Fou de colère et sans attendre des ordres qui ne venaient pas, il entraîna ses hommes à travers des grêles de pierres. Une volée de flèches coucha une dizaine d'assaillants. Les autres s'enfuirent, mais pour revenir avec plus de détermination à la charge. Mal protégés par leurs taloches, les archers commençaient à se replier, lorsque surgirent à propos quelques lanciers de Calverley qui dispersèrent les frondeurs et s'interposèrent entre eux et l'unité de Blake.

— Eh bien, sir David, ironisa sir Hugh, on recule devant les pierres de ces paysans! Par saint Georges, tu as mieux à faire. Suis-moi! Ordre du prince : nous devons soutenir à tout prix l'avant-garde.

Ils s'enfoncèrent côte à côte dans la mêlée, suivis de leurs hommes, les archers protégeant leurs flancs. Le centre de la bataille était difficile à situer. Où donc étaient les avant-gardes? La bataille flambait d'un bout à l'autre du front des armées. Sur les rives de ce continent de mort bouillonnaient les remous des escadrons légers des « génètes » de don Tello, le vainqueur de Zaldiaran, que le Bâtard gardait en réserve.

Blake frappait joyeusement d'estoc et de taille. Il sentait la chaleur de l'engagement sourdre de sa cotte de maille, et il aurait poussé bien plus avant dans les rangs serrés des Castillans s'il n'avait aperçu sir John en mauvaise posture. Bouté hors de sa selle par la masse d'armes d'un chevalier castillan, Martin Fernandez, il avait eu le temps de dégainer son poignard à forte lame. Le Castillan, après quelques volées de masse que Chandos parvint à esquiver par miracle, était descendu à son tour de sa selle et s'apprêtait, d'une manière très chevaleresque, à en finir avec le chevalier blanc.

— Chandos! cria Blake. Me voici!

— Laisse! dit Calverley. Sir John est de taille à se défendre seul.

Dans un froissement de métal, au milieu de la poussière soulevée par leurs mouvements, les deux adversaires roulèrent l'un sur l'autre, entrechoquant leurs carapaces. Ils commençaient à donner des signes de fatigue et leurs coups manquaient chaque fois leur but. Blake crut bien que c'en était fini de son compagnon quand il le vit couché sous Fernandez qui l'écrasait de son poids, mais Chandos poussa un cri déchirant et le Castillan se redressa, lâcha son arme avant de basculer sur le côté. Chandos l'acheva de deux coups de poignards au flanc et se releva avec lenteur. Les combattants qui, de part et d'autre du ravin où se déroulait le duel, avaient interrompu leur action, se jetèrent de nouveau les uns contre les autres.

Blake s'approcha de sir John qui titubait.

— Prenez mon cheval, dit-il et retirez-vous vers Robin Knolles. Ainsi désarmé vous n'iriez pas loin. Je ne vois pas trace de votre épée.

Tandis que Chandos obtempérait, Calverley eut le temps d'expliquer à Blake une tactique un peu simpliste :

— L'homme le plus dangereux, c'est messire Bertrand. Il faut que nous parvenions à le dissocier de ses Bretons. Ça ne sera pas facile, mais ce n'est pas impossible. Je sais comment il faut le prendre, le bougre. Nous allons, toi et moi, essayer de l' « amuser ».

Ils s'enfoncèrent, l'œil et l'oreille aux aguets, dans l'orage dont l'épicentre était tout proche mais enveloppé d'une telle tourmente qu'il paraissait inapprochable. Les frondeurs aragonnais avaient fait merveille : une multitude de routiers anglais et gascons pour la plupart gisaient, assommés par les pierres rondes du rio Najerilla, le visage en bouillie, un membre brisé, le crâne enfoncé. Blake et Calverley progressaient lentement, en sautant par-dessus les corps, l'épée au poing, détournant ici la lance d'un chevalier à l' « Écharpe », dispersant là un groupe de coutilliers armés de poignards énormes, fonçant avec des moulinets sur les routiers de Villaines.

— Continue! criait Calverley. Avançons encore! Nous ne sommes plus loin du Breton à présent!

Malgré une flèche plantée dans sa cuisse, le colosse avançait avec résolution. Une balle de fronde avait défoncé sa cuirasse au niveau de la mamelle droite et un coup de lance avait arraché une lame du brassard gauche. Malgré le tumulte, Blake entendait derrière lui sa respiration puissante et cela le réconfortait.

— Bien! s'exclamait Calverley! Ah! le beau coup, petit! Gare à ce singe emplumé à ta dextre. Va droit devant et ne te retourne pas! Laisse ces faiseurs de grimaces : ils crèvent de frousse! Là, voilà une pointe bien placée. Ma parole tu as de la foudre dans le poignet!

Calverley écarta une lance de Biscaye et fendit en deux l'encolure du cheval avant de se retourner sur le cavalier dont les mains tendues volèrent sur un coup d'épée. Il se retourna, barbouillé de sang, chercha Blake.

— Par le Sang Dieu! hurla-t-il, où es-tu passé? Vas-tu m'attendre? Voilà que tu cours maintenant comme un dératé! Tu as reniflé le Breton, hein? Il est à ta droite. Cette chose monstrueuse qui manie la hache comme une badine, c'est lui. Si tu veux le défier sans risquer de perdre ta salive inutilement, crie-lui qu'il est le pire des lâches et que Tiphaine est une putain. Ce sont des propos qu'il ne pardonne pas.

— Dis-le lui toi-même! cria Blake. Tu devrais parler un peu moins et m'aider davantage. Viens à ma hauteur et nous ferons des merveilles!

— Ne te fâches pas, petit! Me voilà! Gare... Maintenant, ça devient dangereux. Nous tombons sur les Bretons. Je les ai eus sur le dos à Juigné, là où j'ai si bellement assommé messire Bertrand, et crois-moi...

— Vas-tu te taire!

— Par le Sang Dieu, tu as raison. Je suis un incorrigible bavard, mais ça m'aide à oublier ma frousse. A l'œuvre!

Calverley avait dit vrai. Ils se trouvaient pratiquement enfermés, en compagnie de quelques bravaches qui les avaient accompagnés dans cette folle aventure, au milieu d'un cercle de fer. Il leur aurait fallu dix bras pour se défendre. Ils commençaient à se sentir du mou dans les membres et la poussière leur brûlait la gorge. Calverley, qui avait cessé de déblatérer, ronflait comme un butor, poussait des sortes de meuglements profonds et se donnait un plaisir fou à placer avec précision ses terribles coups d'estoc qui envoyaient chaque fois un homme à terre.

— Nous y voilà! hurla-t-il dans le dos de Blake. Eh! chien de Bretagne, fils de putain, viens tâter de cette épée! Tu fais semblant de ne pas me reconnaître, lâche! Eh, oui, c'est moi, Calverley! Comme à Juigné! Viens donc, bouseux!

Messire Bertrand s'essuya le front, le fer de sa hache posé à terre. Son visage barbouillé de sueur et de poussière resplendit.

— Par saint Guénolé! C'est cette vieille paillasse de Calverley! Mon bon Hugh, tu me manquais. Que dirais-tu d'une petite joute, canaille, traître?

— J'allais te la proposer, bandit! J'en connais une qui va porter ton deuil sans tarder : ta putain de Bretagne qui est en train de se faire rouler dans la paille par tes valets! En garde, manant!

Le Breton se ramassa sur lui-même comme un dogue, le visage révulsé par la colère, des chassies blanchâtres lui coulant des yeux. Ses longues jambes se détendirent et Calverley reçut l'assaut de plein fouet, bascula, l'épaule meurtrie, une épaulière arrachée. Il poussa un hurlement de rage et Blake accourut, laissant à ceux qui le suivaient le soin de « servir » un gentil chevalier blond qui l'amusait depuis trop longtemps avec ses feintes de demoiselle. Il porta au Breton un rude coup de plein fouet au flanc droit, qui entama l'écorce et l'aubier et fit jaillir une sourcelette de sève rouge. Messire Bertrand recula jusqu'à la paroi de la ravine, haute comme deux hommes, pour reprendre ses esprits et son souffle. Puis il chargea de nouveau et Blake sentit, à deux doigts de son visage, le souffle rauque du fer. Il répondit par un coup de pointe plus impressionnant que dangereux.

— Tu ne manques pas de toupet! s'écria le Breton.

— Appelle plutôt ça du courage, dit Calverley qui venait de se relever, meurtri par le choc de l'arme et la chute.

— Laisse-le moi, dit Du Guesclin. J'en ai assez de tailler dans de la brute. Celui-ci travaille en finesse. J'aimerais savoir ce qu'il sait faire.

Chevaleresque, il jeta sa hache, tira son épée dont le pommeau

265

reliquaire contenait une phalangette de saint Yves et se mit en garde, la pointe en avant, gueulant contre ces jean-foutre qui se pressaient derrière lui et risquaient de contrarier ses évolutions. Blake attaqua rudement et l'accula de nouveau à la muraille de terre. Le Breton riposta avec une fureur étudiée, piqua droit à la ceinture. La boucle de fer détourna la pointe, mais le choc ébranla Blake qui s'effondra dans les bras de Calverley.

— Ne t'affole pas, lui souffla sir Hugh. Quand tu seras fatigué, tu passeras la main. Ce grand singe crèverait toute une compagnie.

Les deux combattants engagèrent de nouveau le fer en proférant des injures et des défis, aveuglés par la sueur qui leur coulait dans les yeux et cette maudite poussière qui leur arrachait des toux rauques. La danse de mort tournait, la fatigue aidant, au ballet de fantôme, avec tout autour les fusées de cris et les lourds tonnerres de la bataille. Messire Bertrand paraissait inquiet. Le ravin dans lequel il se trouvait bloqué lui cachait ce qui se passait dans son dos et qu'il aurait bien aimé voir. Il lui tardait d'en finir avec ces deux-là qui — il commençait à s'en rendre compte — étaient venus pour l' « amuser ». A plusieurs reprises, il appela un certain Sanche, lui criant de chercher à savoir ce qui pouvait bien se passer « là-haut », mais Sanche paraissait introuvable. Il ne restait autour de lui que quelques Bretons affrontés aux gens qui avaient suivi Blake et Calverley.

— Ton Sanche, s'écria joyeusement Calverley, il est en enfer ou en train de fuir avec la paille au cul! Il vaut mieux pour toi jeter le gant si tu ne veux pas que Tiphaine porte ton deuil. Elle n'avait pas vu ça dans les astres, ta prostituée!

Messire Bertrand marqua un arrêt. L'espace d'un éclair, il lui revint en mémoire cette soirée à la chandelle, dans il ne savait plus quel manoir perdu de l'Armorique, où Tiphaine...

— Que le diable te ronge les couilles! cria-t-il.

Il fonça sur Blake, lui porta un terrible coup de revers à la cuisse, puis il se jeta sur Calverley, la rage aux dents. Les lourdes lames s'affrontèrent. Soudain une voix gronda au-dessus d'eux :

— Cessez, vous deux! Vous tous, arrêtez! Messire Bertrand, je vous somme de vous rendre. Vous en avez trop fait.

Tous levèrent les yeux vers le rebord de la muraille de terre où le vent faisait trembler des bouquets d'herbe jaune. Le Prince Noir venait de descendre de cheval. Il s'était battu avec acharnement; la ceinture de sa cotte de maille avait cédé et son poitrail était barbouillé de rouge. Sous la poussière, la sueur et le sang, son visage était méconnaissable. Don Pedre arrêta son cheval près de celui du prince. Il en descendit, s'avança jusqu'au bord de la ravine, criant :

— Pas de quartiers! Calverley! Blake! Abattez ces chiens enragés. Ce sont eux qui m'ont chassé de mon royaume. Qu'ils crèvent, les maudits!

— Taisez-vous! cria le Prince Noir. Ces gens se sont bien battus. Ils méritent notre admiration et notre grâce.

— Que se passe-t-il? gronda Du Guesclin. Quel tour est-on en train de nous jouer? Où est don Enrique?

— Il devait avoir affaire d'urgence en Aragon, dit le Prince Noir. Nous l'avons vu quitter le champ de bataille à bride abattue. Nos archers ont creusé tant de cratères dans sa « bataille » qu'ils ont pratiquement fait le vide, alors qu'il se portait vers vous pour vous dégager. Il a tout fait pour vous rejoindre mais on ne peut rien contre nos « longbows ». Quand il a abandonné le combat, il ressemblait à saint Sébastien...

— Et don Tello? Et don Pedro Lopez de Ayala? demanda le Breton. Ils étaient sur mes arrières avec quelques chevaliers de l' « Écharpe ». Ils n'ont pu s'enfuir aussi?

— Vos « génètes » se sont débandés les premiers. Ce sont des cavaliers splendides mais de mauvais combattants. Lorsque les routiers d'Armagnac et de Gascogne ont marché sur eux, don Tello n'a rien pu faire pour les arrêter. On aurait dit des feuilles mortes chassées par l'ouragan. Tout ce qu'Ayala a pu tenter, c'est de défendre le pont du rio Najerilla pour freiner la débandade. Beaucoup sont morts noyés. Les autres, le diable les emporte!

— Et le prieur de Saint-Jacques? Et le Grand Maître de Calatrava?

— Nous les avons capturés dans une bicoque, près de la rivière. Ils se sont rendus sans faire d'histoire. Toi et tes Bretons, vous feriez bien de les imiter. Tout est perdu pour vous!

Du Guesclin pointa son épée vers Calverley, le regarda fixement.

— Toi, pendard, tu ne perds rien pour attendre. Nous nous retrouverons!

— Jetez votre gant! dit le prince.

— Des gants! hurla le Breton, c'est bon pour les demoiselles Voici mon épée, et ma hache pour faire bonne mesure. C'est à vous, messire Edouard, que je rends les armes, et pas à ce roitelet arrogant!

Don Pedre était remonté à cheval. On l'entendit crier .

— Trouvez le Trastamare! Cent mille florins à celui qui me le ramènera, mort ou vif! Allez repêcher les noyés! Cherchez parmi les morts! Courez vers l'Aragon! Il faut le retrouver sinon cette bataille n'aura servi à rien!

« Comme si une bataille pouvait servir à quelque chose... », songeait Blake. Il se sentait du plomb dans les membres, de l'amertume dans le cœur. L'ivresse du combat passée, le rythme de son sang apaisé, il regardait cette cuisse sur laquelle s'affairait un écuyer, ces mains meurtries, ce corps rejeté hors de la bataille comme une épave, avec l'impression d'avoir participé à une fête inachevée, qui n'avait jamais eu de commencement, qui n'aurait jamais de fin, mais dont les hommes ne pourraient jamais se rassasier. Il contemplait avec une sorte de haine cette forme noire dressée sur le bord de la ravine, qui parlait si noblement des choses de la guerre et des devoirs de la chevalerie, épave elle aussi sur la grève battue par cet océan de morts qui palpitait derrière elle, mais c'était une épave illustre, glorieuse, insensible aux élans du doute, aux secrètes érosions de la conscience. Une statue d'obsidienne sans une faille, taillée pour durer une éternité dans la mémoire des hommes. « Je me fais vieux, se dit Blake. J'avais raison de penser que cette guerre était pour moi la dernière. Mon corps ne m'a pas trahi, mais le cœur n'y est plus. Le jeu n'a plus d'intérêt pour moi : il m'écœure. »

Don Pedre ne reparut qu'au soir tombant, harassé, le nez dans la crinière de son cheval. Il avait galopé ventre à terre avec un groupe de chevaliers maures jusqu'à San Domingo de la Calzada, sur la route de Burgos, s'arrêtant dans chaque hameau pour demander si l'on avait aperçu le Trastamare. Il avait inspecté tous les cadavres repêchés dans le rio et ceux qui se trouvaient sur le champ de bataille; il avait, pour oublier sa déception, égorgé de ses mains un célèbre ingénieur castillan : Inigo Lopez de Crosco, que les Gascons avaient capturé.

Le Prince Noir lui reprocha amèrement cet assassinat.

— Ce geste est indigne de vous. De plus, vous privez nos soldats d'une rançon. Allez-vous enfin vous conduire en chevalier?

— Le Trastamare, répliqua vertement le roi, s'est-il conduit en chevalier lorsqu'il m'a volé ma couronne? Mais je veux bien vous écouter, messire Edouard. Confiez-moi les prisonniers que nous avons faits. Je tiens à les interroger moi-même. Peut-être savent-ils quelques détails sur la retraite et les intentions du Bâtard...

— Vous avez des façons d'interroger qui ne me plaisent pas beaucoup. Ces gens resteront sous ma garde. Ceux qui sont sujets à rançon, nous les garderons; les autres seront relâchés. Ne trouvez-vous pas qu'il y a eu assez de morts dans cette bataille.

— Je trouve singulier, dit avec hauteur don Pedre, que ce soit vous, Edouard, que l'on a vu à l'œuvre dans le Languedoc, il y a quelques années, qui vienne me reprocher ma cruauté!

Il poursuivit, plus âprement :

— Cette bataille que nous venons de remporter, j'y ai participé au même titre que vous, messire prince. Que faites-vous des cinq cent mille florins que j'ai offerts pour organiser et équiper cette expédition? Estimez-vous à rien les villes et les provinces qui vous reviendront, à vous et à vos chevaliers? Continuez encore à contrarier les moindres de mes volontés, comme vous le faites, et vous ne tarderez pas à le regretter!

Les florins? Les territoires? Le prince haussa les épaules : autant de promesses non encore tenues! Il faillit se rebiffer, mais se contenta de marchander avec don Pedre, lui abandonnant une cinquantaine de chevaliers et de capitaines de Castille et d'Aragon : ceux qui, selon le roi, avaient sans réserve embrassé le parti des traîtres.

— Qu'allez-vous en faire? demanda le prince.

— Vous le verrez dès ce soir si vous daignez me rejoindre devant ma tente.

Don Pedre avait fait dresser un échafaud grossier entre sa tente rouge et le rio Najerilla, sur un espace de terrain encore couvert de sang séché par le soleil et le vent. Il avait choisi lui-même l'une des meilleures épées de sa suite : un colosse de Covarrubias dont on prétendait qu'il pouvait trancher en deux un âne d'un coup d'épée.

— Ne regrette rien! dit Calverley, un peu plus tard, alors qu'au retour de la « fête » il rendait visite à Blake dans sa tente. Par le Sang Dieu! J'en ai encore le cœur malade! Voir tous ces chevaliers dont beaucoup, blessés, pouvaient à peine tenir sur leurs jambes, monter à l'échafaud en priant, dignes et fiers, m'a retourné le sang. Il fallait voir don Pedre! Il fallait l'entendre! Il ne tenait plus en place, injuriant les uns, interpellant les autres, ricanant, poussant des cris sadiques lorsque tombait une tête... Les têtes? Il avait demandé qu'on les entasse devant lui au fur et à mesure et on aurait dit un marchand de pastèques devant son étalage. Toutes ces têtes grimaçantes, Blake, tout ce sang versé par pure cruauté... Dieu sait que le spectacle d'un champ de bataille m'est familier, mais, ce soir, je crois que j'ai touché les limites de l'horreur. Le boucher de Covarrubias est un véritable athlète de l'épée et de la hache, mais il était si fatigué à la fin qu'il devait s'y prendre à deux ou trois fois pour décoller une tête. J'ai vu de nos vétérans se détourner pour vomir, d'autres menacer d'aller couper les oreilles du roi. Par le Sang Dieu! j'ai bien failli le faire moi-même...

— Qu'a-t-on fait de messire Bertrand? demanda Blake.

— Il a été transféré dans l'abbaye de Najera, sous la garde du captal, avec cent hommes pour en garder les issues. On dit qu'il passe des heures en oraisons devant une Vierge, dans une grotte, la plus rouge et la plus profonde, et qu'il fait écrire par son secrétaire des lettres à Tiphaine. Tu sais qu'elle avait prévu ce qui s'est passé?

Le Prince Noir avait rendu visite à Blake dans la soirée pour prendre de ses nouvelles. Il avait de plus en plus précisément l'impression d'avoir fait un marché de dupe. N'était-ce pas folie que de faire fonds sur les promesses et les serments de don Pedre le « Cruel »? Maintenant il allait falloir s'armer de patience, attendre le versement de la somme promise qui permettrait de payer les soldes. Quant aux villes et aux provinces, il faudrait aider le roi à en reprendre possession si l'on voulait en faire son profit.

— Ce pays me tue à petit feu, avait-il dit à sir David. J'ai parfois l'impression qu'un mauvais génie a pénétré dans mon corps et s'y acharne à coups de griffes et de dents.

Il tendit ses mains rougeâtres, pustuleuses, pareilles à deux crapauds écorchés. Son visage gonflé commençait à se desquamer par endroits à larges plaques. Sa moustache tombante, sa barbe clairsemée, avaient blanchi. Il conservait encore dans son allure une certaine majesté mais au moindre signe de fatigue, il prenait l'allure d'un vieil homme.

Par maladresse ou par lassitude, le prince eut, à quelques jours de la victoire de Najera, la faiblesse de laisser don Pedre partir pour Burgos.

Le roi ne pardonnait pas à cette ville d'avoir accueilli don Enrique et de l'avoir sacré roi de Castille. Durant des jours, Burgos vécut dans la terreur. Pour un rien, les soldats de don Pedre égorgeaient, jetaient au cachot, pillaient les demeures des notables et des marchands.

Aux semonces du Prince Noir, le roi répondit par le silence.

Le jour où il accueillit ses trois filles qui commençaient à se morfondre à Roncevaux, il se surpassa. En leur honneur, pour leur donner une image de sa toute-puissance, il fit égorger quelques notables et même un vieil alcade tout vermoulu, et fit suspendre leurs corps coupés par quartiers aux portes de la ville. Il fit sortir de prison les bourgeois affamés qu'on enchaîna à des pieux près de la table du banquet installée sur la place, devant la cathédrale, et auxquels on jetait des os. On eut du mal à le convaincre de ne pas détruire le sanctuaire où le Bâtard avait pris la couronne.

L'argent promis, le Prince Noir n'en voyait pas le premier maravedis.

— Patience! disait le roi. Je sais où le trouver. Encore faut-il aller le chercher.

Il avait confirmé ses donations de domaines aux chevaliers anglais et gascons mais, lorsque ceux-ci se présentaient, les alcades, qui avaient reçu des ordres secrets, refusaient d'ouvrir leurs portes. Le roi exigeait parfois, pour que l'on pût prendre possession de ces terres, de tels droits de chancellerie que les intéressés préféraient renoncer. Il n'était guère de jour où un groupe de chevaliers dépités ne vinssent présenter leurs griefs au Prince Noir et menacer de retourner en France.

— Partez si vous le désirez, leur disait le Prince Noir, mais sachez que vous ne franchirez pas les « ports » des Pyrénées. Charles de Navarre vous y attendra. Si vous échappez à ses guetteurs, vous tomberez, en atteignant l'autre versant, sur les troupes du lieutenant du roi de France en Languedoc ou sur les bandes de don Enrique qui s'y sont repliées.

Au printemps tumultueux avait succédé sans transition un été accablant. Autour de Burgos, que le roi Pedre venait de quitter sans prévenir, prétendument pour aller chercher dans le sud, chez les Maures de Grenade, un trésor imaginaire, la campagne grillait sous un soleil d'enfer. Le Prince Noir s'était installé à Burgos avec ses captifs et sa suite, confiant à ses capitaines et à son armée le soin de tenir le pays. Pour fuir les chaleurs, il allait de temps à autre s'installer pour quelques jours au monastère de Las Huelgas, dans la montagne, où l'air était plus frais. Il ne supportait plus les grandes chaleurs.

Le jour, il restait enfermé avec messire Bertrand, disputant avec lui et avec sir John ou sir David, d'interminables parties d'échecs. Il écoutait distraitement le Breton lui parler de la principauté du Sud que le Trastamare lui avait promise : à Molina une « vega » à perte de vue, avec des jardins de citronniers et d'orangers, des fontaines, des esclaves maures, des palais de marbre; Thiphaine le rejoindrait; ils vivraient dans ce jardin de Josaphat, en dehors des guerres et des intrigues, jusqu'à la fin de leurs jours.

271

— Taisez-vous, messire Bertrand! s'écriait le prince. Vous êtes bien naïf pour croire à ces fables! Pedre, Enrique, Charles, et même le « Cérémonieux » d'Aragon : autant de fourbes! Allez! nous pourrons nous estimer heureux, vous et moi, si nous revoyons un jour notre pays...

C'est à Estella, en Navarre, sur le rio Ega (une bourgade en forme de termitière dans laquelle on pénétrait par un pont en dos d'âne) que Blake retrouva Constanza.

En vertu d'accords avec le roi de Navarre, le Prince Noir avait assigné à Blake et à Calverley cette ville pour y tenir garnison d'une vingtaine de lances. Ils s'y morfondaient dans un palais trop grand pour eux, face à une église juchée à flanc de montagne et, sur l'autre rive, la massive forteresse d'un couvent de dominicains.

Les trois infantes étaient arrivées, juchées sur des mules d'Aragon pomponnées comme pour une « feria », avec rubans et grelots. Elles ne paraissaient guère avoir pâti de leur séjour à Roncevaux : joues roses, chevelures bien tirées, le visage entouré d'un voile sur lequel était posé un large chapeau plat en velours vert. Elles étaient accompagnées de leurs duègnes qui mijotaient dans leurs mauvaises odeurs au fond d'un chariot.

— Sir David Blake! s'écria Constanza en feignant la surprise! Je te croyais mort à Najera. Que fais-tu dans ces parages?

Blake l'aida à descendre de sa mule. Elle tapota sa tunique de voyage, redressa son chapeau, s'essuya les joues et se mit à s'éventer avec son mouchoir.

— Estella! dit-elle en regardant autour d'elle. J'y ai vécu quelques semaines dans mon enfance et j'ai cru y mourir d'ennui. Le palais du roi de Navarre était plein de dominicains qui passaient leur temps à prier et à prêcher. Le comte tenait pour le Bâtard. On l'a tué, j'espère?

— Venez! dit Blake. J'ai fait préparer des rafraîchissements. Vos chambres sont prêtes pour la nuit.

Elle s'arrêta au bout de quelques pas, bouche bée.

— Mais qu'as-tu, David?

— Une mauvaise blessure à la jambe, qui me fait boiter. Un cadeau de messire Bertrand, à Najera.

— Tu t'es battu contre messire Bertrand et il ne t'a pas tué? Mais vous êtes un héros, sir David!

Ils pénétrèrent dans le palais qui avait retrouvé son animation dans l'attente de l'escorte des trois infantes. Il y avait des domestiques dans toutes les pièces et des dominicains dressés contre le mur ou assis sur des bancs de bois.

— Tu auras cette chambre pour toi seule, dit Blake. Te convient-elle? De ta fenêtre, tu as vue sur l'église. Il y fait frais. J'ai fait jeter des brassées d'herbes sur le parquet. Deux servantes seront à ta disposition.

Elle se retourna vivement vers lui et le provoqua du regard avant de dire :

— J'aurai peur dans ce grand lit. Viendras-tu m'y rejoindre?

— Non! dit Blake. Il faut oublier ce qui s'est passé entre nous.

Elle lui souffleta le visage de son mouchoir.

— Tu oserais me laisser seule? Allons, reconnais que tu avais quelque idée derrière la tête en me séparant de mes sœurs!

— Non, Constanza. Maintenant, permets-moi de me retirer. J'ai beaucoup d'occupations et Calverley ne sait rien faire sans moi.

Le dernier flambeau éteint, à peine Blake s'était-il allongé, perclus de fatigue, il entendit gratter à la porte de sa chambre.

— Pardonne-moi, dit Constanza. Je ne puis dormir seule et ma duègne sent si mauvais et ronfle si fort que je ne peux la prendre dans mon lit. J'ai mis du temps à trouver ta chambre. Garde-moi pour cette nuit, je t'en conjure.

Ils laissèrent la chandelle allumée sur un coffre. La nuit soufflait son haleine de montagne et d'eaux mortes. De l'autre côté de la place où patrouillaient avec des torches les hommes de la milice urbaine, l'église dressait sa façade dans un air d'un bleu laiteux, en haut de la grande volée de marches qui menait au parvis.

Le corps dénudé de Constanza sur le lit aux draps rejetés, paraissait avoir pris une dimension vertigineuse. Blake le parcourait des lèvres, des mains, du regard, le sondait, le caressait, le pressait entre ses doigts, guettant le moindre frisson, le moindre gémissement, respirant des odeurs qui lui semblaient nouvelles, buvant la sueur délicate sur le satin de la peau brûlante. Il n'avait pas touché une femme depuis des mois et il lui semblait qu'il faisait l'amour pour la première fois.

A l'aube, Constanza se leva prestement, s'éclipsa avant que Blake ait eu le temps de la retenir. Il ne la retrouva qu'à l'office du matin, mais elle fit semblant de ne pas le voir. Au milieu de ses deux sœurs, elle recevait l'hommage des notables avec des attitudes guindées. L'office terminé, la foule s'étant écoulée sur le parvis, il s'approcha d'elle, proposa de la raccompagner jusqu'au palais. Elle refusa d'un vif mouvement de tête.

— Qu'as-tu, Constanza? Que me reproches-tu?

— Rien! dit-elle. Je te prie simplement de me laisser en paix.

— Gardes-tu un mauvais souvenir de notre dernière nuit?

— Il ne s'est rien passé la nuit dernière, dit-elle avec une expression narquoise. Il ne se passera plus rien. Et cessez de m'interpeller. Vous ne voyez donc pas qu'on nous observe?

— J'insiste, Constanza! Cette nuit, tu étais toute amour, et ce matin...

— Allez-vous cesser de m'importuner?

Un jeune hidalgo s'avança, s'inclina sèchement.

— Don Sanche! dit Constanza, veillez à ce qu'on ne m'importune plus!

— Sir David, dit don Sanche, je me permets de vous rappeler à la plus élémentaire courtoisie, sinon je devrai en référer à mon maître, le roi Pedre.

La petite moustache tremblait au-dessus des lèvres fines et rouges, si serrées qu'on n'aurait pu y glisser un « escudo ». Ce petit monsieur trop bien mis aurait été capable de dégainer pour l'honneur de l'infante; Blake préféra rompre d'autant qu'on commençait à faire cercle autour d'eux.

— Tu as failli nous mettre dans de beaux draps avec tes affaires de cœur, dit Calverley. Aussi, que vas-tu t'imaginer? Parce que cette petite gourde a eu envie de fondre dans les bras d'un héros de Najera, tu te voyais sortant de la cathédrale de Burgos en sa compagnie avec la bénédiction de papa Pedre! Avant de quitter Roncevaux, ton infante a appris qu'on projetait de la marier avec le duc de Lancastre. Du coup, tu ne comptes pas plus qu'une guigne. Elle a voulu se donner une dernière folle nuit avec toi. Mais, par le Sang Dieu! la nuit est passée et le rêve avec elle.

La lumière est de fer. Une haleine de lave coule des pentes dont la verdure a viré au gris. Le rio Ega ne laisse filtrer que de maigres filets d'eau verte entre les pierres enveloppées de mousses calcinées. On ne trouve de fraîcheur que dans les ruelles qui sillonnent cette termitière géante et dans les maisons hautes, aux volets clos. La population s'est tassée dans les moindres coins d'ombre pour assister au départ dans la fournaise du cortège des infantes. Debout côte à côte au grand soleil. Blake et Calverley titubent, leur crâne prêt d'éclater sous le casque de fer. Les chevaux s'énervent sous les nuées de mouches et de taons.

— Enfin! dit Calverley, voilà nos donzelles!

Le trois infantes s'avancent, à l'abri des ombrelles tenues par des servantes. L'alcade a fait préparer à leur intention des litières tendues de légères étoffes de couleur qui palpitent dans le vent chaud. A l'arrière du cortège, on finit de hisser dans un chariot les présents des bourgeois d'Estella. Les infantes montent dans leur litière; leurs duègnes dans la suivante.

— A nous! dit Calverley.

Ils sautent en selle et prennent avec quelques hommes le devant du cortège. Blake n'a pas voulu de musique, mais une lourde vague de cloches palpite sur la ville. Un départ sinistre. Lorsqu'elle aborde le pont en dos d'âne, des cris effrayés montent de la litière des duègnes, renversées dans leurs coussins de soie.

— Nous n'irons pas plus loin qu'Urbiola, décrète Blake.

Ils s'arrêtèrent bien avant, à Ayegui, se rangèrent de part et d'autre de la piste pour laisser passer le cortège. La moustache brune du donneur de leçons de courtoisie émit une protestation feutrée. « On avait dit Urbiola. Pourquoi... »

— La chaleur est trop forte, mon brave, dit Calverley.

Il sortit de sa ceinture quelques maravedis qu'il jeta dans la poussière.

— En arrivant à Urbiola, dit-il, vous boirez à notre santé.

— Es-tu fou? dit Blake. Que fais-tu de son honneur d'hidalgo?

— Par le Sang Dieu! Je m'assieds dessus de toute la largeur de mes fesses!

La petite moustache cria un juron puis lâcha un ordre bref et le cortège s'ébranla de nouveau. Lorsque la litière des infantes passa à sa hauteur, Blake sentit son cœur battre. Il s'attendait à revoir une dernière fois le visage de Constanza mais les rideaux demeurèrent clos.

— Tu vois, dit Calverley, elle t'a oublié. Fais-en autant.

Au retour, Hugh s'arrêta derrière une haie et Blake l'entendit gémir et jurer. La dysenterie lui rongeait les tripes depuis une semaine.

L'été passa, lent et funèbre. Les hommes mouraient par dizaines : une mauvaise nourriture, des fruits douteux, des vins lourds, des eaux croupies, des amours de fortune leur pourrissaient le ventre. Ils se vidaient jour après jour, crevaient sur leur paillasse, tombaient de cheval en pleine course.

Enfermé dans Burgos, le Prince Noir était devenu difforme et les mires s'interrogeaient pour découvrir la nature du mal qui l'accablait et les remèdes adéquats. On lui fit absorber tant de mixtures inefficaces qu'il jura que l'on avait prémédité de l'empoisonner. Il fit enfermer les mires et ne s'en porta que mieux. Il ne quittait plus le palais. A plusieurs reprises, il avait pris la décision de retourner en France, mais, à l'idée d'affronter la fournaise et les dangers du retour il avait finalement renoncé.

Don Pedre ne donnait plus de nouvelles; il devait se prélasser dans ses provinces du sud avec ses amis les princes de Grenade, au milieu de sa garde de cavaliers maures. On avait vu passer à Burgos le train des trois infantes. Puis le silence était retombé sur la ville comme s'il devait durer toujours.

Le Bâtard était passé en France et s'était rendu à Montpellier auprès du duc d'Anjou, lieutenant du Languedoc pour le roi Charles de France, son frère. Pour ne pas perdre les bonnes habitudes, il avait pris la tête de quelques compagnies de routiers et menait le jeu terrible de la guerre de pillage. Il attendait son heure pour passer de nouveau les Pyrénées.

— Le moment est venu, dit le Prince Noir. Il va falloir nous décider. Don Pedre ne reviendra pas.

Parfois des nuages de poussière se soulèvent au-dessus de l'immensité incandescente. On alerte le prince; il s'arrache à son fauteuil, cligne des yeux dans l'éblouissement. La plupart du temps, ce ne sont que des troupeaux de moutons, un convoi de mules passant d'Aragon en Navarre, ou un simple caprice du vent.

— Le plus misérable des bergers entre Najera et Logrono a un sort plus enviable que le mien! soupire le Prince Noir. Regardez-moi, sir John! Je suis devenu hideux. Mais si ce n'était que cela! Malade, j'ignore la nature de mon mal! C'est comme si je combattais un ennemi invisible et pourtant présent et impitoyable. Et encore si je ne souffrais que de cela... Que reste-t-il dans nos coffres?

— A peu près, messire, de quoi nous régaler de quelques pastèques, d'un peu de farine et de vin pour notre repas du soir...

— Et notre armée, sir John, qu'en reste-t-il?

— Un homme sur trois a déserté ou est mort d'épuisement. Ceux qui restent ne valent guère mieux.

— Et c'est avec cette armée que nous allons devoir repasser les Pyrénées, sir John? Parviendrons-nous seulement à Pampelune? Et qu'est-ce qui nous attend de l'autre côté? Reverrons-nous seulement Londres et Bordeaux?

Chandos se force à sourire. On sera à Bordeaux avant la fin de l'automne! On reverra Londres, et Canterbury! Le prince serrera ses enfants, Edouard et Richard, dans ses bras avant la Saint-Michel, et son épouse, et ses vieux serviteurs. Quand on arrivera, toute la Guyenne sentira la vendange, la pluie, le vent de mer.

— La pluie... murmure le prince, les yeux mi-clos.

Il n'a pas plu de tout l'été. De la terre craquelée, des étendues de rocaille et de poussière où de maigres éteules dorent par plaques les espaces entre des oliveraies grises, monte une haleine de four. Le prince prend dans sa main une grenade posée sur une coupe au milieu de la table, en palpe la carapace parcheminée, la tranche maladroitement avec son poignard, à même le bois. Un jus rosâtre et parfumé lui coule entre les doigts. Vu de Bordeaux, ainsi était ce pays : un peu rude d'écorce mais avec des grappes de jardins accrochées aux pentes des sierras et dispersés sur les espaces des « mesetas ». Illusion! Il porte la grenade à ses lèvres, ferme ses paupières pour en savourer le jus d'étoiles froides, la saveur d'automne et de pluie.

— Mieux vous vaudrait un verre de vin coupé d'eau, dit sir John.

L'arrivée à Bordeaux? Il est aisé de l'imaginer : le délire des populations arrachées pour quelques heures au souci des vendanges, le sourire de la princesse Jane et des enfants, et le Prince Noir entrant dans cette ville comme le Messie dans Jérusalem, précédant ses compagnons dépenaillés. Et puis... Et puis, le revers de la médaille : des coffres vides, la guerre menaçant aux marches des provinces, le mécontentement du peuple auquel on demandera de nouveaux sacrifices...

— Et si tout cela avait été vain, qu'il faille tout recommencer?

— Que voulez-vous dire, messire?

Le Trastamare n'aura de cesse de franchir de nouveau les Pyrénées, à peine les troupes anglo-gasconnes auront le dos tourné. Avec l'appui des Français et du roi de Navarre, il lui sera facile de reconquérir son royaume dont le « Cruel » n'a jamais vraiment repris possession. Que le Bâtard se présente et les villes tomberont d'elles-mêmes, et la chasse au roi recommencera, la guerre, les massacres.

— Nous nous sommes ruinés dans cette aventure, sir John. Ruinés pour rien. Qu'allons-nous en ramener? Une victoire acquise péniblement, la maîtrise de ces déserts de poussière et de cailloux,

277

des captifs dont nous aurons bien du mal à obtenir rançon... Vous aviez raison de me déconseiller cette folie, vous qui êtes le plus fidèle et le plus sage de mes compagnons?

— La vie est un jeu, dit Chandos. Un jour vous gagnez; l'autre, vous perdez. Il est des défaites heureuses et des victoires qui coûtent cher.

Il ajoute, les yeux baissés :

— Pardonnez-moi, messire, mais si vous aviez un peu moins confiance en vous et un peu plus en la Providence, peut-être les choses auraient-elles tourné autrement.

Il attend un orage qui ne vient pas. Le Prince Noir n'aime guère qu'on lui reproche la tiédeur de sa foi, ses relations ambiguës avec la Providence. Il entretient avec Dieu des rapports de vassal à suzerain en apparence sans failles, en fait singulièrement truqués. Il semble concéder à Dieu le dernier mot, mais refuse ses lumières quand elles ne dorent pas suffisamment la réalité ou n'éclairent que le mauvais côté des événements en gestation. Sir John connaît trop bien son vieux compagnon pour savoir que cet orgueil démesuré cache le désert de sa foi sous des apparences de dévotion. S'il est une attitude à laquelle il ne renoncera jamais, c'est celle du défi. Il tolère Dieu mais n'admet pas qu'il se mette en travers de son chemin.

Le monastère de Najera est un bloc de fraîcheur et de silence adossé à la montagne rouge, incrusté pour une bonne partie en elle. Comme chaque jour, messire Bertrand et ses compagnons de captivité sont allés faire leurs dévotions à la Vierge, au fond de cette caverne creusée dans le tuf, où rien ne transpire des fureurs du monde, où le sel de la terre est à portée de la main et imprègne le cœur et l'esprit. Il en sortira sur le coup de midi, clignera des yeux vers le ciel fou de lumière et dira en s'attablant devant son tranchoir vide, face au Prince Noir, d'un air bougon et narquois :

— Alors, messire Edouard, quel festin allez-vous nous faire servir aujourd'hui? Deux olives, une figue ou une tranche de pastèque?

Ils partirent aux premiers souffles de l'automne. Blake et Calverley, à la tête de quelques lances et de guides du pays, s'étaient assurés que la voie était libre jusqu'à Pampelune. Au-delà, c'était l'aventure. Ils s'enfoncèrent dans l'inconnu, la peur aux tripes, sous des orages de pluie et de grêle qui faisaient déborder les torrents en une heure ou deux. Les guides — presque tous des gens de Navarre — les bernaient, les entraînaient dans des impasses sous prétexte de gagner du temps. On butait dans des fonds de vallées perdues, on rebroussait chemin, traversant des villages morts où l'on ne trouvait pour subsister que de la sauvagine et des corbeaux, on s'enfonçait dans d'effrayantes solitudes sur lesquelles pesaient les ciels noirs de septembre, redoutant de voir apparaître les troupes de Navarre ou celles de don Enrique qui auraient contraint au combat ces hommes qui avaient du mal à se tenir en selle où qui traînaient leurs pieds ensanglantés dans la rocaille.

Ce qui restait de l'armée du Prince Noir arriva, fourbu, à Saint-Jean-Pied-de-Port et s'y reposa quelques jours.

Le pays était calme; sur les chemins roulaient les flots des transhumances et les torrents débordaient des lourdes eaux crémeuses des premières neiges et des orages. On était encore loin de l'Aquitaine, mais, de respirer cet air d'au-delà des Pyrénées, de contempler ces horizons où la montagne s'achevait par une jolie danse de pitons et de collines avant les souples ondulations du Béarn et de l'Armagnac, les hommes se sentaient revivre. Anglais et Gascons cessaient de ne se considérer que comme des alliés conjoncturels; ils fraternisaient, se serraient les coudes, s'apprenaient mutuellement leurs chansons et s'enivraient ensemble.

Ils sortaient d'une prison et la liberté les rendait un peu fous.

LIVRE IV

Limoges, 1370

1

MORT D'UN CAVALIER BLANC

— Limoges, avait dit le sénéchal Hugh de Calverley en grattant la vermine de sa barbe, je suis heureux de t'y accompagner puisque monseigneur le prince m'a fait l'honneur de me confier la garde de la province. Cette cage à perruches de Saint-André me rompt le tympan jusqu'à la nausée et je n'ai nulle envie de retourner en Angleterre.

Il émergea comme un tronc d'arbre mouillé de pluie du baquet fumant, les lichens roux de sa poitrine ornés de flocons de mousse bleue.

Il pointa l'index sur une couture rose, entre l'épaule et la mamelle droite.

— Regardez bien, mes belles! C'est un souvenir de messire Bertrand à Juigné. Par le Sang Dieu! il n'y a pas dix chevaliers vivants qui pourraient montrer la même blessure! L'Ordre de la Jarretière ne me ferait pas plus de plaisir. Venez toucher la blessure glorieuse de monsieur le sénéchal. Approchez! Ne craignez rien : cette petite bouche rose ne mord pas. Toi, petite, ne fais pas ces yeux-là! Ta main! Allons, donne ta main!

Elles s'approchèrent. Elles voulaient toutes voir de plus près. Toucher. Poser leurs lèvres là où avait frappé la redoutable hache de messire Bertrand.

— Holà! vampires femelles! cria Hugh. Voyez l'état où vous me mettez!

Il prit à pleines mains son sexe énorme, bondit hors du baquet en faisant gicler l'eau sale de toutes parts et se mit à poursuivre les filles de service à travers la pièce, dispersant autour de lui des flocons d'écume et des rires puissants, jouant des bras pour les attraper, saisissant un sein au passage, enfouissant sa barbe dans une épaule odorante, glissant ses grosses mains de routier sous les chemises légères.

— Les garcettes! dit-il, le visage en feu. Elles sont nues dessous! Eh, Blake!... Tu t'endors, ma parole! Il y en a pour tous deux, tu sais...

— Laisse-moi, dit sir David. Je suis rompu. Amuse-toi tant que tu voudras, ça ne me gêne en rien.

Il pensait à Flore, à ce qu'il lui avait écrit la veille : « Nous partirons dans quelques jours et nous pourrons être à Limoges pour le dimanche du Christ-Roi. Tout reprendra comme avant et, cette fois-ci, rien ne pourra nous séparer. » Ce bain brûlant l'assoupissait. Il regardait comme à travers un brouillard de rêve l'eau bleuâtre où surnageaient des vermines, puis son regard se portait sur le géant déchaîné qui brassait l'air, rugissait de plaisir sous la rude caresse des serviettes, s'épanouissait au milieu des rires et des cris étouffés, se roulait dans cette fraîcheur moite comme un grand veau roux dans les herbes de l'été.

— Ne fais pas cette tête, Blake. Prends patience! Nous serons sans tarder à Limoges.

Blake hocha la tête. L'idée d'accompagner le colosse le ravissait. Avec lui, il se sentait en sécurité et se disait que rien de fâcheux ne pouvait lui advenir, sir Hugh ayant un don quasi magique : celui d'exorciser les démons de la peur, d'écarter d'un rire les préoccupations les plus pressantes. Que tonne ce rire fameux et les murs de cristal derrière lesquels les réalités prenaient des dimensions inquiétantes tombaient en poudre. Du Guesclin ne s'y était pas trompé qui en avait fait à la fois son ami et son adversaire de prédilection.

— Toi, la grosse, dit sir Hugh en s'allongeant sur la paillasse, viens près de moi. Tu comprends, mon petit David, toi, tu t'occuperas de tenir solidement la Cité avec Walter, cette ganache d'une fidélité à toute épreuve. Eh! doucement, ma grosse, fais un peu durer le plaisir... Quant à moi, je résiderai dans la Ville, au Château, et j'irai caresser le poil des Français à ma façon dans les parages, de temps à autre. Il y a de la belle ouvrage pour ceux qui, comme moi, ont le cœur bien accroché... Ah! ma belle, Sang Dieu, tu me fais mourir!... Moi, rester dans une ville, à recevoir des bourgeois endimanchés, à faire des grimaces aux notables, à prier avec les curés, ce n'est pas mon affaire... Assez! femelle. Toi, la petite brune, oui, toi! Allons, en selle à ton tour et ne fais pas de façons. Enlève cette putain de chemise que je sente bien tes reins sous ma main. Là. Bien... Mon petit Blake, j'ai idée que nous devrons montrer les dents. En Limousin surtout. Ça bouge à la cour du roi Charles. Jean de Berry s'est mis en campagne et... Sang Dieu! quelle ardeur, ma belle! Modère-toi sinon je vais exploser comme une bombarde, et je tiens à faire durer le plaisir... Nous aurons sans tarder le duc et toute une armée à nos portes... Ah! que j'aime tes reins, petite, et ces fesses qui tiennent tout entières dans mes mains. A toi, maintenant, la rousse! Viens tâter de ce glaive de sénéchal que messire Bertrand n'a jamais eu à affronter et qui ne se rendra jamais. Sang Dieu, Blake, la belle plante! Eh, quoi? Ça ne te plaît pas ainsi? Alors allonge-toi et laisse-moi opérer. Je suis à bout. Ah!...

Sir Hugh se releva en titubant, tout luisant d'eau et de sueur dans la lumière grise qui tombait de l'imposte. Il respirait fort et ses mains tremblaient quand il but à même le cruchon de vin.

— L'Angleterre, dit-il, c'est fini pour moi. J'aime trop ce pays où nous sommes, ce vin, ces femmes, cette guerre qui n'en finit plus. Et je t'aime toi aussi, David Blake, bien que nous ne soyons pas de même étoffe et peut-être à cause de cela.

Il se pencha sur le baquet, fit claquer sa main sur l'épaule de Blake qui sursauta.

— Tous deux, j'ai l'impression que nous allons faire de grandes choses.

C'était presque une vieille femme.

Vêtue de noir des pieds à la tête, avec des manches à tippets, le visage bouffi d'une vilaine graisse entouré d'un voile froncé plissé sur sa bordure, le ventre un peu lourd saillant sous la tunique sans ceinture... Marguerite avait les yeux d'une femme qui n'a connu du bonheur que les apparences matérielles.

— Et Simon? dit Blake.

— Il est absent, dit Marguerite. Il déserte la maison de plus en plus souvent pour ses vignes du Médoc. Il est toujours plein d'ambition et rêve d'être un jour maire de Bordeaux.

Elle ajouta :

— Je ne t'ai pas oublié, David, et je n'ai pas oublié Flore. Quand tu la reverras, dis-lui que, malgré ce qui s'est passé, je reste son amie.

— Je vais la retrouver dans quelques jours, à Limoges. Nous partons demain, à l'aube, le sénéchal Hugh de Calverley et moi. Nous sommes attachés l'un à l'autre comme un chien à son maître, sauf qu'on ne peut pas savoir qui est le chien et qui le maître.

Elle fit semblant de rire, pencha sa tête sur le côté.

— Tu vieillis bien, dit-elle. Tu as encore le teint vif et l'œil plein de feu. Quelques cheveux, quelques poils gris, mais ils ajoutent à ton charme. Flore a bien de la chance. Simon, lui, vieillit mal. Il a perdu presque toutes ses dents et il est devenu gros au point qu'il a de la peine à monter à cheval. Il ressemble au Prince Noir, la majesté en moins. Et pour ce qui est du caractère, c'est pire. Notre fils, Thomas, s'occupe des affaires du vin. Il vient d'avoir vingt ans. Honoria le suit de près. On commence à parler mariage pour elle. Nous avons eu trois enfants de plus. Deux nous ont été enlevés par la peste il y a sept ans.

— Et William?

— Le fils de Flore et de Nevile vit avec nous, mais nous le voyons peu souvent. Il voyage beaucoup : Londres, la Flandre... Il s'occupe de vins, lui aussi, avec Thomas. Ils s'entendent bien. Tu sais qu'il a près de vingt ans, lui aussi...

Elle ajouta avec un sourire grave :

— Il fallait bien que je te l'avoue. Je le fais aujourd'hui parce que ça ne tire plus à conséquence. J'ai toujours été un peu amoureuse de toi. J'enviais Flore sans la jalouser. A travers votre liaison, j'ai eu l'impression de vivre tout ce qui m'était refusé. Dis-moi, David, la passion, c'est quoi?

David se gratta la moustache, sourit.

— La passion, Marguerite, c'est ce que l'on envie quand on ne la possède pas et dont on souffre quand on en est atteint au point de souhaiter en être débarrassé. Certains s'y épanouissent; d'autres en meurent. C'est l'enfer ou le paradis. Parfois les deux en même temps. Connaître une véritable passion n'est pas donné à tous. Il faut y être préparé par sa nature et par ses désirs. On ne fait pas de feu avec de la neige. Flore et moi nous sommes habités par une furieuse envie de vivre. Toi, Marguerite, tu avais un désir de passion comme on a envie d'une crème au caramel.

David pressa amicalement le bras de Marguerite. Ils se retournèrent ensemble. Les murs de Blanquefort, revêtus à leur base d'une tapisserie mouvante et colorée d'où montaient des bruits de conversations et des rires. Et puis la musique, soudain. La danserie venait de commencer avec un branle d'Allemagne, joli à pleurer.

Les regards se dirigèrent vers cette sorte de gros papillon

mordoré qui venait de s'avancer en battant des ailes jusqu'au milieu de la salle, sous la grande herse de fer qui portait plus de cent chandelles de cire rouge, sa main sur la pince d'un insecte rose et noir chaussé de gigantesques chaussures à poulaines dorées.

— La princesse Jane, dit Marguerite, fête son anniversaire en dansant. Les miens, je les célèbre en pleurant.

Il avait douze ans. Un air un peu sauvage, une maigreur de chat, le visage taché de son. Bien qu'il lui vînt déjà presque à l'épaule, il s'abritait à mi-corps derrière sa mère.

— Stephen, dit David, il y a un an tout juste que nous nous sommes quittés. Ai-je tant changé? Tu regardes ma jambe? Je te raconterai...

— Il ne faut pas lui en vouloir, dit Flore. Il est à l'âge où l'on oublie vite les visages, surtout après une aussi longue absence. Hier encore, il me demandait comment tu étais fait. Il t'imaginait gros et noir de peau comme Walter et — Dieu sait pourquoi! — avec un bras en moins...

— Tu vois, dit David, je suis en possession de tous mes membres. La guerre n'en a pas eu un seul. Elle m'a simplement un peu mordu à cette jambe...

— C'est messire Bertrand qui vous a fait cette blessure, dit Stephen.

— C'est lui, dit David. Je vois que tu es bien informé.

— Nous le verrons un jour à Limoges?

— Ne le souhaite pas, mais sait-on jamais? Pour l'heure on négocie sa rançon à l'Ombrière, ainsi que celle du maréchal d'Audrehem, du Bègue de Villaines et de quelques autres barons pris dans la nasse, à Najera.

— Que m'avez-vous rapporté de Bordeaux, père?

— Un arc d'Angleterre en bois d'if. Un véritable « longbow » avec un carquois de cuir garni de douze flèches bien empennées. Tu sais tirer?

— Il a commencé son entraînement, dit Flore. Selon Walter, il est...

— Tu es belle, dit David en l'interrompant. Stephen, va dans la cour et dis à mon écuyer de te donner ton cadeau.

Il s'approcha de Flore, la prit aux épaules, posa son front contre le sien, respira son discret parfum d'iris chaud.

— Il n'y a que toi, Flore. Il n'y aura jamais que toi. Quoi que j'aie pu faire, il ne faut pas m'en vouloir. Sois indulgente. Oublie tout ce qui s'est passé ces derniers mois. Chaque fois que je reviens vers toi, j'ai l'impression de commencer une nouvelle existence. Cette fois-ci, je ne repartirai plus. C'est promis. Peut-être pour mon domaine du Northumberland, mais ce sera avec toi et Stephen.

— Ne promets pas! dit-elle vivement. David, je ne veux pas que tu te sentes lié. Tu es mon compagnon et non un bouc attaché à son piquet. Si demain tu dois repartir, je l'accepterai quoi qu'il m'en coûte, mais ça ne te regarde pas. Sache que, lorsque tu reviendras, je serai là, encore et toujours. Je t'aime présent. Je t'aime plus encore absent, mais c'est un amour qui me ronge. Tu me battrais que je t'aimerais encore parce que c'est ainsi et que ni toi ni moi n'y pouvons rien changer.

— Te battre! protesta David. Te battre, toi, ma Flore!

Il toussa pour cacher son émotion, fouilla dans sa ceinture, en ramena un petit étui de cuir vert, dont il sortit un bijou qu'il avait racheté à un routier après le pillage d'une ville de Castille : un gros anneau d'or roux, orné de fleurs et de griffons, avec de petites pierres d'améthyste délicatement enchâssées sur son pourtour. Il le lui glissa au doigt et dit en mentant :

— Je l'ai acheté à un juif de Pampelune. Il est un peu trop large pour toi.

— Il me va parfaitement! Merci, David. C'est un cadeau de reine. Il ne me quittera jamais.

Il lui raconta son entrevue avec Marguerite, lors de la danserie de Blanquefort. Il lui dit tout, et que la femme de Simon les aimait tous deux, et qu'elle enviait Flore — sans la jalouser vraiment — et que Simon était devenu un époux détestable.

Il lui parla de William et elle porta ses mains devant son visage.

— Mon Dieu! Que sait-il de moi? Que lui en a-t-on dit? Quelle image monstrueuse se fait-il de celle qui l'a mis au monde? J'ai tout oublié de lui. Si je le croisais je ne le reconnaîtrais même plus et lui pas davantage. Le reverrais-je un jour?

— Jamais, dit David, et c'est mieux ainsi. N'y pense plus. Vous êtes désormais des étrangers l'un pour l'autre.

Flore avait vécu modestement, mais sans besoins, de la moitié de la solde que David avait pris soin de lui déléguer avant son départ et qui lui avait été versée régulièrement. Walter veillait à ce qu'elle ne manquât de rien; l'évêque Jean de Cros, ami du Prince Noir, avait pris Stephen sous sa protection et lui faisait enseigner le latin et les mathématiques. Stephen était un élève médiocre et peu appliqué, qui donnait davantage de satisfactions à Walter, lors des entraînements sur les prés du faubourg Manigne, qu'aux clercs de

Saint-Étienne. Il demeurait avec Flore dans une demeure de modeste apparence, dans la Basse-Cité, à deux pas du Port-aux-Bois et des quartiers où Flore avait vécu dans son enfance. Des fenêtres du deuxième étage on distinguait un petit ruban de Vienne, du côté du pont Saint-Étienne. L'intérieur sentait le propre et ce discret parfum d'iris que Flore portait sur elle.

— J'ai fait faire ce grand lit par mon père, dit-elle. Nous y dormirons à l'aise. Il y a peu de mobilier mais nous aurons le nécessaire. Si nos moyens nous le permettent et si tu le souhaites, nous pourrons nous arranger autrement.

Ils parcoururent la maison pièce à pièce, jusqu'à la petite cour et le jardinet où un vieil homme de voisin avait planté quelques légumes et des fleurs. « La maison de sir Blake, songeait David. Mes amis de Londres et de Bordeaux riraient bien s'ils me voyaient demeurer dans cette bicoque qui cache sa misère sous la cire et le badigeon. » Il se demanda comment il pourrait faire comprendre cela à Flore sans l'humilier.

— Cette maison est parfaitement tenue, dit-il, et je t'en fais compliment, mais je veux une résidence digne de la place que tu tiendras désormais dans la ville. L'épouse de sir David doit renoncer à vivre comme vivait la fille de Raymond et de Jaquette. Elle devra s'attacher à me faire honneur, à bien recevoir mes invités — et nous en aurons beaucoup — à diriger sa maison non comme une domestique mais comme l'épouse d'un notable. Ces vêtements que tu portes, tu les donneras aux pauvres de Saint-Maurice et tu t'en achèteras de neufs chez les Vénitiens du Château. J'en ai porté quelques-uns dans mes bagages.

— Quitter cette maison... soupira Flore. Enfin : si c'est ton idée.

Il aurait souhaité qu'elle se mît en colère, comme elle l'aurait fait quelques années auparavant, qu'elle lui tînt tête, comme elle le faisait parfois par plaisir, pour l'éprouver. Cette résignation n'était pas dans sa nature. Il fut sur le point de la provoquer pour se rendre compte jusqu'où elle irait, ce qu'elle pourrait bien encore tolérer de ses exigences, mais il se dit qu'il lui avait fait assez de mal dans un passé récent pour en ajouter sans raison et sans utilité. Il se dit que sa vivacité lui reviendrait peut-être avec sa nouvelle existence et il n'avait pas tort. Quelques heures plus tard, d'un seul élan, elle sauta dans son passé en essayant les robes, les tuniques, les manteaux, les ceintures et le ravissant corset bordé d'hermine, d'un « vert perdu » à fondre de bonheur. Il n'avait pas pensé aux souliers et elle le lui fit remarquer. Ils en chercheraient ensemble dans Limoges.

— Tu as oublié que ma taille ne s'est pas affinée, dit-elle. Regarde à quoi je ressemble! Je vais tout faire craquer. Il faudra que je reprenne ces vêtements à la main. Dieu, la jolie tunique! M'ira-t-elle? Quel est ce tissu?

— Du « marbré » de Malines. Un marchand de Bordeaux l'a rapporté d'une foire du Lendit. Essaie-la. Elle devrait être à ta taille. Les bourgeoises de Limoges seront jalouses de toi.

Elle lui jeta un baiser à la commissure des lèvres et se mit à virevolter dans sa tunique trop serrée.

— Tu la portes merveilleusement! dit David. Elle semble faite pour toi.

Ils s'amusèrent comme des enfants. Le rose était revenu aux joues de Flore. Elle respirait fort, éclatait de rire pour un rien, nouait ses cheveux sur le sommet de sa tête pour essayer un bonnet de loutre, mais repoussa avec horreur un hennin orné d'un voile rose qui lui paraissait le comble de l'outrance. Elle finit par s'allonger, toute palpitante, sur le lit où il vint la rejoindre.

— Cette maison est pleine de toi, dit-elle. Ce lit surtout. Tu vois cette trace au charbon sur le mur? C'est moi qui l'ai faite, peu après ton départ. J'ai dessiné ton portrait à gros traits. Cela ne ressemble à rien ni à personne. Ne ris pas! Je le regardais le soir en me couchant, le matin en me levant, et souvent dans la journée et il m'est même arrivé de me lever la nuit pour le regarder à la chandelle. Il me semblait peu à peu qu'il devenait vivant, qu'il finirait bien par me parler. Parfois, c'est moi qui lui adressais la parole. Je lui disais : « Quand me reviendras-tu? Reviendras-tu seulement? Ne vas-tu pas suivre cette Constanza jusqu'aux fins fonds de l'Espagne, au pays des Maures? Une fille de roi, une infante! Comment pourrais-tu me préférer à elle? »

Ils firent l'amour comme de vieux amants, sans fièvre mais avec une tendresse infinie. Montant de la cour, ils entendaient les compagnons de jeux de Stephen se disputer le « longbow ».

— David, réponds-moi franchement. Tout est bien fini avec Constanza?

— C'est fini, et d'une manière peu glorieuse pour moi. Si tu le désires, je te raconterai cela un jour, quand je commencerai à oublier. Ça ne pouvait pas durer. Elle va épouser Jean de Lancastre.

Le sénéchal, sir Hugh de Calverley, installé dans le château, au cœur de la Ville, s'était enquis, dès son arrivée, de trouver des filles avenantes pour son service et de remplir sa cave de vin qu'il alla acheter à des moines des bords de la Vienne, avec une pipe de Bergerac qu'il se fit livrer par un bourgeois. Il insista pour que David et Flore vinssent habiter avec lui cette demeure sinistre et glaciale, mais David repoussa cette invitation : il séjournerait au Château le temps de son service, mais il s'était mis en quête pour son ménage d'une demeure dans la Cité. Pour une poignée de « léopards » d'argent, un vieux chevalier, Aymeri Jourdan, qui vivait seul avec une ombre de domestique aussi vermoulu que lui-même, avait accepté de lui louer la quasi-totalité de son hôtel des quartiers hauts, entre Saint-Maurice et la cathédrale Saint-Étienne, avec le mobilier, de grand style mais cussonné. Il put s'y installer peu avant Pâques et commencer à recevoir les notables et les officiers de la garnison anglaise. Discrètement, l'évêque Jean de Cros vint bénir la demeure. C'était un beau vieil homme aux manières raffinées. Il portait une admiration sans borne au prince dont il avait porté le premier enfant, Edouard, sur les fonts baptismaux. Aux premiers jours de l'occupation de la ville, il avait fait beaucoup pour calmer les esprits et convaincre les consuls. Grâce à lui, la Ville et la Cité vivaient dans une paix feutrée.

Il n'en allait pas de même en Guyenne.

Dans sa détresse financière consécutive à l'expédition en Espagne, le Prince Noir avait décidé, moins d'un mois après avoir retrouvé Bordeaux, de convoquer les trois ordres d'Aquitaine à Saint-Émilion. De nombreux députés, en raison de l'insécurité des routes, durent s'abstenir. Ceux du Rouergue, qui descendaient vers Bordeaux par la vallée de la Dordogne, avaient été arrêtés à Meyronne par une compagnie de routiers qui mettaient le pays à sac, accumulant les ruines et les massacres, et ils avaient dû rebrousser chemin.

Le prince eut plus de succès avec les États d'Angoulême, au mois de janvier suivant. Les députés se firent tirer l'oreille, mais votèrent un fouage de dix sous par feu pendant cinq ans. Cette lourde imposition fut mal acceptée. Travaillés en secret par des agents à la solde du roi de France, des communes et des châtelains refusèrent le sacrifice qu'on exigeait d'eux. Une ligue anti-anglaise commença à se former, dont Jean d'Armagnac prit la tête avec véhémence. Cet ancien lieutenant-général en Languedoc, neveu du roi, fils du duc d'Anjou, adversaire des Anglais en Quercy, avait pourtant vis-à-vis du Prince Noir une dette de reconnaissance. Edouard ayant obtenu du comte de Foix, qui le retenait prisonnier, son élargissement. Le rebelle en appela sans vergogne au roi de France. D'autres vassaux se montraient plus accommodants. Les consuls de Rodez tentèrent d'amadouer l'officier du prince en lui faisant cadeau d'un pot de gingembre vert d'une valeur de six florins, en pure perte.

A la suite de ces entrevues, sir John Chandos allait de l'un à l'autre pour tenter à la fois de les apaiser et d'expliquer que l'irritabilité du prince était due principalement à son état de santé. Les quémandeurs hochaient gravement la tête et repartaient pour leur lointaine province avec l'impression de s'être heurtés à un mur. A peine arrivés, ils ouvraient leur porte aux agents d'Armagnac et de France.

— Messire, conseillait sir John, soyez plus modéré dans vos exigences et plus détendu dans vos rapports avec ces gens. Que gagnerez-vous à mettre le couteau sur la gorge de ces malheureux qui ont déjà tant pâti des malheurs de la guerre? C'est autant de fidèles vassaux que vous vous aliénez. Ignorez-vous que leur premier soin en vous quittant sera de déférer leur requête au Parlement de Paris qui ne pourra que leur donner raison? Le traité que nous avons signé à Brétigny est un brouillon que chacun peut interpréter à sa manière et selon son intérêt. Lorsque les légistes y mettront le museau, il tombera en poussière et nous aurons sur le dos une belle guerre, bien franche, et un trésor à sec.

Ils s'affrontaient quotidiennement, le Prince Noir tassé dans son fauteuil, ses chiens et ses enfants sur ses genoux, ses joues tavelées d'un rose malsain tombant sur le col de sa tunique, Chandos tournant autour de lui comme un roquet autour d'un ours. Ils finirent par se fâcher pour tout de bon. Chandos partit en claquant la porte et se retira dans ses domaines de Saint-Sauveur.

Le vieux fauve fatigué passait de Bordeaux à Angoulême ou à Cognac, porté en litière, incapable désormais de mettre le cul en selle.

Si Bordeaux n'eût pas existé, il aurait fait d'Angoulême sa capitale aquitaine. Il aimait son altière couronne de remparts, ce plateau qui dominait des espaces de plat pays opulent où alternaient vignes et boqueteaux, avec ici et là des croûtes calcaires, juste ce qu'il fallait pour attester de la bonne charpente de cette terre, et les vents qui soufflaient de la mer et qu'il allait respirer le soir dans les jardins de la forteresse, traînant son corps difforme d'hydropique de créneau en merlon en s'y accrochant des mains. Il aimait regarder les vilains dans la plaine aller et venir par les chemins des vignes, et il se disait : « Que pensent-ils de moi? Sous les apparences de quel monstre m'imaginent-ils? Moloch? Saturne? La Tarasque? Les ingrats! Ils m'auraient tressé des couronnes si j'étais revenu d'Espagne avec des chariots pleins d'or et auraient tendu leur tablier pour recevoir le butin. Parce que je n'en ai rapporté que de la gloire et quelques captifs de marque, ils me méprisent, me détestent, refusent de délier leur bourse pour m'aider à défendre les fruits de ma victoire. Ces gens n'aiment que les vainqueurs et, s'ils ne sont pas couverts d'or comme les idoles de Cathay, ils les rejettent. Ce peuple me rejette. Il déteste mes sénéchaux, mes chanceliers, mes officiers. Ils rient au nez de mes collecteurs d'impôts parce que je suis pauvre, réduit à la triste nécessité de mendier de quoi faire vivre dignement mon entourage. Sir John n'a pas tort : les gens de ma maison dépensent trop et d'une manière trop ostensible. La misère de nos provinces, ils s'en moquent. La princesse passe son temps en fêtes et en banquets, au point qu'elle a pris une taille de matrone. Mais j'ai besoin de sentir autour de moi cet air de luxe et de plaisir, d'entendre ces musiques, de voir voleter ces perruches de ma suite, d'écouter ces fous se moquer des travers du roi Charles et de messire Bertrand... Lorsque mon père aura cessé de vivre, je serai roi d'Angleterre et peut-être un jour roi de France autrement que sur des actes, des médailles et des monnaies. Alors, puis-je me contenter du train d'un modeste baron? Les États se plaignent des ravages des compagnies? Qu'ils répondent à mes demandes de subsides et je solderai mes routiers de manière qu'il ne leur prenne plus envie d'aller se servir eux-mêmes! Ah! sir John, trop sage conseiller, comprendrez-vous jamais que, dans l'enfer que nous vivons, on ne règne que par la fourche et le feu, qu'on ne fait rien de grand dans ce monde en folie qu'à cheval, l'épée au poing, le regard fixe et le cœur froid, que, dans ce théâtre de l'horreur on ne peut se conduire comme un mouton? »

— Une poignée d'hommes! rugit Calverley. Une phalange de héros! Face à nous, sortant de tous les plis de cette putain de terre à caillasse, des légions de damnés, des diables à cheval, au visage noir comme les sauvages de l'Afrique, une nuée de sauterelles...

— Tu exagères, lui souffla Blake à l'oreille. Maître Jean Froissart n'est pas un sot. As-tu remarqué son sourire tandis qu'il fait mine de prendre des notes sur son calepin?

— Bref! grogna le sénéchal en se grattant la barbe, la bataille

semblait perdue quand Jean de Grailly, par une manœuvre auda-
cieuse...

Il était arrivé la veille sur son cheval poussif, « Griseau », avec
une mule portant ses bagages. Il sentait l'odeur des grands chemins
et, quant à l'apparence, il ne différait guère des pèlerins qui se
rendaient à Rocamadour ou à Sainte-Foy-de-Rouergue. Dans les
parages du Vieux-Marché, il avait avisé une auberge à l'enseigne
de « la Grosse Margot » qui portait sur sa façade un balai de genêt
au manche entortillé de lierre pour signaler qu'on y vendait du vin,
et s'était arrêté là. Son accent du Hainaut, ses manières courtoises,
lui avaient valu au prime abord une certaine méfiance mais, comme
il avait la bourse bien garnie et l'invitation facile, il avait eu vite
fait de dégeler l'atmosphère et de s'entourer d'un cercle de badauds
et de bavards.

C'est là que le sergent Walter l'avait trouvé. Il l'avait pris pour
un espion des Français parce que, s'il parlait beaucoup, il interrogeait davantage. Il l'avait prié sans ménagement de le suivre au
château.

— Maître Jean Froissart! s'était exclamé sir Blake. Vous, dans
cette province perdue? Pardonnez les manières de ce rustre, mais
nous devons nous méfier.

Maître Froissart prit ses aises, accepta le vin qu'on lui offrait
Son regard extrêmement mobile allait et venait, se posait avec
insistance sur un détail apparemment sans intérêt et, lorsqu'il
croisait celui de son interlocuteur, devenait insoutenable avec ses
vides interrogateurs, ses brusques lueurs de surprise, ses lourds
éclairs de doute, ses griffures d'ironie. Cet homme n'avait ni les
yeux ni les oreilles dans sa poche et il ne fallait pas lui en conter.
Il était né pour apprendre et pour transmettre et il prenait sa
double mission très au sérieux. Le plus difficile pour lui était de
découvrir la petite source de vérité sous les fleurs de paroles dont
chacun l'enveloppait. Il notait tout ou presque, engrangeait d'énormes moissons et, le soir venu, à la chandelle, faisait le tri, rejetant
les fruits creux des logorrhées patriotiques, les hâbleries, la fausse
monnaie, pour ne garder que ce qui lui paraissait de bon aloi, ou,
parfois, la petite fleur de poésie qui ornait les fables qu'on lui
servait. Il était aussi poète et se laissait souvent aller à déclamer
en public mais on bâillait dès les premières strophes. Ce
qu'on attendait de lui, c'était des histoires, des récits de belles
« apertises » (un mot qu'il affectionnait) et, comme il avait le
don de conter, vif et précis, on lui pardonnait de pincer aussi la
lyre.

MORT D'UN CAVALIER BLANC

C'est par maître Jean Froissart que le sénéchal et sir David apprirent que le roi Charles de France venait d'assigner le Prince Noir devant le Parlement de Paris, au titre de vassal, et la fière réponse que Edouard lui avait faite : « Je viendrai, mais avec soixante mille hommes et le bassinet en tête! »

— Dieu sait, dit Froissart, l'estime que je porte au prince, mais je me demande par quel miracle il pourrait réunir soixante mille hommes. Ses troupes battent la campagne et se paient sur le vilain, le bourgeois ou le clerc. S'il compte sur l'alliance des princes des Pays-Bas, il risque de singulières désillusions : ils ont presque tous « tourné Français ». Pour la guerre qui commence, le roi a les États et le peuple derrière lui. Il a fait annoncer à son de trompes qu'il avait envoyé toute sa vaisselle d'or et d'argent à la Monnaie pour contribuer au trésor de guerre. Le prince d'Aquitaine en ferait-il autant? Ce que les gens de vos provinces reprochent au Prince Noir, c'est moins d'être prodigue, exigeant, de rêver d'aventures coûteuses et impossibles, que d'être présent.

— Que voulez-vous dire?

— Ces gens, vous les connaissez aussi bien que moi. Ils n'aiment pas qu'on regarde ce qu'ils font par-dessus leur épaule. Tant que le roi d'Angleterre n'avait qu'un vague sénéchal somnolent pour le représenter à l'Ombrière, tout allait pour le mieux. Ils pouvaient sans trop de risques se donner au plus offrant, demander des privilèges à l'un et des subsides à l'autre. C'est un peuple qui aime marchander. Avec le prince Edouard, ça ne marche plus. Il impose sa volonté. On est pour lui ou contre lui et si l'on est contre, alors, gare!

— C'est bien ce que lui reproche ce trublion : Jean d'Armagnac...

— Il a bien d'autres griefs, à l'entendre! Le Prince Noir l'a entraîné à son corps défendant en Espagne où il a failli laisser sa peau; il lui doit de l'argent; il garde indûment la ville de Montségur et se livre en Armagnac, par l'intermédiaire de ses compagnies, à des crimes inexpiables. Mais je connais bien Jean d'Armagnac et cette manie qu'il a d'exagérer ou de travestir la réalité.

C'est alors que Calverley était entré, qu'il s'était mêlé à la conversation et s'était mis à parler de la bataille de Najera, avant que Blake ne pose la question qui lui brûlait les lèvres :

— Maître Jean, a-t-on des nouvelles de don Pedre?

— Comment! s'étonna le voyageur, ignorez-vous sa mort?

Blake et Calverley échangèrent un regard de stupéfaction.

— Mort?

— Depuis quand?

— C'était au printemps dernier, à Montiel, dans la Manche, près de Villanueva de los Infantes.

Du Guesclin, sa rançon acquittée jusqu'au dernier sou, était allé rejoindre le Trastamare en Castille avec deux mille « brigands » racolés en Provence et en Languedoc. Don Enrique était en train d'assiéger Tolède lorsque les éclaireurs annoncèrent l'arrivée d'une forte armée de Maures et d'Espagnols commandée par don Pedre. Les deux armées s'étaient affrontées à Montiel et Bertrand avait écrasé son ennemi qui parvint à se réfugier dans le château. Peu après, il se rendait au Breton, de préférence à son demi-frère qu'il soupçonnait de vouloir le faire assassiner. Une nuit, don Enrique, armé de pied en cap, s'était présenté dans la tente du captif. Comme il n'avait pas revu Pedre depuis environ quinze ans, il ne le reconnut pas dans l'assistance et demanda « où était ce juif qui se prétendait roi de Castille ».

Maître Froissart raconta la scène comme s'il en avait été le témoin et Blake, Calverley et Walter l'écoutaient bouche bée.

« — C'est moi, me voici, traître! » répond don Pedre. Le temps pour lui de revêtir ses armes, de faire s'écarter les gens, et le combat commence à la lumière des torches, au milieu de la tente. Les adversaires trébuchent dans un lit de camp, s'entravent dans les coffres de voyage, leurs épées déchirant la toile. Don Pedre, plus grand et plus robuste, a le dessus. Après avoir jeté leurs épées, ils s'empoignent au corps à corps et luttent jusqu'à l'épuisement. Don Pedre va l'emporter. Il maintient son adversaire sur le lit de camp où ils se sont écroulés, un genou sur sa poitrine, ses mains serrant la gorge de don Enrique. « Cessez, messires, de grâce! » s'écrie Du Guesclin. Don Pedre répond par un juron. Voyant son maître perdu, un chevalier d'Aragon, Rocaberti, fait basculer les deux adversaires, et c'est maintenant don Enrique qui a le dessus. Il parvient à tirer sa dague et à la glisser sous la cotte de maille. Il l'enfonce lentement, au niveau de la ceinture, en remontant vers le cœur. Par la Vierge, messeigneurs, ce fut un terrible combat et j'ai des sueurs froides rien qu'à le raconter.

— Une vengeance bien déloyale, dit Blake.

— Si seulement il s'en était tenu là! poursuivit maître Jean. Il fit décapiter le corps encore agité de soubresauts, fit porter la tête à Séville où elle fut jetée dans le Guadalquivir. Quant au corps, il le fit enfermer dans un sac de cuir et suspendre à l'entrée du château de Montiel en promettant de fonder sur ce lieu-même un monastère pour le repos de l'âme du défunt.

— Par le Sang Dieu! rugit le sénéchal, j'aurais donné mon bras droit pour assister à cette scène. J'aurais empoigné mon épée et provoqué Bertrand!

— L'occasion vous en sera peut-être donnée sous peu, dit maître Jean avec un sourire. Bertrand n'est pas très loin d'ici. Vous n'ignorez pas qu'il est le champion de la dame Jeanne de Penthièvre, ci-devant vicomtesse de Limoges, qui dispute son fief de Bretagne à votre allié, Jean de Montfort? Ne soyez pas surpris de voir votre Breton apparaître à la tête de ses compagnies en Limousin.

— Il ne se frottera pas à Limoges, dit Blake. C'est une ville sûre. L'évêque et les consuls resteront fidèles au prince.

— En êtes-vous certain? demanda Froissart.

Le visage défait de Calverley.

Il se lève brusquement en grognant comme un sanglier, donne un coup de pied dans une bûche qui dégage d'âcres fumerolles, se prend la tête à deux mains, revient vers Blake qui pleure silencieusement, le visage découvert, la barbe luisante de larmes.

— Par le Sang Dieu, est-ce possible?

— Il n'y a pas de doute, dit Blake. Ce garçon a assisté à la scène et il a vu sir John comme je te vois. Pourquoi nous aurait-il raconté des sornettes?

C'était un matin comme celui-ci, au milieu des grands espaces gelés, près de Lussac, en Poitou, dans les parages d'un pont... Calverley essuie le carreau. Oui, un matin comme celui-ci, avec des croûtes de neige sur les hauteurs, un ciel gris de fer et peut-être quelques flocons voletant dans l'air immobile. Et cette même rivière : la Vienne.

Prime venait de sonner lorsque le jeune messager venant de Cognac s'est présenté : un nommé Jordan de Pujol, entré au service de sir John après avoir fui la haute vallée de l'Ariège et les prisons des moines de l'Inquisition contre les derniers cathares. Arrivé de nuit, il avait pu trouver, grâce à un sauf-conduit, asile à l'hospice Saint-Maurice. Dès prime, il était là, alors que le jour n'était pas encore levé. « Monseigneur le Prince m'a chargé de vous annoncer la mort de sir John Chandos, connétable d'Aquitaine, à Lussac sur la Vienne. » Les deux mains de Calverley, crispées sur les épaules du garçon. « Répète! Morveux... Je suis mal réveillé. Répète un peu! » « Sir John Chandos, seigneur de Hereford, sénéchal du Poitou, est mort le premier de ce mois en combat contre les Bretons. » « Tu étais à qui? » « A sir Pembroke, messire sénéchal. »

« Pembroke... Pembroke... Je le connais. Il n'aimait pas sir John et il est bien capable d'avoir inventé cette fable. » « Non, messire sénéchal, c'est la vérité. J'étais présent. J'ai vu mourir sir John. » « Tu as vu mourir sir John! » « Comme je vous vois, messire. » « Alors raconte en détail et tâche de ne pas te tromper. » Jordan avait fait le récit pour Calverley, puis pour Blake. Il l'avait répété dix fois dans la journée et on le regardait d'un œil soupçonneux lorsqu'un détail qu'il avait omis précédemment lui revenait en mémoire brusquement.

— Te souviens-tu, dit Blake, de ce que maître Jean Froissart nous a dit de chandos? Qu'il était si sage et plein de ressources, qu'il aurait fini par trouver un moyen de ramener la paix. Je suis sûr qu'il aurait trouvé un accommodement. Tout le monde l'aimait et l'estimait, même ses pires adversaires. Même le roi Charles.

— Jordan de Pujol! hurla Calverley.

— Oui, messire.

Le jeune soldat sort de l'ombre, au fond de la pièce, s'avance lentement, enveloppé de ce grand manteau de cheval qui ne le quitte pas. Il a encore les yeux bouffis de sommeil et de fatigue.

— Approche du feu. Est-ce que tu peux nous dire ce qui s'est passé avant?

— Nous le lui avons déjà demandé, dit Blake avec lassitude. Cesse de l'importuner.

— Écoute, petit. Tu vas tout nous dire. Chandos avait-il proposé, pour retarder l'offensive française, une chevauchée dans le style de celle du Languedoc, il y a quatorze ans?

— Peut-être, messire.

— Comment, peut-être? Est-ce vrai ou faux?

— Il ne se souvient pas, dit Blake. Cette chevauchée ne lui dit rien. Il était trop jeune à l'époque.

— Pembroke a refusé cette proposition, dit sir Hugh, puis il est parti en campagne en laissant Chandos à Niort pour avoir l'air d'avoir pris lui-même l'initiative de cette chevauchée? C'est bien ça?

Le garçon hoche mollement la tête. Pembroke était parti seul avec quelques lances et il était tombé dans une embuscade.

— A Puirenon, messire sénéchal.

— A Puirenon. Bien. Et qu'a fait messire John?

— Il a volé à son secours sans hésitation.

— Sans hésitation! Tu entends, Blake? Il a fait table rase de tous ses griefs contre cette crapule de Pembroke, que le diable l'emporte!

— J'étais avec sir John, messire, pour remplacer un de ses

écuyers. Nous sommes tombés sur les Français par surprise. Ils étaient en nombre, commandés par Jean de Bueil, Guillaume des Bordes et Louis de Saint-Julien. Quand les Français ont vu surgir le pennon de sir John, ils ont tourné bride.

— Et après, petit?

— Après, nous avons perdu la forte abbaye de Saint-Savin et nous nous sommes repliés sur Chauvigny, en direction de Poitiers. Louis de Saint-Julien nous attendait au pont de Lussac. Il faisait un temps comme aujourd'hui. Je chevauchais à quelques pas derrière sir John. Il était vêtu, par-dessus son armure, de ce long manteau blanc qu'il portait toujours et qui traînait presque jusqu'à terre. On aurait dit une apparition. L'engagement a été bref. J'ai vu sir John descendre de cheval, glisser sur le sol gelé et un chevalier français, Jean de Saint-Martin, le frapper à la tête avec sa hache. Le fer a pénétré jusqu'aux yeux. On dit que sir John était encore vivant lorsqu'on l'a transporté au château de Mortemer, mais je crois qu'il est mort sur le coup. J'ai vu des hommes, des Français comme des Anglais, pleurer autour de la flaque de sang et se disputer les lambeaux de son manteau.

— Tu ne m'avais pas donné ce détail, garnement! Ensuite?

— Il ne sait rien d'autre, dit Blake. Laisse-le à présent.

Blake ferme les yeux. Le rire de Chandos, sa courtoisie et sa gentillesse jamais en défaut, sa fureur de grand fauve dans la bataille. Il songe au Prince Noir, là-bas, à Cognac ou à Angoulême, à son chagrin, à ses angoisses. Chandos mort, c'est comme une guerre perdue. Blake essaie d'effacer de lui cette image térébrante d'un archange vêtu de blanc qui saute de cheval, court dans la neige son épée au poing, lent et précis comme dans un songe, criant des mots que personne n'entend, bus par le silence de banquise, et soudain la chute, l'éclair blanc de la hache, une gerbe d'étoiles rouges qui retombe doucement, et les longs plis du manteau qui s'épanouissent en corolle autour de ce pistil pourpre comme un voile autour d'une danseuse, et soudain l'immobilité tragique, le silence parfait de ce ciel de fer qui descend se mêler à la terre et noie la scène d'une âcre fumée.

2

DEUX TÊTES BRULÉES

Ils rôdaient dans les parages depuis le début de l'été, par petites compagnies. On leur donnait la chasse et ils disparaissaient.

Dans la Ville et dans la Cité, ces deux agglomérations jumelles, on murmurait que le maréchal de Sancerre avait mission d'investir Limoges pour le roi de France et que les ducs de Berry et de Bourbon, ainsi que messire Du Guesclin guerroyant pour Jeanne de Penthièvre, n'étaient pas loin. Des remparts de la Ville, du donjon du Château, des tours de la Cité, on s'interrogeait par-dessus les fossés et le faubourg de la Boucherie : si les Français se présentaient, par quel côté commenceraient-ils le siège?

— Flore, dit David, tu ne peux plus rester ici. La menace se rapproche. Nous n'avons qu'une faible garnison et, en attendant du renfort, nous serons contraints de nous replier sur le Château. Toi et Stephen, vous devriez déménager au plus vite. Je ferai prendre le mobilier dès que je pourrai disposer de quelques chariots.

— L'évêque aura son mot à dire. Il ne porte pas Charles de France dans son cœur et les bourgeois de la Cité ont montré qu'ils tenaient pour le roi d'Angleterre malgré les sacrifices qu'on leur a imposés.

— J'aimerais en être certain. Malheureusement, nous avons surpris d'étranges manèges autour du palais épiscopal.

— J'ai confiance en l'évêque. Il y a trois jours, il me disait...

— Je sais ce qu'il te disait : qu'il garde une indéfectible amitié au prince Edouard, mais je sais aujourd'hui qu'il est prêt à le trahir, si ce n'est déjà fait. Il a senti tourner le vent. Les notables de la commune aussi, d'ailleurs, dans la Ville comme dans la Cité. Il n'y a pas un consul qui ne soit en train de faire préparer en secret des bannières aux couleurs de Berry et de Bourbon.

L'évêque Jean de Cros? Blake l'avait rencontré quelques jours auparavant, en compagnie de son neveu, Aubert de Tinières, fils du seigneur de La Courtine, qui le suivait comme son ombre en reniflant sa morve. L'évêque avait pris l'habitude de parler, une main posée sur la tête de l'enfant qui levait parfois vers son oncle un œil tendre. Des paroles fleuries comme toujours, des propos onctueux qui mettaient comme un filet d'huile sur ses lèvres. Il parlait trop d'amitié et de fidélité pour n'être pas suspect d'en être chiche. Sa déférence pour le Prince Noir tournait à la parade et à l'équivoque. Calverley, qui assistait à l'entretien, était de l'avis de Blake. « Aussi franc qu'un âne d'Écosse! » avait-il jeté, méprisant. Puis il avait ajouté : « A surveiller de près... »

— Nous quitterons donc cette maison, soupira Flore. Dommage! Je m'y plaisais et j'allais jusqu'à m'imaginer que nous y finirions nos jours ensemble. Je suis née ici et j'aimerais y mourir.

— Qui te parle d'y mourir! dit David en la prenant dans ses bras.

Elle sentait l'iris et cette odeur plus secrète qui était celle de la maison elle-même : bois ciré, lessive propre, fruits mûrs. L'été entrait à pleines fenêtres dans la demeure avec les cris des martinets et les appels des compagnons maçons et tailleurs de pierre qui travaillaient à l'achèvement de la cathédrale dont le clocher paraissait mutilé par la foudre. Parfois montaient du jardin les criailleries du vieux Jourdan en train de se quereller avec son domestique.

— J'ai réfléchi au sujet de Stephen, dit David. Le seul endroit où il sera en sécurité, c'est l'abbaye de la Règle : elle jouit d'une immunité totale de la part des Anglais et des Français. Hier, je me suis entretenu longuement avec l'abbesse. Ce n'est pas une femme commode et elle n'ouvre pas ses portes au tout-venant. Elle fera une exception pour nous, après m'avoir fait remarquer qu'elle avait repoussé des démarches identiques de la part de quelques notables qui souhaitaient mettre leur nichée à l'abri. Elle aussi a une certaine sympathie pour le prince, mais, contrairement à monseigneur Jean de Cros, elle restera fidèle à ses sentiments jusqu'au bout.

— A-t-on prévenu le prince des dangers que nous courons?

— Un messager est parti pour Cognac, il y a une semaine. Ce matin, il était de retour après avoir échappé à de petits groupes de Français. Le prince croit encore à l'amitié de l'évêque et s'imagine qu'il fera fermer les portes de la Cité à nos ennemis. De toute manière, il a fort à faire ailleurs. Avec l'appui de la ligue anti-anglaise du comte d'Armagnac, les Français attaquent de toutes parts. La guerre se rapproche de nous, Flore. J'aimerais que tu suives Stephen à la Règle.

— Non, David. Cette fois-ci, je veux être près de toi.

Jordan de Pujol écarta le haut de sa jaque de cuir et montra la petite colombe d'argile qu'il portait en pendentif.

— Pourquoi une colombe? demanda Stephen. Ce sont les armes de ta maison?

Jordan sourit avec indulgence.

— C'est l'insigne des cathares, dit-il. Mon père tenait cette figurine de son père qui lui-même... Tout ce que je sais, c'est que cet objet a été fabriqué par une certaine Esclarmonde de Perella, brûlée avec plus de deux cents autres Parfaits et Parfaites sur le pré de Montségur, dans nos montagnes.

Stephen fit la grimace.

— Les cathares étaient des monstres et des dévoyés. Ils crachaient sur Dieu et sur la Vierge et ils se livraient entre eux aux pires turpitudes. Ce sont les clercs de Saint-Étienne qui me l'ont dit. Tu n'es pas cathare, toi, au moins?

— Non, mais j'ai failli tomber entre les mains des moines de l'Inquisition. Mon grand-père a vu brûler le dernier de leurs prêtres, un nommé Bélibaste, il y a près de cinquante ans, à Villerouge, près de Carcassonne. Il était beaucoup plus jeune que toi, mais il n'a pas oublié. Il reste encore quelques fidèles; l'Inquisition les traque dans les montagnes et les grottes de la région de Foix. Ils auront complètement disparu à la fin de ce siècle. Contrairement à ce qu'on t'a raconté, ce sont des gens pleins de tolérance et de bonté et fidèles à Dieu.

— Je ne te crois pas.

— A ton aise!

— On a toujours combattu les Français dans ta famille?

— Toujours. Je suis né avec la haine des gens du Nord. Ils ont écrasé notre nation par leurs croisades et leurs guerres. Maintenant ils la torturent. Peut-être un jour parviendrons-nous à les chasser, mais je n'y crois guère.

— Aujourd'hui, ce sont les Français qui se battent pour reconquérir leurs territoires, et tu es pourtant contre eux...

— La Guyenne est anglaise depuis des siècles et se bat pour le rester.

— Limoges n'a jamais été au roi d'Angleterre...

— C'est vrai, mais elle l'est devenue après le traité de Brétigny, ainsi que d'autres provinces. Trouves-tu surprenant que le roi Edouard et son fils défendent un bien acquis au prix du sang? Tiendrais-tu pour les Français?

— Je t'interdis de penser cela! Et puis je ne comprends rien à toutes ces histoires. Les clercs de Saint-Étienne eux-mêmes y perdent leur latin. Les uns sont pour le prince Edouard, d'autres pour le roi Charles, et ils se querellent souvent. La même chose pour les chevaliers et les consuls, mais eux ils agissent par intérêt. Quant aux chanoines ils sont pour le prince parce qu'ils n'aiment guère leur évêque qui, lui, « tourne français ».

Il ajouta :

— Tu dois repartir bientôt?

— Je l'ignore. Le sénéchal a pris sur lui de me garder après en avoir référé au prince. De temps en temps, il me demande de lui raconter la mort de Chandos. Il est inconsolable. Ton père aussi.

Ils descendirent dans le jardin pour s'entraîner à l'arc sur les poires et les tomates disposées par le domestique d'Aymeri Jourdan sur une murette. Avec son « longbow », Stephen avait fait des progrès rapides. Imbattable, il triomphait sans modestie et donnait des conseils à Jordan de Pujol.

— Il faut que ta corde soit toujours bien suiffée. Enlève ta jaque : elle risque de gêner tes mouvements. Tu respires profondément, deux ou trois fois, puis tu retiens ton souffle. Gare à la position des jambes! Lâche la corde en souplesse, mais assez sec tout de même. N'oublie pas, si tu veux réussir un beau coup, de jeter un brin d'herbe sèche en l'air pour mesurer la force et la direction du vent. Là! maintenant tire! Tu as encore manqué la cible! Décidément, tu ne seras jamais un fameux archer!

Stephen avait quatorze ans; Jordan trois de plus. Ils se chamaillaient souvent, en venaient parfois aux mains, s'interrogeaient longuement, en tête à tête, naïvement, sur les mystères de leurs origines : Stephen, né de père anglais et de mère française; Jordan, très fier de cette brume de gloire qui enveloppait ses lointains ancêtres d'Occitanie et qui n'avait « tourné anglais » que par haine des Français. Ils en discutaient interminablement. Ces mystères les attachaient l'un à l'autre plus étroitement chaque jour. Stephen avait fini par délaisser ses autres compagnons de jeux et même parfois ses leçons chez les clercs. Jordan boudait son service, d'ailleurs peu contraignant, au château et, lorsque Calverley lui tirait l'oreille pour une absence trop prolongée ou une étourderie, il acceptait la punition sans protester et serrait les dents pour ne pas crier de douleur.

Stephen et Jordan passèrent l'été à battre la campagne, à cheval, s'exerçant à l'arc sur les oiseaux et à la lance sur les lapins, s'arrêtant parfois pour effrayer les villageois. Ils déboulaient au galop dans les hameaux, au milieu des canards, des poules et des oies en criant : « Aux Français! », passaient en trombe en laissant derrière eux un sillon de terreur et un nuage de poussière.

Un jour, par surprise, ils se saisirent d'une jeune lavandière, dans les parages d'Aixe, la conduisirent de force derrière une meule et s'amusèrent d'elle après l'avoir terrorisée en lui montrant leurs poignards. Les parents vinrent se plaindre et les deux coupables se dénoncèrent, en gens d'honneur. Punis du cachot, ils ne se revirent pas de quinze jours, mais, avec la complicité de Flore, purent s'adresser des billets. Calverley parla de renvoyer cette petite crapule de Jordan au prince, sa peine consommée. Il n'en fit rien, car il lui en coûtait de se séparer du témoin de la mort de sir John.

C'est dans sa cellule que Jordan avait surpris entre le prévôt et un sergent d'armes une conversation qui lui avait mis la tête à l'envers : lorsque les Français se présenteraient devant les murs de Limoges, la garnison anglaise se retirerait purement et simplement derrière les murs de la Ville et dans le château.

— Tu es sûr de ce que tu avances? demanda Stephen.

— Aussi sûr que je te vois! Ils laisseront les Français pénétrer dans la Cité sans chercher à leur faire obstacle.

Ils sortaient tout juste de prison, frais et roses. Ils avaient pris du poids en raison de leur inaction et de la bonne chère sur laquelle Flore veillait en secret. Par prudence, Jordan n'avait pas alerté son compagnon par écrit. L'affaire était trop grave.

Ils reprirent leurs randonnées à travers champs, après avoir juré de se tenir tranquilles et de ne pas s'éloigner de plus d'une lieue de la ville.

La campagne était paisible dans la grande chaleur d'août. Entre les vignes où mûrissaient les grappes s'étendaient des espaces d'éteules roux qui commençaient à reverdir, où il faisait bon chevaucher et se donner des rêves de batailles.

Un jour qu'ils se reposaient près d'une fontaine, dans les alentours de Montmaillier, au cœur d'une hêtraie sous laquelle passaient des duvets de chardons emportés par le vent chaud, ils avaient vu apparaître à travers une buée torride une patrouille française. Ils avaient galopé à crever leurs montures jusqu'au château où la nouvelle avait fait sensation. Un moment, ils regrettèrent de ne pas leur avoir donné la chasse. Deux contre dix : la proportion leur paraissait honorable.

— Patience, dit Stephen. Nous aurons notre revanche.

L'été s'étirait lentement sur le bocage et les deux adolescents s'ennuyaient un peu.

Le dimanche d'après l'Assomption, ils allèrent se mêler à la foule, au pont Saint-Étienne, en compagnie du vieux Raymond Itier, pour voir passer un cortège de pèlerins en route vers l'abbaye. Vêtus simplement d'une chemise et d'une paire de chausses, couverts de chaînes, ils avançaient à genoux, un cierge de quatre livres à la main, en psalmodiant des litanies. Ce n'étaient pas des criminels mais des hommes ordinaires, qui avaient battu leur femme, avaient joué ou bu malgré leur promesse, avaient blasphémé. Ils interrompaient leur pénible progression pour interpeller les badauds, leur demandant de les battre, de leur jeter des pierres, de leur cracher au visage, criant qu'ils auraient malgré tout le cœur en joie parce qu'ils allaient enfin pouvoir se laver de leurs péchés ou de leurs mauvaises actions face au chef du glorieux apôtre d'Aquitaine, Martial. Ils invitaient chacun à les imiter pour leur salut éternel, écoutaient avec ravissement les volées de cloches et se courbaient pour baiser la terre. Leurs chausses déchirées montraient des genoux ensanglantés car certains se traînaient ainsi depuis qu'ils avaient aperçu par-dessus les vignes, dans une brume de chaleur, trembler la silhouette de l'abbatiale.

Une nouvelle tentative du sénéchal auprès du Prince Noir s'était soldée par un échec : Limoges devrait se défendre par ses propres moyens contre les Français ! Les capitaines de grandes compagnies qui rôdaillaient dans la province sous les couleurs anglaises avaient vaguement promis leur secours puis s'étaient rétractés, peu soucieux de se jeter dans un piège sans autre perspective de gain que l'honneur, ce dont ils se passaient fort bien. Seul, le vieux Robin Knolles répondit favorablement. Dans le Bourbonnais où il opérait à la tête de ses bandes, il avait tenté une manœuvre de diversion destinée à immobiliser toutes les lances que les Français promenaient à cinquante lieues à la ronde. Ce vieux loup s'amusait follement, tantôt faisant mine de fuir dans les montagnes, tantôt déferlant par surprise sur les colonnes ennemies. Ces escarmouches lui rappelaient sa jeunesse et les guerres de Bretagne contre les gens de messire Bertrand.

Du Guesclin, lui, était toujours occupé à guerroyer à Saint-Yrieix pour Jeanne de Penthièvre lorsqu'il apprit que le duc Jean de Berry, frère du roi Charles, et le duc Louis de Bourbon, frère de la reine mère, marchaient derrière le maréchal de Sancerre pour enlever Limoges aux Anglais. Il abandonna Saint-Yrieix à ses compagnons et s'en fut à leur rencontre. Sancerre le vit arriver sur ses avant-gardes, la hache pendue à son col, sa grande épée au côté, une taloche de cuir suspendue à sa ceinture, l'air bourru comme à son habitude. Le maréchal marqua un recul en voyant surgir sous sa tente où il faisait la sieste cette sorte de grand singe qui le salua du bout des lèvres, réclama à manger et à boire pour lui et ses hommes et ne prononça pas une parole avant d'avoir vidé deux écuelles de soupe au vin et roté puissamment. Il s'effondra sur le lit occupé par l'écuyer qu'il chassa d'un coup de pied, dormit jusqu'à vêpres et alla faire toilette, torse nu, dans un baquet d'eau. La chaleur commençait à décroître. Un soir couleur d'absinthe faisait lever sur les forêts de Veix des vapeurs moites. On distinguait au loin, sous des fumerolles bleues, la Ville et la Cité, bien distinctes derrière leurs remparts et leurs fossés.

— Par quoi commencerons-nous? demanda messire Bertrand. Par la Cité ou par la Ville?

— Par la Cité, répondit Sancerre. C'est là que nous avons le plus d'alliés. Monseigneur Jean de Cros et le prévôt-consul se feront un plaisir de nous ouvrir leurs portes, mais ne vous attendez pas à de larges sourires de leur part. L'évêque a des problèmes avec sa conscience mais il a promis de nous aider. Quant aux bourgeois, ils se demandent comment le prince va réagir à la nouvelle de leur défection. Si l'on excepte les chanoines qui n'en font qu'à leur tête, la population nous est favorable, du moins les douze consuls et les bourgeois qu'ils représentent. Il faudra se méfier du menu peuple de la Basse-Cité : bateliers, pêcheurs, meuniers et marchands de bois, mais nous saurons bien les briser.

— Votre évêque, dit pensivement messire Bertrand, il ne me plaît guère. Les problèmes de conscience, comme vous dites, me lèvent le cœur. On a une conscience ou on n'en a pas. Jean de Cros était l'ami du Prince Noir. Il le trahit. Ça suffit à me le rendre suspect.

DEUX TETES BRULEES

Il se tenait droit dans les feux du soir avec son écuelle de soupe au vin qu'il lampait à longues gorgées. Sur son torse nu envahi jusqu'aux épaules d'un lichen grisâtre, battait une grosse médaille de style mauresque, cadeau, disait-on, de cette mystérieuse dame de Soria dont il avait eu deux bâtards. Mais son grand amour demeurait Tiphaine. Dès que la guerre marquait le pas, il galopait d'une traite jusqu'en Bretagne, s'enfouissant dans les jupes noires de son épouse, qui commençaient à sentir la chandelle rance et l'encens, lui faisait l'amour consciencieusement, l'interrogeait sur son avenir qu'elle lisait aussi bien dans les astres que dans les lignes de la main et repartait en emportant les vaisselles d'argent qu'elle lui abandonnait volontiers car elle servirait à solder les « brigands » de son époux. Messire Bertrand parti, elle la recomposait patiemment, vendant une terre ou un cheval en prévision d'une prochaine visite.

« Depuis sa captivité, songeait Sancerre, messire Bertrand n'est plus le même homme. »

Le Breton avait pris de mauvaises habitudes dans l'entourage du Prince Noir. Il avait grossi et perdu cette nervosité de molosse qui le faisait craindre des plus grands capitaines. Il avait pris plaisir à recevoir les hommages de la population bordelaise qui passait sous les murs de Blanquefort avec des gestes et des cris d'amitié comme s'il eût été le vainqueur de Najera, à jeter dans ses coffres l'argent et l'or que les bourgeois et les chevaliers donnaient spontanément pour sa rançon; il n'avait pas repoussé les visites de certaines dames parfumées comme des Vénitiennes dont l'époux guerroyait en Poitou ou en Périgord et qu'il faisait raccompagner au matin par ses gardes. La cinquantaine avait ajouté à cette mollesse; il s'essoufflait vite, s'abstenait de prendre la tête de ses hommes quand ils se jetaient aux échelles ou couraient aux Anglais, comme il le faisait avec fureur quelques annés auparavant. Ces faiblesses de sa nature, il les compensait par des attitudes théâtrales, soignant sa légende, entretenant l'éclat de son auréole. Les risques de la guerre ne l'effrayaient pas mais il les évitait prudemment.

— Nous n'entreprendrons aucune action avant l'arrivée de monseigneur le duc de Berry, dit le maréchal. Il devrait se présenter demain avec une centaine de lances, accompagné de Bourbon.

— Cela fait beaucoup de gens pour une cité qui doit nous ouvrir ses portes avec le sourire...

— Vous oubliez, dit Sancerre, Calverley et Blake. Ils tiennent une forte garnison au Château et, si nous ne leur faisons pas une belle impression, ils nous tomberont sur les flancs sans crier gare... et sans sourire.

— Calverley... dit messire Bertrand. Monsieur le sénéchal Hugh de Calverley... Cette vieille canaille! Il s'arrange toujours, dirait-on, pour se trouver en travers de mon chemin. Quant à Blake, je le connais aussi, par saint Yves! Ce gredin m'a donné du fil à retordre à Najera. Vous voyez cette belle estafilade, là? C'est de lui.

— Vous n'aurez pas à les affronter, puisque c'est aux portes de la Cité que nous frapperons. Ils ne quitteront leur repaire que si nous sommes inférieurs en nombre.

Du Guesclin se mit à gronder comme un dogue.

— Alors, pouvez-vous me dire ce que je fais ici, Sancerre? Pourquoi m'avoir fait abandonner Saint-Yrieix alors que j'étais dans le feu de l'action et que cette ville était sur le point de tomber?

— Votre nom, messire Bertrand. Votre nom et votre présence. C'est une idée de monseigneur le duc de Berry. A vous seul, et sans que vous ayez à forcer vos talents, vous valez trois cents lances!

Le duc Jean arriva le lendemain au fort de la chaleur, sous un ciel de brume et d'orage. Il était si gros et si paresseux qu'il se faisait porter dans un chariot traîné par quatre roncins pomponnés comme pour une cavalcade. Il glissa un regard vers la tente du maréchal, le salua de sa main baguée et se fit porter jusqu'à ses logements : un immense pavillon dressé la veille, pavoisé de bannières et de rubans, encombré d'une foule d'écuyers et de valets jeunes et beaux pour la plupart, qui s'affairaient à des riens, veillant à la décoration, à la cuisine, à la chambre, aux musiciens, à leur propre toilette.

— Bien, dit le duc. C'est très bien...

A petits pas, lentement, il fit un tour d'inspection, respirant une rose, buvant une gorgée de ce vin des coteaux de la Vienne dont on avait fait prendre quelques charges chez les moines de Veix, caressant au passage les fesses d'un valet, s'asseyant dans sa cathèdre de bois doré pour s'y soulager avec bruit, son gros visage rose de chaleur et luisant de fard soudain épanoui. L'air était presque frais dans la chambre : un espace au sol recouvert d'un tapis de haute laine, enclos entre des tapisseries de Flandre, où des cassolettes brûlaient ses parfums préférés.

Il prit un bain, réclama ses chiens, joua avec ses valets et prit une collation légère. Puis il fit venir le maréchal de Sancerre et messire Bertrand. Il était décidé à précipiter les événements. Puisque la Cité avait pour ainsi dire accepté de se laisser violer, il ne s'attarderait pas dans cette province et dans cette agglomération qui manquaient de divertissements. Il somnola tandis que Sancerre lui expliquait la situation. Ses paupières délicates se soulevaient lorsque le Breton donnait de la voix avec impertinence; il ne l'aimait guère, cet ours mal léché, puant, vêtu comme un Hongrois, qui avait de mauvaises manières, se baignait une fois toutes les lunes. Il n'ignorait pas que le Breton le lui rendait au centuple mais il n'était pas assez sot pour se priver de cette précieuse présence.

— Il nous reste à décider avec le corps de ville, dit Sancerre, de l'importance de la garnison et des chefs qui en seront responsables.

— Nous verrons cela demain, dit le duc en secouant sa main à hauteur du visage comme pour écarter un sujet de préoccupation fastidieux. Ce voyage m'a harassé. Je vais dîner et ensuite je ferai un peu de sieste avec mes musiciens. Il y a temps pour tout, Sancerre...

Les avant-gardes prirent position aux alentours du cimetière de Naveix, dans le brouillard du petit matin : une cinquantaine de Bretons qui avaient suivi messire Bertrand et qui se tenaient prêts à toute éventualité. Sancerre suivait de peu, accompagné de Du Guesclin et d'une forte troupe conduite par Jean de Villemur, qui s'écoula lentement le long des fossés, entre la porte Panet et la tour d'Aleresia (une vieille bâtisse carrée au sommet de laquelle bâillait une bouche à feu rouillée) et se répandit avec précaution plus au sud, vers l'Entre-deux-Villes et le faubourg de la Boucherie. Dans les jardins et les maisons, hors des remparts, il n'y avait pas âme qui vive, si ce n'est, dans une vigne grande comme un mouchoir de poche, près des Cordeliers, trois moinillons curieux qui faisaient mine d'inspecter la future récolte.

Calverley avait fait évacuer la Cité par ses hommes deux jours auparavant pour regrouper toutes ses forces dans la Ville, plus facile à défendre. Sancerre ne quittait pas de l'œil les remparts du château qui dépassaient les murailles crénelées de la Ville. Par défi, on avait arboré sur le sommet du donjon les couleurs d'Angleterre et de Guyenne. Le maréchal fit placer, face à la porte Boucherie dont le pont demeurait levé, quelques bonnes lances qui pourraient freiner l'élan d'une sortie.

Par courtoisie et pour le plaisir, le maréchal fit sonner la corne, lança les sommations d'usage et fit jouer de la musique sur les arrières pour calmer l'impatience de ses gens. Il écouta d'une oreille distraite la réponse du maire, lue du haut de la porte Panet par un officier consulaire et promit tout ce qu'on lui demandait : se conduire avec honneur, respecter les biens d'autrui, confirmer les avantages de la commune accordés cinq ans auparavant par le sénéchal de Bordeaux Thomas de Roos, respecter Dieu dans ses œuvres et dans ses ouailles, ne laisser d'hommes que juste ce qu'il fallait pour que l'entretien de la garnison ne fût pas trop onéreux à la communauté en argent et en vivres...

— Par saint Yves! hurla Du Guesclin, allez-vous l'ouvrir, cette foutue porte ou faudra-t-il la prendre d'assaut?

Il s'avança à cheval au niveau de Sancerre, son épée reliquaire au poignet.

— Je vous en prie, messire Bertrand, murmura le maréchal, modérez-vous. C'est une petite comédie, mais elle est nécessaire pour ne pas effaroucher ces gens qui nous ont fait confiance. Et une comédie, ça se joue au moins à deux.

Sancerre ergota, contesta tel article de l'acte de reddition. L'officier consulaire — robe noire et chaperon pourpre — secoua sa baguette d'ébène incrustée d'argent, virevolta comme une marionnette au sommet de la tour et disparut de nouveau. Il fallut attendre encore.

— Nous allons baisser le pont, lança le prévôt-consul en apparaissant à son tour, les mains en porte-voix. Vous vous avancerez seul, monsieur le maréchal, et vos hommes se tiendront à cent pas derrière vous!

— Cinquante pas! s'écria Du Guesclin par manière de plaisanterie.

Le prévôt-consul parut s'affoler, tournoya en plein ciel dans un bel effet de robe et de baguette.

— Ça sera cent pas, monsieur le maréchal. Ni plus, ni moins!

Le pont de bois s'abaissa dans un grincement de poulies et de chaînes et Sancerre s'avança seul, après avoir laissé son cheval et ses armes à son écuyer. Il attendit, les bras croisés, la jambe droite en avant. Un judas s'ouvrit; il y eut, de l'autre côté, un murmure confus et un flottement de visages.

— Jurez de respecter votre parole, monsieur le maréchal.

— Je le jure, au nom du Christ et du roi.

— Voici la clé.

Amusé, le maréchal vit apparaître une lourde clé de fer dont on avait fait la toilette depuis peu et qui portait encore des alluvions de rouille dans ses circonvolutions compliquées. Elle était noire et gluante de graisse; elle devait bien peser quatre ou cinq livres. Sancerre s'en saisit des deux mains à travers le judas, l'introduisit dans le pêne, tourna d'un côté, puis de l'autre, la retira, s'énerva, recommença sans plus de succès.

— De qui se moque-t-on, monsieur le prévôt-consul? protesta-t-il avec véhémence. Que l'on m'amène le maire sur-le-champ!

— Pardonnez-nous! souffla un gros visage couperosé. Je suis le maire de cette ville. Je crois bien que ces maladroits vous ont donné la clé de la porte Escudière. Patientez le temps d'un *miserere*...

Le judas se ferma et se rouvrit le temps, presque, d'une messe. Une autre clé en sortit, mangée par la rouille, tout aussi lourde que la précédente. Sancerre eut beau s'escrimer, il n'obtint pas davantage de succès. Il allait se retirer dignement et tout remettre en question quand le prévôt-consul appela le maître de porte qui sortit par une poterne donnant sur le fossé, près des Carmes, et s'avança sur la levée de terre sans se presser, les mains dans la ceinture. Il prit la clé des mains du maréchal.

— Vous la glissez bien droit et vous allez jusqu'au fond en poussant au cul par deux ou trois petits coups de la paume de la main. Si quelque chose accroche, ne poussez pas, mais ressortez la clé du pêne et recommencez en douceur. Sauf votre respect, monsieur le maréchal, il faut procéder comme avec une femme. Regardez bien : je pousse, je tourne une fois, deux fois, et voilà! A vous, maintenant...

Malgré les conseils du maître de porte, le maréchal dut s'y prendre à trois fois avant que ne s'ouvrent ces satanés battants de bois. Il se retira en maugréant tandis qu'on levait la herse.

— J'ai bien failli venir à la rescousse à ma manière, dit messire Bertrand, et je vous jure qu'il n'aurait pas été nécessaire de frapper à l'huis et de faire toutes ces simagrées.

Sancerre se réarma, fit signe à son banneret et à quelques lances de prendre les devants. Monsieur le duc venait d'arriver, à cheval, sous un dais à quatre lances dorées, entouré de ses écuyers et de ses pages. Pour se donner une apparence plus guerrière, il avait revêtu une armure de plaques à la bordelaise et coiffé un joli bassinet de cuir rouge clouté d'or au niveau du front. Pour lui éviter une chute on avait choisi une vieille horse poussive et d'une placidité à toute épreuve, qui n'eût pas bronché sous le feu d'une bombarde ou les acclamations de mille manants, car elle était sourde, mais tellement harnachée de draperies d'or et d'argent qui ne laissaient apparaître que ses boulets galeux qu'on l'eût prise pour Bucéphale.

Le maire et les consuls avaient battu le rappel de la population et l'assistance se comptait par quelques centaines de personnes qui faisaient du bruit comme mille, jouaient de la trompe et du flageolet, brandissaient des touailles et des rameaux et criaient des « Montjoie! » à s'en déchirer la glotte.

Parti de la porte Panet, le cortège prit la direction de l'évêché où monseigneur Jean de Cros avait préparé une réception et attendait ses visiteurs. De temps à autre, le duc de Berry se tournait vers Louis de Bourbon qui, arrivé de la veille avec quelques compagnies de gens d'Auvergne, paraissait fort morose, à la suite d'une bataille nocturne contre les moustiques.

Le cortège marqua une halte entre la maison du Pariage et la Font de la Cave, sur une placette que le soleil du matin dentelait gentiment d'ombres légères et où erraient en liberté porcs et volailles. Les hautes murailles de la Règle se dressaient au sud, contre une petite marée de nuages blanc-rosé.

« A tout prendre, songeait le duc de Berry, cette ville me plaît assez. Tous ces gens qui nous fêtent, ces consuls et ces bourgeois qui nous sourient d'un air si avenant... Peut-être resterai-je quelques jours de plus que je n'avais prévu. »

Le grenier commençait à sentir le chaud. Des flèches de lumière tombaient des tuiles brisées et faisaient danser des poussières odorantes. En bas, sur la placette, un moine armé d'un bâton faisait vainement la chasse aux porcs et à la volaille sous les rires des soldats et de la foule. Des flocons de musique passaient dans l'air brûlant.

— Est-ce que tu as peur? demanda Stephen.

— Un peu, dit Jordan de Pujol, mais c'est naturel. Dans moins d'une heure, nous serons peut-être morts.

— L'essentiel, dit Stephen, c'est de ne pas trembler. Tu te souviens de ce que je t'ai dit : tu respires profondément, et...

— Je me souviens, mais ce n'est pas ça qui m'empêchera de trembler. Tu as beau faire : l'arc n'est pas mon fort et je suis à peu près certain de rater mon coup. Il est encore temps de renoncer.

— Renoncer?

— Regarde! souffla Jordan. Ils arrivent!

Un chevalier banneret portant les couleurs du duc de Berry débouchait dans le plein soleil, entouré de quelques porteurs de lances habillés de rouge et de blanc, dont les casques brillaient comme des galets dans l'eau d'un torrent.

— Je ne vois pas messire Bertrand, dit Stephen.

— Le voici! Je ne l'ai jamais vu, mais on m'a tant parlé de lui que je le reconnaîtrais entre mille. Dieu, qu'il est laid! Pire encore que je ne pensais. A côté de lui, ce doit être le maréchal de Sancerre. Le duc de Berry ne va pas tarder à paraître. Le voici, sous ce dais. Il ne sera pas facile à atteindre.

— Il faudra tirer à travers le dais. La flèche le traversera facilement. Une fois le duc à terre, ça sera plus facile. Silence, à présent! Concentrons-nous. Dis-toi bien que, de ce jour, si notre coup réussit, le sort de la guerre pourra changer. Nous deviendrons des héros!

— Des héros morts, Stephen!

— Tais-toi!

Ils se signèrent, enlevèrent une flèche au carquois, baisèrent la pointe barbelée qu'ils placèrent dans l'encoche. Le temps avait pris soudain une dimension monstrueuse; chaque instant pesait d'un poids énorme qui allait tout faire basculer, déséquilibrer le monde, précipiter les événements comme une avalanche.

— Vise bien, longuement, sans trembler, conseilla Stephen, mais ne reste pas trop longtemps avec la corde tendue, sinon tu trembleras plus encore.

Il tremblait autant que Jordan, mais refusait sa peur. Crâne comme son père, à Crécy ou à Poitiers. C'est à son père qu'il pensait; celui-ci avait dû le faire chercher partout dans la Ville et sa mère devait être en larmes, mais, quand tout cela serait fini, on serait fier de lui et de Jordan.

Un double « doum » fit vibrer le silence du grenier. La flèche de Stephen glissa sur l'épaule du Breton et alla arracher un lambeau de l'oreille de son cheval qui fit un brusque écart. Celle de Jordan avait traversé l'étoffe du dais sans que l'on pût voir qui était atteint, du cavalier ou de sa monture. Le dais flotta un instant puis s'abattit sur le duc qui, emporté par un galop lourd, vida les arçons et s'écroula à quelques pieds de là, gros tas d'étoffe et de métal immobile.

— Tu l'as eu! s'écria Stephen. Bravo, Jordan!

— Non, dit Jordan. J'ai simplement touché son cheval à la croupe. Je vois encore la flèche dépasser du caparaçon.

— Tire encore! Le duc est à nous!

— Non. Ça suffit. Je ne tire pas sur un homme à terre, fût-il mon pire ennemi. Cesse, toi aussi! Tu vois bien que c'est inutile.

Le moment de stupeur passé, les soldats s'étaient repliés en bousculant la foule contre la cathédrale, trop loin pour qu'on puisse les atteindre. Une compagnie de Bretons venait de surgir et de faire masse autour de Bertrand qui examinait les maisons d'alentour pour déterminer la direction d'où venait le tir. Des femmes crièrent lorsque l'on emporta le duc, à l'abri derrière un cordon de lanciers.

— Filons! dit Jordan. Nous avons une chance de leur échapper.

— Trop tard. Ils ont repéré la maison.

Ils dissimulèrent leurs armes derrière un tas de vieux sacs et descendirent jusqu'au sous-sol. La demeure d'Aymeri Jourdan avait deux étages de « voultes » prolongées d'invraisemblables ramifications. Tout au fond, une porte donnait sur les caves de la maison voisine. Ils tentèrent en vain de la forcer; elle devait être, par derrière, bloquée à l'aide de barres de bois. Glacés de peur, ils se retirèrent derrière des futailles vermoulues et attendirent.

Une carapace de boucliers en formation de tortue s'avança jusqu'à la porte qu'un homme enfonça à coups de hache. Baignée dans la pénombre, la salle du rez-de-chaussée était déserte et vide, de même que la pièce voisine.

— Le jardin! cria un soldat. Ils ont dû fuir par là!

Une dizaine d'hommes s'y ruèrent. Aymeri Jourdan était en train de tailler ses rosiers en compagnie de son vieux serviteur.

— Qui a tiré! s'exclama un sergent. Les flèches venaient de vos fenêtres. Répondez!

— Qui êtes-vous? Que faites-vous ici? demanda Jourdan. Nous ne voyons pas de quoi vous parlez. Laissez-nous!

Il coupa une rose, la plaça dans le panier que portait le domestique. Ce remue-ménage l'intriguait, mais il n'y attachait guère d'importance. Depuis quelque temps, il se passait à Limoges des événements auxquels il ne comprenait rien et qui, de toute manière, ne le concernaient pas.

— Vous vous moquez de nous! hurla le sergent. « Ils » sont passés par le jardin et sont sortis par le mur du fond. Vous les avez vus! Ne niez pas!

— Cessez de crier! protesta Jourdan. Et faites attention à mes fleurs.

— Occupez-vous de ces deux imbéciles! dit le sergent.

Il fit du plat de la main un mouvement au niveau de la gorge et s'engouffra dans la demeure en laissant quelques hommes pour surveiller le jardin. La maison fouillée de fond en combles, il descendit aux caves avec une chandelle, faillit se rompre le cou sur les marches usées et gluantes et remonta en pestant : rien, des rats, de vieilles futailles et une réserve de vivres que l'on reviendrait visiter le moment venu. Il repassa par le jardin, enjamba sans y jeter un regard les deux corps. Des hommes venaient de trouver une échelle au pied du mur donnant sur une venelle, derrière des poiriers.

— Inutile de chercher plus longtemps! grogna le sergent. Nos oiseaux se sont envolés mais nous les retrouverons.

La réception de l'évêque fut sinistre. Le duc de Bourbon menaça de mettre le feu à la Cité, de prendre des otages parmi les notables si les gens du guet et la milice consulaire ne retrouvaient pas dans la journée les auteurs de l'attentat. Le duc de Berry était à l'article de la mort selon lui.

— N'exagérez pas! protesta Jean de Cros. Monseigneur Jean a la clavicule démise. Nous avons fait quérir un rebouteux célèbre dans toute la province et notre cher duc sera remis dans moins d'une semaine. Fouillez toute la ville si cela vous chante, mais je vous préviens : je ne tolérerai aucune brutalité contre des innocents. Un siège en règle vous eût coûté beaucoup plus cher.

— Vous parlez en chrétien, s'écria le duc de Bourbon, et nous en soldats!

— C'est de bon sens dont je parle, messire. Si vous parvenez à prendre les coupables, j'assisterai à leur supplice, mais ne touchez pas à mes ouailles innocentes, sinon notre accord sera dénoncé et je me verrais dans l'obligation d'en référer au roi.

L'échange de propos en resta là. Une atmosphère d'émeute pesait sur la ville. Des bourgeois cherchèrent à prendre le large, mais les portes étaient sévèrement gardées. On posta des sentinelles devant chaque maison et des patrouilles circulèrent sans arrêt. Quelques suspects, gens de la Basse-Cité, furent pris et enfermés dans les prisons consulaires où ils subirent des interrogatoires serrés. Quelques-uns furent battus à mort.

— A-t-on fouillé partout? demanda Bourbon.

— Chaque demeure, pied à pied, messire, dit Sancerre, ainsi que les boutiques, les ateliers, les résidences des bourgeois les plus cossus, les églises, les chapelles. Nous n'avons même pas oublié le palais épiscopal, la maison et le cloître des chanoines. Seule, l'abbaye de la Règle...

— Fouillez-la aussi!

— Impossible, messire. Elle jouit d'une immunité absolue, tant du côté anglais que du nôtre. Le Saint-Père serait informé et nous risquerions les foudres du roi Charles.

Il ajouta :

— Nous avons retrouvé deux arcs anglais de belle facture dans le grenier de la demeure d'où sont parties les flèches. Les deux criminels ont quitté les lieux par le jardin.

— Par Dieu, ils n'ont pas pu s'envoler! Il faut que nous les retrouvions!

— Je crains qu'il ne soit trop tard, messire. Cette ville est une taupinière géante. Presque tous les sous-sols communiquent d'une maison à l'autre. Nous avons arrêté quelques dizaines de suspects, mais ils ne portent pas, hélas! le signe d'un forfait sur leur visage...

Flore ne vivait plus. Elle passait ses journées à courir la ville, du château au quartier des Vénitiens, interrogeant les boutiquiers et les artisans chez qui les deux garnements allaient flâner, les garçons et les filles qu'ils fréquentaient, les patrons et les clients des auberges ou même les passants. La nouvelle de l'attentat et du lieu où il s'était produit lui laissait supposer qu'ils en étaient les auteurs. Ils étaient assez fous pour ça! En apprenant que les Français avaient tué deux occupants de la maison, elle avait cru défaillir mais on l'avait rassurée. Les gens du duc de Berry n'avaient pas abandonné leurs recherches.

Elle se couchait le soir, harassée, sans parvenir à trouver le sommeil. En pleine nuit, elle se levait et, accompagnée de deux gardes, elle parcourait la ville en titubant de fatigue, persuadée que les hommes traqués ne sortent que la nuit. Elle crut devenir folle.

— Cesse de te tourmenter, lui disait David. Nous sommes certains de deux choses : ce sont eux qui ont fait le coup et on ne les a pas pris. J'ai confiance malgré tout en Stephen et plus encore en Jordan qui a une expérience de la cache et de la traque. Je redoute seulement qu'ils n'aillent se dénoncer, comme ça, pour l'honneur, comme ils l'ont fait pour la fille d'Aixe, et ce serait une bêtise pire que celle pour laquelle on les recherche. Dans ce cas, nous ne pourrions rien pour eux.

Une nuit, il dut retenir Flore par le bas de la chemise au moment où elle se levait. Une idée venait de l'illuminer.

— Je sais où ils se trouvent! Comment n'y avais-je pas pensé plus tôt. Ils sont à la Règle. Tu vas m'y accompagner!

— Folle! En pleine nuit? Et qu'est-ce que tu diras au maître de porte de la Cité? Attends demain. Nous aviserons à tête reposée. Ton idée est bonne. S'ils ne sont pas chez les chanoines, ils sont chez l'abbesse.

Ils passèrent le reste de la nuit à échafauder des plans. Ils s'endormaient, s'éveillaient en suivant. Flore secouait l'épaule de David; ou alors c'était lui.

— Nous allons en parler à Calverley, décréta David. Il aura peut-être une idée.

Le sénéchal revenait de la prévôté où l'on jugeait une affaire criminelle, lorsque David l'aborda.

— Va te faire foutre! éclata Calverley. Par le Sang Dieu, le sort de ces vauriens m'importe autant qu'une guigne. J'ai d'autres soucis en tête. Ils méritent la corde et, s'il ne tenait qu'à moi...

— Flore est à demi folle de chagrin, dit Blake. Si tu ne nous aides pas il faudra l'enfermer.

Calverley aimait bien Flore. Il plaisantait souvent avec elle et, par manière de jeu, lui pinçait la taille et la soulevait de terre pour manifester sa satisfaction quand elle lui avait mijoté un bon plat. Il se gratta furieusement la barbe, promit de réfléchir. Deux jours plus tard, il faisait appeler Blake.

— Nos deux lascars sont bien vivants, dit-il. Ils sont chez l'abbesse comme vous l'aviez deviné. Et maintenant, sir Blake, avec tout le respect que je vous dois, foutez-moi la paix avec cette histoire!

C'est Flore qui, une heure plus tard, revint à la charge.

— Il faut que je voie Stephen, dit-elle. Aidez-moi à passer de l'autre côté.

— Rien de plus simple! ironisa Hugh. Vous vous attachez au derrière et sur les bras des plumes de pigeon et vous attendez que le vent souffle en direction de la Règle. Vous pouvez également creuser un souterrain, mais ça demanderait du temps. Je vous suggère plutôt d'aller trouver le maréchal de Sancerre et de lui expliquer la situation. S'il ne vous délivre pas un laissez-passer, c'est qu'il a un cœur de pierre!

— Cessez de plaisanter, sir Hugh! Vous êtes un homme de ressource. Vous trouverez sûrement un moyen de m'introduire dans la Cité. Regardez-moi! J'ai honte de me montrer à vous avec cette mine défaite, ces bras maigres, ces yeux de folle qui brûlent d'avoir trop versé de larmes. De mère plus malheureuse que moi, vous n'en trouveriez pas dans toute la province. J'ai fait vœu ce matin de faire brûler vingt livres de cire à saint Martial pour qu'il me fasse retrouver mon fils. Mais vous, messire Hugh, vous avez plus de pouvoir que tous les saints du Limousin réunis. Et Dieu sait qu'ils sont légion! Je m'en remets à vous.

Sir Hugh la releva vivement.

— Ne vous agenouillez pas devant moi, Flore! Je n'aime pas ces simagrées. Par le Sang Dieu, vous devez être bien malheureuse pour blasphémer ainsi. Soit! je vous aiderai si je le puis mais il faut me promettre de satisfaire un désir.

— Dites, sir Hugh!

— Vous me préparerez une fois de plus de ces saumons aux herbes que vous réussissez divinement. Revenez demain, à la même heure!

Elle lui jeta un baiser dans la barbe avant de disparaître.

Le cortège piétinait dans la poussière. Ça sentait le crottin frais, le pissat de mule, la menthe fatiguée qui tapissait le revers des fossés, de part et d'autre du pont-levis de la porte Escudière. Sur les tourelles, des gardes sifflèrent à l'attention de Flore qui se tenait en compagnie d'un gros marchand de peausserie en train de discuter avec le maître de porte ou un de ses sergents.

— Vous pouvez fouiller mon chargement, disait-il. Je suis un honnête marchand du Château : maître Rollin pour vous servir. Vous devriez me connaître : ça fait la troisième fois que je franchis cette porte depuis que vous occupez la Cité.

— Et celle-là?

— C'est mon épouse. Elle s'est mis en tête de voir de près messire Bertrand. Elle serait un peu amoureuse de lui que je n'en serais pas surpris.

— Vous resterez combien de temps dans la Cité?

— Le temps de négocier mes peaux. Ce soir, je regagne mes pénates.

Le sergent griffonna un signe sur le sauf-conduit et fit donner le passage au couple.

— Je suis moite de peur, avoua maître Rollin, alors que, vous, vous paraissez très à votre aise!

— J'aurais affronté bien d'autres dangers avec autant de sérénité pour me trouver près du tombeau de saint Étienne et expier mes péchés. Vous n'avez pas idée de ce qu'une femme est capable de faire quand elle a en tête une idée fixe.

— Je vous conduis jusqu'à la porte de la Règle. On ne sait jamais avec ces chiens fous de soldats.

— Vous êtes un brave homme, maître Rollin, et je ne vous oublierai jamais.

— Ne vous donnez pas cette peine. Sir Hugh m'a grassement récompensé de mes services. Pour le même prix, je ferais volontiers passer de château en Cité et vice-versa toutes les femmes de Limoges qui ont un poids sur la conscience et ça me ferait du travail jusqu'à la fin de mes jours.

Elle eut envie de les battre. Sans la présence de l'abbesse, elle l'eût fait. Moins pour les punir de leur « crime » que pour leurs mines de chiens battus, de leurs regards veules. Elle les sentait prêts à se vautrer à ses pieds pour obtenir leur pardon. Elle s'attendait à les voir dignes, sans regret et sans remords et elle trouvait en face d'elle deux gredins pris en faute, reniflant leurs larmes et leur morve, prêts à renier leur acte. Dans son dos, elle entendit la voix de l'abbesse, lente et grave, coupée de râles amphisémateux :

— Si vous voulez une trique, mon enfant, ne vous gênez pas. J'en garde toujours une à portée de la main pour les novices qui s'accrochent au siècle comme un chien à son os. Ces deux-là demandent à être battus pour devenir des hommes. Le plus jeune surtout, qui est, je crois, votre fils. Je connais bien ce genre de garnement. Ils n'ont peur de rien en affrontant un véritable danger et tombent à genoux quand on les menace d'une correction. Si vous les aviez vus quand ils ont frappé à ma porte, l'autre matin, peu avant l'aube : de véritables petits coqs. Et regardez-les maintenant : des poules mouillées...

— Je regrette, dit Jordan. Nous regrettons tous deux, madame, mais le plus coupable, c'est moi, parce que je suis le plus âgé et celui qui a le plus d'expérience. Si nous devons payer pour notre sottise...

— Tais-toi! dit Flore. Ce n'est pas des regrets que j'attendais de vous mais de la fierté. Si vous aviez tué l'un de ces chiens, ou tous les deux, je vous aurais serrés dans mes bras. Vous vouliez jouer aux héros et vous vous êtes conduits comme des jean-foutre!

— Vous allez un peu loin, dit l'abbesse. Ce sont encore des enfants. Ils ne pouvaient se comporter que comme des enfants. Tout âge a ses limites.

— Soit! soupira Flore. Des enfants... Des enfants...

Et soudain c'est elle qui tomba à genoux et qui dégorgea d'un coup, pour ainsi dire à leurs pieds, les nœuds de terreur et d'angoisse qui s'étaient formés en elle depuis des jours qui lui paraissaient autant de semaines. Elle prit entre ses bras les jambes de Stephen et l'entendit qui sanglotait en se penchant au-dessus d'elle.

— Si tu savais, mon enfant, mon petit... Je t'ai vu mort,

pendu, déchiqueté et, de ne pas savoir où tu te trouvais, je mourais à petit feu et devenais folle.

« Avec la permission de notre mère l'abbesse, dit Flore en se relevant, vous resterez ici jusqu'à ce que nous trouvions un moyen de vous faire quitter la Cité. Et surtout, ne tentez pas quelque autre folie, sinon c'est au bailli de messire Hugh que vous aurez affaire.

— Et vous, madame, qu'allez-vous faire? demanda l'abbesse. Si vous y voyez un avantage, vous pouvez rester. De ma part, c'est contrevenir aux règles de neutralité que nous nous sommes assignées, mais je suis certaine que le Seigneur m'approuve.

Il y avait tant de pitié sur ce visage aux bajoues piquées de grosses araignées de verrues, barré d'une longue bouche aux lèvres minces qu'il en était presque beau. L'abbesse sourit et inclina la tête lorsque Flore lui répondit :

— Je resterai quelques jours seulement dans la Cité mais je reviendrai dès que possible. Je n'ai que cet enfant, ma mère, et je l'aime plus que tout au monde.

Personne n'osait plus, de son propre gré, affronter le prince.

Le messager de Calverley qui lui avait apporté la nouvelle de la prise de la Cité de Limoges, il l'avait fixé d'un de ces regards noirs qui augurent d'une grosse colère.

— Tu dis bien que l'évêque et les consuls ont ouvert leurs portes aux Français sans combattre? Il n'y a pas eu la moindre résistance, pas une tentative de siège, hein? Les Français sont entrés dans la Cité comme dans un moulin? Il n'a eu aucun geste contre eux si ce n'est cet attentat manqué contre le duc de Berry et Du Guesclin? C'est bien cela?

Il avait appelé ses valets pour qu'ils l'aident à se lever. Il se sentait très faible. Un moment auparavant, le barbier lui avait tiré du corps plus d'eau qu'il ne pissait d'urine en trois jours. Il demanda sa canne, la leva sur ce pauvre bougre de messager qui ne recula pas d'un pouce et s'abrita seulement la tête de ses bras.

— Menteur! Imposteur! Je connais bien monseigneur Jean de Cros. C'est un ami, entends-tu? Un saint homme! Ou alors on l'a mis au supplice.

Le messager secouait la tête.

— Tout s'est passé comme je vous l'ai dit, messire.

Ce n'était pas possible. Il y avait cinq ans, Thomas de Roos avait reçu le serment des consuls. Ils avaient juré fidélité au prince en touchant, comme le voulait la coutume, un pilier des halles. Et aujourd'hui...

— Et Calverley? Qu'a-t-elle fait, cette ganache? Et Blake? Et tous les autres? Terrés dans leur bauge comme des sangliers!

— Ils ne pouvaient rien faire, messire. Une centaine d'hommes contre six ou sept mille, conduits par deux ducs, un maréchal de France et messire Bertrand. S'ils avaient tenté une sortie, ils auraient été écrasés et les Français auraient pris non seulement la Cité mais le Château.

Le Prince Noir était hideux à regarder. De ses lèvres gonflées coulaient des filets de salive; la sueur perlait à ses sourcils; ses yeux, qui avaient du mal à rester ouverts entre des boursouflures de chair cireuse, brillaient sourdement. Il se laissa réincruster dans son grand fauteuil de bois, essuyer le visage en donnant de furieux coups de tête à droite et à gauche. Le même orage de colère qui l'avait ravagé lorsqu'il avait appris la mort de sir John, sauf qu'alors il était resté deux jours à pleurer, seul avec son chapelain, refusant toute présence.

Il frappa le sol avec sa canne.

— Convoquez mon secrétaire, maître Masse d'Aiguecave, mon frère Lancastre, ainsi que Canterbury et Pembroke. Je veux que tous soient présents avant le dîner.

La décision avait été prise rapidement et d'un commun accord. Toutes les forces dont pouvait disposer le Prince Noir devraient converger vers Limoges. L'assemblée dispersée, le château de Cognac s'était mis à bourdonner comme un nid de frelons. Le prince avait adopté un calme glacé. Pas un mot ne sortait de ses lèvres et il ne répondait pas quand on l'interrogeait. Il se fit conduire dans le jardin, sous un tilleul et y demeura seul, la nuit entière, sans fermer l'œil. Par moments, des vagues de colère montaient de son ventre et de sa poitrine, éclataient en écume de mots inaudibles. Au matin, il réclama sa femme et ses enfants.

— Je vais partir châtier les gens de la Cité de Limoges, dit-il. Mon absence durera peu, mais j'appréhende tant ce voyage que je crains de ne pas en revenir. Maître Masse m'aidera tout à l'heure à rédiger mon testament. Il est d'ailleurs prêt dans ses grandes lignes. Jane, vous avez été une bonne épouse, et vous, mes enfants...

Sa voix s'étrangla.

— J'ai froid, dit-il. Il est prudent de rentrer.

3

LE SANG DE LIMOGES

— Vous partez, dit monseigneur Jean de Cros, et vous nous laissez pour ainsi dire seuls, face à l'armée du Prince Noir... Qu'allons-nous faire? Comment pourrions-nous résister contre ces milliers d'hommes?

La main blanche et grasse de l'évêque caressa la tête du petit Aubert de Tinières et descendit jusqu'à l'épaule comme pour y trouver appui.

— Vos inquiétudes sont injustifiées, dit le duc de Berry. Vous aurez pour garder la place une trentaine de soldats de métier et environ cinq cents hommes en état de porter les armes, avec trois de nos meilleurs capitaines pour les commander.

Il montra, se tenant sur sa droite, les sires de Villemur, de La Roche et de Beaufort. Derrière lui, Bourbon s'impatientait : on était resté trop longtemps à Limoges à son avis; il fallait déguerpir au plus vite car le Prince Noir aurait vite fait de franchir avec ses sept mille hommes les trente-cinq lieues qui séparent Cognac de Limoges. Le prince était fou de rage; il brûlait les étapes.

— Les murs de la Cité sont solides, dit Bourbon avec une pointe d'irritation. Si les choses se gâtent pour vous, vous savez où nous trouver. Nous ne sommes pas des ingrats et nous accourrons dès que possible.

Le duc de Berry avait fait la même réponse, une heure auparavant, alors que les troupes françaises commençaient à se regrouper dans les parages de Naveix, aux seigneurs consuls entourés de tout le corps de ville. Ils étaient blêmes. Dans toute la Cité et les alentours, il n'était bruit que de l'arrivée imminente du Prince Noir. Un dragon à la tête des légions infernales n'eût pas causé plus d'effroi, mais saint Michel ne serait pas là avec sa lance de feu pour le terrasser. Les gens des campagnes, le menu peuple des bords de la Vienne, accouraient pour trouver refuge derrière les remparts de la Cité et les consuls les hébergeaient du mieux qu'ils pouvaient.

— « Et il tomba du ciel une grande étoile qui brûlait comme une torche, murmura l'évêque. Et le nom de l'étoile était Absinthe. »

— Que dites-vous? demanda Jean de Berry.

— Ce n'est rien, messire, dit l'évêque Jean de Cros. Une citation de saint jean. Que Dieu préserve notre Cité.

— Que Dieu la préserve, répéta en écho Louis de Bourbon.

Les valets s'avancèrent de chaque côté du duc de Berry qui leva sur eux une de ses cannes, prêt à frapper.

— Prenez garde, manants! Votre maladresse de ce matin a fait resurgir mes douleurs. Allez, monseigneur... Au fond, votre sort est plus enviable que le mien...

On avait beaucoup exagéré la menace. Les prétendus « éclaireurs » du Prince Noir n'étaient que des éléments de bandes anglaises qui se trouvaient campées dans les parages. Il est vrai que la décision du prince avait été rapide, mais il avait fallu malgré tout plusieurs jours pour regrouper sept mille hommes à Cognac sans se montrer difficile sur leur choix.

Pour parcourir la distance séparant les deux villes, il avait fallu plus de temps qu'on ne l'avait prévu, d'autant que le Prince Noir avait manifesté son intention de tomber sur la Cité de Limoges à l'improviste. La région était infestée de compagnies françaises, si bien qu'on devait cheminer prudemment. Dans la région de Brantôme et de Saint-Yrieix (on avait emprunté pour plus de sûreté cet itinéraire détourné), on avait failli se heurter à des compagnies de messire Bertrand qui sillonnaient le pays en tous sens. La Vienne franchie à Chabanais, l'armée du prince tomba comme la foudre sur Rochechouart puis déferla à un train d'enfer sur Limoges, crevant les minces rideaux de défenseurs que les Français avaient disposés aux abords de la ville.

Le 13 septembre au soir, l'armée anglaise était devant les murs de Limoges. Il fallut user de menaces et de violences pour éviter que les cavaliers, emportés par leur élan, n'aillent se briser sur les hérissons placés devant les portes et se faire anéantir sous le feu des bombardes et des veuglaires.

Le Prince Noir se fit porter en litière jusqu'à un petit promontoire de colline pelée par la sécheresse. Une brume moite recouvrait la Cité et le Château avec, accroché au-dessus, un gros soleil rouge, net comme un florin. Il resta là un long moment, entouré de lanciers, une tempête de souvenirs dans la tête. Il ne pouvait oublier ce jour où il avait reçu l'hommage du prévôt-consul, mis ses mains dans celles de cet homme gros et laid, au visage sillonné de couperose, qu'il avait relevé doucement pour l'embrasser sur la bouche comme le voulait la coutume. Malade de chagrin et de colère, le visage couvert de poussière et de sueur, la gorge sèche, il ne pouvait détacher son regard de la Cité. Au-delà des fossés et des remparts s'étageaient les demeures bourgeoises des quartiers cossus, les murailles de la cathédrale, le clocher couvert d'échafaudages et, derrière, contre les lointains des vignobles embués, la forteresse de la Règle. Il avala sa salive sèche qui avait un goût de terre, de sang et de larmes.

Consigne absolue du Prince Noir : personne ne doit sortir de la Cité.

Une centaine d'hommes postés en éventails autour des portes principales; des patrouilles toutes les heures; la moindre poterne, le plus modeste trou de souris surveillés jour et nuit; les barques des riverains de la Vienne réquisitionnées et la rive droite bloquée, du Port-au-Bois aux marais d'herbes qui s'étendaient sous les murs de la Règle. Et la corde en punition pour toute complaisance envers les habitants...

Le Prince Noir expliqua à son frère Jean de Lancastre :

— Comprends-moi. Ils sont tous là, derrière ces murs, ceux qui m'ont trahi, à commencer par leur évêque. Je les tiens comme dans un piège à rats. Je ne sais encore quel châtiment je leur réserve, mais il sera terrible. Ceux qui s'imaginent que le temps apaisera ma colère et ma vindicte se trompent : elles ne font qu'empirer. Nous allons faire le siège de cette cité. C'est vous, mon frère, qui dirigerez les opérations, sous ma responsabilité. Faites en sorte que l'action soit menée rondement. Il n'est pas question d'affamer ces gens, car ils doivent posséder des réserves de vivres pour des mois. Nous n'en avons pas le temps. D'ici moins d'une quinzaine nous aurons les Français sur le dos. Les mineurs ne manquent pas dans ce pays. Trouvez-moi des « hurons » et faites creuser sous les remparts autant de galeries que vous pourrez, de préférence sur les points faibles. Par saint Thomas de Canterbury, si cette cité n'est pas entre nos mains dans la quinzaine, c'est que le diable est avec l'évêque.

Le Prince Noir avait, dans la matinée, reçu du duc de Berry un message tout fleuri d'amabilité, si onctueux de style qu'on s'y poissait les doigts; il prêchait la modération au prince vis-à-vis des gens de la Cité et implorait la grâce de l'évêque Jean de Cros. Cette lecture avait mis le prince d'humeur allègre. Afin de prolonger ces dispositions inhabituelles, il était allé voir pendre trois jeunes paysans, dont une fille, qui s'apprêtaient à franchir les remparts à la corde pour sortir de la Cité. Ils avaient reçu mission de l'évêque d'aller prévenir ses vassaux de Saint-Junien, Saint-Léonard, La Jonchère et Eymoutiers de porter secours aux assiégés. On laissa les suppliciés pendus aux fourches consulaires. Avec la chaleur, l'odeur devint si puissante qu'on la respirait jusqu'aux portes de Trasboreu et de Las Cossas.

— Laissez-moi passer! dit Flore. Je suis l'épouse de maître Rollin. Les Anglais ne me feront pas de mal si je sors sans chercher à me dissimuler. Je vous promets d'être de retour avant la nuit.

Le sergent secoua sa grosse tête de chien.

— Il me faut un ordre de messire Jean de Villemur, contresigné par l'évêque et le maire, sinon vous et moi nous aurions droit à la corde.

— J'ai là quelques florins. Ils sont à vous. Vous ouvrez la poterne et ni vu, ni connu. Vous aurez fait une bonne action pour un bon profit.

— Vous perdez votre temps, madame, et, si vous n'aviez pas l'air honnête, je vous aurais déjà envoyée entre deux gardes à messire Jean de Villemur. Alors, passez votre chemin!

Elle essaya par la porte Escudière et faillit réussir quand on releva le poste. A la porte du Chêne, le sergent se montra d'emblée menaçant.

De retour dans la Basse-Cité où son père, veuf depuis peu, lui avait fait une place dans sa maison dont une partie était louée à des paysans de Bellegarde, elle se laissa tomber sur sa paillasse et se mit à sangloter. Elle imaginait David en proie aux pires inquiétudes et capable de tenter une folie pour venir la délivrer.

— Ne te tourmente pas! dit le vieil homme. Tu n'es jamais satisfaite, quoi qu'il arrive. Tantôt c'est ton fils que tu veux retrouver, tantôt ton époux. Quand comprendras-tu que le pays est en guerre et que le moindre pan de mur est aussi infranchissable que les remparts de Jéricho? Stephen est à l'abri et David ne court aucun danger. De quoi t'inquiètes-tu? Cesse de te promener en ville en te faisant passer pour Mme Rollin, sinon tu finiras par tomber sur un bec. Sois raisonnable!

Il s'agenouilla près d'elle en grimaçant à cause de ses douleurs, posa à côté de lui le couteau qui lui servait à parer la « plane » d'une futaille. Il sentait la bonne odeur du bois de châtaignier. De petits copeaux s'accrochaient aux poils blancs de sa poitrine.

Raisonnable... Flore sourit à travers ses larmes. Il est des mots qui lui sont étrangers, qu'elle refuse, dont le sens lui échappe. La raison, c'est d'agir selon son cœur. « C'est à ma folie, songe Flore, que je dois d'avoir été heureuse avec David et de l'être encore. Que pourrais-je regretter? Dois-je envier Marguerite qui crève d'ennui entre ses serviteurs, à Bordeaux, pour avoir été raisonnable? »

— Tu ne devrais plus bouger de cette maison, dit Itier. Tu y es en sûreté. Contente-toi, en rasant les murs, de faire une visite par jour à la Règle et laisse le temps arranger les choses.

Stephen et Jordan s'ennuyaient ferme. L'abbesse se montrait intraitable : ils devaient assister aux offices, travailler au jardin avec les moniales, s'occuper à la buanderie, suivre des cours d'instruction religieuse, s'abstenir de parler haut et de blasphémer, dormir dans deux cellules séparées et fermées à clé de l'extérieur, de manière qu'ils ne mûrissent pas de conserve l'idée d'escalader le mur à la faveur de la nuit. Ils avaient étudié des plans d'évasion mais y avaient renoncé au dernier moment de crainte de susciter à Flore de nouvelles complications.

Depuis qu'ils avaient appris que les « hurons » du duc de Lancastre s'occupaient à miner les murailles de la Cité pour en finir au plus vite avec ce siège, ils s'éveillaient, la nuit, et tendaient l'oreille pour déceler le bruit des pics.

Tout allait se faire sans eux et c'était une idée insupportable.

Après quelques expériences malheureuses, les gens de la Cité avaient décidé de renoncer à faire parler la poudre. Bombardes, veuglaires, couleuvrines... On avait sorti de l'arsenal consulaire tous les pots de fer capables de cracher de la mitraille ou des flèches, mais on les avait manœuvrés avec tant de maladresse et d'imprudence que les seules victimes avaient été les artilleurs eux-mêmes et que les gens d'en face riaient à s'en tenir les côtes.

Lancastre semblait être partout à la fois. De l'aube au crépuscule, aidé de Blake, il veillait au minage des murailles. Protégé par une grande taloche de bois, il descendait dans les fossés à sec sous les grêles de flèches et de moellons, pénétrait dans les boyaux où grouillaient des « hurons » demi-nus, hagards et couverts de terre, veillait à l'estançonnement, collait l'oreille contre la pierre pour surprendre le bruit d'une contre-mine, ordonnait la mise à feu et attendait le résultat sur le bord opposé du fossé en se mordant les lèvres.

— La muraille est trop épaisse, disait Blake.

Parfois on devait déjouer les contre-mines, se retirer précipitamment pour éviter de se faire prendre, enfumer et griller contre des rats.

Les « hurons », ainsi appelés en raison de leur vilaine apparence de sangliers à la hure terreuse, étaient gens de mérite. Mauvais caractères, difficiles à commander, têtus en diable, ils se tuaient à la besogne pour un maigre salaire. Leur travail achevé, lorsqu'ils sortaient hébétés de leur bauge, les mains saignantes, les ongles arrachés, on leur laissait faire ce qu'ils voulaient. Ils avaient toujours à leur disposition des vivres, du vin et des femmes en abondance. Le matin, ils se traînaient aux fossés en titubant et reprenaient avec âpreté leur travail de sape. Le Prince Noir avait fait promettre par son frère une prime pour l'équipe qui parviendrait à provoquer une brèche. Ils ne se ménageaient pas.

Un soir, un chef d'équipe vint trouver Blake dans sa tente. C'était une brute puante, loqueteuse, avec une barbe maculée de terre.

— J'ai préparé une mine qui devrait faire effet, dit-il. Et personne de l'autre côté. Elle est bourrée de fagots, avec un peu de poudre. Il ne reste plus qu'à y mettre le feu. Tu veux qu'on commence cette nuit ou tu préfères attendre demain?

Blake en référa à Lancastre. On attendrait l'aube. La mine se situait entre la porte Panet et la vieille tour Aleresia, au nord de la Cité, près de Carmes.

— Si Dieu le veut, dit Lancastre à Blake, demain vous reverrez votre femme et votre vaurien de fils. Le prince tient à voir Stephen et ce petit Pujol, à la fois pour leur chanter pouilles et pour les complimenter. Le jour où ces chiens fous auront un peu de plomb dans la cervelle, ils feront merveille. Vous allez vous-même annoncer la nouvelle à mon frère. J'espère qu'il sera dans de meilleures dispositions que ce matin.

La joie du Prince Noir se manifesta par ce pétillement du regard qui seul attestait un changement d'humeur. Il venait de se faire tirer une bonne pinte d'eau par son barbier et se tenait dans la salle du château dont il avait fait sa résidence. Le vent apportait des odeurs sèches de prairies calcinées par les fenêtres grandes ouvertes sur un immense soir jaune.

— Si vous me racontez des sornettes, dit-il, je vous jure qu'il vous en cuira! Voilà cinq jours que vous minez, que vous fouillez, que vous sapez! Et pour quel résultat? Des foyers à cuire un bœuf, quelques pétarades et la chute de trois ou quatre méchantes pierres!

— Cette fois-ci, dit Blake, nous tenons le bon bout. Si l'opération réussit nous serons demain dans la place. Je sollicite l'honneur d'entrer parmi les premiers. Messire, j'ai de bonnes raisons de demander cette faveur.

— Vos raisons, Blake, je les connais, mais je refuse. Vous me remercierez lorsque vous connaîtrez les motifs de ce refus et vous me haïriez si je vous donnais mon accord. Ne m'en demandez pas davantage. Vous pouvez vous retirer. J'attends Calverley, Canterbury, Pembroke et mon frère Jean pour un ultime conseil de guerre. Vous recevrez mes ordres demain avant l'aube.

Il y eut un bruit profond comme d'une maison qui s'effondre, et une belle gerbe de flammes accompagnée d'une pétarade qui secoua toute la Cité. Lorsque les gens, éveillés en sursaut, mirent le nez à la fenêtre, tout ce qu'ils virent sur le ciel de l'aube c'est un bouquet de fumée et de poussière qui montait avec des volutes entre la porte Panet et la tour Aleresia. Quelques instants plus tard, des sons de corne crevaient le silence. L'alerte était donnée. On vit des soldats traverser les places en tous sens comme des fourmis, ajustant leurs braies et leur équipement. Les bordels de la rue du Jeu-d'Amour se vidèrent en un moment.

— Aux Anglais, compagnons!

— C'est à la porte Escudière!

— Non! A la porte Panet!

— L'ennemi est dans la place. Aux armes!

Les Anglais n'avaient pas encore franchi la brèche. Le maître de porte et le sergent de service, entourés d'une dizaine de soldats les attendaient, l'épée au poing. Ils avaient déjà opéré un beau massacre, lorsque, dans leur dos, une voix leur cria de tenir bon, que messire Jean de Villemur arrivait avec une trentaine de combattants, les autres ayant pris position aux diverses portes de la Cité sous le commandement de Hugues de La Roche, de Roger de Beaufort et de quelques autres capitaines.

Villemur escalada quatre à quatre les degrés qui montaient au chemin de ronde et recula, saisi d'effroi : quelle sorte de combattants le Prince Noir leur avait-il envoyés? Il n'eut aucune peine à reconnaître des compagnies de ribauds de la pire espèce, éventreurs de chevaux, détrousseurs de cadavres, incendiaires, égorgeurs : la lie de la guerre.

L'armée anglaise attendait au bord du fossé, devant le cimetière de Naveix, en bon ordre, la fine fleur de la chevalerie en tête, bannières déployées, avec un beau crépitement de soleil sur la forêt des casques et des lances. Au pied des murailles, garnissant les fossés autour de la brèche, la ribaudaille se répandait en grouillement larvaire d'où montaient des clameurs de mort. Aucun chevalier; pas un bannière; pas un pennon carré : une tourbe d'hommes de pied qui ravalait ses cadavres, s'en servait pour escalader les monceaux de pierres de taille d'où montaient d'âcres odeurs de fumée de goudron et de poudre. Ils étaient plusieurs centaines, et fort âpres au combat. Toutes les forces dont Villemur disposait n'auraient pu que contenir leur élan. Au loin, comme pour une fête, montait une musique de cornemuses, de fifres et de tambours.

Il n'y avait rien d'autre à faire qu'à se battre. Des sergents traînaient vers la brèche des chars de paysans réfugiés dans la ville, pour tenter de créer une seconde ligne de défense, mais cela ne servirait qu'à retarder d'un court moment le dégorgement massif des assaillants. Villemur y fit cependant poster quelques archers prélevés sur les remparts et, jouant des coudes, se porta au fort du combat.

La mêlée était d'une confusion telle et les rangs des défenseurs si serrés qu'il fallait abandonner l'épée pour le poignard ou la lance. Villemur se fit connaître pour stimuler l'ardeur de ses hommes, mais sa voix se perdit dans le tumulte. Les Français cédaient du terrain pied à pied mais faisaient payer cher leur recul. Acculés au rempart de chariots, ils le contournèrent pour laisser opérer librement archers et arbalétriers. Sous les premières volées de flèches, les ribauds amorcèrent un recul puis se reprirent.

« C'est la fin! » songea Villemur. Déjà des groupes d'assaillants se répandaient dans la Cité, les uns vers les quartiers hauts, les autres vers la Vienne, livrés à eux-mêmes, sans rencontrer de résistance.

D'un chariot bâché arrêté sur une placette et qui servait de logement à des réfugiés, les ribauds firent descendre les occupants et les égorgèrent.

Villemur, qui venait d'assister à la scène sans pouvoir intervenir, ne tarda pas à comprendre la singulière tactique du Prince Noir : il se vengeait de la défection de la Cité en lâchant par la brèche tout ce que son armée comptait de tueurs, avec permission d'agir à leur guise et de n'épargner personne.

Un instant, il balança entre la poursuite du combat pied à pied, le regroupement des quelques hommes valides qui lui restaient, ou la retraite pure et simple dans une maison forte, mais il n'avait plus la maîtrise des événements. Pris à revers, les derniers groupes de défenseurs craquèrent un à un et battirent en retraite vers la tour.

La ville n'était qu'une gerbe de cris.

Lorsque les derniers assaillants purent se répandre sans obstacle dans les rues et sur les places, l'arme au poing, la brèche n'était plus qu'un tapis de cadavres et de blessés qui bougeaient vaguement dans la lumière rasante du matin, hérissé de bras qui se tendaient convulsivement. De l'autre côté des murailles, l'armée restait sur place sous l'aigre musique militaire qui accompagnait le massacre. Par-dessus l'Entre-deux-Villes et le faubourg de la Boucherie, les remparts s'étaient garnis de groupes muets qui s'interrogeaient sur les raisons de cette effervescence et de cette attaque à laquelle l'armée du Prince Noir paraissait étrangère.

Entre les murs de la Cité, l'orgie de sang battait son plein.

Les portes des maisons ou les volets des boutiques défoncés, les ribauds pénétraient en force dans les immeubles, se bousculant dans l'escalier, ouvrant les portes à coups de pieds, saignant à mort tout ce qui vivait, jetant par les fenêtres ce qui avait quelque prix et qu'ils entassaient sur la façade. Lorsqu'il n'y avait plus rien à tuer ou à piller, ils redescendaient précipitamment dans la rue et le manège se renouvelait, et c'étaient de nouveau des cris, des supplications, des mains tendues qu'on tranchait d'un coup d'épée, des visages d'enfant que l'on écrasait d'un coup de pied, des ventres de femmes qu'on pénétrait avant de les ouvrir de bas en haut.

Les combats n'étaient pas terminés aux autres portes de la Cité. Encadrés par les soldats de La Roche et de Beaufort, les hommes de la milice, les gardes consulaires et épiscopaux se défendaient farouchement avec des armements et des équipements de fortune, puis, contraints de lâcher pied, se réfugiaient dans les châtelets où ils se faisaient égorger sur place. En peu de temps, toutes les portes de la Cité s'ouvraient aux ribauds. L'armée du Prince Noir ne bougeait toujours pas, reliée au fort du combat par des éclaireurs qui faisaient la navette. S'il n'y avait pas eu le mouvement des enseignes agitées par le vent, on aurait pu croire à une gigantesque parade de soldats de bois.

— Flore, dit le vieil homme, ne bouge pas, je t'en conjure. Habille-toi, mais ne quitte pas cette maison. Les Anglais sont dans la place et la mettent au pillage. Des gens viennent d'arriver des quartiers hauts. Ils prétendent que le massacre est général.

Flore se vêtit fébrilement.

— Il faut que j'y aille, dit-elle.

— Où donc?

— A la Règle.

— Es-tu folle? Stephen ne risque rien, tu le sais. Pense à toi!

— Les Anglais ne respecteront rien. la colère du prince est terrible. Ils vont forcer le couvent. Laisse-moi passer!

— Je saurai bien t'empêcher de sortir. D'ailleurs tu n'arriveras pas jusque là-bas. Les Anglais vont être là d'un moment à l'autre. Si nous restons barricadés, nous avons une chance de laisser passer l'orage. Au besoin je me défendrai avec mes outils de tonnelier et nous avons en bas des paysans bien décidés à résister.

Flore n'eut guère de peine à écarter son père qui n'était plus de force à lui opposer la moindre résistance et ne put que courir après elle en lui criant de ne pas le laisser seul. Dans la pièce du rez-de-chaussée, elle trouva la famille de vilains (un ménage avec trois enfants) tous armés de faucilles, de haches, de couteaux et de gourdins. Ils avaient bloqué la porte avec une vieille armoire et attendaient, livides et silencieux.

— Passez par le jardin, dit le chef de famille, un colosse barbu qui portait une lourde cognée de bûcheron. Vous sortirez plus facilement et ça nous évitera de déplacer cette armoire que nous avons eu beaucoup de mal à traîner jusqu'ici. Mais c'est une folie, madame. Vous n'irez pas loin.

Flore gagna le jardin. La première chaleur du matin exaltait l'odeur des pommes et des poires que butinaient les abeilles et les guêpes. Pendu à une branche, un épouvantail confectionné dans une vieille étoffe rouge se balançait dans le vent chaud. Flore sortit par la venelle de derrière, endormie sous l'ombre de grands arbres fruitiers, qui donnait tout au fond, sur les échouages roux du Port-au-Bois et les éclats de fer bruni qui trahissaient la présence de la rivière. Flore ne sentait aucune peur en elle, simplement une appréhension : elle redoutait d'arriver trop tard, de trouver les portes de l'abbaye enfoncées. Elle s'étonnait de découvrir des venelles et des rues si calmes. Les bourgeois avaient dû s'exagérer le danger, comme toujours. Un coup d'œil sur un coin de rempart à demi envahi de vignes grimpantes lui révéla un groupe de trois ou quatre gardes consulaires paisiblement appuyés à leurs lances. Avançant à vive allure, elle coupa droit vers le petit cimetière de Saint-Domnolet qu'elle traversa sans encombre et qui était désert. Il fallait ensuite tourner à droite par une rue à boutiques et à enseignes. Son cœur se serra : d'ordinaire, à cette heure, elle grouillait déjà de monde et les bourgeois avaient arrosé le pas de leur porte. On entendait une rumeur et des cris, mais assez loin semblait-il, vers la Font de la Cave, passé la Règle.

Une grosse voix tomba sur elle d'une fenêtre :

— Vous êtes folle, madame! Rentrez chez vous! Vous ne voyez pas qu'ils arrivent?

Le volet claqua avec un bruit sec.

C'est alors qu'elle les vit.

Les quatre hommes tenaient toute la largeur de la rue. Les plus surpris, en apparence, c'étaient eux. Toutes les maisons étaient fermées à clé, barrées, défendues comme des forteresses au point qu'on n'aurait pu y glisser un regard, et voilà qu'ils tombaient sur ce petit bout de femme aux cheveux gris, mais encore belle et vive, qui paraissait aussi calme que si elle allait faire son marché. Ils s'arrêtèrent, posèrent les objets qu'ils portaient.

— Vous êtes anglais? demanda-t-elle.

— Gascons. Moi d'Auch. Eux, de Fleurance. Tu vas où comme ça?

— A la Règle. J'ai deux mots à dire à l'abbesse.

Elle sentit l'émotion lui bloquer la gorge. Les jaques qu'elle croyait teintes en rouge étaient en fait barbouillées de sang frais. L'un des soldats portait une tête de fillette pendue à sa ceinture par les cheveux. Il avait les doigts couverts de bagues et d'anneaux.

— Juste deux mots, poursuivit-elle d'une voix étranglée. Je suis de votre bord. Sir David Blake est mon époux.

Les hommes se regardèrent en silence puis éclatèrent de rire.

— Moi, dit l'homme d'Auch, je suis le prince Edouard, et voici les sires de Pembroke, de Lancastre et de Canterbury, pour vous servir. Désirez-vous être de la fête avec nous?

— Je souhaite me rendre à la Règle où mon fils, Stephen, a trouvé refuge, pour le conduire à son père.

— C'est une pauvre folle, dit l'un des ribauds. Qu'en faisons-nous?

— Folle..., folle..., dit un homme de Fleurance. Elle n'en a pas l'air. Posons-lui quelques questions pour voir.

Ils l'interrogèrent et elle répondit droit comme une flèche et sans se tromper.

— Si vous êtes la femme de David Blake, que faites-vous ici?

Elle expliqua rapidement : l'attentat, l'hospitalité de l'abbesse, son désir à elle de se trouver près de son fils...

— Logiquement, dit l'homme d'Auch, vous devriez être violée et égorgée par nous depuis un petit moment, car nous sommes là pour faire le vide, si vous voyez ce que je veux dire. Alors nous allons continuer à être gentils et à vous protéger. Si nous réussissons à vous sauver la vie et si vous dites vrai, vous parlerez pour nous à sir David. Des galons de capitaines nous feraient bien plaisir.

Ils l'entraînèrent avec une certaine déférence et malgré ses protestations dans une venelle, poussèrent la porte d'une resserre qui sentait l'humide et la fiente de porc, éclairée par un fenestron de quelques pouces carrés d'où pendaient des bourdons de paille roussie.

— Tenez-vous bien tranquille, dit l'homme d'Auch. L'un de nous va rester pour surveiller la porte. Pour ce qui est de l'abbesse, elle ne risque rien. Nous avons l'ordre de l'épargner, de même que la maison et le cloître des chanoines qui sont les amis du prince. Quand cette foutue journée aura pris fin nous viendrons vous délivrer. Vous avez eu bien de la chance. Si nous avions été ivres comme ceux qui vont rappliquer, vous seriez refroidie à l'heure qu'il est.

Il lui donna du « madame » gros comme le bras avant de disparaître.

Il y eut un petit espace de silence liséré d'une légère écume de bruits et de cris, des pépiements de martinets en rafale, des grignotements de vent dans la robe de feuilles sèches d'un vieux poirier tout proche. Puis le tumulte se rapprocha, une vague de plus en plus dense, insistante, avec des fusées de cris de femmes ou d'enfants, de gros rires et comme les aboiements d'une meute. Flore glissa un regard par une fente de la porte. L'homme était là, la lance en travers des cuisses. Un jeune. Celui qui portait accrochée à sa ceinture une tête de fillette qui regardait Flore de ses yeux froids.

La porte s'ouvrit.

— Ne bougez pas, madame. « Ils » arrivent.

Les ribauds devaient être dix. Peut-être davantage. Ivres pour la plupart, de vin et de carnage. Ils traversèrent en trombe la venelle, crevant les portes à coups de hache, escaladant les murs des jardins, jetant dans la rue, pêle-mêle, des corps qui perdaient leur sang et leur tripaille. Devant la porte de la resserre, il y eut une discussion animée. Flore comprit que le jeune défendait sa prisonnière, de la voix d'abord, puis de la lance. Et soudain, sous une énorme poussée, la porte s'ouvrit de nouveau.

Ils étaient une demi-douzaine. Pas des hommes : des sortes d'animaux ployés en deux, couverts de sang jusqu'à la barbe, brandissant des armes rouges, haletants.

— Arrière! cria Flore. Je suis la femme de sir David Blake!

Autant parler à un mur.

— L'évêque? demanda le Prince Noir.

— Nous venons de le faire prisonnier, répondit Lancastre, de même que les officiaux, les abbés de Saint-Martin et de Saint-Augustin. Qu'en faisons-nous?

— Conduisez-les au Château.

— Des bourgeois sont parvenus à se réfugier en masse dans la cathédrale Saint-Étienne. Le droit d'asile...

— Nous respecterons le droit d'asile. Faites-les sortir sur le parvis.

Le chariot du Prince Noir s'est arrêté sur une place, entre Saint-Jean et le palais épiscopal, face au parvis de la cathédrale, en plein centre de la Cité. Assis contre ses coussins, le prince contemple le carnage : maisons éventrées, cadavres jetés pêle-mêle sur le sol, décapités, démembrés, dépouillés de leurs vêtements. Le soleil dégorge par là-dessus son flot de chaleur moite.

Le prince observe que sir David vient de se lancer malgré les ordres, par la rue du Canal, en direction de la Basse-Cité, à la recherche de sa femme. Le prince le suit un moment des yeux, courbé sur l'encolure de son cheval. Ce soir, il aura des comptes à rendre.

Les portes de la cathédrale viennent de s'ouvrir. Henry de Lancastre s'avance de quelques pas sous le porche, parlemente avec ceux de l'intérieur, paraît insister, promettre sans doute que les bourgeois ne risquent rien. Des êtres pitoyables, tassés sur leur peur, sortent de la bouche sombre au fond de laquelle scintillent des constellations de cierges et d'où montent des chants profonds. Ils avancent d'un pas hésitant, restent un moment sur le parvis, puis la foule s'écoule lentement, écrasée le long des murs sous la danse immobile des saints fouettés de soleil. Ils peuvent être un millier, peut-être davantage, tassés les uns contre les autres, des familles entières de bourgeois et de gens du commun, de paysans et d'ouvriers.

Sur un signe du prince, les lanciers du Yorkshire et du Pays de Galles se déploient autour d'eux, de manière à les enfermer dans un champ clos délimité par des armes et des chevaux. Ils s'avancent à genoux vers le chariot, les mains tendues, implorant leur grâce au nom de saint Martial, de saint Étienne, criant qu'ils sont innocents, que cette guerre ne les concerne pas, jurant fidélité au « maître du monde » et sanglotant sans quitter des yeux cette idole couleur de nuit, cette pieuvre noire échouée sur un banc de coussins lisses comme des galets, écartelée dans l'ombre du dais rouge que les chevaux font tressaillir en bronchant sous les mouches, ce Moloch bouffi qui peine à remuer ses membres, gorgé d'humeur, qui parle peu, s'exprime par signes mais dont le regard aigu sous le gonflement des chairs ne perd aucun détail du spectacle qui l'entoure.

Le prince fait un nouveau signe et un cordon d'archers se déploie entre lui et la foule. Un autre signe et, du fond de la place, surgissent une cinquantaine de ribauds en armes. Et le massacre recommence, la danse des épées rouges au-dessus des têtes et des mains implorantes, le tournoiement furieux des haches, les éclairs des dagues tandis que, sur les quatre côtés de l'enceinte, les lances s'abaissent, interdisant toute fuite, rejetant dans le champ clos des grappes d'enfants qui tentaient de se glisser entre les jambes des chevaux.

Maintenant, sur cet espace de mort, il n'y a plus une parole qui ne soit un cri ou une invective, plus une supplique qui ne s'achève en malédiction. Certains — des femmes comme des hommes — se défendent avec des armes qu'ils ont pu emporter dans leur fuite. L'une d'elle, que le prince ne quitte pas des yeux, ressemble à Jane de Kent dans sa fleur : une longue fille rousse qui a pu dérober une épée à un ribaud et qui défend sa nichée accrochée à sa tunique; elle en est à sa quatrième victime quand une grappe de ribauds l'agrippe par derrière. Le prince va demander qu'on lui fasse grâce, mais il est trop tard : l'un des ribauds lui fauche les jambes d'un coup de pied pour l'obliger à s'agenouiller, un autre lui tire les cheveux en avant tandis qu'on lui maintient les mains dans le dos, un autre lève son épée sur cette blancheur de lait, et l'homme qui tenait sa victime aux cheveux bascule sur le cul en riant, sans lâcher son trophée.

« C'est assez, songe le prince. Il faut arrêter ce carnage. Je suis vengé. Cela suffit. Par Dieu, que l'on cesse! » Il tente de crier mais les mots restent dans sa gorge comme dans un mauvais rêve. Il amorce un geste de la main mais elle est lourde comme du plomb. Et il reste la bouche ouverte, tremblant de tous ses membres.

Lorsque Giscard d'Angle, qui s'est approché, intrigué, comprend la signification de ce manège, il fait corner la fin du massacre. Combien restent debout des victimes promises au sacrifice? Une dizaine peut-être. Ils sont comme fous. Ils se regardent, ils s'embrassent, ils éclatent de rire et se roulent à terre ou bien, les genoux dans le sang, les bras en croix, ils prient à voix haute.

La rue était silencieuse comme par un dimanche. Nul bruit dans la maison de Raymond Itier. Blake fit signe à Walter, qui venait de le rejoindre, de l'attendre sur le seuil.

Dans les pièces du bas, des cadavres de paysans; d'autres dans le jardin, nus, tous, leurs vêtements ensanglantés en tas devant la façade, sous une nuée de mouches. Flore n'était pas parmi eux.

Au premier étage, un seul cadavre : celui de Raymond Itier, au pied de son lit, son paroir à la main, la tête ouverte jusqu'aux mâchoires d'un coup de hache. De Flore, aucune trace. Blake respira. Il se dit qu'elle avait dû se réfugier chez l'abbesse de la Règle, mais l'ordre du prince lui revint à la mémoire : poster une compagnie de soldats aux entrées pour éviter que la population s'y précipite et bénéficie de l'impunité.

— Nous allons la chercher maison par maison, dit-il à Walter. Nous finirons bien par la retrouver.

Ils pouvaient être une centaine. Guère plus. Une masse compacte adossée à la muraille, au fond d'une placette ombragée d'un orme plein d'oiseaux, entre le chevet de la cathédrale et la Font de la Cave. Le dernier carré des défenseurs. Ils avaient déployé crânement leurs enseignes sous les yeux des soudards ébaubis, la lance en arrêt et l'épée au poing : les soldats de Villemur, La Roche, Beaufort, les gardes consulaires et épiscopaux, immobiles, mais tellement durcis dans leur résolution qu'ils montraient les dents. Alerté, Lancastre surgit, accompagné de Pembroke, Canterbury et Calverley.

— Vous êtes perdus si vous ne vous rendez pas! leur cria Lancastre. Jetez vos enseignes et vos armes. Le prince saura se montrer généreux.

— Sa générosité, répondit Villemur, nous l'avons vue à l'œuvre tout à l'heure, sur le parvis de la cathédrale. Messire, vous chercheriez en vain parmi nous un seul homme qui accepterait de se rendre sans combattre.

— Vous êtes courageux, mais vous allez ajouter inutilement des morts à d'autres morts.

— Sans doute, messire, mais le plateau de la balance penche trop de votre côté. Nous allons rétablir l'équilibre.

— Soit! dit Lancastre, mais il me plairait que votre courage et votre valeur s'exercent avec honneur et connaissent une meilleure fin. Accepteriez-vous de combattre contre moi?

— Si le combat n'est pas truqué, je suis d'accord.

— Vous me faites injure! Retirez vos paroles!

Villemur s'avança de quelques pas.

— Qui pourrait refuser de relever un défi du fils du roi d'Angleterre, dit en souriant le chevalier français. Je suis votre homme et vous remercie de l'honneur que vous me faites. Cependant il me plairait que cet honneur, mes pairs, Hugues de La Roche et Roger de Beaufort, le partagent avec moi.

— Pembroke! Canterbury! Etes-vous d'accord?

Les deux chevaliers se concertèrent et finirent par accepter. Il ne leur déplaisait pas de voir ce massacre s'achever par une joute d'honneur. Ils firent signe à leurs écuyers de venir les apprêter selon les règles de la chevalerie et, d'un commun accord, décidèrent de combattre à pied. Prévenu du défi, le Prince Noir arriva peu après dans son chariot et se fit installer de manière à ne rien perdre du combat et à l'arbitrer en connaissance de cause.

Canterbury se proposa contre Hugues de La Roche et Pembroke choisit Roger de Beaufort. Quant aux gens de pied, défenseurs de la Cité, on les abandonna aux soldats du Prince Noir, en nombre égal, qui s'usèrent les dents sur ce hérisson de fer et durent mettre plus d'une heure à le réduire.

— Une femme aux cheveux cendrés, qui portait une tunique bleue et un chaperon mauve... Elle se nomme Flore. Je suis son époux, sir David Blake.

Les soudards secouaient la tête. Ceux qui n'étaient pas tout à fait ivres réfléchissaient, se grattaient la tête:

— Vous dites une tunique bleue. Elle n'avait pas, des fois, une tache sur le front? Alors, non, ce n'est pas elle que j'ai vue.

Il entrait dans des maisons pleines de morts, pataugeait dans le sang, explorait les jardins, les caves, les greniers, criait à tous les échos le nom de Flore.

— Attendons ce soir, suggéra Walter. Si elle est vivante, nous ne pourrons manquer de la retrouver.

Blake n'écoutait pas. Il franchissait le seuil d'une autre demeure, en ressortait, le visage gris de détresse.

— Toutes les maisons! dit-il. Nous visiterons toutes les maisons. Ce soir il sera trop tard. Toute la Cité doit brûler.

Ce Villemur est un rude soldat. Les événements ne lui ont pas fait perdre son sang-froid. Il rend coup pour coup et Lancastre sent qu'il n'est pas de taille et il se dit qu'il a été bien imprudent de défier cette force de la nature, mais il est encore très maître de ses coups et ses ripostes portent leur promesse, mais il s'essouffle vite. Il se maudit d'avoir gaspillé ses forces vives plusieurs nuits de suite avec des filles et bu trop de vin. Il demande une trêve, fort courtoisement et elle est acceptée de même.

— Messire, dit Lancastre, cet harnachement me gêne et me fait perdre toute mon eau. Si vous en êtes d'accord, nous combattrons en chemise et en braies.

— Je n'y vois aucun inconvénient, messire, sauf que la chemise elle-même me semble superflue.

Ils se font dévêtir par les écuyers, s'arrosent abondamment le torse, boivent une cruche d'eau claire. On apporte la nouvelle que le combat entre le dernier carré des défenseurs de la Cité et les soldats du prince est sur le point de s'achever par la victoire de ces derniers. Pembroke a eu raison de Beaufort et, le poignard sur la gorge, lui a fait crier merci. La Roche résiste mal aux coups de boutoirs de Canterbury, blessé qu'il est, depuis le début de la journée, d'un coup de hache qui lui a meurtri l'épaule droite; il ne tardera pas à jeter son épée et Canterbury lui fera grâce.

— Si je sors vainqueur de cet engagement, demande Villemur, me rendrez-vous ma bannière, mes armes et ma liberté?

— Certes! dit Lancastre. Et, si vous perdez, je vous promets que votre corps sera enseveli dans la terre de votre domaine et que votre veuve ne manquera de rien jusqu'au restant de ses jours. A moins que vous ne demandiez vous aussi merci.

Villemur salue d'un sourire et se met en garde.

C'est un colosse un peu frêle des hanches, car il est encore dans la fleur de sa jeunesse, avec une poitrine lisse comme un torse d'hoplite. Pour la commodité, il s'est fait nouer sur la nuque ses longs cheveux noirs. Plus âgé que lui, Jean de Lancastre sait mieux se battre; il possède notamment une technique de la défensive qui ne reste jamais en défaut : ses bras courts et noueux savent parer les attaques fulgurantes de son adversaire; autour du front, il a noué un ruban rouge pour éviter que la sueur lui coule dans les yeux.

Il se met à son tour en garde et laisse venir la première charge.

— Je sais qu'elle est vivante, dit Blake. Je le sens et rien ne pourra me l'enlever de l'esprit. Prisonnière, blessée peut-être, mais vivante.

Walter faillit répliquer que, si Flore avait été encore en vie, elle aurait fait en sorte de se manifester. Blessée? Captive? Il n'y croyait guère. Les ribauds l'auraient signalée à leurs chefs, mais il semblait bien qu'ils n'eussent pas fait de quartiers. Chercher un être vivant dans ce cimetière, c'était un défi au bon sens.

— Vous avez peut-être raison, dit-il. Mais, après tout, elle a peut-être cherché refuge à la Règle avant l'attaque de ce matin.

Blake posa sa main sur l'épaule de Walter.

— C'est une bonne idée, dit-il. Allons frapper à la porte de l'abbesse.

Ils s'engouffrèrent dans des rues jonchées de cadavres. On n'entendait que les chants et les rires des ribauds en train de chasser en titubant leurs dernières victimes dans les maisons et les jardins, les aboiements des chiens désemparés et le grognement des porcs lâchés à travers les tombes du cimetière de Saint-Domnolet, paradoxalement le seul endroit de la Cité où il n'y eût point de cadavres frais. Chaque fois qu'il entendait un cri de femme forcée, Blake arrêtait sa course, se précipitait l'épée au poing vers l'endroit d'où il venait.

— Dieu merci, disait-il, ce n'était pas elle.

Le combat dure depuis une bonne heure et ni l'un ni l'autre des adversaires ne semble vouloir mettre bas les armes.

Pour se reposer de l'épée, ils ont d'un commun accord décidé, avec l'assentiment du Prince Noir, de poursuivre au poignard, tantôt au corps à corps, tantôt en gardant leurs distances. Des coups qu'ils se portent, aucun ne semble susceptible d'entraîner la mort tant ils sont affaiblis, tant ils ont perdu de sang, Villemur surtout, qui attaque inconsidérément, avec des maladresses qui lui coûtent cher.

Ils sont seuls à combattre maintenant, avec une bonne partie de l'armée autour d'eux, murmurant ou clamant sa joie ou sa réprobation. La Roche a fini par jeter son épée en demandant merci, et le Prince Noir lui a accordé la vie sauve. Canterbury l'a soutenu pour le conduire à l'ombre.

A chaque trêve, ils s'avancent côte à côte vers l'ormeau, se plongent la tête dans un baquet d'eau puisée à la fontaine proche, boivent comme des bœufs à l'abreuvoir, front contre front, laissant les écuyers panser leurs blessures. Ils s'asseyent à même le tapis d'herbes sèches et, appuyés au tronc, les yeux clos, écoutent décroître en eux la rumeur de leur sang. Le Prince Noir leur a fait servir une collation avec une cruche de vin frais mais ils y ont à peine touché.

— Par saint Thomas, dit Lancastre, vous me donnez du mal, ami! De toutes les blessures que je vous ai infligées, vous devriez être mort dix fois. N'êtes-vous pas las de ce duel?

— Beau sire, répond Villemur, vous-même devriez être à la droite du Père à l'heure qu'il est. Des hommes comme vous, on n'en rencontre pas deux fois dans sa vie. Si j'en réchappe, vous m'expliquerez cette botte que vous développez à l'épée avec tant d'élégance qu'on dirait que vous chassez le papillon.

— Je vous en réserve d'autres dont vous n'avez pas idée : celles que je garde toujours pour la fin. Mais vous ne m'avez pas répondu : vous semblez à bout. Souhaitez-vous vous en tenir là?

— Je pourrais combattre encore des heures durant. Je me dis que, pour chaque blessure que je vous porte, c'est un des morts de la Cité que je venge. Vous n'êtes pas au bout de vos peines, sans compter qu'au poignard vous n'êtes pas très à votre aise.

— Je l'avoue, Villemur, et ne vous cache point que j'aimerais bien reprendre mon épée.

— Aurez-vous seulement la force de la soulever?

— J'en soulèverais de dix fois plus lourdes, et même l' « Escalibor » de messire Arthur ou la « Durandal » du chevalier Roland. Vous allez en juger. Avez-vous entendu conter le combat de Roland contre Olivier? Leurs armes rompues, ils poursuivirent la lutte en se battant avec des arbres arrachés.

Villemur rit nerveusement.

— Je me sens encore plein de force, messire, mais j'avoue que, s'il me fallait déraciner cet ormeau...

Le sergent écouta la requête de Blake en hochant la tête, les mains dans son ceinturon.

— Impossible, dit-il.

— Je vous répète que je suis sir David Blake, l'un des conseillers du prince Edouard.

— Vous seriez Dieu en personne que je vous dirais : montrez-moi le billet et le sceau du prince et cette porte s'ouvrira.

— Je ne demande pas à entrer! s'écria Blake, au comble de l'irritation, mais simplement à parler à la tourière ou à n'importe quelle nonne. Mon fils est dans ces murs et peut-être aussi ma femme. Je veux en avoir le cœur net.

Le regard du sergent se porta sur le clocher de Saint-Étienne autour duquel tournoyait un vol paisible de martinets. Il se balançait sur la pointe de ses pieds en sifflotant.

— N'insistez pas, dit-il. La consigne vaut pour tous. Je vous fais une fleur en vous répondant, car je dois en principe demeurer muet comme une tombe.

Walter arrêta Blake au moment où il allait tirer son épée. Un jeune soldat s'était approché. Il portait à sa ceinture la tête d'une fillette blonde à moitié recouverte de mouches.

— Vous êtes sir David Blake? demanda-t-il. J'ai entendu ce matin une femme qui vous réclamait.

Blake se retourna vivement, prit le garçon par les épaules.

— Une femme aux cheveux cendrés qui disait être ma femme?

Le soldat hocha la tête.

— Sais-tu où elle se trouve? Est-elle en vie? Quand l'as-tu vue pour la dernière fois?

— Suivez-moi! dit le soldat.

Midi passé, la chaleur est devenue implacable.

Le Prince Noir s'est fait aider de ses valets pour descendre de son chariot et s'installer au milieu de ses coussins sous l'orme. Un page l'évente d'un rameau et chasse délicatement les mouches de son visage et de ses mains. Le prince n'a qu'un geste à faire pour saisir le gobelet de vin frais posé sur un guéridon. De temps en temps, un sergent vient lui glisser un mot à l'oreille : tout est prêt pour la mise à feu de la Cité; on commencera par les taudis de la

Basse-Ville, entre le Port-au-Bois et les marais et tous ces quartiers brûleront comme un champ de blé mûr.

Il fait signe que l'on peut commencer.

Après quelques engagements à l'épée qui les ont vite épuisés sans profit, les adversaires ont repris leur duel au poignard, mais ils sont l'un et l'autre si vides de forces que leurs armes ne leur causent que des égratignures. Couverts de blessures au visage et au corps, ils sont devenus hideux. Leurs affrontements au corps à corps s'achèvent souvent dans la poussière. Ils se redressent lentement, rampent l'un vers l'autre sur les genoux, se regardent comme deux boucs prêts à heurter leurs crânes de pierre. On a bien cru que Villemur allait l'emporter lorsque, d'un mouvement vif qui lui arracha un cri de mort, il a plongé sa lame dans la cuisse de Lancastre. Le duc s'est relevé brusquement, laissant tomber son poignard pour arrêter de ses mains le flux de sang.

— Rendez-vous! lui crie Villemur. Cette fois-ci, vous êtes à ma merci.

Lancastre secoue la tête, défait le lien d'étoffe qu'il porte au front, pour s'en faire un garrot.

— Vous ne m'aurez pas si facilement, dit-il.

Il ramasse son arme et tombe comme la foudre sur Villemur qui, ne s'attendant pas à une attaque aussi brutale, recule de quelques pas, parvient à parer maladroitement des coups aux flancs avant de s'abattre d'une pièce. La main libre de Lancastre immobilise celle de son adversaire qui tient encore le poignard et lui porte sa propre lame sur la gorge.

— A vous! crie-t-il. Je vous en conjure, demandez merci! Dieu sait que je n'ai nulle envie de vous tuer.

La lame pénètre lentement la chair.

— Grâce! crie Villemur.

— Es-tu bien certain, demande Blake, qu'elle portait un chaperon mauve, avec deux pattes brodées sur les oreilles?

— Oui, messire, je crois bien me souvenir.

— Est-elle encore en vie?

— Je l'ignore. Il faut dire que je suis un peu ivre et que je ne me souviens plus très bien de ce qui s'est passé.

Ils traversèrent le cimetière Saint-Domnolet où l'on commençait à entasser les cadavres et d'ignobles charognes dépecées. A l'odeur de boucherie se substituait peu à peu celle de l'incendie qui commençait à lisérer de rouge les remparts de la Vienne. Des quartiers entiers brûlaient déjà et l'on sentait au visage la chaleur du sinistre.

— Est-ce loin encore?

— Nous approchons, mais j'ai du mal à me reconnaître dans ces « charreyrons », comme ils disent ici. Nous avons conduit votre femme le plus loin possible pour la mettre à l'abri.

Ils marchaient maintenant dans la pleine chaleur de l'incendie. Des soldats ivres, qui se bousculaient et riaient, sortaient des maisons, une torche à la main, et regardaient les flocons de fumée blanche sortir des portes et des fenêtres.

— Je crois me retrouver! s'exclama le jeune ribaud. Cette enseigne de bottier me dit quelque chose.

Ils passèrent en courant à travers des nappes de fumée âcre où soufflaient des haleines sauvages. D'ici un moment tout le quartier serait en feu : des boutiques, des ateliers, des entrepôts qui portaient toute leur noblesse sur la façade.

— C'est là! s'écria le ribaud en montrant, dans une venelle adjacente, un brasier où l'on distinguait vaguement une porte que le feu avait fait éclater.

Walter dut retenir Blake, se battre même avec lui, le serrer à l'étouffer contre sa poitrine pour éviter qu'il ne s'enfonçât dans ce gouffre de flammes et de fumée. Blake se détendit. Il pleurait et criait en même temps le nom de Flore. Quand il eut retrouvé un peu de son calme, il tira son épée, chercha des yeux son guide autour de lui.

— Où est-il, ce gueux, ce criminel?

— Il est parti, dit Walter. Je l'ai laissé s'échapper exprès. A quoi aurait servi de lui faire payer ce crime? Le véritable criminel, ce n'est pas lui et nous le connaissons tous. Venez à présent. Tout est bien fini, allez...

Ce que l'incendie a épargné, on l'attaque à la pioche. Rien ne doit subsister autour de ces îlots préservés : la cathédrale, le couvent de la Règle, la maison et le cloître des chanoines. Rien. Pas une pierre sur une autre pierre. Carthage. Des riches abbayes, on a retiré les reliques et les joyaux et tout ce qui aura quelque valeur pour les marchands d'Angoulême, de Cognac ou de Bordeaux, et des chariots partent chaque jour en caravanes en direction de l'occident sous les lourdes averses tièdes de septembre. Un travail de fourmi, lent, fiévreux, bâclé. On a posté des avant-gardes à Nieul, à Aixe, à Chalusset pour le cas où le duc de Berry reviendrait en force tenter de reprendre Limoges. Mais le frère du roi semble avoir oublié la ville de saint Martial; tout ce qu'il a fait pour sa sauvegarde, c'est d'écrire une nouvelle lettre douceâtre au Prince Noir afin de lui renouveler ses conseils de modération.

A cent lieues alentour, toutes les places fortes, toutes les villes, toutes les bourgades se libèrent des Anglais : Périgueux où, après l'incendie du palais épiscopal, les Français ont occupé la ville du Puy Saint-Front et la Cité; Sarlat prise par Louis d'Anjou après un siège par le lieutenant du roi, Talleyrand-Périgord et Gilbert de Domme; Cahors qui s'est donnée aux Français après avoir détruit le colossal aqueduc datant de Rome par lequel les Anglais prenaient la fuite... Bergerac, Lalinde, Puyguilhem tiennent encore, mais pour combien de temps? Le duc d'Anjou semble être partout en même temps, mais il évite Limoges. Il y viendra plus tard, quand tout sera consommé, prendre possession de cette ville fantôme; il n'est pas pressé; il sait que la marée qui déferle de toutes parts sur les provinces anglaises d'Aquitaine ne s'arrêtera qu'aux portes de Bordeaux.

Le Prince Noir est reparti pour Cognac avec ses prisonniers : l'évêque Jean de Cros et son neveu, les abbés et les trois chevaliers défenseurs de la Cité (le prince a confié l'évêque à son frère, Jean, pour qu'il tire rançon à sa convenance de cet important personnage, parent du pape Grégoire). Le gros de l'armée s'est engagé sur les chemins de la Guyenne et du Poitou, les compagnies, libérées de leurs obligations et soldées, de nouveau lâchées dans la campagne.

A Limoges, l'ardeur des démolisseurs faiblit.

On attaque une porte, une tour et, comme la surveillance se relâche, que le temps ne presse pas, que les alentours paraissent calmes, on va prêter la main aux vendangeurs que les bourgeois et les moines ont réussi à rassembler à grand peine, et le grignotement de souris sur les murs de la Cité s'apaise et s'éteint peu à peu.

Le sénéchal Hugh de Calverley a repris ses audiences au Pariage, en plein cœur de la Cité morte, aux ruines maculées de suie grasse. Blake est reparti pour Bordeaux avec Stephen et Jordan de Pujol. Un silence d'âtre mort pèse sur la Cité. La pluie arrache aux maisons éventrées des ruisseaux noirs qui s'écoulent lentement vers la Vienne. Lorsque Calverley quitte le Pariage, l'odeur de brûlé au fond de la gorge, las de cette théorie interminable de quémandeurs qu'il écoute en somnolant, il presse le pas, comme assailli par une nuée de spectres, la pluie et le vent du crépuscule soufflant sur ses talons. Il songe : « Pourquoi ces massacres? Pourquoi cette rage de destruction? Pour la défection de quelques bourgeois et d'un évêque faible et timoré? La guerre, ce n'est pas cela : ces enfants décapités, ces femmes éventrées, ces gens dépecés comme des bêtes au crochet du mazelier! » La passion d'amitié qu'il vouait au prince est devenue une sorte de haine froide, ramassée, dure comme un galet au creux de son ventre. Puis elle s'est transformée en indifférence. De lui-même, le Prince Noir s'est disqualifié. Aurait-il souhaité laisser aux hommes de son temps et des temps à venir l'image d'un mauvais génie qu'il n'aurait pas agi autrement. Et maintenant l'humanité entière le vomit, lui qu'elle avait porté aux nues malgré les excès de sa nature et les revers de sa puissance. « Il se venge de l'humanité, songe encore Calverley. Il ne lui pardonne pas la mort de Chandos, celle de son fils aîné, la défection des cités d'Aquitaine, l'ingratitude des barons et des populations, la félonie de ceux qu'il tenait pour des amis indéfectibles. Il la rend responsable de cette maladie qui lui gâte le sang et lui met des idées de folie dans la tête. Il est passé dans un autre monde : celui du mal qui ne connaît aucune contrainte, aucune limite, aucun remords. Il est perdu pour lui et pour nous. Perdu pour Dieu lui-même... »

4

LA ROUTE INCERTAINE

Maître Jean Froissard... Son drôle de chapeau rond, sans bord, ses yeux gros toujours en mouvement, ses silences qui appellent de nouvelles révélations, d'autres confidences de ses interlocuteurs, ses mains fines de clerc courant sur le calepin posé sur son genou, ses hochements de tête et ses airs faussement étonnés ou admiratifs.

— Voilà, dit Blake. Je vous ai tout dit, et même la mort de ma femme dont j'ai retrouvé les restes le lendemain. Mais, de tout cela, que pourrez-vous retenir?

— Il n'est rien qui ne puisse avoir son importance, sir David. Quand une abeille fait son miel, elle ne néglige aucun grain de pollen.

Le printemps bourdonne autour de l'Ombrière. Des parfums et des flocons de saule voyagent dans l'air moite. Les cris et les chants des bateliers du Peugue font palpiter une grosse vague de vie et de plaisir. Dirait-on que les Français sont aux portes de la province d'où le connétable Bertrand Du Guesclin a juré de chasser les Anglais? Dirait-on que les « filleules » de la grande cité : Bourg, Blaye, Cadillac, Saint-Macaire, Rions, vivent pour ainsi dire l'arme au pied, que la récolte de vin a été désastreuse, une fois de plus, que l'expédition lancée par Lancastre, au départ de Calais, est en train de fondre dans les campagnes de France comme dans un marécage? Bordeaux vit. Bordeaux chante. Bordeaux se battra contre l'envahisseur français.

— Quel est donc ce château d'Angleterre où le Prince Noir s'est réfugié? demande Froissart.

— Berkhamsted dans le Sussex. En fait, il vit souvent à Londres et ne peut se résoudre à rester inactif.

Le roi Edouard n'est plus qu'un fantôme de souverain. Les soucis du gouvernement et de la guerre sur le continent, il les oublie au milieu de ses fous, auprès de sa maîtresse, Alice Perrers, la « Dame de Soleil », qui en est, elle aussi, à son crépuscule : une matrone aussi riche de graisse que d'ambition et de lucre. Doucement, il retombe en enfance. Désormais, le prince Edouard sait qu'il ne régnera pas. Proche de la cinquantaine, il traîne une vieillesse précoce sur les bancs du Parlement, emploie ses dernières forces, comme s'il voulait racheter ses monstruosités, à proposer des réformes qui donneraient davantage de pouvoir au peuple et à se battre contre son frère, Jean de Lancastre, qui défend les privilèges des grands barons. Oubliée, la grande fraternité d'armes des guerres d'Aquitaine!

— Lancastre, dit Blake, n'est qu'un ambitieux sans scrupule et ce n'est pas son épouse, Constanza, qui saura le modérer. Il est persuadé que la rose rouge qui est son emblème, régnera un jour sur l'Angleterre, qu'il ravira la couronne au fils du prince, Richard, que l'on appelle Richard de Bordeaux. Il ne reculera devant rien pour satisfaire ses ambitions. Des jours terribles se préparent pour mon pays.

— Etes-vous toujours décidé à quitter l'Aquitaine?

Blake se lève, grapille quelques cerises dans une coupe, s'avance d'un pas hésitant vers la fenêtre et s'assied sur la pierre. Un vieil homme de près de cinquante ans. Ses cheveux gris lui tombent sur les épaules; une barbe négligée s'épanouit autour de son visage de fauve fatigué; lorsqu'il marche il ne cherche plus à dissimuler sa claudication. Il est tout gris. Le soleil lui fait une auréole dérisoire. Perdu pour la guerre, soit, mais gagné pour lui-même. Disponible pour d'autres combats, pour d'autres aventures? Il ne sait pas encore. Il veille. Il attend la montée du désir et rien ne vient. Autour de lui, le désert, avec des formes qui bougent à ras de terre dans une clarté de crépuscule. Il est pareil à un vieil arbre qui attend sans impatience le printemps, qui guette en lui la montée de la sève et qui peut-être ne reverra jamais une nouvelle floraison.

— Je ne sais pas, dit-il. J'ai parfois une furieuse envie de retourner dans mon petit domaine du Northumberland, là où je suis né, dans mes Cheviots, pour surveiller mes régisseurs qui le mettent au pillage, mais c'est si loin que je crains de n'y arriver jamais et d'être déçu. C'est un désir brutal qui me vient le matin, au réveil. J'échafaude des plans, je prépare par la pensée mon voyage, et les heures passent et je n'y pense plus. Aujourd'hui, cette idée me paraît insensée et sans intérêt. Voyez-vous, maître Jean, du jour où j'ai perdu Flore, je suis devenu un autre homme. Je vis autant et plus dans le passé que dans le présent. Vous voyez ce coffre? C'est ma seule richesse véritable. Vous n'y trouveriez que peu d'or, de joyaux, de riches vêtements, mais beaucoup de souvenirs sans plus de valeur qu'un monceau de feuilles mortes. Ces riens sont ma seule joie. Ils me racontent des histoires. Je peux passer des heures en leur compagnie. Ils me parlent de Flore et c'est comme si elle resurgissait soudain. Vous n'imaginez pas combien elle peut être présente, à certains moments.

— Vous avez un fils?

Stephen... Le jeune fou! Il doit se battre en compagnie de son inséparable ami Jordan de Pujol. Ils paradent. Ils racontent à qui veut les entendre qu'ils ont failli tuer messire Bertrand et le duc de Berry. Ils se fabriquent déjà une légende. Il n'est aucun bourgeois de Saint-Macaire ou de Castillon qui ne souhaite les recevoir à sa table, aucune fille qui se refuse à eux. Les Français ont appris à les connaître et les redoutent.

— Je vais partir pour Londres, dit Blake. Le prince me réclame. Il craint pour sa vie et celle de Richard. Mais je reviendrai.

Un jour, dans quelques mois, dans quelques années peut-être, David Blake prendra le fil du jusant, remontera l'estuaire, la « mer de Bordeaux ». Une idée familière qui revient de temps à autre lui causer une petite brûlure au cœur. Il affrontera les mauvais courants. les bancs de sable, les embruns, les pirates de Meschers, les fureurs de l'océan si c'est nécessaire, mais il partira.

Au bout du voyage, il y a ces quelques arpents de rochers découverts par la marée basse, à la limite de la lumière et de la boue, et ce tas de pierres qui est le phare du Cordouan avec sa barbe de varech et ses murs verdis. Un vieux moine s'avancera, lui tendra les bras et lui dira :

— Mon frère, réfléchis bien avant de décider si tu souhaites rester parmi nous.

ANNEXES

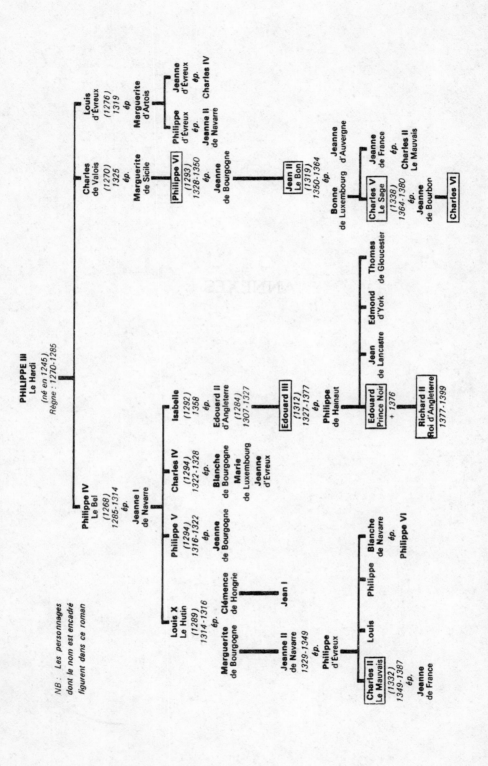

NB : Les personnages
dont le nom est encadré
figurent dans ce roman

PHILIPPE III
Le Hardi
(né en 1245)
Règne : 1270-1285

Philippe IV
Le Bel
(1268)
1285-1314
ép.
Jeanne I
de Navarre

Charles de Valois
(1270)
1325
ép.
Marguerite de Sicile

Louis d'Évreux
(1276)
1319
ép.
Marguerite d'Artois

Louis X
Le Hutin
(1289)
1314-1316
ép.
Marguerite de Bourgogne

Clémence de Hongrie
Jean I

Philippe V
(1294)
1316-1322
ép.
Jeanne de Bourgogne

Charles IV
(1294)
1322-1328
ép.
Blanche de Bourgogne
Marie de Luxembourg
Jeanne d'Évreux

Isabelle
(1292)
1358
ép.
Edouard II
d'Angleterre
(1284)
1307-1327

Philippe VI
(1293)
1328-1350
ép.
Jeanne de Bourgogne

Jeanne d'Évreux
ép.
Philippe d'Évreux
ép.
Jeanne II de Navarre

Charles IV

Jeanne II de Navarre
1329-1349
ép.
Philippe d'Évreux

Louis
Philippe
Blanche de Navarre
ép.
Philippe VI

Charles II
Le Mauvais
(1332)
1349-1387
ép.
Jeanne de France

Edouard III
(1312)
1327-1377
ép.
Philippe de Hainaut

Edouard
Prince Noir
+ 1376

Jean de Lancastre
Edmond d'York
Thomas de Gloucester

Richard II
Roi d'Angleterre
1377-1399

Jean II
Le Bon
(1319)
1350-1364
ép.
Bonne de Luxembourg

Jeanne d'Auvergne

Charles V
Le Sage
(1338)
1364-1380
ép.
Jeanne de Bourbon

Jeanne de France
ép.
Charles II
Le Mauvais

Charles VI

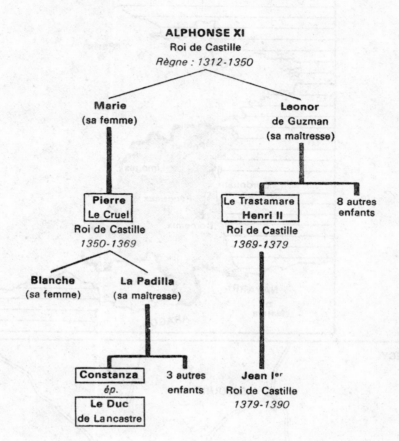

ALPHONSE XI
Roi de Castille
Règne : 1312-1350

Marie
(sa femme)

Leonor
de Guzman
(sa maîtresse)

Pierre
Le Cruel
Roi de Castille
1350-1369

Le Trastamare
Henri II
Roi de Castille
1369-1379

8 autres
enfants

Blanche
(sa femme)

La Padilla
(sa maîtresse)

Constanza
ép.
Le Duc
de Lancastre

3 autres
enfants

Jean Ier
Roi de Castille
1379-1390

*NB : Les personnages dont le nom est encadré
figurent dans ce roman*

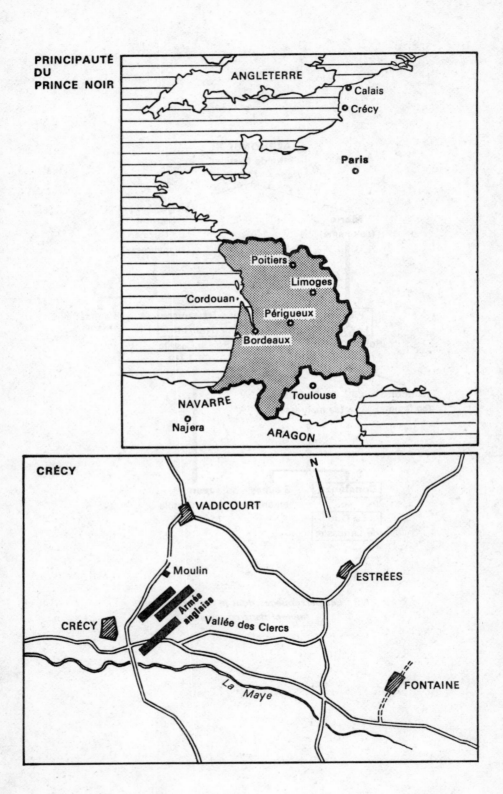

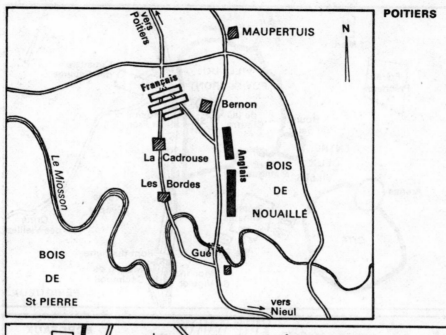

POITIERS

N

MAUPERTUIS

vers Poitiers

Français

Bernon

La Cadrouse

Anglais

Les Bordes

BOIS DE NOUAILLÉ

Le Miosson

Gué

BOIS DE St PIERRE

vers Nieul

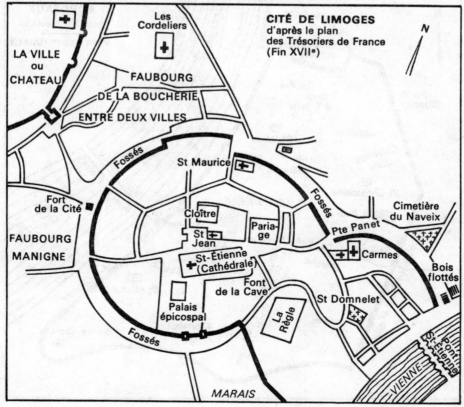

CITÉ DE LIMOGES
d'après le plan
des Trésoriers de France
(Fin XVIIe)

N

Les Cordeliers

LA VILLE ou CHATEAU

FAUBOURG DE LA BOUCHERIE

ENTRE DEUX VILLES

Fossés

St Maurice

Fort de la Cité

Cloître

Pariage

Fossés

Cimetière du Naveix

FAUBOURG MANIGNE

St Jean

Pte Panet

Carmes

St-Étienne (Cathédrale)

Bois flottés

Font de la Cave

St Domnelet

Palais épicospal

La Règle

Fossés

MARAIS

VIENNE

Pont St-Étienne

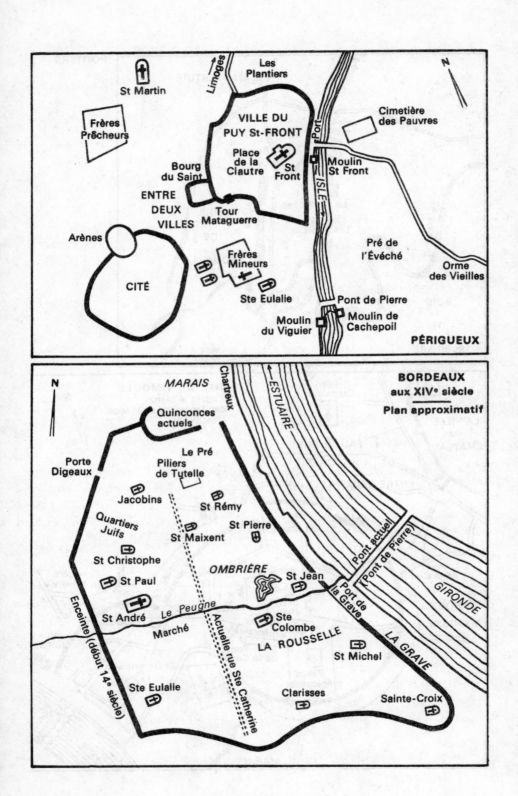

POUR MÉMOIRE

1346 : Bataille de Crécy. Pour la première fois dans l'histoire de l'Occident, on emploie des « bouches à feu ». — Siège de Calais par les Anglais. — En Périgord, les Anglais prennent Domme.

1347 : Chute de Calais qui restera anglaise jusqu'en 1558. — Les Anglais abandonnent Domme. — Disette et mauvaises vendanges à Bordeaux. — Débuts de la peste noire.

1348 : Ravages de la peste noire et famine. « *C'est,* dit Contamine, *la plus grande catastrophe démographique de toute l'histoire médiévale.* »

1350 : Mort de Philippe VI de Valois, roi de France. Avènement de Jean II, dit le Bon.

1351 : Fin de la peste et de la trêve entre la France et l'Angleterre. — En Bretagne, combat des « Trente ».

1352 : Arrivée du Prince Noir à Bordeaux.

1354 : Jean d'Armagnac nommé lieutenant du roi en Languedoc. Il chasse les Anglais du Quercy.

1355 : « Chevauchée » du Prince Noir en Languedoc.

1356 : Bataille de Poitiers. Jean le Bon est fait prisonnier.

1357 : Le roi Jean suit le Prince Noir en Angleterre. — Le dauphin Charles devient lieutenant du roi puis régent.

1358 : Coup de force du prévôt des Marchands de Paris, Étienne Marcel. — Jacqueries dans le nord-est, en Beauvaisis. Le prévôt est

355

assassiné. Le dauphin rentre dans Paris. — Guérillas dans toute la France. Une année « noire ».

1359 : La paix difficile entre la France et l'Angleterre. — Le roi Edouard III d'Angleterre débarque en France pour se faire couronner à Reims. Il renonce, pousse jusqu'à Chartres après avoir menacé Paris.

1360 : Traité de Brétigny. D'immenses territoires cédés à l'Angleterre. — Chandos et Boucicaut vont recevoir l'hommage des villes soumises. — Ravages des Compagnies.

1361 : Nouvelle épidémie de peste à Bordeaux. — Edouard III supprime l'usage du français dans les actes publics.

1362 : Bataille de Brignais : l'armée royale battue par les Compagnies. — L'Aquitaine devient une principauté anglaise.

1363 : Le Prince Noir va recueillir les hommages de ses nouveaux sujets, avec son épouse, Jane de Kent.

1364 : Mort de Jean le Bon à Londres. Avènement de Charles V. — Du Guesclin vainqueur à Cocherel mais fait prisonnier à Auray. Il commence à faire parler de lui.

1365 : On a annoncé la fin du monde pour cette année. — Projets de croisades pour éloigner les Compagnies qui ravagent le pays. Du Guesclin les entraîne en Espagne. — Remise du Château de Limoges aux Anglais.

1366 : Séjour du Prince Noir à Cahors. — En Espagne, querelle de succession entre Pierre le Cruel, roi de Castille (qui mérite bien son nom) et le bâtard Henri de Trastamare. — A Libourne, réunion du Prince Noir, de Pierre le Cruel et de Charles le Mauvais en vue d'une expédition en Espagne.

1367 : Bataille de Najera en Navarre. Le Trastamare est battu et son allié Du Guesclin fait prisonnier. Le Prince Noir, malade, devient difforme (hydropisie?). De retour à Bordeaux, il demande des subsides aux États d'Aquitaine. — Naissance de Richard, fils du Prince Noir, à Bordeaux.

1368 : La guerre reprend en Aquitaine : les nobles gascons refusent leur concours financier. Le roi Charles, auquel ils se plaignent, reçoit leurs doléances, considérant l'Aquitaine comme un de ses fiefs et le Prince Noir comme un vassal.

1369 : Pierre le Cruel tué par son demi-frère Henri de Trastamare à Montiel. — Périgueux reprise par les Français. Généralisation de l'offensive française en Aquitaine.

1370 : La Cité de Limoges passe aux Français. Le Prince Noir se venge par un grand massacre des habitants. — Mort de sir John Chandos.

1371 : Le Prince Noir quitte sa principauté d'Aquitaine. Son frère, Henry de Lancastre, gouverne à sa place. Il épouse Constanza, la fille de Pierre le Cruel. — Du Guesclin entreprend de libérer le Poitou et la Saintonge.

1374 : « Chevauchée » de Lancastre qui traverse la France de part en part. Peste et famine dans tout le royaume.

1376 : Mort du Prince Noir.

1377 : Mort d'Edouard III.

1380 : Mort de Du Guesclin et de Charles V.

CE QUE L'HISTOIRE NOUS EN DIT...

Philippe VI de Valois (1293) 1328-1350. Fils de Charles de Valois et de Marguerite de Sicile. Il eut comme compétiteur au trône de France Edouard III d'Angleterre, qui s'inclina et lui prêta serment pour ses fiefs de Guyenne, mais revint plus tard sur sa décision. C'est l'origine d'une nouvelle guerre qui, avec de fausses trêves, devait durer près de cent ans. Battu par les Anglais à Crécy. Il épousa Jeanne, fille du duc de Bourgogne, puis Blanche de Navarre.

Jean II le Bon (c'est-à-dire le brave) (1319) 1350-1364. Fils de Philippe VI de Valois et de Jeanne de Bourgogne. Il eut maille à partir avec son gendre : le brouillon et bouillant Charles de Navarre. Accablé d'ennuis financiers, il eut d'autre part à soutenir contre les Anglais une lutte impitoyable. Battu à Maupertuis, près de Poitiers, il fut exilé à Londres où il mourut. Il épousa Bonne de Luxembourg puis Jeanne de Bourgogne.

Charles V le Sage (1337) 1364-1380. Sage, trop sage au début de sa vie où le moins qu'on puisse dire est qu'il ne semblait guère porté aux aventures. Fils de Jean et de Bonne, il fut lieutenant du royaume puis régent tandis que son père goûtait à Londres une captivité sans rigueur. Il connut des ennuis de toutes sortes : Étienne Marcel, Charles le Mauvais, les Anglais, les Jacqueries... Le traité de Brétigny lui était resté sur le cœur. Il passa une bonne partie de sa vie à rattraper les erreurs de son père. Objectif numéro 1 : « bouter » les Anglais hors de France. Il y réussit presque. Il épousa Jeanne de Bourbon.

Edouard III (1312) 1327-1377. Premier souci quant il eut atteint ses 18 ans : se débarrasser de sa mère (abusive) et de l'amant de cette dernière, Mortimer, qu'il fit pendre. Il avait deux grands rêves : conquérir l'Écosse (ce qu'il fit) et le trône de France (où il échoua). Il ne put même pas obtenir l'indépendance de l'Aquitaine. Il battit les Français à l'Écluse et à Crécy, imposa le traité de Brétigny. On lui doit l'Ordre de la Jarretière. Il avait une maîtresse : Alice Perrers et, sur ses vieux jours, de vilaines mœurs. Marié à Philippa de Hainaut.

Edouard, prince de Galles : le Prince Noir (1330?-1376). Fils d'Edouard III dont la longévité l'écarta du trône. Le prince le plus brillant, le plus fastueux, le plus guerrier de l'Occident à cette époque. Il se battit à Crécy, à 16 ans. Son père créa en son honneur la principauté d'Aquitaine. Sous son règne, Bordeaux devint une capitale au même titre que Londres et Paris et connut son âge d'or. Volontiers cruel (ses « chevauchées » sont demeurées tristement célèbres en Languedoc), il avait le sens de l'amitié et se montra impitoyable pour ceux qui la trahissaient : les gens de Limoges notamment... Il battit à Maupertuis, près de Poitiers, l'armée de Jean le Bon, bien supérieure en nombre. Il écrasa Henri de Trastamare et Du Guesclin à Najera, en Espagne. Marié à sa cousine Jane de Kent, veuve et mère de grands enfants. Leur fils, Richard, régnera.

Charles de Navarre (le Mauvais) 1332-1387. Par une félonie érigée en doctrine (un Machiavel avant la lettre) il se joua de tous les grands de son époque. Il fut un compétiteur malchanceux à la couronne de France que Philippe avait (disait-il) usurpée. Jean le Bon parvint à mettre en cage ce trouble-fête qui s'évada et prit le parti d'Étienne Marcel, prévôt des marchands de Paris, dressé contre le dauphin Charles. Du Guesclin le battit à Cocherel.

Pierre de Castille (« Le Cruel » pour les uns; « Le Justicier » pour les autres) 1350-1369. Célèbre par sa tyrannie plus que par sa justice. Le bâtard de son père, Henri de Trastamare, voulut se débarrasser de lui. C'est Pierre (Pedre dans le roman) qui, allié au Prince Noir, le défit à Najera où Du Guesclin fut fait prisonnier. Il mourut à Montiel sous le poignard de son demi-frère. Une des filles, Constanza, qu'il eut de sa maîtresse, la Padilla, épousa le duc de Lancastre, fils d'Edouard III et frère du Prince Noir.

Henri de Castille (comte de Trastamare) 1368-1379. Fils d'Alphonse XI et de sa maîtresse, Leonora de Guzman. Il passa une partie de sa vie à chercher à ravir à son frère la couronne de Castille. Il y parvint, avec l'aide de Charles V de France et de Du Guesclin, après avoir été battu à Najera.

Chandos (John). Héraut du Prince Noir, son ami et son sage conseiller. Il commanda un corps de troupes à la bataille de Poitiers, fut nommé lieutenant-général des provinces anglaises en France, mena les négociations de Brétigny et reçut les hommages des villes soumises après le traité. Il fut l'un des rivaux les plus courageux de Du Guesclin qu'il fit deux fois prisonnier. Tué en combat au pont de Lussac, sur la Vienne. Une très belle figure de la guerre de Cent Ans. Il est l'auteur d'un ouvrage poétique sur le Prince Noir.

Du Guesclin (Bertrand) 1320?-1380. Avec Chandos, le plus brillant homme de guerre de son temps. Il se mit au service de Charles V et voua aux Anglais une haine indéfectible. Il débarrassa la France des compagnies de brigands en les conduisant en Espagne où il se mit au service du comte de Trastamare. Il projetait une croisade en Orient, après la victoire de Montiel sur Pierre le Cruel, mais son projet resta lettre morte. Connétable en 1370. Il parvint à rejeter presque entièrement les Anglais à la mer. Mort en combattant, à Châteauneuf-de-Randon. Il était très laid.

Calverley (Hugh). D'abord chef de routiers (brigands), notamment avec Robin Knolles (ou « Canolle », comme dit Froissart). Il rançonna le pape d'Avignon avec ses bandes. Adversaire déclaré du Du Guesclin, il le fit prisonnier à Juigné, se prit d'amitié pour lui, le suivit en Espagne mais l'abandonna pour répondre à l'appel du Prince Noir qui en fit son sénéchal en Limousin.

Knolles (Robert ou Robin) 1317?-1406. En 1349, il se battit en Auvergne et dans le Berry contre les Français, à la tête de ses bandes. Il participa au célèbre combat des Trente, en Bretagne, et commanda dans l'armée qui battit Du Guesclin à Auray, avec son vieux compagnon Calverley. Du Guesclin prit sa revanche sur lui à Pont-Villain en 1370. Grand sénéchal de Guyenne.

Froissart (Jean) 1337?-1404. Chroniqueur français né à Valenciennes. Auteur des célèbres « Chroniques » qui relatent tous les événements de son temps. Il avait le don d' « interviewer » les témoins des batailles et en donnait des relations pas toujours exactes mais pleines de vigueur et de couleur. Il avait une certaine amitié pour le Prince Noir.

SI VOUS VOULEZ EN SAVOIR PLUS...

Sources anciennes

FROISSART : Chroniques. Lire aussi *Batailles et brigandage en Auvergne*, de Henri Pourrat (Albin Michel) qui reprend en les commentant les chroniques ayant trait aux régions du centre et du centre-ouest.

Sources modernes

MICHELET : *Histoire de France*.
LAVISSE : *Histoire de France* (bien détaillée pour ce qui concerne la guerre de Cent Ans).
MAUROIS : *Histoire d'Angleterre* (Fayard).
FILON : *Histoire d'Angleterre* (Hachette).
PERROY : *La Guerre de Cent Ans* (Gallimard).
FABRE-LUCE : *La France pendant la guerre de Cent Ans*.
FOWLER : *Le Siècle des Plantagenêts et des Valois*.
CALMETTE : *Le Moyen Age* (Fayard).
CONTAMINE : *La Guerre de Cent Ans* (P.U.F.).
— : *La Vie quotidienne pendant la guerre de Cent Ans* (Hachette).
MOLLAT : *Les Pauvres au Moyen Age* (Hachette).
BIRABEN : *Les Hommes et la Peste* (Mouton).
GABOURD : *Histoire de Paris* (Gaume, 1864).
BORDONOVE : *La Guerre de six cents ans* (Laffont).
Régine PERNOUD : *Tous ses livres sur le Moyen Age sont à consulter*.
Journal d'un bourgeois de Paris (Horizons de France).
Barbara W. TUCHMAN : *Un lointain miroir (le XIVᵉ siècle des calamités)* (Fayard).

QUAND SURGIRA L'ETOILE ABSINTHE

Sources régionales

FLAMMARION : *Histoire de Bordeaux* (à lire avec circonspection).

MOISANT : *Le Prince Noir en Aquitaine.*

RENOUARD : *Histoire de Bordeaux* (capital).

CHASTENET : *Les Grandes Heures de Guyenne* (Colbert).

SOYEZ : *Quand les Anglais vendangeaient l'Aquitaine* (Fayard).

GRADIS : *Histoire de Bordeaux.*

DUCOURNEAU : *Guienne historique et monumentale.*

RENOUARD : *Le Grand Commerce des vins de Bordeaux.*

GALY : *Bordeaux.*

Jacques BERNARD : *Navires et Gens de mer à Bordeaux.*

ESCANDE : *Histoire du Périgord.*

BOISSONADE : *Histoire du Poitou.*

CAPRA : *Séjour du Prince Noir à Bordeaux.*

Arlette HIGOUNET-NADAL : *Périgueux aux XIVe et XVe siècles.*

LACOSTE : *Histoire du Quercy.*

ESCANDE : *Histoire de Sarlat.*

Chroniqueur du Périgord et du Limousin.

SUFFRAN : *Histoire de l'Aquitaine.*

MONTAIGU : *Histoire secrète de l'Aquitaine.*

PIETRI : *Chronique de Charles le Mauvais.*

VERCEL : *Du Guesclin.*

On consultera également avec intérêt les bulletins des diverses sociétés historiques et archéologiques de la région.

Il va sans dire que la bibliographie que nous indiquons est sommaire et très incomplète, et que nous avons eu recours, durant les recherches nécessaires à la composition de cette suite romanesque, à des documents, à la Bibliothèque de Bordeaux notamment, dont la liste serait fastidieuse. Qu'on nous excuse de ne pas les mentionner.

TABLE DES MATIÈRES

LIVRE I
Crécy, 1346

1. Les enfants de l'orage...................................... 9
2. Course de femmes en Périgord 28
3. Une bastide dans l'été..................................... 48

LIVRE II
Bordeaux, 1348

1. Le fauteuil des Bagot..................................... 75
2. La mort noire 91
3. Les amants de Sainte-Colombe......................... 112
4. Vers la « mer de Grèce »................................. 133

LIVRE III
Poitiers, 1356; Londres, 1357; Najera (Espagne), 1367

1. Par le fer et par le feu................................... 161
2. La petite lumière du Bon Dieu......................... 174

3. Les surprises du chemin 187
4. Une couronne de feuilles mortes 202
5. Une femme sous un porche 221
6. L'amour d'une infante 233
7. Dans quel pays vais-je mourir? 250

LIVRE IV
Limoges, 1370

1. Mort d'un cavalier blanc 283
2. Deux têtes brûlées 300
3. Le sang de Limoges 322
4. La route incertaine 346

ANNEXES

Cartes 351
Chronologie 355
Notes biographiques 359

DU MÊME AUTEUR

*Grand Prix de la Société des Gens de Lettres
pour l'ensemble de son œuvre.*

Paradis entre quatre murs (Laffont).
Le Bal des ribauds (Laffont, collection « Couleurs du temps passé »).
Les Lions d'Aquitaine (Laffont et Club des Libraires, prix Limousin-Périgord).
Divine Cléopâtre (Laffont, collection « Couleurs du temps passé »).
Dieu m'attend à Médina (Laffont, collection « Couleurs du temps passé »).
L'Aigle des deux royaumes (Laffont, collection « Couleurs du temps passé »).
Les Dieux de plume (Presses de la Cité, prix des Vikings).
Les Cendrillons de Monaco (Laffont, collection « L'Amour et la Couronne »).
La Fille des grandes plaines (Laffont, collection « Best-sellers », prix de l'Académie du Périgord).
Le Retable (Laffont).
Le Chevalier de Paradis (Casterman, collection « Palme d'or »).
L'Œil arraché (Laffont).
Le Limousin (Solar, Solarama).
L'Auberge de la mort (Pygmalion).
La Passion cathare/1. Les Fils de l'orgueil (Laffont).
La Passion cathare/2. Les Citadelles ardentes (Laffont).
La Passion cathare/3. La Tête du dragon (Laffont).
Sentiers du Limousin (Fayard).

POUR LA JEUNESSE
Éd. Robert Laffont (collection « Plein Vent »)

La Vallée des mammouths (grand prix des Treize).
Les Colosses de Carthage.
Cordillère interdite.
Nous irons décrocher les nuages.

ÉDITIONS DE LUXE

Amour du Limousin (illustrations de J. B. Valadié), Plaisir du Livre, Paris.
Eves du monde (illustrations de J. B. Valadié), Art Media, Paris.
Brive, commentaires sur des gravures de Pierre Courtois, Éd. R. Moreau, Brive.

Cet ouvrage a été réalisé sur
SYSTEME CAMERON
par Firmin-Didot S.A.
pour le compte des éditions Robert Laffont
le 5 mars 1980

Imprimé en France
Dépôt légal : 1ᵉʳ trimestre 1980
N° d'édition : H 516 — Nº d'impression : 6100